RESEARCH ON THE EVALUATION MECHANISM OF
TECHNICAL LABOR VALUE IN TELEMEDICINE SERVICES

远程医疗服务技术劳务价值评价机制研究

蒋 帅 ◎ 著

中国财经出版传媒集团
经济科学出版社
Economic Science Press
·北京·

图书在版编目（CIP）数据

远程医疗服务技术劳务价值评价机制研究 / 蒋帅著．
北京：经济科学出版社，2025.7. -- ISBN 978 -7 -5218 -
7182 -1

Ⅰ．R -058

中国国家版本馆 CIP 数据核字第 2025HT9614 号

责任编辑：杨金月
责任校对：王肖楠
责任印制：范　艳

远程医疗服务技术劳务价值评价机制研究
YUANCHENG YILIAO FUWU JISHU LAOWU JIAZHI PINGJIA JIZHI YANJIU

蒋　帅　著

经济科学出版社出版、发行　新华书店经销
社址：北京市海淀区阜成路甲 28 号　邮编：100142
总编部电话：010 -88191217　发行部电话：010 -88191522
网址：www.esp.com.cn
电子邮箱：esp@esp.com.cn
天猫网店：经济科学出版社旗舰店
网址：http://jjkxcbs.tmall.com
北京季蜂印刷有限公司印装
787×1092　16 开　23.75 印张　360000 字
2025 年 7 月第 1 版　2025 年 7 月第 1 次印刷
ISBN 978 -7 -5218 -7182 -1　定价：88.00 元
（图书出现印装问题，本社负责调换。电话：010 -88191545）
（版权所有　侵权必究　打击盗版　举报热线：010 -88191661
QQ：2242791300　营销中心电话：010 -88191537
电子邮箱：dbts@esp.com.cn）

序

健康是人民群众幸福生活最重要的指标。以习近平同志为核心的党中央高度重视健康中国建设，始终把保障人民健康放在优先发展的战略位置。深化医药卫生体制改革，为推动卫生健康事业高质量发展提供动力。

医疗改革与发展始终聚焦人民群众的健康福祉，致力于提升医疗服务质量与效率，以满足人民日益增长的美好生活需要。近年来，随着信息技术的飞速发展和互联网的广泛普及，远程医疗服务迎来了前所未有的发展机遇。国家相关部门积极出台一系列政策文件，大力支持远程医疗服务的发展，为其在全国范围内的推广与应用提供了坚实的政策保障与明确的发展方向，同时各地政府积极探索远程医疗服务新模式、新路径，并在实践中取得长足发展。然而，远程医疗服务技术劳务价值尚未充分体现，如何构建科学合理的技术劳务价值评价机制成为亟待解决的现实问题，受到了卫生健康政策和管理领域专家学者的高度关注。

继《医疗服务价格形成机制与定价模型研究》出版之后，蒋帅博士凭借其丰富的前期研究成果以及长期在相关领域的工作实践经验，精心撰写了《远程医疗服务技术劳务价值评价机制研究》一书，此书深入分析医疗服务价格背后的技术劳务价值如何体现问题，并以远程医疗服务为例，梳理国内外远程医疗服务发展历程，归纳其制度变迁路径与基本特征，深入挖掘技术劳务价值背后的成本与激励问题，提出远程医疗服务技术劳务价值评价的基本思路和框架，系统探究和科学划分技术劳务价值评价要素，探索建立了远程医疗服务技术劳务价值评价机制，具有较高的学术价值和实践指导意义。

蒋帅博士治学态度严谨，民生情怀深厚，全身心投入医疗服务技术劳务价值领域的研究，为合理评价医疗服务技术劳务价值提出了一定前瞻性和可操作性的政策建议。建立和完善医疗服务技术劳务价值评价机制是一项长期而艰巨的任务，希望本书能够成为医疗卫生领域研究者和实践者的重要参考资料，为其在远程医疗服务相关研究和实践工作中提供有益的启示和帮助，共同推动我国医疗服务技术劳务价值研究的持续深入。

郑州大学第一附属医院　教授
河南省医院管理研究院　院长

前　言

健康是社会文明进步的基础，是民族昌盛和国家强盛的重要标志，是广大人民群众的共同追求。党的十八大以来，以习近平同志为核心的党中央始终坚持以人民为中心的发展思想，把保障人民健康放在优先发展的战略位置。面对高质量发展新形势，如何全面提升人民群众的健康获得感，是我国医疗卫生服务提供者的重要职责。在数智赋能医疗背景下，我们必须躬行实践，深入贯彻落实党和国家医疗改革方针；磨砻淬砺，接力钻研谱写中国特色卫生事业崭新篇章。

党中央和国务院高度重视优质医疗卫生资源扩容和均衡布局，各级政府陆续出台一系列政策文件及配套措施支持医疗卫生服务数字化与智能化转型。随着信息化技术与医疗卫生服务深度融合发展，远程医疗实现了跨时空均衡配置医疗资源，正逐步成为破解医疗资源分布不均、提升基层诊疗能力、满足人民群众多元化健康需求的关键抓手。作为新兴业态，远程医疗服务技术劳务价值评价体系尚不完善，其科学量化方法与合理补偿机制存在诸多空白，这不仅制约了医疗服务人员参与远程服务的积极性，也影响了远程医疗行业可持续发展的内生动力。因此，深入研究远程医疗服务技术劳务价值评价机制，既是深化医疗改革、推动高质量发展的必然要求，也是实现医疗资源公平可及、技术价值充分彰显的时代命题。

本书共分为九章，层层递进地解构远程医疗服务技术劳务价值评价机制。首先，梳理国内外远程医疗服务发展历程，以探索远程医疗服务价值形成规律和运营管理基础要素。其次，从我国远程医疗建设与发展实际情况出发，剖析远程医疗服务体系运行绩效综合评价，并对远程医疗运行影响因素、医务人员使用意愿和激励机制等关键问题进行深度调查研究，寻找远程医疗服务技术劳务价值相关决定要素。再次，重点探索远程医疗服务行为及服务质量评价机制；同时，分析各省份远程医疗服务项目收费价格及其项目人力成本，为合理确定人员技术劳务价值提供支撑依据。最后，深入剖析远程医疗服务技术劳务价值基本内涵，以远程医疗"服务项目特性、人力成本投入、行为质量水平、主观体验评价"为核心维度，构建公立医院远程医疗服务技术劳务价值评价理论框架，并进一步识别价值决定要素及其作用关系，为形成远程医疗服务技术劳务价值评价机制和后期的价值测度奠定基础。

曾将梦想悬挂于枝头，希冀在盛夏未央的季节里饱满和绽放，为梦想披星戴月，刷新人生的温度和高度！本书得以问世，离不开国家卫生健康委卫生发展研究中心、郑州大学第一附属医院及河南省远程医学中心等各级领导、专家学者的大力支持和指导，亦离不开各级医疗机构远程医疗服务一线人员的倾力付出；同时，本书的如期出版得到了河南省中原医学科技创新发展基金会项目（ZYYC202403ZD）的资助和经济科学出版社的支持，在此表示感谢。此外，还要感谢左一博、董晓雪、王丛丽、翟宇杰、王敬等硕士和博士们在本书资料收集和校对统稿等工作中的辛勤付出，以及感谢一直以来支持和关心本书的社会各界朋友。

本书为医疗服务技术劳务价值方面的最新著作，适合对医药卫生体制改革及医疗服务价格和人员薪酬机制改革感兴趣的读者阅读，可作为卫生健康行政部门医疗机构、医保管理机构、高校和科学研究机构等管理者和专家学者的参考用书。当然，受水平所限及远程医疗技术快速迭代与政策动态变化，书中价值评价机制仍需在实践中持续优化。同时，本书难免出现纰漏或者不足，请各位专家学者同仁们批评指正。

2025 年 3 月 3 日于郑州

目录 CONTENTS

第一章　绪论   **001**
  第一节　研究背景与意义　001
  第二节　研究目的与内容　006
  第三节　资料来源与方法　010
  第四节　本书特点及创新点　017

第二章　相关概念界定和理论概述   **019**
  第一节　核心概念界定　019
  第二节　相关理论方法　031
  第三节　本章小结　057

第三章　远程医疗服务发展历程与趋势   **058**
  第一节　远程医疗发展概述　058
  第二节　国外远程医疗发展情况　065
  第三节　我国远程医疗发展情况　078
  第四节　本章小结　101

第四章　远程医疗服务调查与运行分析   **103**
  第一节　远程医疗基础建设情况　103

第二节	远程医疗服务开展基本情况	117
第三节	远程医疗服务体系运行绩效评价	137
第四节	远程医疗服务体系运行激励分析	180
第五节	本章小结	207

第五章　远程医疗服务行为与质量评价　208

第一节	远程医疗服务行为评价	208
第二节	远程医疗服务质量评价	239
第三节	本章小结	253

第六章　远程医疗服务项目价格与人力成本　254

第一节	远程医疗服务项目基本情况	254
第二节	远程医疗服务项目收费价格	256
第三节	远程医疗服务项目人力成本	278
第四节	本章小结	297

第七章　远程医疗服务技术劳务价值决定要素　298

第一节	远程医疗服务技术劳务价值基本概述	298
第二节	远程医疗服务技术劳务价值决定要素探索	303
第三节	远程医疗服务技术劳务价值决定要素识别	310
第四节	远程医疗服务技术劳务价值决定要素作用机制	322
第五节	本章小结	333

第八章　远程医疗服务技术劳务价值评价策略　334

第一节	远程医疗服务技术劳务价值评价机制设计基础	334
第二节	远程医疗服务技术劳务价值评价指标主观权重	344
第三节	远程医疗服务技术劳务价值评价机制保障策略	350
第四节	本章小结	354

第九章　研究结论与展望　　　　　　　　　　　**356**
　第一节　主要结论与对策建议　　　　　356
　第二节　研究不足与展望　　　　　　　364

参考文献　　　　　　　　　　　　　　　　　　**366**

第一章

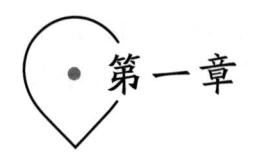

绪　论

第一节　研究背景与意义

在健康中国战略背景下,远程医疗服务已成为促进优质医疗资源下沉、完善分级诊疗制度和解决居民看病就医难问题的重要手段。党中央、国务院高度重视"互联网+医疗健康"工作,明确了支持"互联网+医疗健康"发展的鲜明态度。要求深入贯彻落实习近平新时代中国特色社会主义思想和党的二十大精神,推进实施健康中国战略,提升医疗卫生现代化管理水平,借助远程医疗等新型创新服务模式,优化资源配置,提高服务效率,降低服务成本,满足人民群众日益增长的医疗卫生健康需求。作为新型医疗服务模式,远程医疗在拓展传统医疗面对面服务模式、提升基层医疗机构服务能力、减轻患者医疗经济负担等方面发挥着重要作用,已成为新形势下"互联网+医疗"健康新业态的重要内容和研究热点。

随着互联网信息化技术与医疗深度融合发展,远程医疗已成为促进优质医疗资源下沉和完善分级诊疗制度的重要路径和载体。2018年,《国务院办公厅关于促进"互联网+医疗健康"发展的意见》指出,推进远程医疗服务覆盖全国所有医疗联合体和县级医院,并逐步向社区卫生服务机构、乡镇卫生院和村卫生室延伸,提升基层医疗服务能力和效率。2020年,《关于进一步加强远程医疗网络能力建设的通知》指出"扩大网络覆盖,提高网络能力和推广网络应用"。2021年,《国务院办公厅关于推动公立医院高质量发展的意见》明确提出要"大力发展远程医疗"。我国各地积极出台远程医疗相关配套政策文件,以推动远程医疗发展,为推进优质医疗资源下沉和保障人民群众生命健康奠定坚实基础。

一、医疗资源优化配置和国家战略目标要求

远程医疗集远程通信技术、信息化技术和医疗保健技术等先进科学技术精华于一体,形成了医疗、教育、科研、信息一体化的网络体系,实现了远程音视频的传输和临床信息的采集、存储、查询及共享等功能,为基层医疗服务人员及患者提供了医疗技术支持和诊疗服务。从我国医疗资源配置情况看,大城市对优势医疗资源产生虹吸效应,以致其拥有较高的医疗服务能力和水平,而广大的边远地区、山区、农村、经济落后地区却存在突出的医疗卫生资源短缺现象,人民群众的合理医疗需求尚未得到有效满足,这就造成了我国大城市医疗卫生资源相对过剩、基层地区医疗资源短缺不能满足基层群众需求的矛盾,优质医疗服务可及性弱,形成了较为严重的基层群众"看病难"和"看病贵"问题。

然而,远程医疗服务能够在一定程度上解决优质医疗资源配置不均衡的问题。当前,我国医疗服务体系中的一、二、三级医院卫生资源占比呈现明显"倒三角"趋势,优质医疗卫生资源聚集在城市大医院,这导致患者就医机会和健康结果的不公平;医疗资源配置不合理导致了三级医院患者"扎堆"现象加剧,全民"看病难、看病贵"的民生问题未得到有效解决。国内外都在积极探索医疗资源均衡配置的有效途径,包括医生多点执业、医疗对口支援、医疗联合体建设等,但这些途径都有其局限性,如医疗联合体存在"联而不动、动而乏力"等问题。在信息化技术与医疗深度融合发展下,远程医疗的最大优势是打破时空限制,实现了均衡高效配置医疗资源的目标,让大医院拥有高水平医疗技术的人员在原单位就能向基层偏远地区提供医疗诊断、综合会诊和应急技术指导等服务,为解决医疗资源分配不均问题提供了可行方案,成为缩小城乡医疗服务能力和质量差距的重要选择。

推动远程医疗发展是区域医疗资源配置路径和国家重大战略要求。2016年,中共中央、国务院印发的《"健康中国2030"规划纲要》指出,

到 2030 年，远程医疗要覆盖"省—市—县—乡"四级医疗卫生机构。2018 年，《国务院办公厅关于促进"互联网+医疗健康"发展的意见》（国发办〔2018〕26 号）要求，推进远程医疗覆盖全国所有医疗联合体和县级医院，并逐步向社区卫生服务机构、乡镇卫生院和村卫生室延伸，提升基层医疗服务能力和效率。2018 年，《中共中央、国务院关于实施乡村振兴战略的意见》也明确指出"推动远程医疗"。2020 年，《中共中央关于制定国民经济和社会发展第十四个五年规划和二〇三五年远景目标的建议》明确提出要"推广远程医疗，推进医学影像辅助判读、临床辅助诊断等应用"。2020 年，工业和信息化部、国家卫生健康委办公厅出台的《关于进一步加强远程医疗网络能力建设的通知》（工信厅联通信函〔2020〕251 号）指出"扩大网络覆盖，提高网络能力和推广网络应用"。2021 年，《国务院办公厅关于推动公立医院高质量发展的意见》（国办发〔2021〕18 号）明确提出要"大力发展远程医疗"。2023 年，中共中央办公厅、国务院办公厅印发《关于进一步深化改革促进乡村医疗卫生体系健康发展的意见》指出，构建乡村远程医疗服务体系，推广远程会诊、远程检查等。2025 年，中共中央、国务院《关于进一步深化农村改革 扎实推进乡村全面振兴的意见》指出，推动远程医疗服务体系建设。在此基础上，我国各地积极出台远程医疗相关配套政策文件，以综合推动远程医疗发展，助力乡村振兴战略和健康中国战略的实施。

二、远程医疗基础建设保障水平及发展程度较高

当前，远程医疗尚处于探索发展阶段，我国各地区积极开展远程医疗服务基础设施建设，以期更好地推进远程医疗服务开展。一是软硬件配备完善。前期研究结果显示，远程医疗基础平台建设形式主要有大型公立医院自建自营（如郑州大学第一附属医院远程医学中心）、政府统一建设运营（如贵州省市县乡四级远程医疗服务体系）和第三方运营模式（如北京天坛医院提供会诊专家资源并由第三方东软集团负责平台和运维）。2019 年，我国样本二、三级医院的远程视讯终端设备的配备率已分别达到 98.4% 和 93.1%，均以使用专用网络为主；远程会诊系统、远程心电、影

像和病理诊断系统配备率分别高于 95%、55%、55% 和 41%，考虑医学诊断的特殊性，总体上远程医疗软硬件基础建设程度较高①，这无疑为缓解医疗资源分布不均、提高医疗服务效率和质量提供了有力支撑。

二是制度性保障程度较高。国家对远程医疗的重视程度日益提升，不仅将其纳入"健康中国"战略，还出台了一系列政策措施。前期整理资料显示，2023 年我国已有 26 个省（自治区、直辖市）出台了远程医疗服务项目目录及价格标准，为医疗机构开展远程医疗提供了价格制度保障；远程医疗在医保政策执行方面尚未统一，除因将其作为特需医疗（如北京市）而未纳入医保外，已有 21 个省份将不同的远程医疗项目纳入医保报销范围内。远程医疗政策法规、服务价格与医保补偿等制度保障水平相对较高，为远程医疗的快速发展提供了有力保障。另外，远程医疗制度保障水平的提高，还体现在监管部门对行业监管的不断完善。监管部门通过加强对远程医疗服务的质量、安全等方面的监管，确保了行业健康有序发展。

三是应用覆盖范围较广。2019 年全国三甲医院均开展远程医疗服务，并覆盖所有贫困县县医院②；2020 年远程医疗协作网覆盖所有地级市，涵盖 2.4 万余家医疗机构，89.5% 的城市医疗集团和县域医共体内部已开展远程医疗③。远程医疗在慢性病管理、家庭医生签约服务等领域具有巨大潜力。通过远程医疗，患者可以实时监测身体状况，医生可以远程调整治疗方案，实现个性化、精细化的健康管理。此外，远程医疗在紧急救援领域的应用也日益显现。例如，在地震、山洪等自然灾害发生时，远程医疗可以为灾区提供及时、有效的医疗援助，以降低灾害造成的损失。疫情期间，我国远程医疗充分发挥了其在隔离病毒、保障医疗安全方面的作用。从线上咨询、诊断，到远程会诊、防控指导，远程医疗实现了医疗资源的优化配置，为抗击疫情提供了有力支持。随着 5G、人工智能等技术的不断发展，远程医疗的应用范围将进一步拓宽。

---

① 中国卫生信息与健康医疗大数据学会远程医疗信息化专业委员会. 中国医院远程医疗发展报告（2019 年）[M]. 北京：人民卫生出版社，2020.
② 王君平. 家门口 看名医 [N]. 人民日报，2019 – 04 – 18.
③ 国务院新闻办公室 2020 年 10 月 28 日新闻发布会文字实录 [EB/OL]. 中华人民共和国国家卫生健康委员会，2020 – 10 – 29.

三、医务人员参与远程医疗服务的积极性待提升

在基础建设和保障水平较高的前提下,促进医生参与既是有效满足远程医疗服务需求的重大现实问题,也是如何打通远程医疗"最后1公里"的服务壁垒问题。人是第一要素,若远程医疗服务提供者的参与水平不高将会严重制约远程医疗服务的持续健康发展。据2019年全国26个省份的调查数据,分别仅有67.43%和66.32%的已参与过远程医疗的医生表示非常愿意继续参与和推荐他人参与远程医疗[1]。另有调查发现有71.2%的贫困地区基层医生表示愿意参与远程医疗,但实际参与率仅为47.1%[2]。研究显示,医生主动参与远程医疗的积极性不高,实际参与率偏低[3]。这会直接影响远程医疗的现实服务价值,不利于优质医疗资源下沉和基层医疗服务能力的提升,甚至影响全民健康目标和健康中国建设进程。

我国远程医疗服务模式是以医疗机构(医生)之间开展的远程会诊和医学诊断(含医学影像、心电和病理)等服务为主,也是本书以医务人员为切入点的选题依据,且本书的远程医疗主要是指远程会诊和医学诊断。患者能否/如何利用远程医疗是由医务人员来主导的,医务人员积极参与远程医疗是利用远程医疗服务的关键前置条件。医生是医疗服务的主体,只有充分保障医生的权益,才能有效提高他们的积极性,为人民群众提供更好的医疗服务。理论上,如何体现医务人员技术劳务价值是能否促进医务人员积极参与远程医疗服务的关键要素。

四、远程医疗服务技术劳务价值体现不充分

我国高度重视医疗服务技术劳务价值。2021年,《深化医疗服务价格改革试点方案》(医保发〔2021〕41号)中提出将价格作为技术劳务价值

---

[1] 中国卫生信息与健康医疗大数据学会远程医疗信息化专业委员会. 中国医院远程医疗发展报告(2019年)[M]. 北京:人民卫生出版社,2020.

[2] 蔡金龙,刘征,杨凤李,等. 贫困地区医务人员远程医疗使用意愿及影响因素调查——以重庆市城口县为例[J]. 现代预防医学,2020,47(15):2766-2769.

[3] 蒋帅,孙东旭,赵杰,等. 基于医务人员视角的远程医疗服务使用意愿和关键问题研究[J]. 中华医院管理杂志,2021,37(1):25-29.

的"度量衡",充分体现医务人员技术劳务价值是医疗服务价格的关键部分。2021年,国务院办公厅印发的《"十四五"全民医疗保障规划的通知》(国办发〔2021〕36号)中指出要探索体现技术劳务价值的医疗服务价格形成机制。2021年,人力资源社会保障部等多部门联合发布的《关于深化公立医院薪酬制度改革的指导意见》(人社部发〔2021〕52号)中指出,要坚持劳动、知识、技术、管理等要素按贡献参与分配,着力体现医务人员技术劳务价值。2022年,国家医疗保障局出台《关于进一步做好医疗服务价格管理工作的通知》(医保办发〔2022〕16号),突出体现对技术劳务价值的支持力度。要求充分听取医疗机构和医务人员的专业性意见建议,客观反映技术劳务价值,防止被设备、物耗价格虚高捆绑。随着我国医疗价格改革政策和医院薪酬制度的不断完善,如何科学制定远程医疗服务的价格与薪酬政策以充分体现医务人员的技术劳务价值已成为亟待解决的问题。

充分体现医务人员的技术劳务价值是促进医疗服务供给端高质量发展的内在动力。远程医疗是多方协作共同参与的高度专业性服务,涉及患者、申请方医生与上级专家、上下级医院等。在该服务中,医务人员作为远程医疗服务的主体,其参与远程会诊的积极性,不仅直接关系着患者对于远程会诊服务的体验以及评价,还关系到远程会诊发展的后续动力。由于过去按成本定价的传统模式留下的客观问题,如果按成本定价的逻辑,远程医疗服务项目多以设备投入为主,严重忽视了医务人员参与远程医疗的技术劳务价值,阻碍了医务人员参与远程医疗的积极性,不利于优质医疗资源下沉。因此,迫切需要深入研究远程医疗医务人员的技术劳务价值,为科学定价和完善薪酬激励政策提供可靠依据。

第二节 研究目的与内容

一、研究目的

本研究通过深入分析我国远程医疗服务体系的运行现状,包括对远程医疗服务基础建设情况、服务开展情况、运行绩效评价和运行激励等方面,重点分析远程医疗服务人员的诊疗行为、医疗服务质量、远程医疗服务项目价格与人力成本，结合互联网远程医疗服务模式改革的要求，明确远程医疗服务技术劳务价值的基本内涵，识别远程医疗服务技术劳务价值的决定要素，制定出符合我国国情的远程医疗服务技术劳务价值评价机制。

二、主要研究内容

本书的主要研究内容分析基本框架如图1-1所示。

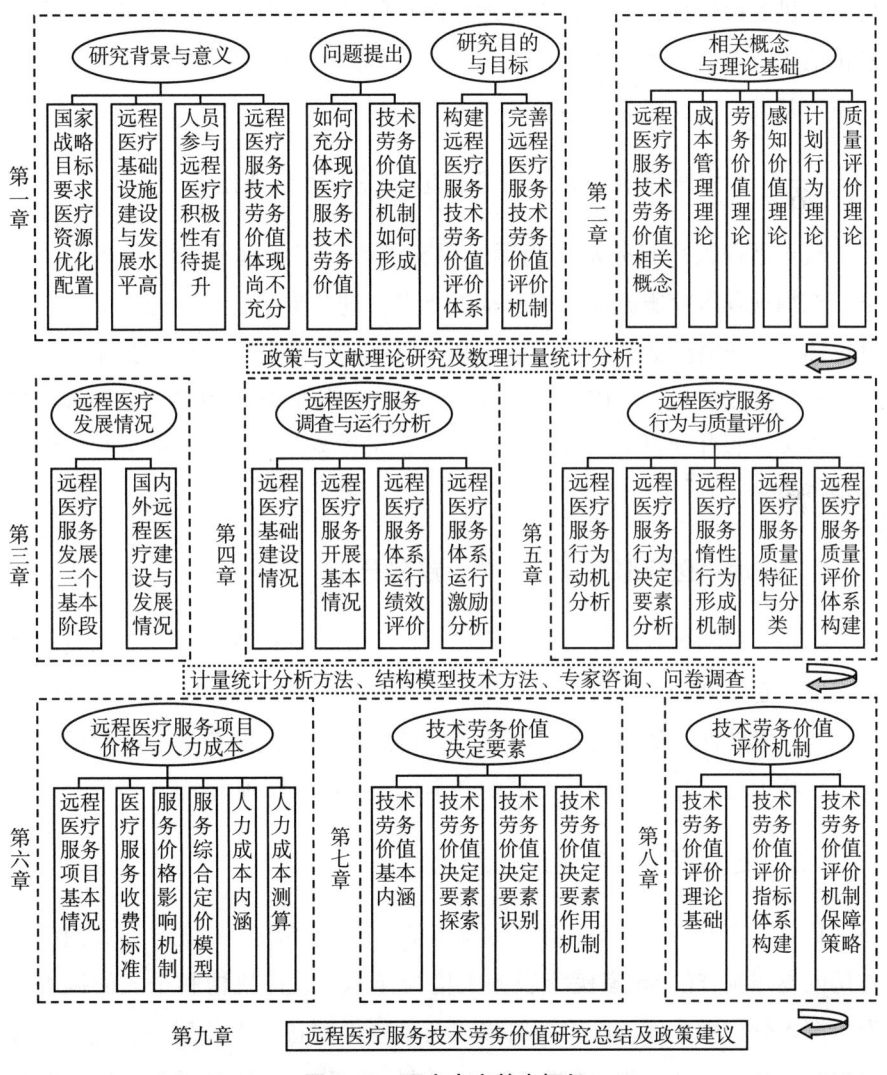

图1-1 研究内容基本框架

第一章 研究背景与意义：国家战略目标要求医疗资源优化配置；远程医疗基础设施建设与发展水平高；人员参与远程医疗积极性有待提升；远程医疗服务技术劳务价值体现尚不充分。问题提出：如何充分体现医疗服务技术劳务价值；技术劳务价值决定机制如何形成。研究目的与目标：构建远程医疗服务技术劳务价值评价体系；完善远程医疗服务技术劳务价值评价机制。

第二章 相关概念与理论基础：远程医疗服务技术劳务价值相关概念；成本管理理论；劳务价值理论；感知价值理论；计划行为理论；质量评价理论。

政策与文献理论研究及数理计量统计分析

第三章 远程医疗发展情况：远程医疗服务发展三个基本阶段；国内外远程医疗建设与发展情况。

第四章 远程医疗服务调查与运行分析：远程医疗基础建设情况；远程医疗服务开展基本情况；远程医疗服务体系运行绩效评价；远程医疗服务体系运行激励分析。

第五章 远程医疗服务行为与质量评价：远程医疗服务行为动机分析；远程医疗服务行为决定要素分析；远程医疗服务惰性行为形成机制；远程医疗服务质量特征与分类；远程医疗服务质量评价体系构建。

计量统计分析方法、结构模型技术方法、专家咨询、问卷调查

第六章 远程医疗服务项目价格与人力成本：远程医疗服务项目基本情况；医疗服务价格影响机制；服务收费标准；服务综合定价模型；人力成本内涵；人力成本测算。

第七章 技术劳务价值决定要素：技术劳务价值基本内涵；技术劳务价值决定要素探索；技术劳务价值决定要素识别；技术劳务价值决定要素作用机制。

第八章 技术劳务价值评价机制：技术劳务价值评价理论基础；技术劳务价值评价指标体系构建；技术劳务价值评价机制保障策略。

第九章 远程医疗服务技术劳务价值研究总结及政策建议

首先，梳理国内外远程医疗服务的发展历程，以探索远程医疗服务价值形成规律和运营管理基础；其次，从我国远程医疗建设与发展实际情况出发，剖析远程医疗服务体系运行绩效综合评价，并对远程医疗运行影响因素及其医务人员使用意愿和激励机制等关键问题进行深度调查研究，寻找远程医疗服务技术劳务价值相关决定要素；再次，重点对远程医疗服务行为及服务质量进行评价，同时，基于远程医疗服务项目来探索各省远程医疗服务项目收费价格及其项目人力成本，为合理确定医务人员技术劳务价值提供支撑依据；最后，构建远程医疗服务技术劳务价值内涵框架并识别价值决定要素及其作用关系，为构建远程医疗服务技术劳务价值评价机制奠定基础。主要研究内容概述如下。

（一）远程医疗服务技术劳务价值相关概念和理论

梳理远程医疗服务基本内涵及服务类别，归纳远程医疗服务基本特征，挖掘远程医疗服务体系构成基本要素。进一步结合马克思主义经济学理论体系，厘清劳务和技术劳务的基本概念，以及分析价值和技术劳务价值的衡量维度要素，明确医疗服务技术劳务价值的基本内涵，并回答如何以远程医疗服务项目为基础来辨析远程医疗服务人员的技术劳务价值概念和理论内涵。

（二）远程医疗服务发展历程及趋势分析

探析互联网远程医疗服务市场环境，主要剖析远程医疗确立和发展的萌芽期、建设期和推广期三个重要阶段，分析信息技术快速发展大环境下远程医疗发展面临的主要障碍以及未来的发展趋势。结合远程医疗的建立深入分析远程医疗服务体系发展的基本现状和运营管理情况。

（三）远程医疗服务调查与运行分析

重点调查分析远程医疗基础设施建设和运行绩效。首先，以我国7个省份内参与调查的86家医疗服务机构为样本，设计机构和个人的调查问卷，深入分析样本地区医院网络接入及软硬件配备、人员配备、运营管理等内容；其次，从远程协作医疗机构数量、远程医疗服务类型、远程医疗服务需求、远程医疗服务时间、远程医疗服务满意度等方面分析远程医疗服务开展的基本情况；再次，构建远程医疗服务体系运行绩效评价机制，针对河南省和全国范围内的远程医疗服务机构开展运行绩效评价研究；最后，深入分析远程医疗服务运行体系的关键影响因素，以及远程医疗服务人员的使用意愿和关键问题，尤其是深入剖析远程医疗服务激励策略。

（四）远程医疗服务行为与质量评价

重点分析远程医疗服务人员的行为动机以及行为决定要素，尤其是远程医疗惰性行为决定因素分析，包括反抗式惰性行为、机械式惰性行为、敷衍式惰性行为、合谋式惰性行为等决定因素。分析远程医疗服务人员行为决定要素作用机制，构建医务人员参与远程医疗惰性行为形成机制模型。考虑该行为对远程医疗服务质量的影响，并进一步对远程医疗服务质量的基本概念、特征与分类情况进行阐述，归纳远程医疗服务质量评价常用方法，借助医疗服务质量（SERVQUAL）应用原理，从有形性、可靠性、响应性、保证性、移情性、经济性等维度构建符合实际需要的远程医疗服务质量评价指标体系。

（五）远程医疗服务项目价格与人力成本

结合全国医疗项目技术规范，重点了解我国远程医疗服务项目基本情况，深入分析我国部分省份远程医疗服务项目收费现状及费用标准异同性。进一步分析样本医院就远程医疗收费开展情况以及收费依据和合理程度，探析远程医疗服务项目收费实施典型案例，提出远程医疗服务项目价格测算模型。深度探析远程医疗服务项目人力成本内涵、远程医疗服务人员知识技能获取成本、远程医疗服务人员劳动成本等决定要素以及构建远程医疗服务单位人力劳务成本测算机制模型。

（六）远程医疗服务技术劳务价值决定要素

明确远程医疗服务技术劳务价值的基本内涵，分析远程医疗服务质量、人力成本与价值之间的平衡关系；结合医疗服务项目技术难度、风险程度、项目基本人力消耗及耗时等关键要素，初步探索远程医疗人员技劳务价值决定要素。进一步在相关理论指导下，深入识别远程医疗服务技术劳务价值决定要素；通过文献分析和专家访谈资料的扎根理论过程，构建对应的基本范畴、主范畴和核心范畴等要素。借助决策试验与评价实验室（DEMATEL）方法，深入分析远程医疗服务技术劳务价值决定要素中的原因要素和结果要素，明确决定技术劳务价值的各要素作用机制。

（七）远程医疗服务技术劳务价值评价机制

根据所构建的远程医疗服务技术劳务价值决定要素，形成技术劳务价值评价的基础理论框架，明确远程医疗服务技术劳务价值评价机制设计原则，设计技术劳务价值评价机制。根据相关理论方法，获取远程医疗服务技术劳务价值评价体系的各维度与各指标权重值，并明确技术劳务价值评价机制的关键要素，形成科学合理的远程医疗服务技术劳务价值评价机制。

（八）完善远程医疗服务技术劳务价值评价机制的政策建议

基于本书提出的以"服务项目特性—人力成本投入—行为质量水平—主观体验评价"为基本维度的远程医疗服务技术劳务价值评价机制模型，结合技术劳务价值体现的实际需要和现有问题，提出完善远程医疗服务技术劳务价值评价机制的政策建议。

第三节 资料来源与方法

一、资料来源

文献分析资料：主要来源于 Web of Science、PubMed、中国知网（CNKI）等数据库（国内外已发表或发布的学术论文和研究报告等）、国家及地方出台或发布的远程医疗服务相关政策文件、法律法规、工作报告、相关机构内参等。

定性定量分析资料：本研究资料主要来源于全国和地方样本医疗机构

及远程医疗服务人员的访谈资料和问卷调查数据。资料具体来源已在文中相应位置标注。

二、研究方法

（一）文献情报资料研究法

通过文献检索，收集和整理国内外有关远程医疗参与行为的理论和实证研究资料，尤其发达国家远程医疗服务体系设计和促进机制。总结国内外远程医疗服务评估体系、支撑理论和实践经验。利用 Web of Science 等英文数据库和 CNKI、万方数据、中文社会科学引文索引（CSSCI）等中国期刊数据库，主要是收集国内外关于人力资本理论、劳动价值理论和医疗服务成本与价格规制等文献，重点关注国内外相关远程医疗服务体系的发展历程和研究现状，运用词频分析等文献计量方法对有关概念进行界定和分析，探索在远程医疗服务领域的技术劳务价值研究前沿和热点，从而为本研究奠定理论基础。

（1）检索数据库选择：中文数据库有中国知网、万方数据、维普网等；外文数据库有 Cochrane Library、EMBASE、PubMed、Web of Science 等；国内外政府和研究机构网站，包括世界卫生组织（WHO）、美国远程医疗协会（ATA）以及与远程医疗相关的网站。

（2）检索词确定：本研究采用主题词检索、关键词检索、逻辑组合检索等策略。具体检索词：中文检索词主要为医务人员、远程医疗、医疗服务成本、参与行为、医疗服务质量、技术劳务价值、决定因素及其同义词；外文检索词主要为"远程医疗"（telemedicine）、"医务人员"（medical staff）、"医疗服务成本"（cost of medical service）、"行为意图"（behavioral intention）、"医疗服务质量"（quality of medical sevice）、"医疗服务者技术价值"（technological value for medical provider）、"决定要素"（determinants）及其同义词。对筛选文献的研究质量、研究方法与内容进行叙述性总结，初步筛选出远程医疗服务技术劳务价值的决定因素。

分析所收集的卫生管理行政部门、样本医院等机构非公开出版的有关远程医疗服务体系的相关调查报告、报表数据、内部刊物和研究成果,开发利用灰色文献的情报价值,为探索建立远程医疗服务技术劳务价值评价机制提供理论依据和改革思路。

(二) 专题小组讨论法

根据研究目的和文献理论分析结果,邀请卫生经济、卫生政策、医院管理、成本与价格等方面的专家与学者共15名组成专题讨论小组,针对我国远程医疗服务政策、未来发展趋势、医疗服务技术劳务价值决定要素和调整遇到的困境或问题进行深入讨论,为构建新时期远程医疗服务价格形成和薪酬补充机制研究提供策略。具体实施流程:

一是确定讨论主题。根据研究目的和文献理论分析结果确定讨论主题。

二是组建专题小组。邀请相关领域的专家学者、医院工作者、政府部门人员参加,确保小组成员具有一定的研究基础和实践经验。拟定主持人为项目负责人,主持人需提前将讨论资料发给小组成员,以便他们做好准备。

三是制订讨论计划。明确讨论时间、次数、地点、议程等信息。根据实际需要,讨论时间一般为1~1.5小时,讨论次数为1~2次。

四是实施讨论。在讨论过程中,主持人应引导小组成员围绕主题展开深入探讨,鼓励发表不同观点,保持讨论的激烈和有序程度。需要以观察者身份参与小组讨论的记录员1名,其任务为录音及记录所有信息,包括非语言信息。

五是做好讨论记录。记录讨论过程中的关键观点、争议点和共识,为后续总结和报告提供依据。

六是撰写专题小组讨论报告。对讨论内容进行梳理,提炼关键观点,形成书面报告,根据小组成员的意见,对报告进行修改和完善。

(三) 基于扎根理论的深度访谈法

访谈法是在社会科学和心理学领域中广泛使用的一种研究方法,通过对受访者进行有目的、有计划、有准备的口头交谈以达到收集受访者心理特征和行为数据的质性研究。通过访谈可以弥补实验、问卷调查等方法收集的客观数据的不足。通过梳理国内外有关劳务价值的研究成果，归纳远程医疗技术劳务价值的影响因素，设计半结构访谈提纲，了解受访者对远程医疗服务的价格收费管理、劳务价值体现等方面的观点。

扎根理论范式强调研究对象对研究问题有深入的了解，并强调研究者在研究过程中深入挖掘信息，强调典型性而非普遍性。本研究拟选取15~20人作为调查对象，分别选取工作经验丰富的远程医疗管理者、医师、护士和技术人员各3~5名进行访谈，每次访谈由两位访谈者按照访谈提纲进行，一人负责与被访者进行交流，另一人负责观察和撰写备忘录，以期通过多个维度了解被访者所表达的信息。

对于定性资料，利用NVivo软件对该访谈录音进行转录和分析。负责撰写备忘录的调研员应及时回顾转录稿，以便将访谈时所做备忘录标注于访谈稿中。从所得访谈稿中抽取80%用于数据分析，剩余20%用于饱和度检验。开展开放式编码（open coding），逐行阅读访谈稿并提取有关远程医疗技术劳务价值的影响因素的所有有效信息，最大限度利用访谈信息，形成相应概念，跳过主轴编码（axial coding）阶段直接采用选择性编码（selective coding），将开放编码进行有机关联并进行聚类分析，构建影响各因素之间的脉络关系，得出远程医疗技术劳务价值影响因素集。

（四）DEMATEL – ISM 方法

决策试验与评价实验室分析法（DEMATEL）是1971年由美国学者加布斯和丰特拉（Agabus & E. Fontela）提出的运用图论与矩阵工具的系统分析的方法，通过分析复杂问题中各因素间的因果关系与关联，以达到有效解决问题的目的。解释结构模型（ISM）是1974年由约翰·N·沃菲尔德（John N. Warfield）提出的分析因素间层级结构的一种结构化模型的技术，通过分析复杂系统中因素与因素之间的关系，由布尔运算得到可达矩阵，划分影响因素间的层次，在不损失系统功能的前提下达到将系统以系统层级递阶结构的形式呈现的目的。本书将两种方法有机结合，不仅可以清晰识别系统内各因素间的层级关系以及逻辑结构，还能全面地识别出对远程医疗技术劳务价值产生影响的根本因素与直接因素，具体步骤如图1-2所示。

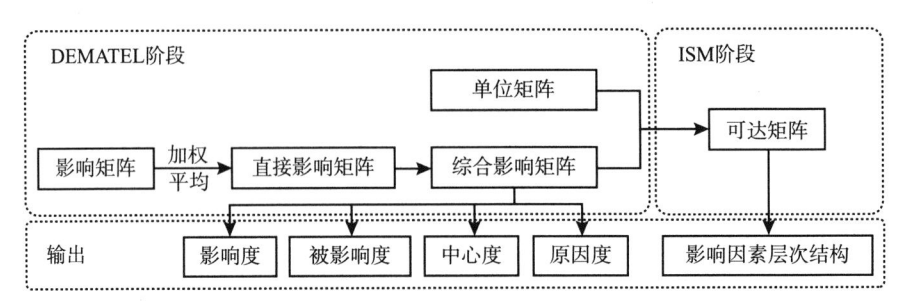

图 1-2 DEMATEL-ISM 方法分析步骤

1. DEMATEL 分析阶段

（1）确定影响要素。

根据文献分析和深度访谈筛选出关键影响因素，将最终得到的影响因素进行编号 $S = \{S_1, S_2, \cdots, S_n\}$。

（2）确定直接影响矩阵。

通过向专家发放调查问卷来对影响因素之间的关系进行评分，评价标度为 0~5 分，代表影响关系的强弱。设计量表为：0 分为无影响，1 分为非常弱影响，2 分为较弱影响，3 分为中等程度影响，4 分为较强影响，5 分为强影响。随后邀请专家根据各要素之间的影响程度对相关要素进行两两比较，对于不同专家的调查问卷，采取分段打分的方法，得到直接影响矩阵 A。

$$A = (a_{ij})_{n \times n} = \frac{1}{e} \sum_{k=1}^{e} (X_{ij}^k)_{n \times n}$$

其中，$1 \leq k \leq e$，a_{ij} 表示因素 S_i 对因素 S_j 的直接影响程度，X_{ij}^k 表示第 k 位专家给出的影响因素 S_i 对 S_j 列的直接影响程度评分，e 为参与评价的专家人数。

（3）确定规范化影响矩阵。

根据行和最大值法，通过归一化直接影响矩阵，得到规范影响矩阵 B。

$$B = \left(\frac{a_{ij}}{\max \sum_{j=1}^{n} a_{ij}} \right)$$

（4）计算综合影响矩阵。

综合影响矩阵 T 计算公式为：

$$T = B(I - B)^{-1}$$

其中，I 是单位矩阵。

（5）计算影响度、被影响度、中心度和原因度。

根据综合影响矩阵 T 求各影响因素的影响度、被影响度、中心度和原因度。综合影响矩阵的各行指标之和表示对其他各个要素的综合影响值，即影响度。影响度集合记为 R，R_i 表示 T 矩阵第 i 行的总和；各列值之和表示受到其他各个要素的综合影响值，即被影响度。被影响度集合记为 C，C_j 表示 T 矩阵第 j 列的总和；当 i = j 时，$R_i + C_j$ 的值相当于要素 i 在所有要素中所起的重要程度，所以为中心度。中心度越大，表示在影响远程医疗技术劳务价值的因素之中的重要性越高；当 i = j 时，$R_i - C_j$ 的值记为原因度。如果原因度大于 0，则表明该要素对其他要素影响大，称为原因要素；反之，称为结果要素。

2. ISM 分析阶段

（1）计算可达矩阵。

从 DEMATEL 模型转换到 ISM 模型，根据整体影响矩阵 T 和阈值 λ 可以得到可达矩阵。计算整体影响矩阵 H：

$$H = T + I = h_{ij}$$

而可达矩阵 M 表明了所有构成要素之间是否存在影响关系。从整体影响矩阵到可达矩阵，需要找到阈值 λ，通过计算综合影响矩阵 T 中所有项的平均值可以得到阈值 λ。整体影响矩阵到可达矩阵的转换如下：

$$M = [m_{ij}]_{n \times n}, (i, j = 1, 2, \cdots, n)$$

当整体影响矩阵 H 中的因素值超过阈值 λ，则取 1；没有超过阈值 λ，则取 0。

$$m_{ij} = \begin{cases} 1 & h_{ij} \geq \lambda \\ 0 & h_{ij} < \lambda \end{cases}$$

（2）可达矩阵的层次划分。

得到可达矩阵 M 后，需要对可达矩阵 M 进行区间分解和级间分解。区间分解是将所有元素划分为独立的子系统；级间分解是将同一系统内的元素划分为不同的层级。对一个系统内的因素进行级间分解，要先对可达集合先行集进行划分。

可达集 $R(S_i)$ 是指在可达矩阵 M 中，因素 S_i 所对应行中，$r_{ij} = 1$ 的列所对应的元素组成的集合，即：

$$R(S_i)\{S_j \in S \mid r_{ij} = 1\}$$

先行集 $A(S_i)$ 是指在矩阵 M 中，因素 S_i 所对应列中，$r_{ij} = 1$ 的行所对应的元素组成的集合，即：

$$A(S_i)\{S_j \in S \mid r_{ij} = 1\}$$

若 $C(S_i) = R(S_i) \cap A(S_i)$，则可以得到最高层级的影响因素 $C(S_i)$，然后在可达矩阵里删除最高层级的影响因素所对应的行和列，再根据该原则继续划分，循环往复，最终将影响因素划分成不同层级。根据对可达矩阵进行区间和层级的分解，可以建立起多层递阶结构模型。

（五）案例分析法

案例分析方法亦称个案分析方法或典型分析方法，是对有代表性的事物或现象深入地进行周密而仔细的研究，从而获得总体认识的一种科学分析方法。本书选取我国 7 个样本省份作为研究案例，对远程医疗基础建设和服务开展情况进行概述，并分析远程医疗服务项目收费实施现状。其具体分析步骤为：（1）依据分析目的，选择有代表性的省份作为分析研究对象；（2）全面收集样本省份远程医疗开诊情况的资料，包括直接资料和间接资料；（3）系统地整理收集到的资料，依据分析研究的项目和内容进行分类；（4）对所要求分析的内容进行逐项分析研究；（5）对各项分析结果进行综合分析，探求反映总体的规律性认识，把得到的研究成果作为进行更广泛研究的基础。

（六）数理统计分析方法

对收集到的资料进行核查、整理和分析。采用 Excel 2013 建立数据库并进行统计运算，运用 SPSS 21.0、Excel 2013 等进行描述性统计分析；根据研究数据的特性和研究目标的需要，采取相应的统计方法进行分析处理。本研究主要运用计量回归模型对医疗费用或者价格的影响因素进行分析。

（七）质量控制法

问卷与访谈提纲的设计：为保证测量工具的科学性，在调查表的设计过程中多次与相关专家讨论，并在正式调查前进行预调查，检验调查表的有效性和可操作性，最终确定调查表。

调查人员培训：调查人员应熟悉调查目的和意义、指标含义及调查的主要内容，了解可能导致调查质量问题的情况，掌握其避免方法。

质量检查制度：运用 DME（design, measurement and evaluation）和统计学方法，建立严格的资料质量检查制度，控制在方案设计、资料收集、整理过程中可能出现的偏倚，如一致性检查、完整性检查、现场调查数据的质量保证等。

资料收集与整理：及时核查收集到的资料，保证资料的完整性。资料整理时应遵循标准化、准确性的原则，建立统一数据库，保证数据录入的质量。

第四节 本书特点及创新点

一、理论创新层面

本书深入剖析现有运行模式下远程医疗服务建设与发展存在的问题，并充分考虑如何体现医疗服务人员技术劳务价值问题，研究我国远程医疗服务技术劳务价值决定要素及评价机制，创新性地联合采用多种理论和实证研究方法。结合互联网远程医疗服务改革政策和技术劳务价值决定因素，纳入医疗服务技术难度和风险程度、医学教育成本投入、技能培训成本投入、远程医疗服务劳动投入、医疗服务质量和工作能力、医疗服务人员满意度等因素，本书建立了以服务项目特性、人力成本投入、行为质量水平和主观体验评价为核心维度的技术劳务价值评价理论框架，提出了远程医疗服务技术劳务价值决定要素指标体系，以便为完善远程医疗服务技术劳务价值评价机制提供理论依据。

二、学术价值层面

在"互联网+医疗服务"模式下，本书重点梳理远程医疗服务技术劳务价值决定要素，构建以远程医疗服务项目为基础，结合远程医疗服务项目技术风险、知识技能投入、工作能力和诊疗质量以及满意度等要素，初步建立了基于医疗服务项目的医疗服务人员技术劳务价值决定要素评价机制。本书提出的"服务项目特性—人力成本投入—行为质量水平—主观体验评价"的技术劳务价值理论框架，为研究者和管理者深入探索技术劳务价值提供学术层面的技术支撑。本书提出的远程医疗服务技术劳务价值评价机制模型既为后续推动远程医疗服务定价和调价以及薪酬制度改革提供了有力支撑，也为研究者打开了全新的远程医疗服务价格形成机制和薪酬制度探索空间。

第二章

相关概念界定和理论概述

第一节 核心概念界定

远程医疗是信息化技术与医疗服务深度融合下的特殊医疗服务模式，能够实现跨时空均衡配置医疗资源，构建有序的分级诊疗格局。作为我国医疗服务体系中的补充模式，远程医疗为患者提供了可及性的医疗服务，是深化医药卫生体制改革、切实缓解群众看病问题的重要举措。远程医疗服务主要是指医疗服务人员借助互联网等信息化技术手段远距离地对患者进行医学诊断、疾病预防和治疗服务等业务活动。

一、远程医疗服务基本概念

（一）概念界定

远程医疗最早提出于20世纪70年代，通常指利用计算机、互联网等现代信息和通信技术（ICT）及智能终端设备，通过增加就医途径和医疗信息来改善患者的治愈效果。世界卫生组织（WHO）、美国医学研究院（IOM）、美国远程医疗协会（ATA）及欧洲远程健康信息协会（European Health Telematics Association，EHTEL）等权威远程医疗组织都对远程医疗基本概念进行了界定。世界卫生组织（WHO）在《第二次电子健康全球调查报告》中将远程医疗（Tele Medicine）定义为，一切利用信息、通信技术交换有效信息以促进个人及公众健康的活动。这些活动包括利用信息手段进行疾病诊断、治疗、预防和研究的医疗服务，以及对医务人员进行远程的继续教育等。其中，距离是一个关键因素，最终目标是促进个人及社区的健康[①]。

美国医学研究院在《远程医疗：远程沟通的卫生保健评估指南》中指出，远程医疗是医生和患者双方突破距离限制，通过电子和通信技术手段进行诊疗保健服务的活动。相较于世界卫生组织的定义，IOM 的定义增加了远程保健的内容，使远程医疗的范畴和内涵进一步扩大。美国远程医疗协会则将通过电子信息手段，包括各种应用程序、无线终端、智能终端、视频、电子邮件等形式的通信技术在不同地点之间交换病人的医疗信息、改善患者健康状态的医疗活动称为远程医疗。此外，美国《2013 远程医疗现代化法案》（the Telehealth Modernization Act of 2013）明确了"远程医疗"的定义，即"通过实时视频、安全的在线交流、电子邮件或电话所提供的医疗服务"。这是美国在联邦层面确立的远程医疗的标准定义。欧洲远程健康信息协会提出，远程医疗服务是在患者所在地缺乏适当的医疗专业人员或必要的医疗专业知识或技能的情况下，通过通信技术手段辅助，获得较远距离高质量医疗服务的途径。远程医疗服务有利于提高高质量医疗健康服务普及率及可获得性，缓解了偏远地区患者医疗卫生资源短缺的矛盾。

2014 年，国家卫生计生委发布了《关于推进医疗机构远程医疗服务的意见》（国卫医发〔2014〕51 号），该意见明确远程医疗是指一方医疗机构（以下简称邀请方）邀请其他医疗机构（以下简称受邀方），运用通信计算机及网络技术，为本医疗机构诊疗患者提供技术支持的医疗活动。医疗机构运用信息化技术，向医疗机构外的患者直接提供的诊疗服务，也属于远程医疗服务。该意见与以往政策最大的不同在于，远程医疗不只是局限在医疗机构之间，首次允许医疗机构可面向患者开展服务，这为构建分层次的、立体的远程医疗服务体系提供了政策保障。2018 年，国务院发布

---

① Kendall Ho, Jennifer Cordeiro, Ben Hoggan, et al. Telemedicine: Opportunities and developments in Member States: Report on the second global survey on eHealth 2009 [R]. WHO, 2010: 8-9.

《关于促进"互联网+医疗健康"发展的指导意见》（国办发〔2018〕26号），根据该指导意见精神，各地陆续出台了互联网医疗、远程医疗、互联网医院管理规范，从操作层面，厘清了远程医疗与互联网医疗的界限。2018年，国家卫生健康委发布《远程医疗服务管理规范（试行）》（国卫医发〔2018〕25号），进一步明确了远程医疗服务的管理要求，包括医疗机构的准入与退出机制、服务流程、质量控制、安全管理等方面的内容，为远程医疗服务的规范化发展提供了依据。

2019年，全国人大常委会通过了《中华人民共和国基本医疗卫生与健康促进法》，其中明确规定国家采取措施，推进医疗卫生机构建立健全医疗卫生信息交流和信息安全制度，应用信息技术开展远程医疗服务，构建线上线下一体化医疗服务模式。2021年，全国人大常委会通过了《中华人民共和国医师法》，并将远程医疗纳入该法，其规定国家支持医疗卫生机构之间利用互联网等信息技术开展远程医疗合作。

从时间维度看，国际上"远程医疗"曾被用来专门指代临床医生之间通过通信设备进行医疗服务活动，这种活动通常是双向的。近年来，随着互联网、通信技术的高速发展，国际远程医疗（telemedicine）的概念和内容也发生了重大的变化，远程医疗已从原来的医生之间的医疗活动逐步扩展到医生与医生、医生与患者、供应商和患者等多种形式。从地域维度看，各个国家、地区及组织对远程医疗的定义和涵盖范畴也存在较大差异。世界卫生组织（WHO）对远程医疗的定义更倾向于广义"远程健康"（Telehealth）的概念，其中跨越远距离医疗服务是关键因素。欧盟远程健康信息协会（EHTEL）对远程医疗的定义概念与WHO类似。而美国远程医疗协会虽然也认为远程医疗基本等同于远程健康，但它对远程医疗的定义更侧重于传统"远程诊疗服务"的概念，更注重突出远程信息技术在诊疗服务中发挥的作用。我国对远程医疗的概念界定与美国ATA类似，认为向医疗机构外的患者直接提供的诊疗服务，也属于远程诊疗服务范畴，但在具体操作中，其对远程医疗的定义更加狭义，一般仅限于医疗机构之间发生的借助信息技术开展的诊疗活动。

随着信息化技术与医疗健康服务的深度融合发展，远程医疗服务范围逐步扩大，已不单单是远距离的医疗服务，而是远距离的与健康相关的服务，包括远程医疗、远程教育、远程医学信息共享、远程监护等[1]，而在我国则统称为远程医疗。索德（Sood S.）等学者在《远程医疗与电子健康》（Telemedicine and e-health）期刊上综述了 104 个同行的评议观点和理论基础，认为远程医疗本质就是为解决医疗基础设施和人力资源不均问题，利用通信网络技术从一个地理位置到另一个地理位置提供医疗保健和医学教育服务[2]。在我国，根据《远程医疗服务管理规范（试行）》（国卫医发〔2018〕25 号），远程医疗服务是某医疗机构（邀请方）邀请其他医疗机构（受邀方），运用通信、计算机及网络等信息化技术，为邀请方患者诊疗提供技术支持的医疗活动，包括远程会诊、远程诊断（如医学影像、病理、心电）等。

（二）远程医疗服务分类

从远程医疗服务模式看，按照电子商务模式的分类方式，可将远程医疗分为 B2B（business to business）、B2C（business to customer）两种：B2B 远程医疗模式是指医疗机构之间通过远程会诊等形式对患者的病情进行讨论，以寻找最优治疗方案。B2B 远程医疗模式不仅是国际远程医疗服务中的常见模式，也是远程医疗的初始服务模式，且是我国目前主流的远程医疗模式。B2C 远程医疗模式是指患者方自主上传自己的医疗健康相关数据，远程诊疗医生通过远程设备进行视频诊疗、健康管理和检测，患者可通过在线预约和在线支付完成相关流程。目前，远程医疗服务模式已逐渐由医院间进行（B2B）向医院与患方（B2C）发展。

从远程医疗的功能看，将远程医疗分为远程会诊与治疗、远程医疗教育、远程监控与急救三类。远程会诊与治疗是远程医疗的主要服务内容，申请会诊医生或患者需将与患者相关的信息传送给会诊专家，并借助通信设备进行可视化交流。远程医疗教育是指将疾病资料和治疗方案通过远程医疗系统传递给更多的医疗卫生工作者，为基层医务人员提供所需的指导

---

[1] Marcin JP, Shaikh U, Steinhorn RH. Addressing health disparities in rural communities using telehealth [J]. Pediatric Research, 2016, 79: 169–176.

[2] Sood S, Mbarika V, Jugoo S, et al. What is telemedicine? A collection of 104 peer-reviewed perspectives and theoretical underpinnings [J]. Telemedicine and e-health, 2007, 13 (5): 573–590.

意见和最新的医疗信息，实现传统教育方式无法实现的"言传身教"式的知识积累与传承。远程医疗教育促进了各级医务人员与医疗机构之间的信息交流与沟通，实现了医学知识的传播与互动。远程监控与急救远程监测，是指利用远程监控装置日夜不停地实施医疗监控，并把数据传输给医护人员，并在检测到异常或紧急情况时，触发报警，联动专业急救团队，实现快速响应和高效救援的系统性解决方案。

根据所传送信息的时间安排和所涉及个人之间（卫生保健专业人员对卫生保健专业人员或卫生保健专业人员对病人）的互动，远程医疗应用可分为两种基本类型：存储—转发或非同步方式的远程医疗涉及在不同的时间在两个或两个以上个人之间交换预先记录的数据。与此相对的是实时交互或同步方式，远程医疗需要所涉及的患者个体同时在场，即时交换信息，就和视频会议的情况一样。该种模式是比较普遍采用的远程医疗服务模式，其能够实现医疗服务提供者和患者之间的实时双向传输。在同步和非同步远程医疗中，相关信息都可能以文字、音频、视频或静态图像等各种介质传送，适用于各种环境的广泛医疗服务。

（三）远程医疗服务特征

医疗服务具有无形性、不可存储性、顾客参与性、医疗服务价格弱弹性、信息不对称性等多项特征。与传统医疗服务行为相比，远程医疗也具有一些明显的特征。本研究结合远程医疗服务的应用现状，主要从服务选择、服务网络、服务收费、服务质量、服务风险性等方面对远程医疗服务特征进行介绍。

1. 医患选择自主性

在传统医疗服务中，医疗服务人员具有绝对的主导权，主要体现在其凭借对病情、症状、诊疗方式及预后等方面专业知识的熟知度，具有更多的发言权；而患者往往因为专业知识上和医生存在差距，而处于劣势地位。与传统医疗服务相比，邀请方远程医疗服务医生或患者能够根据患者病情，有针对性地选择受邀方远程医疗服务人员，并可自主性选择远程诊疗方案的实施与否，其具有根据远程医疗的服务内容、风险、费用等情况来选择是否接受治疗的权利。

2. 服务网络依赖性

传统医疗服务不具有网络依赖性。医疗服务人员可以根据实际需要实施诊疗行为，不需要或者很少需要借助互联网、远程通信等技术来进行诊断和治疗。然而，远程医疗服务具有非常强的网络依赖性。远程医疗的实施均以借助网络通信为基础开展，依靠通信网络连接了医生与医生、医生与患者、患者与服务商等不同服务主体。目前，远程医疗主要应用网络包括 ATM 通信网络、SDH 通信网络、ISDN 通信网络、B-ISDN 通信网络、XDSL 通信网络、HFC 和有线电视网、卫星网络等。

3. 医疗关系地域性

传统医疗关系仅限于面对面发生，不可以跨地域发生。在传统医患关系中，尽管医疗服务提供者和患者双方可以是跨地域的，但是医疗关系发生一定是面对面的。不同的是，远程医疗服务的医疗关系具有跨地域性。远程医疗主要是为了解决偏远地区优质医疗资源匮乏的问题，通过远程医疗可以将发达地区的医疗资源通过网络辐射到偏远地区，实现跨区域的医疗资源流动。在诊疗过程中，患者、医生、医疗机构、设备供应商等可以是多个地区甚至是多个国家的，这就构成了医疗关系的跨地域流动。

4. 利益主体多样性

传统医疗关系的法律主体是医方和患方，不存在第三方介入。实际上，远程医疗服务的利益相关方较为复杂，且具有多样性。远程医疗关系涉及远程医疗服务邀请方、远程医疗服务受邀方、患者等多方主体，且由于需要网络支撑，还需要网络经营者、远程设备提供方等多方参与。

5. 远程医疗服务收费性

根据国家医疗保障局颁布的《关于完善"互联网+"医疗服务价格和医保支付政策的指导意见》（医保发〔2019〕47号），远程医疗服务价格按医疗机构经营性质进行分类管理。该政策表明依托实体公立医院构建远程医疗机构提供的"互联网+"医疗服务，与该机构提供的线下医疗服务执行相同的收费价格，且同属于医保报销范围，其服务收费相对低廉。然而，公立医院提供的不属于医保报销范畴的个人自费远程医疗项目，其价格实行市场调节，费用相对较高。例如，满足个性化、高层次需求的服务以及向境外提供的医疗服务。此外，由私立医院和互联网企业等第三方机构提供的远程医疗服务，不属于医保报销范畴，其价格实行市场调节机制，患者需要自付所有费用。目前，对于自费的远程医疗服务项目，其价格尚未形成统一市场标准，服务价格差异较大。远程医疗服务定价标准不一，容易造成患者对远程医疗的不信任，阻碍远程医疗的可持续发展。实际上，关于远程医疗服务价格方面的研究非常有限，而本研究提出的远程医疗服务技术劳务价值评价体系能够为远程医疗服务定价和服务人员薪酬待遇制定提供理论依据。

6. 服务质量性

医疗服务质量（技术水平）是影响患者就医选择行为的主要因素之一，客观的质量评定包含医护人员服务效率、治疗方案效果、手术失败率、误诊率、医院管理效益等一系列科学指标，主观的质量评定则主要指患者对医疗服务质量的感知。其中，远程医疗服务误诊率是指因采用远程医疗服务方案，而导致患者疾病未得到有效治疗，给患者生理或心理上带来不必要的痛苦和折磨。在远程医疗服务过程中，医生与患者通过互联网通信设备进行沟通，缺少面对面沟通，且医生无法对患者进行触诊和必要的检查，容易导致医生在诊疗过程中出现误判，最终造成对患者的误诊。对患者个体而言，其误诊率不仅由医疗机构服务质量和技术水平决定，同时也受到患者疾病复杂程度的影响。通过给患者匹配合适质量安全等级的医疗服务，则能够降低患者的误诊率，同时也能避免解决疑难杂症的医疗服务资源被常见疾病诊疗服务占用，造成医疗服务资源的浪费。

7. 医疗服务风险性

远程医疗的在线服务方式虽可为患者提供方便快捷的就医渠道，但其也存在诸多风险：一是远程医疗软件系统、行业规范方面尚未形成完善的标准化体系，例如，患者信息记录和医疗机构信息共享缺乏统一标准，使得不同医疗机构进行信息交换时，存在错误转换的风险；二是医生和患者以及医生之间通过网络技术沟通时，容易存在信息不对称或对信息理解的偏差，将会导致医生误判，造成严重的医疗事故；三是在服务过程中，网络的不稳定或传输信息不全面甚至有误时，也会导致医生的误诊、漏诊等,而由网络的不确定性造成的远程医疗事故将会更加难以处理;四是患者的基本信息和电子病历等通过网络进行存储和共享时,患者隐私保护也面临着更大的挑战。

远程医疗服务涉及双方或多方之间的协作,远程医疗不同参与主体之间的法律责任承担缺乏明确的规定,使得与远程医疗相关的医患纠纷和法律归责等更为复杂。虽然我国出台了一系列远程医疗相关法律法规,但这些法律法规仍存在不健全的地方。为降低服务风险性,远程医疗服务往往与线下医疗服务相互配合,患者首先到基层医疗机构进行初步诊断,然后由基层医生转诊到远程医疗机构,在基层医生的指导下开展远程医疗服务,从而降低了远程医疗的误诊率。各国大力推进远程医疗在慢性疾病复诊方面的应用,为患者提供基于已有诊断资料的线上复诊,这在一定程度上降低了远程医疗服务的风险。此外,在远程医疗应用的初期,医生可以与患者签署线上就医服务协议,并在服务过程中录制实时的视频和音频,从而保障医疗服务活动的可追溯性,减少医患纠纷,并降低相关法律风险。

二、技术劳务价值

(一)劳务概述

劳动是马克思主义政治经济学的实质,整个科学的马克思主义理论体系均是建立在对劳动的分析和研究的基础之上的。[①] 劳动包括商品生产劳动和服务劳动,以往的理论研究多定义劳动为商品生产劳动,而忽视了服务劳动。随着服务业在各国国民经济中的地位迅速上升,狭隘的劳动观念已无法解释现实的经济问题,需要对服务劳动的研究进行补充,以完善劳动的内涵。

根据马克思主义政治经济学理论观点,除了以商品形式存在的消费品外,还有以服务形式存在的消费品。而这种"以服务形式存在的消费品"

---

① 成会民. 对劳动的理解是发展马克思经济学的起点[J]. 求是学刊,1988(3):49 - 53,33.

则称为劳务。服务是无形商品，例如，医疗护理服务、理发服务、运输服务（铁路、汽车、航空等）以及房屋使用。一般地，经济学家把这种由服务劳动提供的"无形商品"称为劳务。马克思主义政治经济学将劳务界定为可以用来交换的劳动产品。其中，将劳务与服务分开辨析，认为服务是以人为劳动对象的劳动活动，可以是无偿的也可以是有偿的，而劳务是服务劳动所生产的用于交换的特殊产品①。

根据劳务词条解释，劳务是指以活劳动形式为他人提供某种特殊使用价值的劳动，其有狭义劳务和广义劳务之分。狭义劳务不留下任何可以触摸的、同提供这些服务的人分开存在的结果，如教师、律师、医生等人员提供的知识技能服务。广义劳务除了包括狭义劳务之外，还包括所提供的使用价值附着于物质产品之中，体现为商品形式，如厨师、修理师、裁缝等人员提供的有实物的服务。②

本书将劳务界定为一切由劳动所生产的、以服务形式存在的特殊商品，如提供知识、技能服务的远程医疗服务。技术劳务商品不是以物化的形式存在的，而是在生产、劳动、服务的全过程中以活劳动（生产过程中脑力和体力的消耗）形式存在的。这种技术劳务商品既可以是满足人们身体与精神上的需要，也可以是满足人们物质生产的需要。

（二）技术劳务价值概述

医疗服务活动具有市场供求交换关系特征，如其含有社会福利性和准公共产品性等③，故又不同于一般商品市场活动规律。医疗服务市场需求弹性小，且供方在医疗服务市场中具有垄断性，易破坏医疗市场规律和损害患者（需方）利益，这需要医疗服务受经济性规制，其作为交换活动中的最显著策略则为价格规制④。价值是价格的基础，价格是价值的表现形式，价格构成中的每个要素都是价值构成中对应部分的货币表现⑤。

---

① 何小锋. 劳务价值论初探 [J]. 经济研究, 1981 (4): 47-54.
② 袁中文. 营改增后增值税相关术语探析 [J]. 财会通讯, 2018 (1): 125-126.
③ 刘强. 市场结构约束下医疗服务价格形成机制与政策优化思路研究 [J]. 价格月刊, 2023 (2): 1-8.
④ 蒋帅. 医疗服务价格形成机制与定价模型研究 [M]. 北京：经济科学出版社, 2022.
⑤ 李建平, 安乔治. 价格学原理 [M]. 北京：中国人民大学出版社, 2020.

价值概念较为宽泛，不同领域、不同视角等对其的界定是不一致的，而在经济学领域，劳动价值理论、西方经济学价格价值理论等均对价值进行了权威界定。前者主要是从生产性投入维度来衡量价值，提出了具体劳动创造使用价值，抽象劳动创造价值，而商品价值是由社会必要劳动时间决定，遵循社会平均的劳动熟练程度和强度生产商品所需时间，其由不变资本（C）、可变资本（V）和剩余价值（M）构成，而效用价值理论认为价值不是取决于生产商品所耗费的社会必要劳动量，而是取决于物品效用和稀缺性，以及消费者主观心理上感觉到的边际效用；后者主要从市场供求关系维度来衡量价值，用商品均衡价格衡量价值，即"自然价格"等同于价值。有学者综述价值与价格的关系发现，二者的相关程度在90%以上和偏离度基本在15%以下，证实劳动价值对市场价格的决定性支配作用[1]，医疗均衡价格能够反映医疗服务价值。此外，顾客感知价值是指买方感知性能或利益与付出成本的一种权衡，反映为对产品或服务的总体评价。因此，在医疗服务市场中，衡量价值时可以从社会生产投入、供需均衡价格以及主观体验评价等维度展开。

医疗服务技术劳务价值是什么？医疗服务价值是供方提供医疗服务活动付出的劳动结晶[2]，即医疗服务供给价值，包括人员技术劳务价值和设备、耗材、药物等物化价值。其中，医疗服务技术劳务价值是基于医疗服务人员诊疗技术而提供服务的，且提供服务的同时也能反过来提升自身技术服务能力，因而具有培训成本高、知识更新快、脑力消耗大、技术风险高等特征[3]。按照马克思劳动价值论观点，可将远程医疗服务技术劳务价值演化为远程医疗服务提供者开展诊疗活动中所凝结在服务中无差别的人类劳动。医疗服务需求价值则更多是由患者获得医疗服务后的体验感知来体现的，包括其感受到的医疗服务满意度、诊疗结果以及为获得医疗服务

---

[1] 赵峰，张建堡，骆桢. 市场竞争、劳动价值与价格——一个马克思主义的非均衡理论和经验框架［J］. 南开经济研究. 2023（11）：51–71.

[2] 呼倩茹. 基于消费者视角下的商品价值理论探究［J］. 经济师，2014（12）：11–12.

[3] 王静，时涛，王爱敏. 我国公立医院医疗服务价值评估研究［J］. 价值理论与实践，2013（11）：92–93.

所付出的时间、金钱等成本，以及潜在感受到的功能价值、时间价值和经济价值等①。有学者从生命健康权益、经济效益、公益效应和资源消耗四个维度来衡量医疗服务价值②。因此，医疗服务技术劳务价值应该是由基于"医疗服务人员"的服务技术供给价值和需求价值共同决定的，其中服务技术供给价值是理论层面的决定作用，是从供给视角就认定医疗服务本身存在的价值，包括医疗服务技术人员的知识水平和诊疗能力等，这也是患者购买医疗服务的原动力和实现需求价值的驱动力。

医疗服务技术劳务价值货币表现为其技术劳务价格，且与医疗服务供给价值和需求价值相匹配。有研究认为健康效用是医疗服务技术劳务的收费依据，而收费标准是医疗服务技术劳务价格的体现形式③。我国医疗服务价格体系由中华人民共和国成立以来严格管制和放权让利下的政府定价模式转变为放管结合下的政府指导价和市场调节价模式④，其在定价和管制中较多地考虑社会福利性和公益性，医疗服务价格主要考虑实物消耗的成本，而以人力资本为主的无形资产未能在医疗服务价格中得到充分体现，进而无法提供性价比较高的价值医疗。基于人力资本定价是一种必然趋势，其基本假设是"人力资本由天赋才能、自我发展、自然造化的内生价值和成长、教育、培训、迁徙、医保等外生价值两部分构成；人力资本的投资主体是个人/家庭、政府和其所在组织的投资，基本是社会义务，可以忽略不计"。在医疗服务中，人力资本价值是指医疗服务人员的劳动力/劳动能力使用价值发挥以后所创造的价值，可理解为"以人为本"的医疗服务技术劳务价值，其是人力资本和物质资本所有者约定契约并作各项扣除以后所应得到的那部分价值⑤。在医疗服务人力资本价格构成中，远程医疗技术劳务价格是最为复杂、最难理顺的价格，表现在远程诊察

---

① 袁晓琴，毛磊，唐娅娅. 公众对中医服务感知价值及就医意愿调查与思考 [J]. 中医药管理杂志，2022，30（3）：65-66.
② 王宁. 医疗服务多维价值分析与医疗资源分配研究 [D]. 上海：上海交通大学，2017.
③ 黎东生，黎馨. 论医疗服务的技术劳务价值及制定技术劳务价格政策的价值取向 [J]. 医学与社会，2017，30（2）：8-10.
④ 蒋帅. 我国医疗服务价格形成机制及定价模型研究——基于激励规制理论的视角 [D]. 武汉：华中科技大学，2018.
⑤ 段兴民. 人力资本定价是一种必然 [J]. 中国人力资源开发，2007（12）：1.

费、远程治疗费等中的人力价值。

如何体现医疗服务合理成本和技术劳务价值是医疗服务价格改革绕不开的核心问题。技术劳务价值依附于医疗服务项目，因而我国学者多遵循国家出台的全国医疗服务价格项目规范，衡量人力成本来体现医疗服务技术劳务价值。医疗服务项目技术难度和风险程度是医疗服务技术劳务价值体现的关键，而当前远程医疗服务高技术与高风险项目占比较低。考虑项目技术难度、风险程度在不同专业系统之间的平衡问题，则拟合技术难度和风险程度，构建体现技术劳务价值的综合劳务技术指数，且对基本人力消耗及耗时、技术难度和风险程度等因素的构成比例进行界定，以体现医务人员的技术劳务价值。

（三）远程医疗服务技术劳务价值概述

远程医疗作为信息化时代的产物，正逐步打破传统医疗的地域限制，为患者提供便捷、高效的医疗服务。在这个过程中，远程医疗服务人员包括医生、护士、医技人员等，其技术劳务价值如何充分体现成为一个不容忽视的话题。从某种程度上说，远程医疗服务人员的技术劳务价值不仅体现在其对患者疾病的诊疗上，更体现在其对医疗资源优化配置的推动作用上。远程医疗服务人员的技术劳务价值主要体现在以下方面。

一是专业知识的应用与传递。远程医疗服务人员通过其深厚的医学知识和专业技能，为患者提供远程咨询、诊断和治疗建议。他们的专业知识是远程医疗服务的基础，能够确保患者得到准确、专业的医疗指导。这种专业知识的应用和传递，是远程医疗服务人员技术劳务价值的重要体现。

二是高效便捷的医疗服务。远程医疗打破了地域限制，使得患者无须亲自前往医院就能获得专业医生的诊疗服务。医疗服务人员通过远程平台，可以迅速响应患者的需求，提供及时、高效的医疗服务。这种高效便捷的医疗服务，不仅节省了患者的时间和精力，也提高了医疗资源的利用效率。远程医疗服务人员在这一过程中所展现出的技术劳务价值，是传统医疗服务所无法比拟的。

三是个性化治疗方案制定。远程医疗服务人员在了解患者病史、症状及生活习惯等基础上，能够结合自身的专业知识和经验，为患者制定个性化的治疗方案。这种个性化的治疗方案能够更好地满足患者的需求，提高治疗效果。远程医疗服务人员在制定个性化治疗方案时所付出的努力和时间，也是其技术劳务价值的重要组成部分。

四是促进医患沟通与信任。远程医疗平台为医疗服务人员和患者提供了更加私密、安静的沟通环境。在这种环境下，远程医疗服务人员会以积极的服务态度，更加详细地了解患者的病情和需求，患者也能更加放心地向医疗服务人员表达自己的疾病困扰。这种良好的沟通氛围有助于增进医患之间的信任和理解，为治疗方案的顺利实施打下基础。远程医疗服务人员在促进医患沟通与信任方面所发挥的作用，也是其技术劳务价值的重要体现。

五是长期健康管理与疾病预防。远程医疗不仅局限于疾病的治疗，还包括健康管理和疾病预防等方面。远程医疗服务人员可以通过远程平台，为患者提供长期的健康管理建议和指导，帮助患者建立健康的生活方式，预防疾病的发生。这种长期健康管理和疾病预防的服务，对于提高患者的生活质量、降低医疗成本具有重要意义。远程医疗服务人员在这一过程中所提供的专业指导和建议，同样体现了其技术劳务价值。

综上所述，远程医疗服务人员的技术劳务价值具有独特性，体现在多个方面，包括专业知识的应用与传递、高效便捷的医疗服务、个性化治疗方案的制定、促进医患沟通与信任以及长期健康管理与疾病预防等。这些价值的实现，不仅有助于提升远程医疗服务的整体质量，也有助于推动医疗行业的持续发展和进步。然而，如何合理确定远程医疗服务的技术劳务费，如何提高远程医疗服务人员的技术劳务价值的体现等问题，仍需进一步探讨。

第二节 相关理论方法

完善远程医疗服务技术劳务价值决定要素体系是优化我国远程医疗服务价格形成机制和薪酬补偿机制的重要策略。为更好地识别技术劳务价值决定要素，需要有相关理论来支撑，医疗服务成本和劳务价值等理论是本书探索远程医疗服务技术劳务价值决定要素所要阐述的重要理论方法。

一、医疗服务成本相关理论

（一）成本与医院成本

成本是商品或服务价值的重要组成部分，当人们从事生产经营服务活动以达成某个目标时，则会耗费一定的人力、物力、财力、技术等资源，所耗费资源的货币表现称为成本。从成本类别看，按成本计入方式的不同可分为直接成本和间接成本，直接成本为确定由某一成本核算对象负担的费用，包括直接生产成本和直接计入成本两个方面。按成本与服务量之间的依存关系，可划分为固定成本、变动成本和混合成本，固定成本指的是成本总额在一定时期和一定医疗服务量范围内，不受服务量增减变化的影响而改变的成本；变动成本则是成本总额会随着业务量的变化而产生相对变化的成本；混合成本兼有固定成本和变动成本的特性，即成本总额随着服务量的变动而变动，但是并不保持正比例变动关系，如加班费。按使用情况成本可分为财务成本和管理成本，财务成本是指在生产经营过程中产生的各种与财务决策相关的部分成本，既可以是产品成本，也可以是劳务成本等；管理成本是指行政管理部门为组织和管理生产经营活动而发生的各项费用支出，如办公费、邮寄费等。

远程医疗服务是医院提供远距离医疗服务的新模式，消耗医院的资源成本。一般地，医院成本是指医院在预防、医疗、康复等医务服务过程中所消耗的物质资料价值和必要劳动价值的货币表现，包括人力资源耗费，房屋及建筑物、仪器设备、卫生材料等有形资源耗费，以及专利权、著作权等无形资源耗费等。从成本类别划分看，同样可以按照计入成本的核算对象，分为直接成本和间接成本；按照成本属性，分为固定成本和变动成本。按照资本流动性分为资本性成本和非资本性成本，其中资本性成本是指医院长期使用的，其经济寿命将经历多个会计年度的固定资产和无形资产的成本，包括固定资产折旧和无形资产摊销费用；非资本性成本是指某一会计年度内医院运营中发生的人员经费、卫生材料费、药品费、提取医疗风险基金和其他运行费用。按照成本核算目的，医院成本可分为医疗业务成本、医疗成本、医疗全成本和医院全成本。

2021年财政部发布的《事业单位成本核算具体指引——公立医院》（财会〔2021〕26号）中明确指出"医院可以根据成本信息需求多维度、多层次地确定成本核算对象"。按照成本核算对象分类，可分为科室成本、诊次成本、床日成本、医疗服务项目成本、病种成本、按疾病诊断相关分组（diagnosis related groups，DRG）成本。医院应当根据国家规定的成本核算口径设置成本项目，并对每个成本核算对象按照成本项目进行数据归集。成本项目是指将归集到成本核算对象的按照一定标准划分的反映成本构成的具体项目。医院成本项目包括人员经费、卫生材料费、药品费、固定资产折旧费、无形资产摊销费、提取医疗风险基金、其他运行费用7大类。其中，人员经费是指医院在职员工实际发生的所有支出，包括员工的工资、津贴补贴、奖金和其他各项补助等；卫生材料费是指医疗工作过程中所消耗的一系列相关卫生材料，例如，酒精、纱布、针管等；药品费是指医生在医疗活动中所使用或出售的药品费用；固定资产折旧费是指医院所拥有的房屋或者设备在使用过程中计提的折旧费，按照医院实际固定资产的构成进行费用细分；无形资产摊销费是指医院拥有的著作权、土地使用权等的摊销成本；提取医疗风险基金是指被用于支付医院购买医疗风险保险所发生的支出或实际发生的医疗事故赔偿的资金；其他费用是指医院在职员工进行医疗活动或其他辅助活动所产生的各项费用，例如，水电费、物业管理费等。

（二）医院成本核算

1. 医疗服务项目成本核算

医疗服务项目成本核算是指以各科室开展的医疗服务项目为对象，归集和分配各项费用，计算出各项目单位成本的过程。医疗服务项目成本核算分两步开展：首先确定医疗服务项目总成本，其次计算单个医疗服务项目成本。应当以临床服务类和医疗技术类科室二级分摊后成本剔除药品成本、单独收费的卫生材料成本作为医疗服务项目总成本，采用作业成本法、成本当量法、成本比例系数法等方法计算单个医疗服务项目成本。

（1）作业成本法。

作业成本法是指通过对某医疗服务项目所有作业活动的追踪和记录，计量作业业绩和资源利用情况的一种成本计算方法。该方法以作业为中心，以成本动因为分配要素，体现"服务消耗作业，作业消耗资源"的原则。提供某医疗服务项目过程中的各道工序或环节均可视为一项作业。成本动因分为资源动因和作业动因，主要包括人员数量、房屋面积、工作量、工时、医疗服务项目技术难度等参数。作业成本法按照以下步骤开展核算：第一步，划分作业。在梳理医院临床服务类科室和医疗技术类科室医疗业务流程的基础上，将医疗服务过程划分为若干作业。各作业应当相对独立、不得重复，形成医院统一、规范的作业库。第二步，直接成本归集。将能够直接计入或者计算计入到某医疗服务项目的成本直接归集到医疗服务项目。第三步，间接成本分摊。将无法直接计入或者计算计入到某医疗服务项目的成本，首先按照资源动因将其分配至受益的作业，再按照医疗服务项目消耗作业的原则，采用作业动因将作业成本分配至受益的医疗服务项目。

（2）成本当量法。

成本当量法是指在确定的核算期内，以科室单元为核算基础，遴选典型的医疗服务项目作为代表项目，其成本当量数为"1"，作为标准当量，其他项目与代表项目进行比较，进而得到其他项目各自的成本当量值，再计算出各项目成本的方法。成本当量法按照以下步骤开展核算：第一步，选取代表项目。确定各科室单元典型项目作为代表项目，将其成本当量数设为"1"。第二步，计算科室单元的总当量值。首先，以代表项目单次操作的资源耗费为标准，将该科室单元当期完成的所有医疗服务项目单次操作的资源耗费分别与代表项目相比，得出每个项目的成本当量值。其次，每个项目的成本当量值乘以其操作数量，得出该项目的总成本当量值。最后，各项目总成本当量值累加得到该科室单元的成本当量总值。第三步，计算当量系数的单位成本。第四步，计算项目单位成本。

当量系数的单位成本 =（该科室单元当期总成本 - 药品成本 - 单独收费的卫生材料成本）/ 该科室单元的成本当量总值

项目单位成本 = 当量系数的单位成本 × 该项目的成本当量值

(3) 成本比例系数法。

成本比例系数法是指将归集到各科室单元的成本,通过设定某一种分配参数,将科室单元的成本最终分配到医疗服务项目的计算方法。核算方法主要有收入分配系数法、操作时间分配系数法、工作量分配系数法。其一,收入分配系数法。将各医疗服务项目收入占科室单元总收入(不含药品收入和单独收费卫生材料收入)的比例作为分配成本的比例。其二,操作时间分配系数法。将各医疗服务项目操作时间占科室单元总操作时间的比例作为分配成本的比例。其三,工作量分配系数法。将各医疗服务项目工作量占科室单元总工作量的比例作为分配成本的比例。

2. 病种成本核算

病种成本核算是指以病种为核算对象,按照一定流程和方法归集相关费用,计算病种成本的过程。医院开展的病种可参照临床路径和国家推荐病种的有关规定执行。病种成本核算方法主要有自上而下法(top-down costing)、自下而上法(bottom-up costing)和成本收入比法(cost-to-charge ratio,CCR)。

(1) 自上而下法。

自上而下法以成本核算单元成本为基础计算病种成本。按照以下步骤开展核算:第一步,统计每名患者的药品和单独收费的卫生材料费用,形成每名患者的药耗成本;第二步,将成本核算单元的成本剔除所有计入患者的药品和单独收费的卫生材料费用后,采用住院天数、诊疗时间等作为分配参数分摊到每名患者;第三步,将第一步和第二步中的成本累加形成每名患者的病种成本;第四步,将同病种患者归为一组,然后将组内每名患者的成本累加形成病种总成本,采用平均数等方法计算病种单位成本。

$$病种总成本 = \sum 该病种每名患者成本$$

$$某病种单位成本 = 该病种总成本/该病种出院患者总数$$

(2) 自下而上法。

自下而上法以医疗服务项目成本为基础计算病种成本。按照以下步骤开展核算:第一步,将医疗服务项目成本、药品成本、单独收费的卫生材料成本对应到每名患者后，形成每名患者的病种成本；第二步，将同病种患者归为一组，然后将组内每名患者的成本累加形成病种总成本，采用平均数等方法计算病种单位成本。

$$某患者病种成本 = \sum（该患者核算期间内某医疗服务项目工作量 \times 该医疗服务项目单位成本）+ \sum 药品成本 + \sum 单独收费的卫生材料成本$$

$$病种总成本 = \sum 该病种每名患者成本$$

$$某病种单位成本 = 该病种总成本 / 该病种出院患者总数$$

（3）成本收入比法。

成本收入比法以服务单元的收入和成本为基础计算病种成本，通过计算医院为患者提供的各服务单元的成本收入比值，利用该比值将患者层面的收入转换为成本。按照以下步骤开展核算：第一步，计算各服务单元的成本收入比值；第二步，计算患者的病种成本；第三步，将同病种患者归为一组，然后将组内每名患者的成本累加形成病种总成本，采用平均数等方法计算病种单位成本。

$$某服务单元成本收入比 = 该服务单元成本 / 该服务单元收入$$

$$某患者病种成本 = \sum 该患者某服务单元收入 \times 该服务单元成本收入比$$

$$病种总成本 = \sum 该病种每名患者成本$$

$$某病种单位成本 = 该病种总成本 / 该病种出院患者总数$$

（三）成本管理理论

1. 成本管理理论基本内容

成本管理理论是一种管理理念和方法体系，医院成本管理是从成本效益的角度出发，采用科学的手段优化医疗资源配置，提高医疗资源效益。成本管理理论主要分为七个部分，分别为成本预测、成本决策、成本计划、成本核算、成本控制、成本分析和成本考核。

成本预测是成本控制的起点。通过分析历史成本数据、市场趋势、生产技术等因素，对未来成本水平及其变化趋势做出科学的估计；在成本预测基础上，成本决策需要对各种成本方案进行比较和选择。医院成本预测是指医院成本管理相关人员在预算编制前根据医院历史成本数据、医院发展规划和外部经济环境，运用科学的方法合理估算一定时间内医院的成本目标、成本水平和成本变化趋势。

成本决策管理者还要根据既定的目标收集成本信息和制定可行性方案，运用科学的决策方法，选定一个提高经济效益的最佳方案，在这个过程中不仅需要分清可控与不可控因素，还需要确定成本管理的思路和方法，相关决策者在进行成本决策时要对医院整个经营管理流程进行分析和总结，尽量使决策更加科学，以降低成本损失。

成本计划是根据成本决策所确定的目标，具体规划在一定时期内为完成生产经营任务所需的成本，它是成本控制的行动纲领。医院与各科室的有效沟通以及制订成本计划的流程决定了成本计划的质量，在制订成本计划前，医院要向各科室明确医院年度总目标以及整体规划，通过建立科室反馈渠道，及时了解各科室的实际情况，根据反馈情况做出合理调整以保证成本预算的有效实施。

成本核算是对生产经营过程中实际发生的成本进行分配和归集以及计算和记录。成本核算通常以会计核算为基础，以货币为计算单位。成本核算是成本管理的重要组成部分，其对于医院成本预测和运营决策等存在直接影响，需要采用合适的成本核算方法。

成本控制是成本管理理论的核心环节。通过制定成本控制标准，并采取各种控制措施，以确保成本支出不超过预算。在实际操作中，相关负责人会对生产过程中的成本进行实时监控。

成本分析是对成本形成过程和成本升降原因进行分析，会将实际成本与计划成本、上年同期成本等进行对比分析。通过成本分析，可以发现成本管理中的薄弱环节。

成本考核是对成本控制效果的评价。建立成本考核制度，将成本指标完成情况与员工的薪酬、奖励等政策挂钩。例如，设定了医院各部门的成本降低目标，如果某部门在考核期内成功降低了成本，达到或超过了既定目标，该部门员工就可以获得相应的奖励，如奖金、晋升机会等；反之，如果没有完成成本目标，则可能会受到一定的惩罚，如扣减绩效奖金等。

2. 成本管理理论的发展历程

（1）早期成本控制阶段（19世纪末~20世纪初）。成本管理主要侧重于成本核算。随着工业革命的发展,工厂制度兴起,企业生产规模不断扩大。为了确定产品价格和计算利润,企业开始关注成本计算。当时主要采用实际成本法,即对生产过程中的实际材料成本、人工成本等进行记录和计算。

(2)标准成本控制阶段(20世纪初~20世纪中叶)。泰罗制的出现推动了标准成本管理理论的发展。企业开始制定标准成本,即预先确定在正常生产条件下制造单位产品所需要的成本标准。例如,在机械制造企业中,通过对机器设备的性能、工人的操作熟练程度等因素进行分析,制定出生产一个零件的标准材料用量、标准工时等标准成本,并将实际成本与标准成本进行对比,分析差异并采取措施进行成本管控。这种方法使得成本控制更加科学化和规范化。

(3)现代成本控制阶段(20世纪中叶至今)。现代成本控制不仅关注生产成本,还包括了产品生命周期成本,即从产品设计、生产、销售、使用到报废的全过程成本。例如,在远程医疗服务阶段,医院就会考虑如何通过优化设计来降低未来的人员服务成本、维修成本和使用成本。同时,作业成本法等先进的成本核算和控制方法也得到了广泛应用,这些方法能够更准确地将间接成本分配到产品或服务中,为医院的成本管理提供更精准的数据支持。

二、远程医疗服务成本管理

(一)远程医疗成本管控流程

1. 需求评估与规划阶段

(1)确定远程医疗服务范围。详细分析医疗机构的临床需求,确定哪些科室、哪些疾病类型或医疗场景适合开展远程医疗服务,例如,远程会诊(针对疑难病症)、远程监测(如慢性病患者的生理指标监测)、远程诊断(如影像诊断、病理诊断、心电诊断)等,避免盲目开展导致资源浪费。

(2)技术选型与预算规划。对不同的远程医疗技术方案进行调研和比较，包括视频会议系统、远程监测设备、电子病历传输平台等。考虑技术的稳定性、兼容性、易用性以及数据安全等因素，同时结合成本效益分析，选择性价比高的技术产品和服务提供商。根据选定的技术方案，制订详细的预算计划，包括硬件设备采购（如计算机、服务器、摄像头、传感器、医疗监测仪器等）、软件授权费用、网络通信费用、系统集成与安装调试费用、人员培训费用等，确保预算全面且合理，明确各项费用的上限和支付周期。

（3）人员与组织架构规划。确定远程医疗服务所需的人员角色和职责，如远程医疗协调员、技术支持人员、医学专家等。评估现有人员能否兼职承担部分职责，对于需要专门招聘的新员工，需要计算人力成本的增加幅度。建立远程医疗管理团队或部门，明确其组织架构和工作流程，确保各环节之间的协同高效，避免因管理不善导致成本上升，例如，重复工作或沟通不畅造成的时间和资源浪费。

2. 成本管控实施阶段

（1）技术采购与部署。按照预算和技术选型方案，进行硬件设备的采购和软件系统的部署。在采购过程中，通过招标、谈判等方式争取最优惠的价格和付款条件，同时确保设备和软件的质量和售后服务。对于网络通信服务，与电信运营商或云服务提供商签订合同，根据实际需求选择合适的带宽和服务套餐，定期评估网络使用情况，及时调整套餐以避免资源闲置或超支。在系统集成和安装调试阶段，严格把控工程进度和质量，避免因项目延期导致额外的人力和时间成本。进一步要求技术供应商提供详细的项目计划和进度报告，及时解决出现的问题。

（2）人员培训与能力提升。组织远程医疗相关人员参加培训课程，包括系统操作培训、医学知识与远程医疗规范培训等。可以采用内部培训和外部专家培训相结合的方式，提高培训的效果和效率，降低培训成本。建立人员培训考核机制，确保员工在培训后能够熟练掌握相关技能和知识，避免因操作不当或违规行为导致医疗事故或设备损坏，从而产生额外的成本。鼓励员工不断提升自身能力，参加相关的学术交流和技术研讨活动，为远程医疗服务的优化和创新提供人力支持，但要合理控制培训和差旅费用。

(3) 试点运行与优化。在全面推广远程医疗服务之前，先选择部分科室或区域进行试点运行。在试点期间，密切关注各项成本指标的变化，如设备故障率、网络通信费用、人力投入等，及时收集患者和医护人员的反馈意见。根据试点运行的结果，对远程医疗系统和服务流程进行优化调整。例如，改进系统界面以提高操作便利性，优化远程会诊的预约和安排流程以减少等待时间和人力协调成本等。通过不断优化，提高远程医疗服务的质量和效率，降低单位服务成本。

3. 运营与监控阶段

(1) 成本数据收集与分析。建立完善的成本数据收集体系，定期统计和汇总远程医疗服务过程中的各项成本数据，包括设备折旧费用（按照设备使用寿命和购置成本计算）、软件维护费用、网络通信费用、人员薪酬福利费用、耗材费用（如远程监测设备的传感器）、医疗纠纷与事故赔偿费用（如有）等。运用数据分析工具和方法，对成本数据进行深入分析，找出成本控制的关键点和潜在的成本节约机会。例如，分析不同科室或地区的远程医疗服务成本差异，找出成本较高的环节并进行原因剖析；分析成本与服务量之间的关系，确定是否存在规模经济效应等。

(2) 服务质量与成本平衡管理。建立远程医疗服务质量评估指标体系，包括诊断准确率、治疗效果评估、患者满意度等。在保证服务质量的前提下，持续寻找降低成本的方法。例如，通过优化远程医疗服务流程，减少不必要的检查环节，降低患者和医疗机构的时间成本和经济成本；合理安排远程医疗专家资源，提高专家的工作效率，避免专家资源的浪费。定期对远程医疗服务质量和成本进行综合评估，制定质量改进和成本控制的目标和计划，并监督实施情况。当质量与成本之间出现冲突时，要权衡利弊，在满足基本医疗质量要求的基础上，尽量降低成本。

(3) 供应商管理与合同执行。对远程医疗技术供应商、网络服务提供商、耗材供应商等进行定期评估和管理。检查供应商是否按照合同约定提供服务和产品，包括服务质量、响应时间、产品质量等方面。对于不符合要求的供应商，及时采取措施，如要求整改、扣除违约金或更换供应商等。在合同执行过程中，关注合同条款中的价格调整机制和续约条款。根据市场变化和服务需求的调整，及时与供应商协商价格调整事宜，确保在合同期内获得合理的价格优惠。在合同续约时，重新评估供应商的性价比，考虑是否更换供应商或重新谈判合同条款以降低成本。

4. 成本控制策略调整与优化

据成本数据收集与分析、服务质量评估以及供应商管理等方面的结果，及时调整和优化远程医疗成本控制策略。在保证远程服务正常开展的前提下，如果发现某类远程医疗服务的设备使用率较低，可以考虑减少设备数量或采用共享设备的方式降低设备购置和维护成本；如果网络通信费用超出预算，可以通过优化网络架构、压缩数据传输量等方式降低费用。持续关注行业内远程医疗成本控制的最佳实践和新技术、新方法的应用，及时引进和借鉴适合本医疗机构的经验和技术，不断创新成本控制模式，提高远程医疗服务的经济效益和社会效益。

5. 评估与改进阶段

（1）定期进行成本效益评估。按照一定的周期（如季度或年度）对远程医疗服务的成本效益进行全面评估。计算远程医疗服务的投入成本，包括上述各项直接和间接成本，同时评估其产生的经济效益，如减少患者转诊成本、提高医疗资源利用率带来的收益、增加医疗机构的服务收入（如通过远程医疗吸引更多患者）等。采用成本效益分析方法，如计算成本效益比（效益除以成本）、净现值（考虑货币时间价值的效益与成本差值）等指标，评估远程医疗服务的经济可行性和投资回报率。根据评估结果，确定远程医疗服务是否达到预期的成本控制目标和经济效益目标。

（2）问题与不足分析。在成本效益评估的基础上，深入分析远程医疗服务在成本控制过程中存在的问题和不足之处。例如，可能存在技术更新换代导致的设备提前淘汰和成本增加问题；人员培训效果不佳影响服务质量和效率，进而增加成本；成本控制措施执行不到位，如预算超支、资源浪费等现象仍然存在等。组织相关部门和人员召开研讨会，对这些问题进行详细讨论，找出问题的根源和影响因素，为制定改进措施提供依据。

（3）改进措施制定与实施。根据问题分析的结果，制定针对性改进措施。例如，对于技术更新换代问题，可以建立技术预研机制，提前规划设备升级和替换方案，合理安排资金预算；针对人员培训问题，优化培训内容和方式，加强培训后的考核和监督；对于成本控制执行问题，完善成本管理制度和流程,加强内部审计和监督,建立成本控制责任制,将成本控制目标分解到各个部门和岗位,与员工绩效挂钩,增强员工的成本意识和执行力。实施改进措施后,持续跟踪和评估其效果,确保问题得到有效解决,进一步控制和优化远程医疗成本,不断提升远程医疗服务的整体运营水平和经济效益。

综上所述,在成本管理理论的指导下,远程医疗服务产出与成本投入可实现最优状态,避免不必要的远程医疗服务资源投入,使得远程医疗服务体系能够健康稳定、可持续地合理运转,以利于更好地评估远程医疗服务作业流程和服务人员投入状态,为识别远程医疗服务人员技术劳务价值决定要素奠定理论基础。

(二)作业成本法在远程医疗服务中的应用

在现代复杂生产和服务环境下,远程医疗服务成本结构复杂,间接成本占比大,传统成本法可能会导致成本分配不准确。而作业成本法考虑多种成本动因,能够更精确地反映不同作业活动对成本的贡献。以远程医疗为例,传统成本法可能会简单地将设备维护成本按照服务次数平均分配,而作业成本法会考虑到不同设备在不同远程医疗服务中的使用频率、维护难度等因素,将维护成本更合理地分配到具体的服务中,从而提供更准确的成本信息。

1. 基于作业成本法的远程医疗服务成本核算详细步骤

(1)确认和定义作业。在远程医疗环境中,需要详细地识别和定义各种作业活动。例如,对于远程会诊服务,作业可能包括患者预约登记、病历资料收集与整理、专家安排、会诊过程支持(如视频会议技术支持)、会诊报告生成等。对于远程监测服务,作业可能涉及设备安装与调试、数据传输与存储、监测数据分析、异常情况报警处理等。这些作业的定义要足够具体,以便后续能够准确地追踪成本和资源消耗情况。例如,在病历资料收集与整理作业中,要明确是通过电子病历系统手动录入还是自动采集数据,因为不同的方式可能消耗不同的资源和成本。

(2)确定资源成本并分类。明确远程医疗服务所涉及的所有资源成本,包括人力资源成本(如医生、护士、技术人员的工资、福利和培训费用)、设备成本(如远程监测设备、服务器、视频会议设备的购置、折旧、维护和维修费用)、软件成本(如电子病历软件、远程会诊软件的购买、升级和许可费用)、通信成本(如网络带宽租赁费用、数据传输费用)以及其他间接成本(如办公场地租金、水电费等)。进一步将这些资源成本分类归集到相应的资源成本库。例如,将所有与人员相关的成本归集到人力资源成本库,将设备购置和折旧成本归集到设备成本库等。

(3) 识别成本动因。成本动因是将资源成本分配到作业的依据。对于人力资源成本库中的成本,在远程会诊的病历资料收集与整理作业中,成本动因可能是收集的病历数量;在远程监测的数据传输与存储作业中,成本动因可能是传输的数据量或存储的数据时长。对于设备成本库,在远程会诊的视频会议设备使用作业中,成本动因可以是会诊的时长;在远程监测设备安装与调试作业中,成本动因可能是安装调试的设备数量。通过详细准确地识别成本动因,可以使成本分配更加合理。

(4) 将资源成本分配到作业中。根据确定的成本动因,计算每个成本动因的分配率。例如,人力资源成本库的总成本为 100 万元,在病历资料收集与整理作业中,预计要收集 10 万份病历,那么每份病历对应的人力资源成本分配率为 $100/10 = 10$ 元/份。当实际进行病历收集作业时,若收集了 5000 份病历,那么分配到该项作业的人力资源成本就是 $5000 \times 10 = 5$ 万元。按照同样的方法,将各个资源成本库中的成本分配到所有定义好的作业中。

(5) 将作业成本分配到产品或服务中。在远程医疗服务中,产品或服务主要是各种远程医疗项目,如远程会诊服务、远程监测服务等。计算每个产品或服务所消耗的作业成本。例如,一次远程会诊服务消耗了患者预约登记作业成本 5 元、病历资料收集与整理作业成本 30 元、专家安排作业成本 100 元等,将所有这些作业成本相加,就得到了一次远程会诊服务的作业成本。通过这种方式,可以准确地计算出每种远程医疗服务的成本。

2. 作业成本法在远程医疗成本控制中的详细应用

(1) 成本分析与定价决策。通过作业成本法准确计算出远程医疗服务的成本后,可以进行详细的成本分析。例如,分析不同作业环节对总成本的贡献程度,发现远程监测服务中数据传输与存储作业成本占比较高,可能是由于数据量过大或者网络费用过高导致的。这有助于在定价决策时,根据成本结构合理定价。对于成本较高的服务，可以适当提高价格或者寻找降低成本的方法，如优化数据传输协议以减少数据量，从而降低网络费用。同时，也可以比较不同远程医疗服务之间的成本差异，以便为资源分配和业务拓展提供决策依据。

（2）流程优化与成本控制。作业成本法可以帮助识别远程医疗服务流程中的低效环节。例如，在远程会诊的患者预约登记作业中，如果发现成本较高，可能是因为人工操作烦琐，需要多次沟通以确认患者信息。可以通过引入自动化的预约系统，减少人工干预，降低成本。同时，根据成本动因分析，可以合理控制资源的投入。如发现某种远程医疗设备的使用频率较低（成本动因较低），可以考虑减少设备数量或者与其他机构共享设备，从而降低设备购置和维护成本。

（3）绩效评估与资源管理。对于远程医疗服务中的各个部门或岗位，可以根据其作业成本的控制情况进行绩效评估。例如，技术部门负责的视频会议设备维护作业，如果能够在保证设备正常运行的情况下降低维护成本（通过合理的维护计划和资源配置），则可以认为其绩效较好。从资源管理角度，作业成本法可以帮助管理者清楚地了解资源在各个作业中的分配情况。例如，若发现人力资源在某些非核心作业环节（如一些可以自动化的数据录入作业）占用过多，则可以进行资源调整，将人力资源更多地投入高价值的作业环节，如专家会诊等，从而提高资源利用效率。

三、医疗服务技术劳务价值理论

（一）劳务价值理论

1. 劳务价值理论发展过程

古典经济学派的代表人物亚当·斯密、大卫·李嘉图等对劳务价值理论进行了初步探讨。斯密认为，劳务价值取决于劳动者的技能、勤劳程度和所需培训时间。李嘉图则从劳动价值论出发，认为劳动者的工资取决于劳动生产率。然而，古典经济学派的劳务价值理论存在一定的局限性，如未能充分认识到劳动力市场的不完全竞争、技能差异等因素对劳务价值的影响。新古典经济学派以边际效用理论为基础,对劳务价值进行了重新诠释。代表人物如阿尔弗雷德·马歇尔、欧文·费雪等,他们认为劳务价值取决于消费者对劳务的边际效用和供给者的边际成本。新古典经济学劳务价值理论在解释市场交换、价格形成等方面具有较强的解释力,但忽视了制度、文化等非市场因素对劳务价值的影响。制度经济学派关注制度对劳务价值的影响,代表人物如道格拉斯·诺思(Douglass North)、罗纳德·科斯(Ronald Coase)等。他们认为,制度安排决定了劳务市场的交易成本,进而影响劳务价值。制度经济学劳务价值理论为分析我国转型期劳务市场问题提供了有益启示,但如何准确衡量制度因素对劳务价值的影响仍需深入研究。

马克思在批判继承古典经济学劳动价值论的基础上,提出了剩余价值理论。他认为,劳动力商品的价值取决于劳动者维持自身及家庭所需的生活资料价值,而劳动过程中创造的价值超过劳动力价值部分即为剩余价值。根据这一理论,商品的价值是生产商品所需的人类劳动的总和,价值是劳动者脑力及行动力的消耗与产出。他在劳动价值理论中还表示,社会必要劳动时间在一定程度上决定了商品的价值,即在标准的生产条件下,现实社会情况下需要的实际劳动量是以达到社会平均生产效率所要付出的劳动时长所决定的。随着生产技术的娴熟,劳动生产率会随之提高,生产的商品所消耗的社会劳动时间也会逐渐减少。此外,劳动者也可以在市场中以相同或以能够承受的价值量程度范围内进行商品置换,所消耗的置换价格也是其价值体现。劳动价值理论是以形成商品的过程为出发点,从商品形成所需要的价值量的多少表达了商品价值的内涵,并阐述了支配产品生产和交换的价值规律。

价值规律是商品生产和商品交换的基本规律,是市场经济的基本规律。具体来说,价值规律的基本内涵表征为以下三个方面。第一,商品的价值量由生产商品的社会必要劳动时间决定;第二,商品交换按照包含在商品中的劳动量进行等价交换;第三,耗费在某种商品总量上的劳动的总量,必须同这种商品的社会需要的量相适应。然而,当前公立医院高质量发展进程中的基本价值规律缺失,成为公立医院经济管理精细化进程的关键制约因素,主要表现为:医疗服务价格偏低不利于医院可持续发展、医务人员薪酬偏低难以调动工作积极性与损害执业尊严、药品流通引致药价虚高造成医院扭曲激励、医保支付方式改革加重公立医院现金流量负担、政府财政补偿不足可能导致过诊过治等方面。因此，本书通过研究医生技术劳务价值的影响因素，为政府和医疗机构逐步调整医疗服务价格、建立科学的现代化薪酬机制提供参考。

2. 劳务价值理论的发展趋势

在知识经济时代，知识劳动成为价值创造的重要来源。劳动价值理论需要关注知识劳动的特点，探讨知识劳动者在价值创造中的地位和作用。医疗服务人员的知识劳动具有鲜明的特点，如创造性、不确定性和难以量化性。医疗服务人员在诊疗过程中需运用专业知识和丰富经验，针对患者病情制订个性化创新治疗方案，体现了知识劳动的创造性，并且由于医学领域的复杂性和人类生命的多样性，其在诊疗过程中面临诸多不确定性，这使得知识劳动成果的评价和度量变得十分困难。未来，关于医疗服务人员劳务价值理论的发展趋势呈现出以下鲜明特点。

第一，医疗服务人员劳务价值理论逐渐从"数量导向"转向"质量导向"。在过去的医疗体系中，医疗服务人员的工作量是衡量其劳务价值的重要指标。然而，随着医疗技术的飞速发展，医疗服务人员的专业技能和知识水平成为决定其劳务价值的关键因素。因此，未来医疗服务人员劳务价值理论将更加关注其自身的专业素养、临床决策能力以及创新能力，从而推动医疗行业的转型升级。

第二，医疗服务人员劳务价值理论将更加重视"人文关怀"。在传统的医疗模式中，医疗服务人员往往被视为"救死扶伤"的技术工人。然而，随着人们对健康需求的提高，医疗服务人员的人文关怀能力越发受到关注。这种关怀不仅体现在对患者的关爱，还包括对患者家庭的关怀、对医疗团队的协作以及对医疗资源的合理配置。因此，未来医疗服务人员劳务价值理论将更加注重医生的人文素养，提升医疗服务的人性化水平。

第三，医疗服务人员劳务价值理论将强调"跨界融合"。在知识经济时代，医疗行业与其他领域的交叉融合成为发展趋势。医疗服务人员不仅要具备专业的医学知识，还需要掌握生物信息学、人工智能、大数据分析等跨学科技能。这使得医疗服务人员能够在医疗服务中发挥更大的作用，提高医疗效率和质量。因此，未来医疗服务人员劳务价值理论将鼓励医生拓宽知识领域，实现跨界融合。

第四，医疗服务人员劳务价值理论将倡导"终身学习"。在知识更新迅速的时代，医疗服务人员需要不断学习新知识、新技术，以适应医疗行业的发展。终身学习成为医疗服务人员提升自身劳务价值的重要途径。未来医疗服务人员劳务价值理论将强调其自身的学习能力，鼓励其通过参加培训、学术交流、国际合作等方式，不断提升自己的专业素养和诊疗技能。

第五，医疗服务人员劳务价值理论将关注"公平性与可及性"。在当前的医疗体系中，医疗服务人员劳务价值的不均衡现象较为严重。为了提高医疗资源的利用效率，未来医疗服务人员劳务价值理论将更加关注公平性与可及性，这包括优化医疗资源配置、缩小区域差距、提高基层医疗服务能力等，使全体人民享有更加公平、可及的医疗服务。

总之，在知识经济时代，医疗服务人员劳务价值理论的发展趋势呈现出质量导向、人文关怀、跨界融合、终身学习和公平性与可及性等特点，这将有助于推动医疗行业的持续发展，提高医疗服务质量，为人民群众提供更加优质、高效的医疗服务。

3. 劳务价值理论的适用性

从远程医疗服务人员技术劳务价值角度来看，劳务价值理论认为医疗服务人员的价值不仅仅取决于其劳动时间，还取决于劳动过程中使用的设备和知识的价值。传统观念认为，医疗服务人员的劳务价值主要体现在诊断和治疗疾病上，然而，这种看法忽略了医疗服务人员在提高患者生活质量、传递健康理念方面所作的贡献。在远程医疗服务中，医疗服务人员的技术劳务价值应从更深层次进行分析。从提高患者生活质量的角度来看，医疗服务人员的劳务价值体现在对患者身心健康的全面关怀。在临终关怀领域，医护人员不仅需要为患者提供缓解痛苦的药物治疗，还要关注患者的心理需求，帮助他们树立正确的生命观。此时，医疗服务的价值已超越了传统的治疗范畴，成为一种传递人文关怀、弘扬人道主义精神的价值创造活动。此外，远程医疗服务过程中的传播健康理念、引导公众养成健康生活方式方面的劳务价值也不容忽视。如今，慢性病已成为威胁人类健康的主要因素，而这些疾病的发生在很大程度上与不良生活习惯有关。远程医疗通过开展健康教育、普及健康知识，引导公众改变不良生活习惯，预防疾病的发生。这种劳务价值在降低社会医疗成本、提高民众健康水平方面具有重要意义。

总之，远程医疗服务人员的劳务价值体现在多个方面，应多维度、深层次地研究远程医疗服务人员的劳动价值。这不仅包括他们在诊断、治疗疾病方面的贡献，还包括资源使用、提高患者生活质量、传递健康理念等方面的付出。通过深入探讨远程医疗服务医生的劳动价值，有望激发医疗服务人员的工作热情，提高医疗服务质量，为远程医疗健康可持续发展贡献力量。

（二）感知价值理论

感知价值理论最初由瓦拉瑞尔 A. 泽丝曼尔（Valarie A. Zeithaml）于1988年提出，其核心观点是顾客对产品或服务的价值感知，从消费者心理视角，将感知价值界定为顾客所能感知到的收益与其在获取产品或服务时所付出的成本进行权衡后对产品或服务效用的总体评价。其中，感知价值里的收益成分包括显著的内部特性、外部特性、感知质量和其他相关的高层次的抽象概念；感知价值里的成本部分主要包括货币成本和非货币成本，如时间、精力、努力消耗。一般地，顾客感知的风险和成本越大、感知利益越小，其感知价值就越小。顾客感知价值体现顾客对企业提供的产品或服务所具有价值的主观认知，区别于产品和服务的客观价值。

顾客通常将产品质量等内部特性作为价值收益中的主要部分，但总体上衡量价值收益包括产品包装、颜色等外部特性和产品或企业的信誉、便利、形象等更高层次的抽象的利益。产品的内部属性本身可能并不直接与顾客所感知到的价值相关，相反，它们往往要透过产品的外部特性甚至顾客个人所感知的抽象的利益才能得到体现。对于一些对价格感知程度高的顾客，货币付出是关键性因素，减少货币上的支出即增加了感知价值；对于那些对价格感知程度低的顾客，减少时间、精力方面的支出则更能增加感知价值。

理论界对顾客感知价值主要从企业和顾客两个方向开展研究，尽管有学者对顾客感知价值进行了大量长期研究，但尚未形成统一的感知价值概念。归纳分析发现，感知价值具有较强的主观性和不确定性。感知价值是主观的，会因顾客个体的差异性而有所不同，感知价值会受到感知者本身的社会属性特征和经历的影响，最终表达出对产品或服务的主观认知评价。实际上，顾客价值感性认识依赖于顾客进行估价的参照系统，即依赖于进行估价的背景。在不同的购买地点、购买时间、消费时间与地点，顾客对价值的感知都不一样。这意味着顾客感知价值是动态的，会随着情境和时间的变化而发生改变，并且感知价值是个性化的，因人而异，不同的顾客对同一产品或服务所感知到的价值并不相同，这取决于顾客的个人需求、偏好、经验以及期望等因素。

感知价值是指顾客在产品交易过程中感知到的所得利益与付出成本的总体衡量评价。提升顾客感知价值是提供产品或服务的机构的追求目标，只有让顾客感受到价值，他们才会购买产品或服务。从构成顾客感知价值要素看，产品或服务相对价格和质量是两个重要因素，且产品或服务质量的驱动力要大于其价格本身。从顾客感知价值维度划分看，不同学者对感知价值影响因素的划分不同，通常包括功能性价值、情绪性价值、知识性价值、社会性价值和条件性价值，此外还有整体价值、情感价值和功能价值，以及利他价值、形象价值、服务价值、社交价值、质量价值等。尽管对价值的理解有不同的描述，对其维度划分也有不同的看法，但究其本质，感知价值是指可以有效预测行为的主观认知与评价，是促使某种意愿或行为产生的内在驱动力。

因此，在远程医疗服务领域中，本书认为医疗服务人员在参与远程会诊服务过程中主观感知到的价值影响着其满意度，进而影响其是否持续参与远程医疗服务以及服务质量。理论上，医疗服务人员的主观感受评价直接决定着远程医疗服务技术劳务价值。

四、医疗服务行为与质量相关理论

（一）计划行为理论

1. 理论构成要素

计划行为理论（theory of planned behavior，TPB）是由社会心理学家艾

斯克·阿杰恩（Icek Ajzen）提出的一个社会心理学理论，主要用于解释和预测个体的行为意向以及实际行为。其理论主要由行为意向、态度、主观规范、直觉行为控制构成。该理论认为个体的行为意向是行为最直接的前因，而行为意向受到态度、主观规范和知觉行为控制三个因素的影响。

（1）态度（attitude）：它是个体对特定行为的积极或消极评价。这种评价是基于个体对行为结果的信念和对这些结果的价值判断。例如，一个人对锻炼行为的态度取决于他对锻炼所能带来的健康益处（如增强体质、减轻压力）的信念以及他对这些益处的重视程度。如果他认为锻炼能带来很多重要的好处并且很看重这些好处，那么他对锻炼就会持有积极的态度。

（2）主观规范（subjective norm）：它是个体感知到的重要他人（如家人、朋友、同事等）对其执行或不执行某一行为的期望和压力。比如，一个医生对于是否参加远程医疗服务的行为意向，会受到医院期望（医院希望他提高知名度而参加远程医疗服务）和同事态度（同事们都参加远程医疗服务，他会感受到压力）的影响，这些来自他人的期望和压力构成了主观规范。

（3）知觉行为控制（perceived behavioral control）：它是指个体对自己执行某一行为的难易程度的感知。它与个体所拥有的资源（如时间、金钱、技能等）和可能遇到的障碍有关。以学习一项新诊断技能为例，如果一个人觉得自己有足够的时间来学习，有购买学习资料的金钱，并且已经掌握了一些基本的学习技巧（资源），同时没有太多外部干扰（障碍），那么他对学习这项新技术的知觉行为控制就比较强。

2. 计划行为理论的发展过程

理性行为理论（theory of reasoned action，TRA）。计划行为理论是在理性行为理论基础上发展而来的。理性行为理论最早由菲什拜因（Fishbein）和阿杰恩（Ajzen）在1975年提出，该理论主要观点为个体的行为意向是由行为态度和主观规范决定的。例如，在预测邀请方医生使用远程医疗服务意向时，医院会考虑医生对远程医疗服务的喜爱程度（态度）以及周围人对提供该服务的看法（主观规范）。然而，医院假设个体的行为是完全在意志控制之下的，这在实际应用中存在局限性，因为很多行为会受到个体自身能力和外部环境等因素的影响。阿杰恩在1985年对理性行为理论进行了扩展，加入了知觉行为控制这一因素，从而提出了计划行为理论。这个新因素的加入使得理论能够更好地解释和预测那些不完全受意志控制的行为。例如，戒烟行为不仅受到个体对戒烟的态度（如认为戒烟对健康有益）和主观规范（如家人希望其戒烟）的影响，还与个体对自己是否能够成功戒烟的感知（知觉行为控制，如是否有足够的意志力、是否有戒烟辅助工具等）有关。

在后续的研究中，众多学者不断对计划行为理论进行验证和拓展。他们在不同的行为领域（如健康行为、消费行为、环境行为等）应用该理论，发现通过测量态度、主观规范和知觉行为控制这三个因素，可以有效地预测个体的行为意向，进而预测其行为。同时，研究也发现了一些需要进一步完善的地方，比如，这三个因素之间可能存在复杂的相互关系，而且在不同文化背景下这些因素的影响程度可能会有所不同。在跨文化研究方面，学者们发现不同文化中的价值观、社会规范等因素会影响计划行为理论中各个因素的权重。例如，在集体主义文化中，主观规范对个体行为意向的影响可能比在个人主义文化中更大。在健康行为领域，计划行为理论被广泛用于预测和干预吸烟、饮酒、运动等行为。在消费行为领域，它帮助企业理解消费者购买意向的形成，从而制定更有效的营销策略。随着研究的深入，计划行为理论还与其他理论相结合，如自我效能理论等，以更好地解释和预测复杂的行为现象。

3. 计划行为理论在远程医疗中的应用

（1）行为意向的测量与影响因素分析。一是明确行为意向的主体。在远程医疗服务技术劳务价值影响机制的研究中，行为意向的主体包括医护人员（是否愿意提供远程医疗服务）、患者（是否愿意接受远程医疗服务）和医疗机构（是否愿意推广远程医疗服务）。二是测量行为意向。对于医护人员，可以通过问卷调查来询问他们未来在一定时间内（如1个月、1个季度）提供远程医疗服务的可能性（从非常不愿意到非常愿意进行打分）。对于患者，同样可以通过问卷调查询问他们接受远程医疗服务的意愿程度。

（2）分析影响行为意向的因素。一是态度方面。医护人员对远程医疗服务技术劳务价值的态度可以从他们对远程医疗服务的收益和成本的认知角度来衡量。例如，医护人员如果认为远程医疗服务能够增加他们的收入（如按次收取远程诊疗费),并且不会过度增加工作负担(如通过高效的远程医疗系统可以减少通勤时间),他们就会对提供远程医疗服务持积极态度。

患者对远程医疗服务的态度可以从对其医疗效果和便利性的认知角度来考虑。如果患者认为远程医疗服务能够有效地解决他们的健康问题(如通过在线咨询得到专业医生的建议),并且使用起来很方便(如可以随时随地进行咨询),他们就会对接受远程医疗服务持积极态度。

二是主观规范方面。医护人员可能会受到同行意见、医院管理层规定等因素的影响。例如,如果医院大力提倡远程医疗服务,并且同事们对远程医疗服务评价很高,医护人员就会感受到积极的主观规范,从而增强其提供远程医疗服务的行为意向。患者可能会受到家人、朋友推荐或者医疗专家意见的影响。如果患者周围的人都对远程医疗服务赞不绝口,或者医疗专家在媒体上宣传远程医疗服务的好处,患者接受远程医疗服务的行为意向就会增强。

三是知觉行为控制方面。医护人员的知觉行为控制与他们对远程医疗技术的掌握程度、是否有足够的设备支持等有关。如果医护人员经过良好的远程医疗技术培训,并且医院为他们提供了先进的远程医疗设备,他们就会觉得自己有能力提供远程医疗服务,知觉行为控制增强。患者的知觉行为控制与他们是否能够熟练使用远程医疗设备(如智能手机、电脑等)和软件有关。如果患者对电子产品操作熟练,并且软件界面设计友好,患者就会感觉自己能够很好地接受远程医疗服务,知觉行为控制也会增强。

(3)干预策略制定。一是改变态度的策略。对于医护人员,可以组织关于远程医疗服务技术劳务价值的培训和研讨会。在培训中,详细介绍远程医疗服务的经济收益(如额外的收入渠道)和职业发展优势(如拓展患者群体),改变医护人员对远程医疗服务的态度。对于患者,可以通过宣传远程医疗服务的成功案例,如通过远程医疗服务及时诊断出早期疾病并得到有效治疗的案例,来增强患者对远程医疗服务医疗效果的信心,从而改变他们的态度。

二是影响主观规范的策略。医疗机构可以建立激励机制,对积极提供远程医疗服务的医护人员进行表彰和奖励,形成积极的工作氛围,从而改变医护人员的主观规范。同时可以利用患者的社交网络,如通过邀请患者在社交媒体上分享远程医疗服务的体验,影响其他患者的主观规范。

三是增强知觉行为控制的策略。为医护人员提供更先进的远程医疗技术设备和更完善的技术支持,如定期的软件更新培训,增强他们的知觉行为控制。为患者提供简单易懂的远程医疗服务操作指南,包括视频教程、在线客服等,帮助患者熟练掌握远程医疗服务的使用方法,增强患者的知觉行为控制。

(二)远程医疗服务质量评价相关理论

1. "结构—过程—结果"三维质量评价理论

"结构—过程—结果"三维质量评价理论是1966年由美国著名学者阿维迪斯·多纳贝迪安(Avedis Donabediana)在《医疗质量评价》(*Evaluating the Quality of Medical Care*)一文中首次提出的,他解释该理论应从三个层面对医疗质量进行评价。该模式日趋成熟,覆盖范围广,包含了医疗服务工作的各个阶段,是全球公认的具有科学性、实用性和全面性的医疗质量评价体系构建理论。随着医疗行业的不断发展,"结构—过程—结果"三维质量评价理论在我国医疗质量评价领域得到了广泛的应用和深入研究。学者们针对我国医疗现状,将该理论进行了本土化创新与改进,使其更符合我国医疗服务体系的特点,其同样适合远程医疗服务质量评价(见图2-1)。

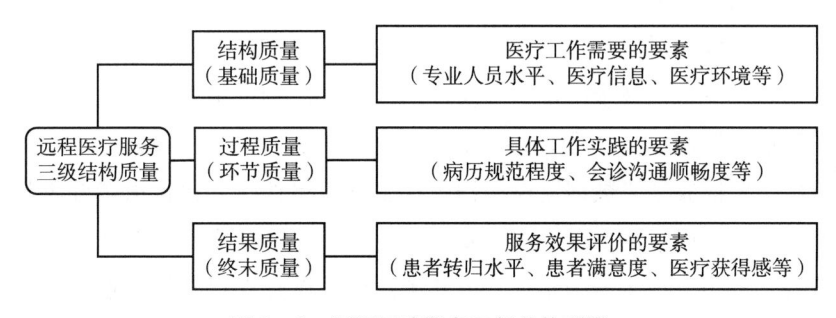

```
                    ┌─ 结构质量 ──── 医疗工作需要的要素
                    │  (基础质量)    (专业人员水平、医疗信息、医疗环境等)
远程医疗服务         │
三级结构质量 ───────┼─ 过程质量 ──── 具体工作实践的要素
                    │  (环节质量)    (病历规范程度、会诊沟通顺畅度等)
                    │
                    └─ 结果质量 ──── 服务效果评价的要素
                       (终末质量)    (患者转归水平、患者满意度、医疗获得感等)
```

图2-1 远程医疗服务三级结构质量

结构质量是保证医疗质量满足要求的物质基础和必备条件,也是满足远程医疗服务工作需要的构成要素。"结构"是指医疗机构在人、财、物方面的投入,属于事前评价。研究者们关注医疗机构的基本设施、人力资源、医疗设备、药品供应等方面的配置情况,以及内部管理、服务流程、规章制度、网络环境、信息化设备、信息化平台、政策与法规支持、行业标准等方面的完善程度。一是远程医疗服务人员。医疗服务人员是远程医疗质量要素中的首要因素,人员素质和配置结构对远程医疗质量起着决定性作用。二是远程医疗服务技术。医疗技术是医务人员开展诊疗活动的法宝,技术诊疗方案是远程医疗服务质量的法宝。三是远程医疗服务规章制度。医疗质量管理要有章可循,以制度为准则,用以规范机构和个人的工作行为。四是远程医疗服务环境。医疗环境直接影响邀请方和受邀请方医务人员和患者的诊疗感受,进而影响远程医疗的服务质量。这一维度的评价指标旨在反映医疗机构为患者提供高质量医疗服务的基础条件。

过程质量是指从操作流程方面来衡量医疗服务质量,属于事中评价。在远程医疗服务过程维度中,重点关注远程诊疗活动全过程中的各个环节质量,包括病历资料、会诊、治疗等环节以及过程中是否遵循临床指南和规范、患者在接受医疗服务过程中的体验和满意度。同时,关注重点专科、重点人员、重要时间、重点因素等,以及医患沟通、服务态度、诊断及时性和远程就诊信息的记录、患者隐私的保护等指标。过程质量连接着结构质量和结果质量,是保证远程医疗服务质量的基础,强调的是远程医疗服务人员提供给患者的医疗服务内容。这一维度的评价指标强调的是在医疗服务进行中的实时监控和反馈,旨在及时发现和解决问题,从而提升医疗服务整体质量。

结果质量也是终末质量,不仅是远程医疗活动的最终结果,也是基础质量和过程质量综合作用的结果,还是质量管理的成果,属于事后评价。该阶段主要依靠结果数据支撑远程医疗服务质量评价,包括患者健康状况的改善、生存质量的提高、医疗差错的发生率、治愈率、生存率、相关并发症等,其中,患者转归水平、患者满意度、医疗获得感等质量评价数据相对比较容易获取。事实上,医疗质量的三维质量评价要素互相制约、互相影响,以提高医疗质量为最终目的。

2. 顾客感知的服务质量理论

1982年,北欧学派的芬兰教授克里斯丁·格鲁努斯(Christina Gronoos)提出了"顾客感知服务质量"概念,并对其构成进行了详细的研究。该理论认为服务质量是主观感受,取决于顾客对服务质量的期望(expectation)与实际感知的服务绩效(perceived performance)之间的比较结果。格鲁努斯的顾客感知服务质量模型(见图2-2)的核心是质量是由顾客来评价的,实际上是要求服务厂商从顾客的角度来评价和管理服务质量,顺应了以顾客为中心的模式。该理论的主要内容:一是服务质量是顾客感知的质量;二是顾客感知服务的基本要素由技术质量(服务结果质量)和功能质量(服务过程质量)构成。

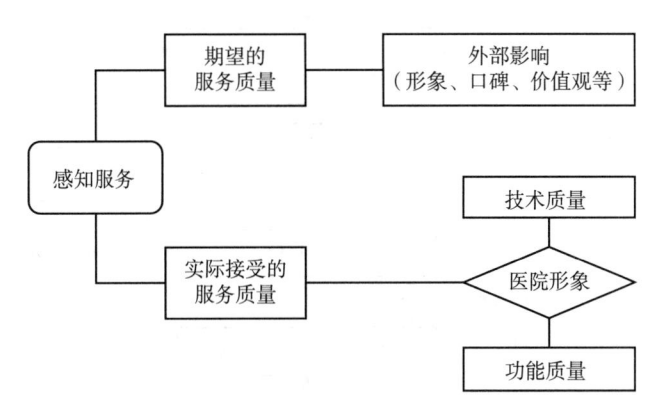

图2-2 格鲁努斯的顾客感知服务质量模型

技术质量与服务产出有关,是在服务生产过程中,交易双方的接触过程结束之后顾客所得到的客观结果;功能质量与服务过程有关,是在服务生产过程中,通过交易双方的接触,顾客所经历或所感受到的内容。前者表示顾客得到什么(What),便于顾客进行客观评价;而后者表示顾客如何得到的服务结果(How),是主观评价。

从远程医疗服务过程看,远程医疗服务质量是邀请方医疗服务人员或患者期望与其实际感知的服务绩效共同作用的结果。期望质量是指医疗服务人员或患者头脑中所想象的和期待的服务质量水平,是一系列因素的综合作用结果,包括远程医疗宣传、远程医疗服务以往经历、远程医疗服务邀请方和受邀方的组织形象、其他患者接受服务后的评价、医生或患者对服务需求程度等因素,而医生或患者的经验质量是其在接受远程医疗服务的过程中,通过对远程医疗服务的技术质量和功能质量的体验和评价而得到的形象。

3. 服务质量差距模型理论

服务质量差距模型是由美国的服务质量管理研究组合帕拉休拉曼、赞瑟姆和贝利（A. Parasuraman，Valarie A. Zeithaml & Leonard L. Berry，PZB）提出的，具体阐释了服务质量的形成过程，同样一定程度适用于远程医疗服务质量评价（见图2-3）。

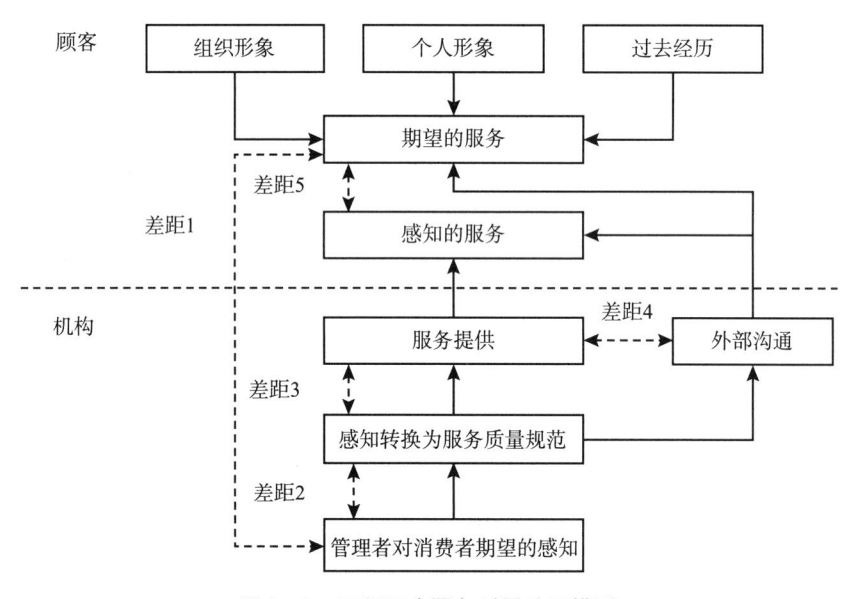

图2-3 远程医疗服务质量差距模型

以远程医疗服务为例，分析如下：

差距1：邀请方医生或患者期望的服务结果与远程医疗服务管理者对医生或患者期望的感知结果之间的差距。事实上，远程医疗服务管理者事先并不知道哪些特性具有高质量，或者具备哪些特性才能满足患者的需要，换句话说，管理者先前并不总是知道邀请方医生或患者的服务期望，因此这种理解的缺失可能会影响医生或患者的质量期望。

差距2：远程医疗管理者对邀请方医生或患者期望的感知结果与服务质量规范之间的差距。比如，远程医疗资源约束、远程医疗市场状况、远程医疗管理者的自身差异性、较差的质量规范等，很多因素会导致这种差距的产生，这两个方面在一定程度上会影响医生或患者的观点与看法，进而影响患者对质量的期望。

差距3：远程医疗服务质量规范与服务提供之间的差距。其主要表现在：无效的远程医疗人力资源政策，比如，医生角色的模糊或者冲突、不合适的远程医疗技术工作、不适宜的评估和补偿机制等；邀请方医生或患者之间的负面影响；远程医疗供需矛盾问题等。

差距4：外部沟通与远程医疗服务提供之间的差距。事实上，外部的沟通不仅会影响邀请方医生或患者对服务的期望，还会影响邀请方医生或患者对提供远程医疗服务的期望。一般表现为邀请方医生或患者期望的无效管理、过分承诺或者夸大宣传、缺乏有效的沟通。

差距5：邀请方医生或患者期望的服务（ES）与感知的服务（PS）之间的差距（$Q = PS - ES$）。邀请方医生或患者对质量高低的判断取决于在他们期望得到的服务背景下实际感知的服务。差距5是差距1至差距4的综合表现结果，其中，差距1至差距4是远程医疗服务机构内部的不足。即有

差距$5 = f(差距1，差距2，差距3，差距4)$。

总之，医疗服务质量评价相关理论为本书深入探索远程医疗服务技术劳务价值研究提供了理论依据，本书更加关注衡量远程医疗服务质量的关键指标以及可考量的综合评价体系。

第三节 本章小结

远程医疗作为现代医疗体系的重要组成部分，其发展对于优化医疗资源配置、提高医疗服务效率具有重要意义。本章重点介绍了远程医疗基本定义、分类和特征，深入研究远程医疗服务劳务内涵，明确其是由劳动所生产的、以服务形式存在的特殊商品。本书认为衡量技术劳务价值可以从社会生产投入、供需均衡价格以及主观体验评价等维度展开，尤其是获得医疗服务技能投入和实际劳动付出等消耗的人力成本。基于价值衡量维度，深入分析医疗服务成本管理理论、劳务价值理论、感知价值理论、计划行为理论、医疗服务质量评价理论等，为深入探析远程医疗人员技术劳务价值的决定要素提供理论基础。

第三章

远程医疗服务发展历程与趋势

第一节 远程医疗发展概述

一、远程医疗发展历程

(一)第一代远程医疗(20世纪60年代初期~80年代中期)

20世纪60年代起,受惠于通信技术的快速发展,先后有多个机构开始了远程医疗的尝试。最早的远程医学活动,起源于美国国家宇航局(NASA)的远程实验平台。20世纪60年代初,各个国家开始了探索太空的活动,美国国家宇航局为实时监测宇航员的健康及生理状况,在亚利桑那州投入大量技术及资金建立了远程医学试验平台,使用卫星及微波通信技术为宇航员以及亚利桑那州印第安人居住区提供远程医疗服务,实现了包括心电图和X光片等在内的医学信息的传递。1964年,美国国家精神卫生研究所也开展了远程医疗服务的尝试,它提供资金支持内布拉斯加州心理研究所与相距较远的一家州立精神病医院进行远程连接,通过双向微波闭路电视进行心理咨询。1967年,美国麻省总医院与波士顿洛根国际机场医疗救护站合作建立远程医疗服务平台,国际机场医学中心能够通过双向视听系统连接到麻省总医院,机场的工作人员及乘客可以通过该平台获得麻省总院的远程医疗服务。美国阿拉斯加州是较早在州内开展远程医疗尝试的地区。由于该州地处偏远地区，且幅员辽阔，人口较为稀少，许多地区没有医生，或者要奔波较远的距离才能获得医疗服务。为提高州内医疗资源的可获得性，该州利用空中卫星连接州立医院和州内其他地区，使州立医院的医疗资源可以通过卫星装置辐射到州内广大偏远地区，参与这项工作的斯坦福大学通信研究所的专家认为，该卫星系统可为州内处于任何地域的人群提供有效的医疗服务。其他早期的远程医学活动还有1974年NASA与休斯敦SCI系统的远程医疗会诊试验。

随着通信技术的发展，美国出现了"telemedicine"一词，用来专指借助信息技术开展的医疗活动。到20世纪80年代初期，远程医疗的研究方向主要集中在国际救灾中的应用，1988年，苏联亚美尼亚共和国发生强烈地震，造成重大损失，在美苏太空生理联合工作组的支持下，美国国家宇航局首次进行了国际远程医疗活动，亚美尼亚的一家医院与美国四家医院进行远程会诊。之后，美国国家宇航局的这套系统在俄罗斯的一次火车事故中再次得到应用。这表明远程医学能够跨越国际政治、文化、社会以及经济的界限来提供诊疗救治服务。随着通信技术、编码技术和信息压缩等技术的兴起与发展，远程医疗实现了数据、图片、语音和视频等多媒体信息的传输且其传输性能得到不断提高。总体来讲，该时期远程医疗活动处于实验阶段，其信息传送量极为有限，发展较为缓慢。

（二）第二代远程医疗（20世纪80年代后期~90年代中期）

20世纪80年代中后期，通信技术有了较快发展，借助其发展东风，一大批有价值的远程医学项目相继启动，成就了第二代远程医疗的高速发展，其发展水平和影响都远远超过了第一代。在这一阶段，除了美国以外，西欧等发达国家也有了较快发展。在技术手段方面，有别于第一代远程医疗系统，第二代系统多通过卫星和综合业务数据网（ISDN）进行连接；在服务内容方面，其进一步拓展到远程咨询、远程会诊、远程影像、远程培训等多个方面。20世纪90年代中期，欧盟、美国等相关机构陆续对远程医疗进行了定义，从根本上规定了远程医疗的形式和范围等内容，为远程医疗的全面发展奠定了基础。从辐射范围来看，远程医疗已逐渐从点状的尝试，到逐步覆盖医疗条件相对较差的边远地区、海岛等。美国远程医疗学会统计数据显示,进入 20 世纪 90 年代后,远程医疗服务人群数量逐年增加,有效解决了医疗资源匮乏地区的医疗服务可及性问题。

20 世纪 90 年代中期,远程医疗逐渐向军用和民用两大领域延伸。其中,机器人技术、虚拟现实技术及通信技术等的发展为远程医疗多样化发展开拓了空间,出现了电子病历、远程家庭监护、远程微创手术工作站等多种形式,远程医疗的应用范围逐渐扩大。第二代远程医疗从服务技术、内容、形式及规范化发展等各个方面都有了较大的进步,远程医疗服务从点状尝试进入成熟应用阶段,应用范围也进一步扩大。各个国家也逐渐意识到远程医疗的广阔发展前景,开始从国家层面推动远程医疗的应用与发展。

(三) 第三代远程医疗 (20 世纪 90 年代末至今)

20 世纪 90 年代末期以来,随着互联网技术的飞速发展,远程医疗进入了快速、全面发展期,第三代远程医疗初步形成。与第二代远程医疗技术相比,第三代远程医疗在技术层面有了突飞猛进的发展,主要表现在生物传感器、生物医学工程学等相关医学技术,以及互联网移动通信技术、无线上网技术等各种信息技术在医学领域的应用。第三代远程医疗是一种无线远程医疗和远程监测系统,主要将各种高科技技术成果有机地融入诊疗过程中,尤其点对点通信、网络遥控技术等开始应用于医学领域。一系列远程生命监测设备爆发式发展,智能手环、智能运动鞋、智能体重计、智能血压计、带尿液分析的智能马桶甚至基因检测设备等逐步推向市场,使随时、随地检测患者生命状态成为可能,助力远程医疗持续发展。

技术发展带动了远程医疗服务范围的进一步扩大,随着远程医疗服务终端的发展,远程医疗逐步走进社区,走向家庭,更多地面向个人提供个性化的服务,这为远程医疗的商业化发展奠定了基础。在消费和技术增长的双重驱动下,远程医疗服务"平台+终端"的商业模式开始显现,逐渐涌现出一批远程医疗的头部公司,远程医疗的服务范围也从最初单纯疾病救治发展到疾病预防、移动医疗以及远程监护等各个方面。患者可以在任何地方、任何时间得到医疗服务人员的救助,传递给医疗服务人员的信息能够完全满足临床诊断的要求。

纵观远程医疗的发展历程，第一代远程医疗基于电话通信技术，该系统通过电话线路，传输心电、血压等生理数据，并且利用电话使患者或护士与医生进行交流。由于电话线路带宽较小，传输的数据种类有限，医疗服务人员能够获得的信息不能完全满足临床诊断的要求，故其适用范围较窄，更多的是一种实验性质的应用。第二代远程医疗是伴随微波通信和卫星通信技术的大规模应用而发展起来的。卫星与微波通信的特点是具有较强的可移动性，且传输数据的带宽有了明显的提高，传输的数据种类增多，满足了临床诊断的要求。第三代远程医疗是结合移动通信和无线上网技术而发展起来的，是一种无线远程医疗和远程监测系统，该系统融合了移动通信和多媒体网络技术的特点，减少了带宽和使用范围的限制，其应用性得到了提高。患者可随时随地得到医疗救助，传递给医疗服务人员的信息能够满足临床诊断要求。

二、远程医疗发展障碍与趋势分析

国际远程医疗的发展发端于美国，美国是目前为止远程医疗网络最为先进的国家之一，它在远程医疗发展的各个阶段都发挥了重要作用，探索和尝试了几乎所有远程医疗的应用方向。国家层面也高度重视远程医疗的发展，基于改善医疗质量和降费的需要，2004年美国推出医疗IT建设的十年规划。2013年奥巴马提出新的医疗改革方案，这些都将远程医疗服务作为重要发展内容，直接助推了美国远程医疗服务事业的发展。

随着信息技术的发展，除美国外，远程医疗在欧洲、北美、东亚等国家和地区也得到了良好的发展。欧洲远程医疗发展状况比较集中代表了当今世界发达国家开展远程医疗活动的水平。英国以国家投资的方式进行与远程医疗相关的研究，并将远程医疗融入国民健康体系建设。德国、英国、意大利、法国、西班牙、挪威等国家在远程医疗、远程医疗教育、远程医学研究、公共卫生、医疗保健管理等方面已经取得了重要进展，并在大学、医院建立了一些应用和实验性的网络，为远程医疗在欧洲的普及奠定了基础。据不完全统计，欧洲已有超过50个国家建立了远程医疗系统，拓展到的应用领域涵盖了几乎所有的临床学科。阿尔及利亚、印度、尼泊尔、俄罗斯、乌干达等国家都致力于研究移动电话远程医疗、远程医疗基础结构、远程医疗速度等问题，美国、德国、日本、意大利、阿曼、泰国、菲律宾、俄罗斯等国家针对本国情况制定了相应的远程医疗研究方向和目标。据世界卫生组织（WHO）调查报告显示，促进远程医疗发展的因素主要包括高效管理、政策或战略、科学发展及有效的评估等。

（一）远程医疗发展面临的障碍因素

随着远程医疗技术的逐步成熟，全球范围内的远程医疗体系建设发展迅猛，但从全球整体情况看，远程医疗的应用规范、技术标准、法规建设及成本补偿方案等方面仍然有较大的提升空间，尤其是远程医疗的成本太高、技术劳务价值体现问题较为明显。

从国内研究情况看，我国学者在远程医疗参与行为方面的研究比较薄弱。根据前期研究结果，医疗机构领导对远程医疗的重视程度和激励补偿机制对医务人员参与远程医疗行为影响较大。一般地，远程医疗服务技术水平会制约远程医疗发展，但其不是影响远程医疗参与的主要障碍，有效的补偿政策能够提高医务人员参与远程医疗的积极性。前期调查发现，年轻的医务人员参与远程医疗的意愿高，但远程医疗实际参与率偏低，并认为年龄、教育文化程度、参与方便程度、对诊疗工作帮助程度、降低患者费用程度等是医务人员远程医疗参与意愿的影响因素。远程医疗软硬件参与便捷性、就医观念、宣教程度等因素均会影响患者的参与意愿，进而影响医务人员的参与行为，最终阻碍了远程医疗的发展进程。从实际应用看，远程医疗服务流程复杂，涉及服务申请、审核安排、专家会诊、回访等环节，另外邀请方检验检查能力不足、受邀方无法现场查体、系统设备操作不便捷、网络通畅性差等因素也会导致医务人员主动参与远程医疗的积极性不高、参与度低，进而阻碍远程医疗的发展。

从国外研究情况看，美国多尔西（Dorsey）等在新英格兰医学期刊上归纳了远程医疗的发展与使用局限，认为远程医疗不能实现面对面诊疗和亲自检查等临床问题，远程交流比面对面交流更难获得患者的信任，医生执业资格认证和责任划分等法律问题，以及医疗保险补偿问题（有限且分散的远程医疗保险覆盖面)限制了医务人员参与远程医疗。远程医疗立法和扩大远程医疗的私人医保覆盖范围能够提升门诊远程医疗服务利用程度,而不报销或较低医保报销比例会限制远程医疗使用。另外,信息安全和隐私问题直接影响医务人员和患者对远程医疗服务的信任,进而影响医务人员参与远程医疗的积极性,乃至影响远程医疗的发展。

挪威远程医疗服务的战略或策略易变动性,致使相关部门无法对远程医疗服务机构及医务人员实施有效监管;而医务人员内部缺少可持续的资金补偿,导致其参与远程医疗的动力不足。此外,临床医生的流动性大,其花时间说服和培训患者接受远程医疗的积极性不高;在缺少收入补偿的情况下,医生普遍觉得远程医疗服务是在增加他们额外的负担,而直接去下级医院能获得更多收入,这些因素导致医生不愿提供远程医疗服务。文化问题而非宗教信仰是影响中东国家医务人员参与远程医疗的最重要因素。在印度,患者和卫生管理者的认知与态度、国家政策与标准、法律与伦理道德均影响医务人员参与远程医疗的积极性。在澳大利亚,有学者研究农村和偏远地区远程医疗服务利用的障碍矩阵,认为远程监管、经济补偿、区域文化、医疗技术等均会影响远程医疗参与行为。

世界卫生组织通过分析全球范围内远程医疗参与情况发现,积极宣传能够促进医务人员参与远程医疗,而文化差异大、服务提供者的知识技能要求高等因素,会阻碍医务人员参与远程医疗。从经济因素来看,经与发达国家比较发现,远程医疗的高成本和欠发达的基础设施及专业技术的缺乏更有可能成为发展中国家发展远程医疗的主要阻碍。从管理因素来看,较之高收入和较高收入国家,国家的政策和战略更有可能成为发展中国家发展远程医疗的阻碍;从技术因素来看,缺乏知识和专业的经验更有可能成为发展中国家发展远程医疗的阻碍。对于发达国家而言,关于病人因素和保密性的法律问题、精神卫生系统的优先性以及需求缺乏,更有可能阻碍远程医疗的实现。基于WHO对全球现有的远程医疗状况的调查分析及在实施远程医疗中的实践经验,本研究从技术因素、管理因素、经济因素、社会文化因素和法律法规等多个角度,较为系统地总结了现阶段远程医疗体系的发展工程中阻碍发展的因素(见表3-1)。

表3-1　　　　　　　　　　远程医疗的发展障碍

阻碍因素	问题类型	问题表述
技术	信息安全	在远程医疗系统中病患隐私信息有可能被泄露
	信息准确	病患的检查信息在远程医疗系统中进行传输时有可能产生技术错误
	技术更新	远程医疗系统需要协调通信系统、软硬件系统和医疗设备系统间的更新匹配
	接口标准	不同远程医疗系统间或医疗设备间缺乏统一的信息交换标准
管理	战略管理	多数远程医疗体系的项目缺乏长远规划和战略目标，管理者未意识到成功的远程医疗体系建设需要巨大的变革
	运营管理	多数远程医疗体系目前无法整合远程医疗模式和传统医疗模式，并且未对传统医疗模式和流程管理水平下普遍的低效率、高浪费提供应有的改善措施
	系统评价	多数远程医疗体系缺乏科学化的项目管理，因此缺乏系统性的阶段性实施效果评价体系
	人员管理	缺乏远程医疗系统的专门工作人员和维护人员，职责划分不明确
经济	成本投入	远程医疗系统的建设成本（如硬件购买成本、软件开发成本等）和运营成本（如网络使用成本、人员成本、维护成本等）普遍比较高
	服务效益	远程医疗体系的使用带给服务提供者（如中心型医院）的直接效益通常难以补偿高昂的建设运营成本，而间接效益难以提高医院管理者提供远程服务的积极性
社会文化	认知程度	医生、病患对于远程医疗体系的认知程度较低
	接受动机	医院管理者、医生和患者缺乏建设和使用远程医疗体系提供或接受诊疗服务的激励机制和信任
法律法规	补偿机制	大多医疗保险尚未开始对远程医疗服务的额外诊疗花费进行补偿
	准入机制	缺乏对于提供相关远程诊疗服务的医疗服务机构的资格认证机制
	责任划分	在远程下的诊疗服务发生医事故时，对责任划分缺乏法律条文和行业规定的判断基础

（二）远程医疗发展趋势分析

根据患者的医疗需求，远程医疗服务内容已由"医疗"向"保健"服务扩展。世界各国都在一定程度上存在医疗可及性和可负担性问题，远程医疗大多在信息化发展靠前国家率先兴起。国家层面推动的远程医疗体系主要有两种：一是急救（战地急救）远程医疗；二是农村等偏远地区远程医疗。进入21世纪以来，随着第三代远程医疗技术的兴起，直接面向患者的远程医疗服务成为可能。随着新一代视讯技术及可穿戴设备的应用，远程医疗正在逐步由单纯的诊疗服务向远程保健服务（telehealth）延伸。近年来，随着慢性病发病率的逐年升高，远程保健服务的商业价值日益凸显，与传统的远程诊疗服务相比，虽然两者都属于医疗服务，但远程保健服务更多的是监控和预防慢性病的发生和发展，属于"防病"，且其难度较小，紧急性较弱，更加易于通过远程方式实现。

从全球远程医疗市场规模快速增长情况看，远程医疗市场的增长主要受到人口增长、医疗服务需求扩大、慢性病发病率上升、医生相对短缺、电信技术进步、政府支持和大众认知提高等因素影响。当前，针对居家的远程医疗服务市场份额规模最大，增长速度最快，未来远程医疗服务更多地会延伸到家庭医疗咨询、保健、康复等服务。通过文献梳理发现，世界各国对远程医疗的关注度在逐步提高，其相继实施全面的远程医疗政策和战略，以提供远程医疗中诸多问题的解决方案。远程医疗在发达国家首先兴起并得到快速发展，其中美国、日本、德国、意大利、俄罗斯等发达国家先后针对本国情况制定了远程医疗的发展目标，相继开展了各种形式的远程医疗活动。远程医疗服务技术由发达国家迅速发展到发展中国家，与发达国家远程医疗发展程度较为成熟相比，大多数发展中国家远程医疗服务起步较晚，且面临互联网宽带受限、智能手机普及率低、数字服务水平较低等的挑战。但随着远程医疗的便利性逐步显现，发展中国家的远程医疗服务也在逐渐崛起。

第二节　国外远程医疗发展情况

一、美国远程医疗发展现状分析

（一）美国远程医疗发展概况

远程医疗最早由美国学者于20世纪50年代末开始应用，美国是世上远程医疗网络最为发达和最早开展远程医疗实践的国家之一，在几乎所有远程医疗方向上都进行了探索和尝试。1991年，美国率先建立了乔治亚州医学院（Medical College of Georgia）远程医学中心，与明尼苏达州道奇县（Dodge County，Minnesota）医院通过双向交互式声像通道在心脏病学、皮肤病学、病理学、放射学、泌尿和整形外科等学科建立了咨询互动服务。目前，该远程医学中心已经发展成全球规模最大、覆盖面最广的远程教育和医学网络。美国医疗主管部门统计数据显示，全美范围超过60%的健康服务机构和50%的医院在不同程度上应用了远程医疗服务。随着远程医疗技术的发展，商业化运营的远程医疗项目日趋成熟，进一步推动了远程医疗的普及。

促使远程医疗在美国快速发展的原因除了政策以外，还存在一些其他原因：首先，美国商业保险发达。美国医疗个人支付比例较低，主要是由雇主、商保、联邦保险支付。随着2010年奥巴马平价法案的实施，把按照人头赔付改为价值赔付，对于再次就诊率的严格考核标准，远程医疗服务有助于直接节省住院和来回就诊的成本和降低再就诊率，其被纳入美国联邦报销范围。美国联邦保险计划、商业保险公司、雇主为了节约成本，都支持这种高效省力的方式，使远程医疗得到了飞速的发展。其次，居民对社区医生的信任度比较高，这源于美国家庭医生和社区医生制度的完善。再次，美国医药分开，医生不需要依赖于开药来赚钱，这决定了其线上问诊的客观性。实际上，由于美国分级诊疗体系的完善，急诊室需求增大，导致急诊室排队时间长且费用高，远程医疗可以解决部分不需要去急诊室的问题而且相对来说价格更低。

远程医疗在美国各地发展状况不均衡。美国是联邦制国家，虽然联邦政府出台了一系列的政策推动远程医疗技术与服务在美国的发展，但一直以来，美国的医疗政策都存在一种"州割据"的状态，每个州都拥有自己的一套关于医药行业的规则。因此，具体到操作层面，远程医疗发展是由各个州自行出台了州级层面的管理办法和政策措施。由于各个州远程医疗的发展基础以及政府对其重视程度的不同，造成目前远程医疗在美国各个州的发展状况各不相同。

(二) 美国远程医疗运营管理情况

美国制定了联邦层面的远程医疗监管体系、付费补偿制度等法律制度保障管理体制。为规范国家远程医疗发展，政府出台了一系列的法案。1996 年，美国国家医疗委员会联合会（Federation of State Medical Boards，FSMB）起草了《跨州行医示范法》（Interstate Medical Practice Model Law），明确了跨州行医的定义、跨州行医执照要求、跨州行医执照的发放、跨州行医执照的作用、病人医疗记录保密及违反本法的制裁等相关内容。如该法指出任何医师不得跨州提供远程医疗服务，除非该医师持有国家医学委员会颁发的特别许可证；在提供跨州医疗服务时，应以病人所在州的法律法规为准则。因此，这一制度在一定程度上阻碍了美国远程医疗的全面开展。

1997 年，美国出台的《平衡预算法案》（balanced budget Act）决定对远程医疗提供支持，规定从 1999 年 1 月起联邦医保（medicare）开始对远程医疗进行报销，这个法案成为美国远程医疗发展的转折点——此后联邦医疗保险对远程医疗服务项目的报销范围逐步扩大，对纳入医保的远程医疗服务规定也逐渐宽松。在该法案推动下，一系列提供远程医疗服务的商业公司纷纷成立，门诊量也不断扩大。不过该法案规定，如果执业医生本应与患者见面会诊但却选择使用"实时"远程医疗服务，那么只能报销 10% 的费用。2008 年出台的《2008 远程医疗增加法案》（Medicare Telehealth Enhancement Act of 2008）中已经提出消除医师通过远程通信系统向个人提供远程医疗服务的地域限制。但大部分州仍然坚持要求持证医生只能在本州范围内为本州的患者提供远程医疗服务，除非与州外持证医生达成合作或受到特殊要求；小部分州会颁发专门的跨州远程医疗许可。

此后，鉴于美国 50 个州在远程医疗提供的医疗服务类别上有 50 套不同的标准，为了进一步在全国范围内规范远程医疗标准，2013 年，美国政府出台了第一个远程医疗方面的专门性法案——《远程医疗现代化法案（2013）》（the Telehealth Modernization Act of 2013），该法案对远程医疗的定义进行了明确，不仅为统一全国各州远程医疗的定义和规划提供了根本依据，也为各州后续新政策的制定提供了指导。2015年提交的远程医疗法案将允许参加医疗保险的医师在全美50个州内治疗拥有医保的病人时只需持有一个医疗执照。2014年，政府出台的《2014年远程医疗增加法案》（Telehealth Enhancement Act of 2014）旨在大幅度扩大医疗救助（medicaid）对远程医疗的报销，将移除对关键性使用和唯一社区医院的地理位置限制。它同时还可能将在临终关怀医院开展的家庭式视频护理服务、在家进行透析的病人、回家乡养老的老年人和处于高风险怀孕阶段的女性纳入可报销的远程医疗服务范围。以上这些法案以及措施均旨在为美国全国范围内发展远程医疗提供便利，美国远程医疗也正是借助上述法案逐渐在美国全境发展起来。2016年，美国进一步出台了《21世纪治愈法案》（21st Century Cures Act），该法案要求远程医疗服务证明自己能够节省费用或者不会增加额外的费用，以此获得来自美国联邦医疗保险与医疗救助服务中心（Centers for Medicare & Medicaid Services，CMS）的报销。它增加了一个消耗大量时间的障碍，能极大地减缓和阻止远程医疗过度膨胀。实际上，医疗保险和医疗救助制度的不断进步以及对远程医疗的覆盖促进了美国远程医疗的发展。如提升远程医疗的医疗救助和医疗保险补偿水平，将按项目付费方式转变为就医疗价值付费，以提升医疗服务效率。美国医疗保险和医疗救助服务中心颁布了新的远程医疗服务规则，简化了远程医疗医生的资格审查过程及医院开展远程医疗合作的审核过程，促进了远程医疗的发展。

从美国立法层面看，为强化对患者的保护及严格对医师的资格审查，很多州实行事前注册制，即要求提供远程医疗服务的医疗机构或医师必须经过注册备案，才能提供服务；在服务过程中，要求医疗机构和医师必须向病患完全告知远程医疗服务内容并获得其同意，医师和医疗机构有义务记录并保护病患的病历资料。为了避免诊疗事故发生，许多州要求通过远程医疗进行首诊时，医生开具的药物必须经过实地的检查，检查部门会根据其危险性与有效性，决定是否要求医师对该病人先进行一次现场诊察。此外，美国要求严格区分"医疗咨询"与"共同诊疗"的界限，根据远程医师所扮演的不同角色，来确定各方的不同责任，以保障医疗安全。

从美国监管层面看，美国对远程医疗的监管体系非常完善，已经构建了包括政府、行业组织、第三方机构等的综合监管体系。通过上述监管法律法规体系的建设，分别从服务流程监管、应用和相关产品监管以及信息保护等不同角度对远程医疗产业与行为进行监管。远程医疗立法主要关注执业许可、安全保障、认证和授权、保险支付与政府补助等方面。相关监管体制要求医生在提供远程医疗服务的全过程中遵守和面对面诊疗相同的标准和规范，并对远程医疗项目的经济效益、临床结果、质量管理等方面实施定期的全面评估、上报，以制定改进策略。

从政府监管方面，美国食品药品管理局、卫生部门、医疗保险与医疗救助服务中心根据相应职责承担不同内容的监管。其中，美国食品药品管理局主要负责移动医疗相关设备（包括 App）和技术的监管。其重点关注的第三类应用主要分为三种类型：一是与医疗器械连接、控制操作相关器械，对病人相关的监测数据进行显示、储存、分析、传输的应用程序；二是通过使用显示屏、感应器等附属装置，将移动平台作为医疗器械组成部分的应用程序；三是对特定病人提供病情分析、诊断或治疗推荐的应用程序。卫生部门主要负责医疗机构和医师参与远程医疗的监管；CMS 负责对远程医疗有关医疗保险和医疗救助的公共健康保险项目政策实施和监管。

在行业监管方面，美国医疗行业协会也在安全监管上作出了贡献。如美国远程医疗协会（American Telemedicine Association，ATA）积极与政府部门合作，制定了远程医疗操作核心标准，还有针对皮肤病学、病理学、心理健康、康复、眼科等多专业领域的指导原则。由美国州医学委员会联合会对远程诊疗行为过程中医生的行为进行监管。医生在开展远程医疗时，必须充分告知患者其风险，且遵从与传统诊疗行为相同的标准。严格界定远程咨询与远程诊疗行为，诊疗行为一旦发生，医疗服务人员即与患者建立了正式的"医患关系"，需要与传统诊疗方式同样进行病史询问、知情同意、记录病历、诊疗安排等各项要素。此外，美国还对开展远程医疗的医生资质进行了严格的规定，各州都有不同的规定，大多数州规定医生只能为本州的患者提供远程医疗服务。

从付费补偿制度建设方面，美国联邦保险对远程医疗服务费用的偿付取决于医疗服务的提供方、患者所在的区域及服务的类型，这在很大程度上限制了远程医疗服务的开展。例如，联邦保险计划只对大城市之外的患者进行医疗费用报销，而且限制了报销的医疗行为编码，即只有特定医疗编码的医疗服务才能报销。此外，联邦保险的报销对服务机构也有限制。

二、日本远程医疗发展现状分析

（一）日本远程医疗发展概况

日本属于东亚地区岛国，由于交通不便，偏远地区较多，医疗资源分布不均衡的问题，也是一直困扰日本医疗发展的重要挑战之一。日本发展远程医疗的背景是影像科医生、病理科医生人数较少，不能满足患者的就诊需求，因此远程影像和远程病理首先发展并得到广泛应用。日本远程医疗的发展发端于 1970 年左右，相比欧美等发达国家起步较晚，20 世纪 90 年代，得益于胶片传真机等设备的发展，大规模远程影像诊断得以实现，日本远程医疗的使用范围逐步扩大。1996 年，日本厚生劳动省远程医疗培训班成立，不同地区之间的医生通过传输包含患者影像资料在内的患者信息而实现与诊断有关的行为。

1997 年，日本开始在全国范围内推动构建远程医疗服务系统，使大量偏远地区的患者可以接受来自大城市专家的专业服务。随着远程医疗在日本的发展，日本厚生劳动省将远程医疗定义为，以传递包括图像在内的患者信息为基础，从远距离进行诊断、下指示的医疗行为及与医疗相关的行为。可见，日本的远程医疗主要针对远程医学影像诊断服务。随着国家对远程医疗的推动，日本国内陆续开展了一系列远程医疗项目，比较有代表性的有：1999 年，日本旭川医科大学的病理诊断平台，实现了病理科与基层医院的连接。2005 年，日本正式成立了日本远程医疗、远程护理协会及医学放射学会等，对远程医疗的行业发展进行规范和引导。2011 年，远程医疗学会在厚生劳动省定义的基础上对远程医疗进行了重新定义。总体来看，日本在远程医疗的发展方面相对保守，区别于美国全面推进远程医疗的政策导向。

（二）日本远程医疗运营管理情况

日本远程医疗方面的业务应用仍主要局限在远程影像诊断、远程病理诊断方面，这主要由于其良好的工业基础，电子信息及通信技术在日本国内得到了较早的发展。远程影像诊断是日本最主要的远程医疗运行模式，这或许是因为CT扫描仪普及的缘故。另外因放射线领域的医师不足，多数医院通过远程诊断寻求支援也是原因之一。远程影像诊断运行模式主要是通过专业影像科医师做诊断，或对疑难病进行讨论，以提升诊断质量。该模式主要是发起方医院（无影像科专业医生）通过数据通信网络来联系有影像科专业医生的医院，通过发出远程诊断申请、接受或拒绝申请、进行影像学检查、发送影像数据、进行诊断（写诊断报告）、返回诊断报告以及对诊断结果进行说明等步骤，完成一次远程影像诊断。部分急诊要求远程诊断专家在1小时内提供诊断报告。远程病理诊断运行模式是日本运用远程医疗的另一种新模式，该模式通过专门的病理医师做诊断，来提升诊断质量。远程病理诊断要求快速返回诊断结果，部分甚至要求符合术中诊断的时间要求。该模式主要是为了减轻患者在身体、经济和时间方面的负担，也减轻了兼职病理医师的体力和时间方面的负担。在远程病理诊断运行模式中，相关的流程主要包括发送远程诊断申请、接受或拒绝申请、远程操作显微镜或直接诊断、提出诊断结果、诊断结果说明并发送最终诊断报告。

在医疗与健康领域，日本明确提出通过远程医疗技术的应用，解决地方性医生资源不足等问题。同时，日本层次分明的医疗制度和医疗机构设置，为远程医疗开展提供了良好的条件。远程医疗可以作为一个有效手段和工具，协助不同医院之间、全科医生和家庭医生之间、全科医生与专科医生之间建立联系，确保能在不同的医疗机构接受延续诊疗，通过医疗合作及远程医疗，提高医疗服务水平。例如，大医院和基层医院之间借助信息平台建立联系，及时交流转诊患者情况，相互协作、共同诊治。家庭医生也可以借助远程医疗技术与医院里的全科或专科医生对患者的病理进行专家会诊，以便完成更好地完成医疗诊断。然而，日本并未出台专门针对发展或管理远程医疗的法律，其仅在一些宏观战略政策方面，涉及了对远程医疗的发展和管理内容。日本政府积极推动远程医疗相关应用的实施，特别是对于已有证据证实其安全性和有效性的远程医疗技术，政府将推动其投入应用并不断扩大应用范围。随着远程医疗技术的不断推广，远程医疗收费问题也得到明确，如日本"社会保险诊疗报酬支付基金"同意向医诊方支付远程医疗中的费用，以保障医生在提供远程服务方面的积极性。

在服务监管方面，根据日本远程医疗学会远程医疗政策制定工作组制定的《远程家庭诊疗准则（2011年版）》，在开展远程医疗前，必须由主治医生对患者进行面对面的全面检查，以了解患者的整体状况，检查结果认为适合开展远程医疗的，才能在后续复诊中适用远程医疗。但同时规定，如果患者病情恶化，应该及时中止远程医疗提供面对面检查，对远程诊疗的开展、远程医疗的同意和道德风险、记录保存、远程诊疗的质量保证及责任等方面进行了说明，并对医生和患者应承担的责任做出了具体的划分。

三、印度远程医疗发展现状分析

（一）印度远程医疗发展概况

印度城乡卫生资源长期存在显著的资源配置不公平现象，农村居民就医面临着缺乏卫生保健提供者、低水平的诊断结果与就医花费时间长的困境。正是基于这种对优质医疗资源的需求、医疗水平的不均衡、医护人员不足等问题，自2000年以后，印度逐渐引入远程医疗，期望解决广大偏远地区缺医少药的情况，随着政府开始支持某些远程医疗项目的开展，远程心脏病学、远程放射学、远程病理学、远程诊断等技术日趋完善，并得到一定程度的应用。

政府有力地支持、鼓励和促进远程医疗发展，2003年出台了远程医疗国家标准；2005年成立全国远程医疗指导委员会；2007年开始构建国家农村远程医疗网。近年来，政府加快布局远程医疗网络，包括全国医学院网络、全国知识网、光纤骨干网、国家癌症网络（ONCO网）、全国远程眼科网络等。印度信息技术部在定义和塑造印度远程医疗应用方面发挥了关键作用。印度信息技术部负责构建远程医疗技术体系，建立了健康IT基础设施的框架。同时，远程医疗软件系统也由先进计算发展中心开发。政府通过减少各种进口限制，支持远程医疗基础设施建设。例如，印度取消了医疗设备与通信技术的进口关税，这大大推动了各医院建设信息化系统的积极性。

加强基础设施建设，提高远程医疗网络的可达性。为使不同远程医疗中心的服务标准化，印度信息技术部制定了《印度远程医疗实践指南和推荐》，其目的是加强印度正在建立的各种远程医疗系统之间的互操作性，建立国家统一远程医疗信息标准，推动印度信息技术部、邦政府和医疗保健提供者规划和实施可操作的远程医疗网络。一方面，在某些发达地区利用现有网络安排咨询、传输图像与病历，保障医疗服务水平；另一方面，互联网普及率相对较低的地区，印度通过空间研究组织，开发了印度本土卫星技术，作为远程医疗网络的重要支撑，为远程医疗网络的建设提供了重要的基础设施支撑。

（二）印度远程医疗运营管理情况

印度的远程医疗运营主体主要包括公立医疗机构和私立医疗机构。公立医疗机构在印度的医疗体系中占据重要地位，如全印度医学科学研究所（AIIMS）等，其凭借政府的资源支持和广泛的医疗网络，致力于为民众提供基础且关键的医疗服务，尤其是针对贫困地区和弱势群体，在远程医疗的推广中发挥着保障基本医疗可及性的关键作用。私立医疗机构则以其先进的技术、优质的服务和灵活的运营机制，如阿波罗医院集团积极参与远程医疗服务，吸引了大量有更高医疗需求和支付能力的患者，同时也在技术创新和服务模式探索方面走在前列，与公立医疗机构形成了一定的互补态势。

在服务模式方面，印度常见的有实时交互式远程会诊、存储转发式远程诊断以及远程医疗教育与培训等。实时交互式远程会诊通过视频会议技术，让患者与远方的专家进行面对面的交流，专家能够实时了解患者的病情并给出诊断和治疗建议，其在复杂疾病的诊断和治疗方案制定上发挥了重要作用。存储转发式远程诊断则是将患者的病历、影像等数据传输给专家，专家在方便时进行分析诊断，这种模式对于一些非紧急但需要专业解读的病例较为适用，如疑难病症的影像诊断。远程医疗教育与培训则有助于提升基层医疗人员的专业水平，通过在线课程、虚拟手术演示等方式，将先进的医疗知识和技术传播到更广泛的地区，如由印度政府推动的一些远程医疗培训项目，有效提高了基层医生的诊疗能力，促进了医疗资源的均衡发展。

在法律法规与监管方面，印度在远程医疗方面的法律法规尚不完善，尽管信息技术部发布了一些远程医疗实践指南和标准，但缺乏全面、具体且具有强制力的法律规范，导致远程医疗的合法性、责任界定、隐私保护等方面存在诸多模糊地带。例如，在远程医疗过程中出现医疗纠纷时，责任的归属难以明确，是远程会诊的专家、当地的医疗机构还是技术服务提供商，缺乏清晰的法律依据，使得医疗人员和患者在参与远程医疗时都存在一定的顾虑。另外，由于远程医疗涉及多个部门和领域，包括医疗、电信、信息技术等，印度目前尚缺乏有效的协调机制，导致监管的碎片化和不充分。一些不具备资质的机构或个人可能借此机会开展非法的远程医疗活动，而监管部门难以及时发现和制止，这不仅损害了患者的利益，也扰乱了远程医疗市场的正常秩序，阻碍了远程医疗行业的健康发展。

在技术方面，虽然信息技术已经普及全国各个角落，但由于道路和交通基础设施较差，生活在偏远和农村地区的人们前往最近的保健中心（Primary Healthcare Centre，PHC；Community Healthcare Centre，CHC；地区医院）可能并不容易。同时，技术和通信成本太高，保健中心现有的远程医疗系统可能无法正常工作，这表明其不具备全面发展远程医疗的支撑基础。在远程放射学、远程病理学和远程皮肤病学中，图像质量（如颜色、分辨率、视野等）应为国际标准，以避免任何错误的解释和错误的诊断。在远程指导和机器人手术中，数据传输的延迟可能是至关重要的，必须减少到最低限度。

此外，由于法律和道德问题尚未解决，许多医疗专业人员仍不愿从事远程医疗实践。在远程医疗咨询中，如何确保和保护患者对其个人数据的保密权？如何确保数据的安全性，并将数据的可用性限制为仅对其预期对象以及授权和有权查看数据的人？如何防止以未经授权的拦截和/或披露形式滥用电子记录？患者数据的安全性、隐私性和保密性方面仍然面临很多问题。

四、德国远程医疗发展现状分析

（一）德国远程医疗发展概况

德国远程医疗的起源可追溯至20世纪初，当时电话和无线电技术的逐渐普及为远程医疗的初步尝试提供了可能。在这一时期，远程医疗主要通过电话进行简单的医疗咨询，医生依据患者或其家属在电话中描述的症状提供初步的诊断建议和治疗指导。例如，对于一些常见疾病如感冒、发烧、轻微外伤等，医生能够通过电话询问症状、病程等信息，判断患者病情的严重程度，并给出相应的用药建议或家庭护理指导，类似当前的互联网在线咨询服务。

进入21世纪，随着计算机技术、网络技术以及数字化医疗设备的快速发展，德国远程医疗开始进入快速发展阶段。互联网的普及使得远程医疗系统能够以更低的成本实现更高效的数据传输和信息共享，医疗机构之间逐渐建立起远程医疗网络连接关系，一些大型医院开始尝试与周边的基层医疗机构开展远程会诊服务，通过网络将患者的病历资料、影像检查结果等传输给专家，专家进行远程诊断并提供治疗方案建议，这有助于提升基层医疗机构的诊疗水平，缓解医疗资源分布不均的问题。

此外，德国还出现了一些专门针对特定疾病或特定人群的远程医疗服务形式，如针对糖尿病、高血压等慢性病患者的远程健康管理系统，患者可以在家中使用配套的医疗监测设备定期测量血糖、血压等指标，并将数据上传至远程医疗平台，医护人员通过平台对患者的健康状况进行持续监测和管理，及时发现病情变化并给予相应的干预措施。同时，部分地区开始尝试利用远程医疗技术开展远程心理咨询服务，为那些因地理位置偏远或身体不便而难以前往诊所的患者提供了便利。

近年来，随着高速网络技术、5G通信技术、人工智能、大数据等新兴技术在医疗领域的广泛应用，德国远程医疗迎来了快速发展的黄金时期。高速稳定的网络环境使得远程医疗能够实现高清视频会诊、实时远程手术指导等复杂功能，极大地提高了远程医疗的服务质量和效率。在一些复杂的外科手术中，主刀医生可以通过5G网络实时接收远程专家的手术指导意见，同时利用高清视频传输技术让专家能够清晰地看到手术现场的情况，实现了手术过程的精准协作和优化。

（二）德国远程医疗运营管理情况

德国远程医疗服务的运营管理呈现多元化的模式，涉及多个利益相关方的协同合作，以确保服务的高效、安全和可持续性。远程医疗服务提供方涵盖了各类医疗机构，包括大型综合医院、专科医院以及基层医疗诊所等，同时一些专业的远程医疗公司也在市场中发挥着重要作用。大型医院凭借其丰富的医疗资源和专业的专家团队，通常在远程会诊、远程手术指导等复杂的远程医疗服务领域占据主导地位。其通过建立远程医疗中心，与周边地区的多家基层医院建立合作网络，为基层医院提供疑难病症的远程会诊服务，涵盖了心脏病、肿瘤等多个专科领域，有效提升了基层医院的诊疗水平，实现了医疗资源的优化配置。

专科医院则在特定疾病领域的远程医疗服务中展现出专业优势，患者可以在基层医疗机构或社区诊所进行信息采集，通过远程医疗系统将图像传输至专科医院，由专家进行远程阅片并出具诊断报告，大大提高了疾病的筛查效率和诊断准确性。基层医疗诊所作为医疗服务体系的基础环节，主要负责患者的初步诊断和健康管理，并在必要时借助远程医疗手段与上级医院进行沟通协作，实现患者的分级诊疗和有序转诊。

专业远程医疗公司的出现为远程医疗市场注入了新的活力，它们专注于远程医疗技术的研发和应用推广，提供多样化的远程医疗服务解决方案，包括远程监测设备的租赁和维护、远程医疗平台的搭建和运营等。远程医疗公司开发的针对患者的远程健康管理系统，已在德国多个地区得到应用，系统通过与各类可穿戴医疗设备连接，能够实时采集患者的生理数据，并利用智能算法进行数据分析和预警，医护人员可以通过手机应用或电脑端对患者进行远程管理和干预，有效提高了患者的自我管理能力和健康水平，降低了患者的住院率和医疗成本。

在服务监管方面，为了保障远程医疗服务的质量和安全，德国建立了一套严格的质量控制和监管体系。医疗监管部门对远程医疗服务机构的资质认证、服务流程、人员培训等方面进行严格审查和监管，确保其符合相关的医疗标准和规范。德国在远程会诊服务中，要求会诊医生必须具备相应的专业资质和丰富的临床经验，会诊过程必须遵循标准化的操作流程，包括详细的病历资料收集、清晰的视频沟通交流以及准确的诊断报告出具等环节，以保证会诊的质量和效果。

在法律法规方面，由于远程医疗涉及医疗责任的界定、患者隐私保护等复杂问题，当时的法律法规尚未对此进行完善的规范和明确的界定，这使得医疗服务提供者和患者在参与远程医疗过程中都面临一定的法律风险和伦理困境。针对远程医疗过程中涉及的医疗责任认定、数据安全与隐私保护、电子病历的法律效力等问题，德国政府出台了一系列更加详细和完善的法律法规，明确了各方的权利和义务，为远程医疗的健康发展提供了坚实的法律保障。

在服务质量方面，德国还通过建立远程医疗质量评估指标体系，对远程医疗服务的效果进行定期评估和反馈，评估指标涵盖了诊断准确性、治疗有效性、患者满意度等多个维度，根据评估结果及时发现问题并采取相应的改进措施，不断优化远程医疗服务的质量和流程。同时，专业的医学协会和行业组织也在远程医疗的质量控制和规范发展中发挥着积极作用，它们制定行业自律规范和技术指南，组织开展与远程医疗相关的学术交流和培训活动，促进了远程医疗行业的健康发展和整体水平的提升。

在医保政策方面，德国政府不断完善相关制度，逐步扩大远程医疗服务项目的医保报销范围。医保报销政策通常有视频诊疗和数字疗法等方面，2020年4月，德国首部系统性规范数字医疗的联邦法律《数字医疗保健法》（Digitale – Versorgung – Gesetz，DVG）正式实施，该法首次要求法定医保必须报销医生提供的视频问诊费用，打破传统医疗的数字化壁垒，将远程医疗、数字疗法纳入法定医保体系，提升医疗可及性。2021年3月，《数字医疗与护理现代化法》（Digitale – Versorgung-und – Pflege – Modernisierungs – Gesetz，DVPMG）实施后，取消初诊线下强制要求，允许全流程远程诊疗，对远程医疗报销规则产生直接影响。这不仅使得更多的患者能够享受到远程医疗服务带来的便利，同时也提高了医疗机构和患者参与远程医疗的积极性。

远程医疗系统的建设和运营需要投入大量的资金用于设备购置、技术研发、人员培训以及通信网络的租用等方面，这对于当时的医疗机构和政府来说是一项沉重的经济负担，也在很大程度上制约了远程医疗的广泛应用和发展。此外，德国还积极加强与国际上其他国家在远程医疗领域的交流与合作，通过引进先进的技术和经验，推动本国远程医疗技术水平的不断提升，并在一些领域逐渐形成了具有德国特色的远程医疗发展模式，为全球远程医疗的发展提供了有益的借鉴和参考。

第三节　我国远程医疗发展情况

一、我国远程医疗建设概况

我国远程医疗起步较晚但发展速度较快。远程医疗是远程通信技术、信息学技术和医学科学的有机结合，它不仅包含医学科学的内涵，还更多地融入了信息工程技术的内容。伴随医疗信息化的迅猛发展，远程医疗作为医疗信息化建设的重要组成部分，集远程通信技术、信息技术和医疗保健技术精华于一身，使患者足不出户就能享受到高水平的医疗服务，并使基层医务人员在不离开岗位的同时就能获得持续的医疗教育，进而提升医疗技术水平。远程医疗可以突破地域和时间限制，实现医疗资源共享，将城市发达地区的优质医疗资源和先进医疗技术向基层医疗机构延伸，给偏远地区医务人员提供诊断和治疗指导，减少疑难、危重患者的不必要检查及治疗，免除了患者往返奔波，并为及时、准确地抢救与治疗患者赢得了时间，也使得农村偏远地区的医务人员能经济高效地通过技术平台共享优质的医学教育资源、专家资源、技术设备资源和医药科技成果资源。

近年来，我国远程医疗事业不断发展，特别是在"互联网＋"行动计划的背景下，远程医疗作为化解当前我国医疗卫生资源分布不均的有效途径，同时作为"互联网＋医疗健康服务"的基础，得到了国家及各级政府、医疗机构和科研人员的高度重视。我国自20世纪80年代末开始进行研究性远程医疗试验探索，到20世纪90年代中期开始进行实用性远程医疗系统建设与应用，形成"多点开花、专域应用"的发展局面。

第一阶段（20世纪80年代末至90年代中期）。1988年，中国人民解放军总医院首次与德国一家医院进行了神经外科远程病例讨论，这是我国首次现代意义上的远程医疗活动。随后，各种医疗机构都开始进行实用性远程医疗系统建设与应用，形成了多点开花的发展局面。1994年华山医院与上海交通大学用电话进行会诊演示，同年卫生部主导并启动了金卫工程2号工程建设全军医药卫生信息网络和远程医疗会诊系统。1997年，中国金卫医疗网络即卫生部卫生卫星专网正式开通，实现对疑难急重症患者进行远程、异地、实时、动态电视直播会诊；同年，解放军总医院通过电子邮件与济南军区的医院进行远程会诊，成立远程医疗中心。通信手段主要是电子邮件、可视电话等。同年9月，中国医学基金会成立了国际医学中国互联网委员会，该组织计划通过3个阶段（电话线阶段、数字网络阶段、卫星通信阶段）逐步在我国开展医学信息及远程医疗工作；在军队卫生保障方面，解放军总后勤部与卫生部联合启动了全军远程医学信息网项目工程，旨在提高偏远驻地官兵的医疗服务水平。此后，各地区都开始了远程医疗的探索和试验，远程医疗的发展从最初的局域性研究探索试用阶段，过渡到了区域性集团化建设应用的第二阶段。

第二阶段（20世纪90年代末至21世纪初）。在国家相关政策引导和实际业务需求推动下，我国东部省份，如上海、浙江等积极建设远程医疗信息系统，并紧密结合对口支援中西部欠发达省份的卫生工作，发挥了积极作用。北京、上海等地的部分三甲医院分别建立了连接国内其他地区医院的远程医疗系统。此外，在卫生部、科技部的政策及资金支持下，不少省份的区域性中心医院分别发展建设了各自的远程医疗网络，如浙江、河南、山东、四川等。其中在河南，以郑州大学第一附属医院为依托建立的河南省远程医学中心已经开始了面向偏远农村的医疗资源共享的河南省远程医疗网络建设，为省内偏远农村的患者提供优质的医疗服务，解决了省内优质医疗资源不足且分布不均的严重问题。

进入21世纪，我国远程医疗建设应用快速发展。2010年和2011年，国家规划和组织实施了两期区域性远程医疗试点项目建设，范围覆盖了

12家部属（管）综合医院、22个中西部省（区、市）和新疆生产建设兵团的500家县级综合医院和62家省级三甲综合医院，并依托省级大型医院建立远程医学中心。北京协和医院、中日友好医院等11家医院的高端远程医疗系统正式投入使用，云南、甘肃、新疆已完成了2010年度和2011年度基层远程会诊系统的项目任务，河南、重庆、湖北等9个省（区、市）完成了2010年度基层远程会诊系统的项目任务，取得了良好的社会效益。

远程医疗是调整医疗资源分布失衡、加快基层医疗卫生服务体系建设、推进城乡医疗卫生服务均等化的有效途径，满足了我国农村和边远地区对优质医疗资源的热切需求，同时也是卫生信息化建设的重要组成部分，更是深化医药卫生体制改革、推进分级诊疗体系建设的重要支撑与推动力量。我国远程医疗系统建设已经度过了局域性研究试用的第一阶段，正处于区域性集团化建设应用的第二阶段，并将向跨域性一体化协同应用的第三阶段逐步过渡。

第三阶段（21世纪初期以后）。跨域性一体化的远程医疗协同应用包括两个方面的内容，首先是以区域大型综合医院为中心，以协作医疗以及周边医疗机构为基础，实现远程诊断、远程会诊、远程手术指导、远程教育和会议等功能，提高大型医院对协作医院的帮扶水平，提高疑难重症救治水平，缓解群众看病难题。其次是促进区域大型综合医院之间的沟通，实现远程会诊、远程手术指导、远程会议等功能，促进医院间相互学习，提高医疗诊治水平。由于医院信息化的发展，融合了HIS、PACS、RIS、LIS的电子病历系统（EMR）得到广泛推广与应用，远程医疗信息从源头上已经完全实现数字化；另外，数字宽带技术、5G通信技术的发展使得医学和音视频信息传输的质量和速度得以大幅度提高，成本大幅降低；互联网技术、移动网络技术的发展，使得远程医学服务更加便捷化。第三阶段的远程医疗系统将以区域医疗协同平台为主，真正实现远程医疗和分级诊疗政策，使急病小病留在基层，充分发挥基层医疗资源，解决老百姓关注的健康问题。

我国自20世纪80年代开始进行远程医疗探索研究。1999年，《关于加强远程医疗会诊管理的通知》出台并推动了远程医疗实践应用。2010

年，远程医疗进入快速发展的区域性试点阶段。国家相关部门陆续出台《关于推进医疗机构远程医疗服务的意见》（2014 年）、《远程医疗信息系统基本功能规范》（2016 年）、《远程医疗服务管理规范（试行）》（2018 年）等文件，指导远程医疗建设与发展。目前，我国已建立国家远程医疗中心、国家远程医疗与互联网医学中心、地方各省市远程医疗中心等，实现远程医疗服务网络广覆盖，对推动优质医疗资源下沉到边远地区和基层医疗机构等发挥重要作用。

二、我国远程医疗管理模式分析

为了针对性分析我国远程医疗领域的相关管理情况，本部分以讨论传统的医疗机构（医生）对远程医疗服务模式相关管理情况为主。

（一）法律法规与政策情况

目前，我国远程医疗发展的主要特征为区域性和小规模发展，受政策影响较大，不确定性较高。从 20 世纪 90 年代以来，我国陆续出台远程医疗相关文件（见表 3-2），以推动远程医疗发展。在远程医疗管理模式上，各级政府和远程医疗机构均在探索实践，以期找出一条符合我国国情的远程医疗发展之路。

表 3-2　　　　　　　我国远程医疗相关政策法规情况

发布年份	发布部门	政策名称	主要内容
1999	卫生部	《关于加强远程医疗会诊管理的通知》	分级管理、远程会诊资质、远程会诊法律关系
2009	中共中央、国务院	《关于深化医药卫生体制改革的意见》	积极发展面向农村和边远地区的远程医疗
2010	卫生部	《远程会诊系统建设项目管理方案》	构建以三级甲等综合医院为核心的基层远程会诊系统和以综合医院为核心的高端远程会诊系统
2010	卫生部	《远程会诊系统建设项目技术方案》	构建以三级甲等综合医院为核心的基层远程会诊系统和以综合医院为核心的高端远程会诊系统

续表

发布年份	发布部门	政策名称	主要内容
2011	卫生部	关于征求《远程医疗服务管理办法(试行)(征求意见稿)》意见的函	一般远程医疗服务的资质审核及执行规定
2012	国务院	《国家基本公共卫生服务体系"十二五"规划》	推进基层医疗卫生信息化建设,建设三级医院与县级医院远程医疗系统
2012	国务院	《卫生事业发展"十二五"规划》	发展面向农村及边远地区的远程医疗系统
2013	国务院	《关于促进信息消费扩大内需的若干意见》	推广远程医疗
2013	国务院	《关于促进健康服务业发展的若干意见》	建设以面向基层、偏远和欠发达地区的发展远程医疗
2013	国家卫生计生委、国家中医药管理局	《关于加快推进人口健康信息化建设的指导意见》	将远程医疗建设纳入信息惠民工程
2014	国家卫生计生委	《关于推进医疗机构远程医疗服务的通知》	阐明远程医疗服务内容和服务流程,明确服务模式为B2B模式、B2C模式,禁止C2C模式
2014	国家发展改革委、国家卫生和计划生育委员会	《关于加快实施信息惠民工程有关工作的通知》	实现远程医疗系统之间的互联互通
2014	国家发展改革委、国家卫生和计划生育委员会	《关于组织开展省院合作远程医疗政策试点工作的通知》	在宁、贵、藏、蒙、桂、新、青、甘、滇等地区进行远程医疗政策试点
2014	国家卫生计生委	《关于印发远程医疗信息系统建设技术指南的通知》	构建覆盖全国的远程医疗服务网络体系,明确国家和省级服务站的基本功能、架构和服务标准
2015	国家卫生计生委、国家发展改革委	《关于同意在宁夏、云南等5个省区开展远程医疗政策试点工作的通知》	远程医疗试点内容与要求
2015	国务院办公厅	《关于印发全国医疗卫生服务体系规划纲要(2015—2020年)的通知》	以形成分级诊疗秩序为目标,积极探索科学有效的医联体和远程医疗等多种方式
2015	国务院办公厅	《关于推进分级诊疗制度建设的指导意见》	鼓励二、三级医院向基层医疗机构提供远程医疗服务

续表

发布年份	发布部门	政策名称	主要内容
2015	国务院	《关于积极推进"互联网+"行动的指导意见》	引导医疗机构面向中小城市和农村地区开展基层检查、上级诊断等远程医疗服务
2015	国务院	《关于印发促进大数据发展行动纲要的通知》	探索远程医疗等的发展，优化形成规范、共享、互信的诊疗流程
2016	国家卫生计生委	关于发布《远程医疗信息系统基本功能规范》等7项卫生行业标准的通告	推荐性卫生行业标准、强制性卫生行业标准
2017	国务院办公厅	《关于推进医疗联合体建设和发展的指导意见》	大力发展面向基层、边远和欠发达地区的远程医疗协作网
2018	国务院办公厅	《关于促进"互联网+医疗健康"发展的意见》	推进远程医疗服务覆盖全国所有医疗联合体和县级医院
2018	国家卫健委、国家中医药管理局	《关于深入开展"互联网+医疗健康"便民惠民活动的通知》	远程医疗服务全覆盖
2018	国家卫健委	《远程医疗服务管理规范（试行）》	明确管理范围、开展条件、服务流程、管理要求等
2019	国务院办公厅	《关于印发深化医药卫生体制改革2019年重点工作任务的通知》	改造提升远程医疗网络建设
2020	工业和信息化部办公厅、国家卫生健康委办公厅	《关于进一步加强远程医疗网络能力建设的通知》	丰富远程医疗网络技术手段和服务模式
2023	国家卫生健康委、国家中医药管理局、国家疾病预防控制局	《关于做好县域巡回医疗和派驻服务工作的指导意见》	加强基层卫生信息化建设，有条件的地方积极利用信息化手段开展"互联网+"签约服务、慢性病管理和远程医疗服务
2023	中共中央办公厅、国务院办公厅	《关于进一步深化改革促进乡村医疗卫生服务体系健康发展的意见》	大力推进"互联网+医疗健康"，构建乡村远程医疗服务体系，推广远程会诊、远程检查等服务
2023	国家卫生健康委等部门	《关于全面推进紧密型县域医疗卫生共同体建设的指导意见》	将远程医疗延伸到乡村，推进基层检查、上级诊断、结果互认

续表

发布年份	发布部门	政策名称	主要内容
2024	国家卫生健康委、国家发展改革委等部门	《关于推进儿童医疗卫生服务高质量发展的意见》	积极发展远程医疗协作网，开展儿科远程医疗、远程教学及互联网诊疗
2024	国家卫生健康委、国家中医药管理局、国家疾病预防控制局	《关于进一步健全机制推动城市医疗资源向县级医院和城乡基层下沉的通知》	积极开展远程医疗服务。各地要建立覆盖省、市、县、乡、村各级的远程医疗服务网络，积极开展远程医学影像、心电、病理诊断等远程医疗服务，推广"基层检查、上级诊断"的远程医疗服务模式

通过政策文本分析发现，我国政府颁布的远程医疗相关政策文件中，通知文种使用较多，占总体的29.89%，该类政策文件多是上级对下级远程医疗建设的要求或任务进行简单的明确与传达，具有较强的时效性，但通过对具体内容进行分析可知，该类文件往往缺乏相应的实施细则与执行路径，这不利于远程医疗建设工作的有效落实。另外，意见、规划、纲要、决定、战略占总体的49.07%，这一类政策文件内容主要是对我国远程医疗未来发展宏观性、长期性的思考，对远程医疗全面长远的发展具有较强的引导和规范作用，但是从另一角度来看，规划、战略等只是基于过去的经验所预先设定的宽泛愿景，并不是准确描述的计划，实践操作层面的阐述较为模糊，要想工作取得实效，还需制定小而实的配套措施予以支持。方案、办法、计划、指南、规范、规定、措施合计占总体的21.03%，这类政策文件通常是针对远程医疗中的具体某一领域，对政策主体、政策客体、政策目标和政策手段都进行了精准的限定、设定和选定，具有较强的政策效力，但是数量相对较少，这表明我国远程医疗政策整体执行的可行性还有提高的空间。

1999年，国家卫生部发布了《关于加强远程会诊管理的通知》，将远程会诊定义为医疗行为，提出对远程会诊系统实行分级管理，并通过远程医疗试点逐步推进远程医疗。2014年，原国家卫生计生委发布《关于推进医疗机构远程医疗服务的意见》，对远程医疗的管理规范、实施程序、责任认定、监督管理等作出明确规定，远程医疗服务的范围扩展到远程病理诊断、远程影像诊断、远程监护等，并首次指出医疗机构运用信息化技术，向医疗机构外的患者直接提供的诊疗服务，属于远程医疗服务，使远程医疗的服务范围进一步扩大。2018年，国务院办公厅发布《关于促进"互联网+医疗健康"发展的意见》，提出医疗联合体要积极运用互联网技术开展远程医疗服务，推进远程医疗覆盖全国所有医疗联合体和县级医院。有关远程医疗的一系列政策文件的实施体现了国家对远程医疗行业发展的重视，也促使远程医疗的发展规模迅速壮大。国家卫健委出台了《远程医疗服务管理规范（试行）》，这成为远程医疗服务开展的根本依据。然而，我国在远程医疗立法方面，还有待进一步完善，主要体现在以下几点。

1. 法律法规依据少、法律效力层级较低

我国目前没有远程医疗的相关立法。从全国范围内看，远程医疗的统一规定仅见于卫健委等部门下发的规范性文件或通知、意见。法律效力最高的文件为2014年国家卫生计生委发布的《关于推进医疗机构远程医疗服务的意见》及2018年国家卫健委发布的《远程医疗服务管理规范（试行）》，但这都属于规范性文件和部门规章。在地方政策方面，部分省市围绕远程医疗服务开展范围、定价、医保报销等内容做出了具体规定，但全国还没有相对统一的规定。缺乏独立法律文件，导致远程医疗发展过程中掣肘于诸多适用于面对面诊疗的法律。比如，为规范医师执业所颁布的《中华人民共和国执业医师法》，其对多点执业问题进行了明确规定，根据上位法优于下位法原则，其法律地位高于关于远程医疗的有关文件，这就导致远程医疗在开展过程中，医师如果遵从远程医疗相关文件，就有可能导致医疗机构或者医务人员的诊疗行为不符合规定，甚至违法。

2. 法规政策定位不清，可操作性低

目前，规范远程医疗开展的根本依据为2018年国家卫健委发布的《远程医疗服务管理规范（试行）》，其从远程医疗的定义、开展远程服务的基本条件（医疗机构、人员、设备等条件）、远程医疗开展流程及要求、管理要求及监管要求五个方面进行了规定，但相对宏观与笼统，对远程医疗开展过程中需要明确的医保政策、付费模式、监管责任等缺乏明确规定。

一是医疗责任认定和划分、准入标准不完善。相比传统面对面医疗服务模式，远程医疗涉及的法律关系更加复杂，主要包括医院、医疗服务人员、远程设备软硬件生产商、网络服务商等方面。根据现行《远程医疗服务管理规范（试行）》的有关规定，仅简单阐述了涉及远程医疗相关主体的基本条件，一方面，未对相关主体的资质准入标准进行具体规定。我国目前尚没有成熟的培训模式及对医生参加互联网诊疗资质的有关审核机制，各地互联网医院层出不穷，但是具体建设标准等却长期缺失。另一方面，涉及远程医疗的相关主体间医疗责任的划分尚不完善，如医疗损害责任、违约责任、医疗服务之外的侵权责任等。

二是远程医疗定价及利益相关方分配机制不健全。远程医疗的法律主体均为远程医疗服务链中的相关利益人，如何在这些主体间进行利益分配直接关系远程医疗产业的发展壮大。目前，我国某些省市进行了远程医疗医保报销的相关尝试，但是远程医疗不同模式的定价与医保报销机制尚不健全，导致远程医疗利益相关方积极性不高。

三是缺乏远程医疗信息数据的监管规范和患者信息保护机制。随着远程医疗的快速发展，一方面，海量的信息传输成为常态，这给远程医疗服务过程中的信息安全提出了更高的要求，高保真的信息传输及信息安全保障成为未来远程医疗发展的挑战；另一方面，远程医疗在诊疗过程中，由于以互联网为基础依托，患者的个人信息、诊疗图片及视频等通过网络进行频繁传递，在这个过程中，非常容易出现患者信息安全及隐私安全问题，如何进行有效管理是摆在世界各国面前的难题。此外，由于部分医务人员对患者隐私保护等缺乏法律意识，这也为互联网时代医疗信息的安全和隐私保护带来了挑战。

近年来，随着智能传感技术的迭代更新，智能可穿戴设备被越来越多的人所接受，用于日常身体健康数据的采集，但是目前，我国对移动穿戴设备的标准及信息传递都缺乏统一监管，信息的传输和存储过程中存在较大的安全隐患，信息被盗和不当利用患者信息的行为时有发生，这为我国互联网医疗的整体健康发展带来了隐患，尤其是在对偏远和农村地区的老年慢性病的监护与诊治过程中，由于农村及老年人缺乏相应的信息保护和隐私安全保护意识，其权益受损情况更加严重。

(二) 监管体系建设

远程医疗的监管对象既包括服务行为、服务设备，也包括远程医疗的参与主体（如医疗机构、医务人员和设备供应商）。而不同的监管对象，将适用不同的监管规则和监管方式。例如，在美国，远程医疗的监管体系涵盖远程医疗服务流程监管、药品与设备监管、各参与主体监管等，对应的监管机构从不同角度对远程医疗产业与行为进行监管。目前，我国远程医疗监管体系形成了以政府监管为主导、以行业自律监管和市场监管为辅助的监管体系。

1. 以政府监管为主导

目前我国远程医疗监管主要以政府为主导，参与部门包括发展改革委、卫生健康委、医疗保障局、物价局、财政部、机构编制委员会办公室（以下简称"编办"）、药品监督管理局等，建立了覆盖全程医疗事前、事中、事后的全链条监管体系。卫生健康委主要负责对医疗机构和医务人员行为的监管，药品监督管理局负责对药品和医疗器械的监管，医疗保障局等负责对远程收费及医保报销相关政策的监管。从总体来看，我国远程医疗的监管尚处于分头监管的状态，缺乏统一的协调和协同（见表3-3）。

表3-3　　　　　　　　我国远程医疗政府监管职能划分

部门	主要职能	具体职能
发展改革委	总负责远程医疗建设	项目规划审批与规模控制
	协调各部门建设	协调卫生、物价、财政、编办等部门
	规范产业化发展	引导企业、社会组织有序参与
	健全相关政策、制度	完善并落实远程医疗政策
卫生健康委	推进区域远程医疗协同	推进区域远程医学会诊中心建设；完善远程信息系统
	提升综合监管	落实医疗机构绩效考核；加强机构、设备、人员等准入和退出监管；完善服务价格
财政部	保障建设资金	落实远程医疗专项资金；核实并下拨公立医院财政补助
医疗保障局	加快远程医疗纳入医支付体系	加快远程医疗与医保系统对接，夯实数据共享交互

续表

部门	主要职能	具体职能
物价局	发挥物价政策调节作用	协同卫生行政部门制定远程会诊、影像诊断、心电监测等与远程医疗相关的物价政策，并监督物价执行
编办	加强人员岗位匹配度	合理制定远程医疗工作人员的岗位规划
药品监督管理局	落实软硬件监管	对药品、医疗设备和医疗器械进行准入监管与质量控制

整个监管应覆盖事前、事后、事中整个生命周期。事前主要通过经济杠杆、政策引导、标准制定等加强对远程医疗的引导。如通过加强政策和财政支持远程医疗基础设施建设；事中、事后则主要通过行政手段加强约束，通过绩效考评、质量监督考察等对远程医疗的服务质量进行监管。

2. 行业和市场监管体系逐渐兴起并发挥作用

随着互联网医疗的兴起和发展，行业协会逐渐建立，并在远程医疗监管等方面发挥重要作用。例如，天津市远程医疗协会等通过制定行业标准，进行行业内信用评级管理及加强有关专业人员培训等方式，推动行业监管与自律。这些协会属于非政府组织，能够承担一定的政府职能转移，在引导行业发展方面发挥出重要作用。此外，随着信息传播泛在化，舆论监督在各行业监督中也发挥了重要作用，新闻媒体、自媒体等通过新闻曝光等方式，在事前与事后发挥监管作用，可显著提高行政部门介入的可能性，对行业声誉的形成具有重要作用。

目前，我国远程医疗监管以政府为主导，行业组织监管与公众参与度不足。在实践中暴露出一些问题，集中体现在以下方面：一是监管体系缺乏顶层设计，监管部门之间缺乏协同。目前，对于远程医疗的监管，我国尚没有明确的法律规定和职责划定，相关政府职能部门处于按照现有的职责分头监管的状态。各政府部门之间缺乏协同和统一，监管范围和内容容易出现重叠和真空，监管体系尚未理顺。例如，各政府部门往往通过制定相应的政策文件来规范远程医疗的发展，但是由于各部门对远程医疗的了解和认识不同，往往从不同角度制定的相关政策之间存在相互矛盾的地方，或有些远程医疗的关键环节，没有具体的监管部门对此进行监管。二是行业协会等第三方监管的作用有限。相较于美国远程医疗协会在美国远程医疗发展中举足轻重的作用,我国远程医疗相关的学会协会的作用及公信力还远远不足,目前其仅在远程医疗服务质量评估、安全规范等个别领域发挥有限的监管作用,没有从总体上引导行业发展及行业规范制定的能力。这与我国行业协会等第三方监管机构独立性不强、政府背景深厚有很大的关系,多数行业协会依附于政府机关运行,缺乏独立的决策机制,导致其不能很好地发挥非官方机构的作用。

(三) 标准规范制定

远程医疗的服务标准包括远程医疗的技术标准、业务管理标准以及临床执行标准等。远程医疗依赖互联网等通信设备以及医疗检查设备,远程医疗系统平台更是需要各种软、硬件支撑,为保障远程医疗的安全运行,需要确定远程医疗平台和远近端的医疗机构设备的技术标准。目前,我国出台发布了远程医疗信息系统的基本功能、技术、基本数据集、接口等相关技术标准和规范,比如,《远程医疗信息系统基本功能规范》(WS/T 529 - 2016)、《远程医疗信息系统技术规范》(WS/T 545 - 2017)、《远程医疗服务基本数据集》(WS 539 - 2017)、《远程医疗信息系统与统一通信平台交互规范》(WS/T 546 - 2017)等。

目前,我国远程医疗发展仍以区域发展为主,医疗机构在医疗联合体内开展远程医疗服务,由各地卫生行政部门负责地方远程医疗的管理及规范制定等,并没有形成全国统一的规范,这无疑阻碍了远程医疗的跨区域发展。随着远程医疗在美国的高速发展,标准规范的应用也在不断丰富,涉及了药品、服务提供商、医师、医学影像等方面,已建立起涵盖远程医疗整个服务流程的系统标准体系。但是,考虑到医疗服务基础建设较差等原因,我国很难按照国际统一标准实行远程医疗系统建设。此外,远程医疗相关主体的准入机制及资质认证仍然是亟须解决的问题,尤其是技术提供方的准入及退出机制尚未建立。

(四) 付费补偿模式

目前,我国对远程会诊等传统远程医疗项目还没有统一收费标准和劳务补偿规定，主要是开展远程医疗的医疗机构自主定价，并在所属地区卫生健康委、医疗保障局等备案后执行，缺乏统一的定价依据。根据《中国医院远程医疗发展报告（2018年)》的调查，28.3%的三级医院远程医疗服务不收费；在收费的医院中，多是由上级行政管理部门统一定价，部分医院是由医院定价后上报上级行政管理部门审批，或是根据远程医疗服务另一方的收费标准定价。在医保报销方面，目前已有多个省份在远程医疗纳入医保报销方面做了尝试。

作为国家远程医疗实施试点的首批省份，贵州省首次在省级层面出台规定，将远程医疗服务纳入基本医保基金支付范围，具体包括远程单学科会诊、远程多学科会诊、同步远程病理会诊、远程心电会诊在内的9个服务项目，这些项目必须在全省统一的远程医疗专网下，通过省级远程医疗平台开展。2017年，湖北省将远程医疗项目纳入医保支付。目前，已有甘肃、四川、江苏等省份全省或部分地区出台了有关远程医疗价格、报销等的政策，将符合条件的诊疗服务纳入医保支付范围。2020年，四川是全国先期几个将"互联网+医疗"纳入医保的省份之一，首批4项纳入医保的"互联网+医疗"服务项目包括互联网复诊、远程会诊、远程病理会诊、远程胎心监测，项目内费用已实现全额报销。

近年来，虽然国家及各省级人民政府在远程医疗及"互联网+"医疗服务的收费等政策法规方面进行了有益的探索，但是在实际操作中仍然存在诸多问题。一方面，个别远程医疗服务过高的收费标准让真正需要远程医疗的群体望而却步，且医疗机构调整变动价格较为随意，导致患者就诊时对远程医疗服务的收费存在疑虑，无法实现其普及性；另一方面，远程医疗服务的大部分费用由电信运营商作为通信费用收取，作为服务提供方的医院只收取很少一部分会诊咨询费用，被咨询专家的劳务技术价值没能得到公平合理的体现，同时许多医院远程医疗项目的劳务补偿普遍偏低，很难有效调动相关专家参与的积极性。

医保支付困境是阻碍远程医疗发展的主要障碍，主要是各地医保体系差异较大，保障范围、报销比例、技术接口都不一样，这给医保支付带来了难度。远程会诊尤其是针对疑难杂症的专科会诊其实并非新事物，这种会诊还带有培训教育的合作目的，但各地价格不一且并不透明，会诊的必要性、专家的需求、资源的分配等因素都会影响定价，也会影响医保到底按照什么比例支付，具体价格和报销比例的测算是很大的挑战。

三、我国远程医疗运营模式分析

国内远程医疗以两种形式推进：其一，国家层面推动型，具体会落实在边远和经济发展落后的省份，推动主体是国家指定医院和省级医院，以B2B模式为主；其二，地方政府或企业或两者合力共同推动型，具体落实在经济发达区域及试点区域的后发展时期（试点政策一旦结束，省级政府将会成为主导），以B2B、B2C模式为主。

2014年，国家卫生计生委发布《关于推进医疗机构远程医疗服务的意见》，为医疗机构间开展B2B远程医疗服务提供人力及财政等政策支持。同时，还明确指出医疗机构运用信息化技术，向医疗机构外的患者直接提供的诊疗服务，属于远程医疗服务，B2C远程医疗模式获得政策支持。

2018年国务院发布《关于促进"互联网+医疗健康"发展的指导意见》（以下简称《意见》）从政策层面定调支持互联网医疗的开展。为贯彻落实《意见》精神，国家卫生健康委员会、国家中医药管理局联合发布《互联网诊疗管理办法（试行）》《互联网医院管理办法（试行）》《远程医疗服务管理规范（试行）》，管理办法从根本上廓清了互联网医疗、互联网医院、远程医疗的范畴，为实行分类管理并划清政策"红线"提供了政策支撑。

《远程医疗服务管理规范（试行）》明确指出，远程医疗服务包括以下情形：（1）某医疗机构（以下简称"邀请方"）直接向其他医疗机构（以下简称"受邀方"）发出邀请，由受邀方运用通信、计算机及网络技术等信息化技术，为邀请方患者诊疗提供技术支持的医疗活动，双方通过协议明确责权利。（2）邀请方或第三方机构搭建远程医疗服务平台，受邀方以机构身份在该平台注册，邀请方通过该平台发布需求，由平台匹配受邀方或其他医疗机构主动对需求做出应答，运用通信、计算机及网络技术等信息化技术，为邀请方患者诊疗提供技术支持的医疗活动。邀请方、平台建设运营方、受邀方通过协议明确责权利。同时明确，邀请方通过信息平台直接邀请医务人员提供在线医疗服务的，必须申请设置互联网医院，按照《互联网医院管理办法（试行）》管理。这从本质上确定了远程医疗服务的服务范围。

（一）B2B 模式的远程医疗服务

《中国医院远程医疗发展报告（2020 年）》调查结果显示，我国医院远程医疗服务模式主要以 B2B 模式为主，该服务模式也相对更为成熟。B2B 模式即医院与医院之间开展远程医疗服务，这是传统远程医疗的主要服务模式，表明我国处于远程医疗服务初级阶段。

在宏观政策及技术发展的共同推动下，我国远程医疗应用呈现出百花齐放之势。很多地区或由当地政府牵头或由当地顶级医疗机构牵头，纷纷建设远程医疗中心，不同程度地探索和发展远程医学。早在 2014 年的调查显示，涵盖了全国东北、华北、西南、华东、华南 5 个大区的 16 个原省卫生计生委中，有 11 家正在着手或已经建立了相应级别的远程医疗中心。例如，贵州省提出"远程医疗全覆盖"计划，2017 年在全省 1441 个乡镇卫生院和 110 个政府办社区卫生服务中心建设远程医疗服务体系，实现省市县乡四级远程医疗全覆盖。云南省于 2004 年启动实施了"远程医疗县县通工程"，截至 2019 年 4 月，已建成覆盖全省 16 个市（州）、129 个县的 157 家医院的远程可视医疗网络。不少省份的区域性中心医院分别发展建设了各自的远程医疗网络。

从目前比较典型的案例来看，郑州大学第一附属医院于 1996 年成立远程会诊中心，河南省远程医学中心依托郑州大学第一附属医院，建设了覆盖河南全省的"省—市—县—乡—村"五级远程医疗服务体系，免费开展常态化、规模化的各项远程医疗业务，目前每年开展远程综合会诊 2 万余例。中国人民解放军总医院（以下简称"301 医院"）于 1997 年成立了远程医学中心，目前在全国全军建立了 1300 多家远程医院。新疆维吾尔自治区远程会诊中心由新疆维吾尔自治区人民医院和新疆医科大学一附院两个远程会诊分中心组成，通过互联网向上与内地医院开展远程会诊，向下为自治区内 130 多家基层医疗机构提供会诊服务。

目前,我国各省份陆续建设远程医疗服务网络,医疗机构均开展常态化的远程医疗服务。根据相关公开资料不完全统计,将国家及各省份主要的远程医学/医疗中心、平台及相关信息进行整理汇总,具体如表3-4所示。

表3-4　　我国主要远程医学/医疗中心、平台分布情况

国家/省份	主要远程医学/医疗中心、平台	建设依托医院/单位
国家	国家远程医疗中心	郑州大学第一附属医院
	国家远程医疗与互联网医学中心	中日友好医院
	国家远程卒中中心	首都医科大学宣武医院
	国家远程医疗与互联网医学中心儿科协同中心	复旦大学附属儿科医院
	数字病理远程诊断与质控平台(国家卫健委病理质控中心)	国家卫生健康委医政医管局、北京协和医院、浙江大学医学院附属第二医院、四川大学华西医院
	全军远程医学信息网	中国人民解放军总后勤部卫生部
北京	解放军总医院远程医学中心	解放军总医院301
	北京协和医院远程医学中心	北京协和医院
	北京大学人民医院医疗共同体信息中心	北京大学人民医院
	阜外心血管病远程会诊中心	北京阜外心血管病医院
	北京儿童医院集团远程会诊中心	首都医科大学附属北京儿童医院
上海	上海华山医院远程会诊中心	复旦大学附属华山医院
	上海市白玉兰远程医学管理中心	上海卫生远程医学网络有限公司
天津	天津市远程医疗协会	由天津市医药集团有限公司、天津医科大学、天津中医药大学、中国电信股份有限公司天津分公司、天津中医药大学第一附属医院、天士力控股集团有限公司等单位发起成立
河北	河北省远程医疗中心	河北医科大学第二医院
	河北省人民医院远程医学中心	河北省人民医院
山西	山西省远程医疗中心	山西医科大学第二医院

续表

国家/省份	主要远程医学/医疗中心、平台	建设依托医院/单位
辽宁	"辽宁省医学影像云"健康医疗服务平台	联众医疗、东软集团与辽宁省原卫生计生委
辽宁	辽宁省基层医院远程医疗会诊中心	大连市中心医院
吉林	吉林省医院远程会诊中心	吉林省人民医院
黑龙江	急重症及创伤远程指挥中心	哈尔滨医科大学附属第一医院
黑龙江	黑龙江省基层医院病理远程会诊中心	齐齐哈尔医学院
江苏	江苏省人民医院——宿迁分院远程医疗会诊系统	江苏省人民医院
江苏	南京市远程医学会诊中心	南京鼓楼医院
江苏	江苏省中医院4G远程医疗会诊中心	江苏省中医院
浙江	浙一互联网医院	浙江大学附属第一医院
浙江	浙医二院可视远程医学会诊中心	浙江大学医学院附属第二医院
浙江	浙江省远程病理会诊中心	浙江省肿瘤医院
浙江	舟山群岛网络医院	舟山医院
安徽	中国医院协会（安徽）远程医学咨询服务中心	安徽医科大学第一附属医院
安徽	肿瘤病理远程会诊省级中心	安徽医科大学第一附属医院
山东	山东省远程医学中心	山东省立医院
河南	河南省远程医学中心	郑州大学第一附属医院
河南	河南省人民医院互联智慧分级诊疗协同平台	河南省人民医院
湖北	湖北省远程医学中心	华中科技大学同济医学院附属协和医院
湖南	中南大学湘雅三医院远程医学中心	中南大学湘雅医院
广东	国际远程病理会诊中心	中山大学附属第六医院
广东	南方医院远程医学服务中心	南方医科大学南方医院
四川	四川大学华西医院远程医学中心	四川大学华西医院
四川	四川省人民医院远程医疗会诊中心	四川省人民医院

续表

国家/省份	主要远程医学/医疗中心/平台	建设依托医院/单位
贵州	贵州省人民医院远程医疗会诊中心	贵州省人民医院
	遵医附院远程医疗中心	遵义医学院附属医院
	贵州医科大学附属医院远程医疗中心	贵州医科大学附属医院
云南	云南省远程可视医学诊疗中心	山澜远程医疗
	昆明市延安医院远程心电会诊中心	昆明市延安医院
陕西	陕西省远程会诊省级中心	陕西省人民医院
	陕西省肿瘤医学远程会诊中心、陕西省肿瘤病理远程会诊中心	陕西省肿瘤医院
甘肃	甘肃省远程医疗会诊中心	甘肃省人民医院
青海	各医院远程医学中心	青海大学附属医院、青海省第四人民医院、青海省第五人民医院、青海省心脑血管专科医院
内蒙古	内蒙古自治区远程医疗中心	内蒙古自治区人民医院
	内蒙古自治区蒙医药远程医疗中心	内蒙古自治区国际蒙医医院
	内蒙古自治区蒙医药中医药远程医疗中心	内蒙古民族大学附属医院、内蒙古自治区中医医院
	内蒙古自治区眼科远程会诊中心	内蒙古自治区国际蒙医医院
广西	广西远程医学中心	广西医科大学第一附属医院
宁夏	"卫生云"应用系统一期远程医疗服务（宁夏回族自治区远程医疗平台）	宁夏医科大学总医院、宁夏回族自治区人民医院
	宁夏电生理远程诊断中心	银川市第一人民医院
新疆	新疆维吾尔自治区远程会诊中心	新疆医科大学第一附属医院、新疆维吾尔自治区人民医院

传统B2B形式的远程医疗服务主要采用浏览器/服务器架构，在远程医疗服务平台上为医院与医院间（医生与医生或专家与医生等）、医生与患者间（专家与患者等），进行远距离的会诊，提供时间和空间上的便利。根据远程医疗服务模式是通过远程通信技术和手段提供一系列不同医学专业/专科咨询服务，涉及远程检查、诊断和治疗全过程。探讨远程医疗服

务模式可以明确提供哪些服务,如何获得患者认可;如何布局远程医疗服务网点且让患者更方便参与,并且不断地提高服务质量和规范化。

从远程医疗服务内容来看,远程医疗服务项目包括:远程病理诊断、远程医学影像(含影像、超声、核医学、心电图、肌电图、脑电图等)诊断、远程监护、远程会诊、远程门诊、远程病例讨论及省级以上卫生健康行政部门规定的其他项目。比如,远程危重症会诊、远程科室合作、交互式远程教育、远程双向转诊、远程检验服务、远程应急救治、远程综合会诊、远程手术示教或手术转播、远程移动查房等医疗服务。《中国医院远程医疗发展报告》统计显示,2017年,三级医院年平均会诊量为714例/医院,二级医院年平均会诊量为149例/医院。除了远程综合会诊外,远程教育、远程病理诊断、远程心电诊断、远程影像诊断是医院目前开展较多的远程医疗服务,尤其是远程心电诊断,为三级医院和二级医院开展最多的远程医疗服务,年开展次数分别为3342例/医院和1165例/医院。

从服务模式看,主要有三类:一是实时交互类型。通过实时互动视频咨询,实现医生与患者在同时间但不同地点进行交流的场景。医生通常在远程会诊室或办公室,而患者在另外的地方;也可实现医生之间的疑难杂症会诊。实时互动式交流的实现是由于彼此双方信息传输的带宽和速度使交流如同在同一地点面对面或诊室内交流一样。适用于对病人门诊、体格检查、精神状态评估、眼科疾病诊断、回访等诊疗项目。二是存储转发类型。基于医疗数据,将医疗数据(如医学影像)以离线形式发送给诊断人员。异地储存的信息传输给远程医疗专家后,其在不同时间内针对该信息给予评估和咨询,也可以理解为获取信息并以数字化形式储存,然后传输或传递给异地专家给予咨询,与皮肤病学、放射学、病理学的发展联系紧密。远程影像学则是另一类更广泛应用存储和传输的远程咨询模式。与传统面对面诊断相比最明显的区别是诊断不需要实际的物理检验。三是远程监护类型。医疗专家通过多种类型的技术设备,远程监护病人的身体状况。常用于对心脏病、糖尿病、哮喘等慢性病的诊断,能达到很高的诊疗服务水平,并能够大幅节省医疗开支。

从运营模式看,主要包括大型医院自建自营模式、政府统一建设运营模式和第三方运营模式。其一,大型医院自建自营模式是指大型医院依托自身影响力，自行出资建设区域远程医学中心，在医院内部设立独立科室或指定专人，负责运维管理，比如，郑州大学第一附属医院、浙江大学附属第一医院、华中科技大学同济医学院附属协和医院、山东省立医院、吉林省人民医院等自建自营的远程医疗中心。其二，政府统一建设运营模式是指由政府统一规划、统一建设、统一管理，相关主管部门各司其职，共同保障其远程医疗的顺利推进和开展，比如，贵州省建成"内连省、市、县、乡四级公立医疗机构，外接省内及发达地区优质医疗资源"的远程医疗服务网络。贵州省卫生健康委按照"一网络、一平台、一枢纽"技术架构，建成全省统一的远程医疗服务管理平台，协调全省199家各级公立医院部署建设了"贵州省远程医疗服务体系"。其三，第三方运营模式是指部分医院将远程医疗交由第三方机构托管，由他们负责建立平台、管理和运营工作，自身将资源集中在医疗、科研业务上。政策上也支持符合条件的第三方机构搭建互联网信息平台，开展远程医疗。比如，北京天坛医院远程医疗业务委托第三方东软集团股份有限公司（以下简称"东软"）进行管理，即北京天坛医院负责提供远程会诊的中心建设场地和专家资源，东软搭建远程会诊平台并负责运维。

（二）B2C模式的远程医疗服务——互联网诊疗及互联网医院

近年来，随着信息技术的高速发展，脱胎于远程医疗B2C模式的互联网医疗逐渐成为政府支持的主导。2018年国家卫健委和中医药管理局发布《互联网医院管理办法（试行）》《互联网诊疗管理办法（试行）》，根据文件精神，B2C模式的远程医疗可以分为互联网诊疗和互联网医院，两者主要是按照不同组织方式进行划分。互联网医院是指作为实体医疗机构第二名称的互联网医院，以及依托实体医疗机构独立设置的互联网医院；互联网诊疗是指医疗机构利用在本机构注册的医师，通过互联网等信息技术开展部分常见病、慢性病复诊和"互联网＋"家庭医生签约服务。

在定价及医保支付方面，《国家医疗保障局关于完善"互联网＋"医疗服务价格和医保支付政策的指导意见》（医保发〔2019〕47号）明确指出，"互联网＋"医疗服务是各级各类医疗机构，在依法合规的前提下，将线下已有医疗服务通过线上开展、延伸。"互联网＋"医疗服务价格纳入现行医疗服务价格的政策体系统一管理。项目政策按照医疗机构性质进行分类，非营利性医疗机构依法合规开展的"互联网+"医疗服务，按项目管理，未经批准的医疗服务价格项目不得向患者收费。营利性医疗机构提供依法合规开展的"互联网+"医疗服务，可自行设立医疗服务价格项目，即可按照市场需求进行定价。《国家医保局国家卫生健康委关于推进新冠肺炎疫情防控期间开展"互联网+"医保服务的指导意见》中又明确规定，经卫生健康行政部门批准设置互联网医院或批准开展互联网诊疗活动的医疗保障定点医疗机构，其为参保人员提供的常见病、慢性病"互联网+"复诊服务可纳入医保基金支付范围。定点非公立医疗机构提供的"互联网+"复诊服务，参照定点公立医疗机构的价格和支付政策进行结算。两个意见的出台，为"互联网+"医疗服务的定价及医保支付提供了根本依据。

在国家相关政策的推动下，加之疫情推动的"非接触式"医疗服务被大众广泛接受，各地纷纷从政府层面支持、推动互联网医疗的发展，互联网医院如雨后春笋般在各地纷纷兴起，拓展了远程医疗的服务范围，随着近年来互联网经济的火热发展，展现出广阔的市场前景。

1. 国内首家互联网医院——乌镇互联网医院

乌镇互联网医院是当地政府即桐乡市政府主导的"互联网+"医疗项目，也是乌镇互联网"创新发展试验区的重大项目"。2015年，由桐乡市政府牵头、乌镇政府支持，微医集团提供技术支持和合作运营的基础上，乌镇互联网医院正式成立。

从运作模式上来看，乌镇互联网医院主要采用"线上+线下"相结合的运作模式。它拥有独立的App和就诊网站，线下医院内设有药品柜台、培训室以及远程会诊室。医院主要面向有病史的患者，前期的门诊诊断和检查均在各个医疗机构完成，患者可以通过微医平台预约初诊。患者就医主要有两种模式：（1）立即就诊。选择医生→提交检查检验报告→医生在线诊疗→医生开具在线处方与医嘱→患者在线医保付费→国药送药上门或自提。（2）预约就诊。选择医生→预约诊疗→提交检查检验报告→按时上线就诊→医生在线诊疗→医生开具在线处方与医嘱→患者在线医保付费→国药送药上门或自提。乌镇互联网医院的核心业务是医患在线问诊和远程会诊，平台实现了在线医保付费和在线开具处方两个功能。

2016年以来，乌镇互联网医院陆续建立了包含互联网医院、医联体、微医全科中心在内的100多个区域医疗服务基地，搭建了包含社区卫生服务中心和药店在内的全国的基层医疗服务网点，成为全国最大的远程医疗协作网。与此同时，以乌镇互联网医院为起点，全国各地呈现出建设互联网医院的热潮。鉴于互联网医院发展中存在的诸多痛点、难点，乌镇互联网医院的快速发展得到了桐乡市以及浙江省等政府的诸多特批政策支持，这正是乌镇互联网医院快速发展的重要原因。

乌镇互联网医院运行特点：一是医生以多点执业或自由执业的方式注册到乌镇互联网医院，并在桐乡市原卫生计生委进行注册备案。目前，浙江全省实行了多点执业电子备案制度，不限定执业地点和数量。二是拥有独立的电子处方，浙江省原食品药品监督管理局已同意将乌镇互联网医院作为电子处方的试点。患者如果选择了在乌镇互联网医院买药，并支付了药费和运费，国药集团将负责审方、核方，并把药品递送到患者填写的收货地点。如出现药品断货等无法送药的情况，国药集团会直接联系患者进行告知，并联系客服进行退款。三是乌镇互联网医院上的医疗项目均是自主定价，诊疗费由医生自主定价。医院的技术支撑者和运营者微医集团与医生进行费用分成，由平台为医生缴纳个税。四是医生共享查阅电子病历，患者可以通过在线平台、App，查阅到医嘱、处方以及电子病历，并完成购药的过程。

在微医链条中，乌镇互联网医院是线下实体，所有的医疗资源由此进驻并发散到全国各地。患者流量来自线上，资金流水来自线下，盈余来自保险服务，其通过打通医、药、险，形成闭环，集中控制会员的医疗成本，以医疗支出和商业医疗保险之间的差价来获得盈利，这一模式类似于美国的"凯撒模式"。

2. 纯线上互联网医院模式——好大夫在线互联网医院

2016年9月，为了推动互联网医疗的发展，银川市政府接连通过了《银川互联网医疗机构监督管理制度（试行）》《银川互联网医院管理办法（试行）》《银川市医师多点执业管理办法（试行）》三个文件——"一个制度，两个办法"，明确无须线下实体医院，就可实现医生多点执业政策，这使得银川互联网医院成为中国第一个完全虚拟化的互联网医院。这一新政为引入缺乏实体医院管理经验、擅长线上医疗的合作方好大夫在线创造了条件，而这不仅降低了医院运营成本，也为银川市政府和好大夫在线的互联网医院模式规避了些许政策创新风险。但是从政府监管角度出发，好大夫在线是一个特例，很难出现第二家。

好大夫在线互联网医院牌照的诊疗科目是"仅做线上诊疗"，这是因为运营实体医院并非好大夫在线的长处，因而其定位是线上医疗，通过线上诊疗，再根据需求做转诊业务，把病患转给合作的线下医院。好大夫在线由于其以往在线医疗服务的特性，积累了大量北、上、广、深三甲医院的医疗资源，而要使"飘着的"互联网医院真正落地，还需要大量"铺设"基层医生，通过会诊业务，构建"高端医生出方案，本地医生执行"的医疗体系。

与实体医院不同，好大夫在线不仅节省了成本，也降低了运营风险。其他互联网医疗公司并非不想这样做，但无法绕过法律的"红线"，根据国家监管规定，只有实体医疗机构才可以做线上诊疗，因此新建或收购医疗机构，是申请互联网医院牌照的第一步。与微医不同，好大夫在线互联网医院则更加注重赚取医疗服务中的价值。目前，很多选择互联网诊疗服务的患者，也更多地倾向于通过互联网进行问诊，而不是要处方。

3. 公立医院运营互联网医院——上海市徐汇区中心医院贯众互联网医院

得益于国家互联网医疗健康、互联网 AI、大健康战略引领与时代机遇，2020 年 2 月 26 日，上海徐汇云医院领到了属于自己的"身份证"，并拥有了自己正式的名字——上海市徐汇区中心医院贯众互联网医院，这是上海市首家获得互联网医院牌照的公立医院。徐汇区中心医院互联网医院的前身——上海市徐汇"云医院"自成立以来，就成立了专门的互联网医疗部门，与其他诊疗科室一样，独立运营。同时，医院成立大数据中心，实现医院线下就诊数据与互联网医院数据的融合。此外，医院先后制定了 28 项相关制度保驾护航互联网医疗服务的开展。

上海市徐汇"云医院"前期的运营主要以 B2B 模式为主，尝试着为各类小区，各种政府机构、学校、养老机构等提供优质的远程诊疗服务，收取相关服务费用。拿到互联网医院牌照后，重点将 B2C 作为互联网医院的主营业务。医院已经成为全国首家完整开通医保付费就诊、企业商保付费就诊和病人自费就诊三种支付模式的互联网医院，这为后续开展互联网诊疗提供了更多的盈利模式。

目前，公立医院正探索在一些大型企业内部设立企业医务室，为员工提供便捷的基础就诊服务，员工和企业都可以大幅节省请假就医的时间，但这样一种广受欢迎的企业健康福利，很多中小企业碍于有限的福利预算是根本无法为员工提供的。上海徐汇区中心医院贯众互联网医院和上海才赋人力科技有限公司共同打造企业"云医务室"这个全企业健康福利产品，无论何种规模的企业，无论是拨出一个工位一台电脑，还是拨出一个独立私密的空间，都可在企业内部建立一个自有的"云医务室"，员工在工作时如有就诊需求，进入"云医务室"，打开电脑，就能找到徐汇区中心医院的医生问诊。

诊疗费和医药费由企业给员工购买的补充商业医疗保险直接支付，基于全线上的就诊模式，员工在通过"云医务室"就诊的同时，保险公司的理赔机构在后台进行理赔核算。员工就诊完毕后，由理赔机构在后台负责保险公司和医院的费用结算，让员工省去了自行垫付费用后收集各类病例发票再向保险公司进行理赔的烦琐手续，直付就诊模式下沉到了企业"云医务室"，大幅提升了员工对企业健康福利的满意度。特别是很多在外地有分支机构的企业，通过企业"云医务室"，还可以让外地员工享受上海三级医院的优质医疗服务。同时，上海徐汇区中心医院贯众互联网医院和才赋人力科技已经开始设计基于这项服务的企业员工健康档案管理和企业员工慢病管理，更有针对性地提供"互联网+医疗"服务。

第四节 本章小结

远程医疗作为医疗信息化的重要组成部分，其发展历程反映了技术进步和政策导向的双重作用。美国、日本、印度、德国在远程医疗领域的发展具有示范性作用，而我国的远程医疗虽然起步较晚，但在各级政府的大力支持下，发展进入快车道并探索出多种运营模式。我国政府在远程医疗整体建设方面有着较为全面且长远的战略布局，有力推进优质医疗资源下沉。同时，随着技术的不断进步和政策的不断完善，应会更加注重远程医疗人员的技术劳务价值，各国都强调了远程医疗服务价值，而忽略了远程医疗服务提供者的价值体现问题，只有更好地体现远程医疗人员的技术劳务价值，才能提升其工作积极性，从而为更多患者提供便捷、高效的医疗服务。

第四章

远程医疗服务调查与运行分析

远程医疗建设与发展得到国家卫生健康委、国家发展改革委、科技部等部门的高度重视。中国卫生信息与健康医疗大数据学会远程医疗信息化专业委员会也已在全国范围内开展远程医疗年度调查，且该调查报告已被各级卫生行政部门、医疗机构、行业相关企业进行了广泛参考，获得积极反响与好评。笔者前期积极参与中国医院远程医疗发展报告调查工作，调查内容包括医院基本情况、远程医疗基础建设、远程医疗服务开展、远程医疗激励情况，以及医生基本情况、医生参与远程医疗相关时长、医生对远程医疗的满意度等。基于《中国医院远程医疗发展报告2020年》，本章主要对东部地区的福建省和海南省，中部地区的河南省和湖南省，西部地区的贵州省、四川省和青海省7个省份远程医疗建设与发展情况进行调查分析，同时结合全国和河南省的远程医疗服务体系运行绩效评价数据，深入分析远程医疗服务建设与发展情况，为科学探索远程医疗服务人员技术劳务价值决定要素奠定坚实基础。

第一节 远程医疗基础建设情况

远程医疗基础建设是推进远程医疗服务体系构建和服务提供的关键内容。调查采取线上调查的方式，问卷初稿设计完成后，调查小组在不同省份部分医疗机构开展了问卷预调查工作，根据预调查的结果以及参与调查人员的问题反馈情况,对问卷内容进行优化,形成最终的调查问卷。医院问卷填写人为本院远程医疗负责人,医生问卷填写人为正在参与远程医疗服务或曾经参与过远程医疗服务的医生,不包括系统运维人员、技术人员和行政职能人员。远程医疗基础设施建设主要包括医院网络接入及软硬件配备、人员配备、运营管理等方面。现以福建、海南、河南、湖南、贵州、四川、青海7个省份参与调查的86家医疗服务机构为样本,分别分析问卷中不同地域分布、不同级别医院的远程医疗基础设施建设和医院远程医疗业务开展等相关数据信息,客观分析评价我国远程医疗服务建设与发展的现状。

一、网络接入及软硬件配备情况

(一) 网络配置情况

网络配置情况是影响远程医疗质量的关键因素,远程网络接入方式对远程医疗音视频的传输质量有着决定性的影响。本部分内容就参与调查的医院采取何种方式接入远程网络进行了调查分析,调查设置备选项为公用互联网和专用网络。

各地区参与调查的医院远程医疗的接入方式如表4-1所示。调查结果显示,参与调查的86家医院,主要以使用专用网络为主。其中有三级医院40家,使用专用网络的占比为75.0%(30家),使用公用互联网的占比为25.0%(10家);共有二级医院34家,使用专用网络的占比为79.4%(27家),使用公用互联网的占比为20.6%(7家);12家一级医院中使用专用网络的占比为83.3%(10家),使用公用互联网的占比仅为16.7%(2家)。

表4-1 参与调查的各级医院远程医疗接入方式情况

医院等级	远程医疗接入方式	数量 n(%)
三级医院	专用网络	30(75.0)
	公用互联网	10(25.0)

续表

医院等级	远程医疗接入方式	数量 n（%）
二级医院	专用网络	27（79.4）
	公用互联网	7（20.6）
一级医院	专用网络	10（83.3）
	公用互联网	2（16.7）

（二）医院配备的远程会诊设备

医院远程会诊设备的配备情况决定着其所能开展的远程会诊服务项目内容。本次问卷对医院配备的远程会诊设备情况进行了调查，设备选项设置为远程视讯终端、病理数字切片扫描仪、远程心电图采集终端（常规心电图）、远程心电监护仪（动态心电图）、远程移动查房车、远程教育录播设备、远程手术示教设备和其他。

参与调查的86家医院远程会诊设备配备情况如表4-2所示。结果显示，参与调查的三级医院、二级医院和一级医院配备的远程会诊设备中均为远程视讯终端占比最多，分别为92.5%（37家）、100.0%（34家）、83.3%（10家）；其次均为远程心电图采集终端（常规心电图），分别为55.0%（22家）、47.1%（16家）、66.7%（8家）；三级医院和二级医院占比居第三位的均为病理数字切片扫描仪，分别为52.5%（21家）、38.2%（13家），而参与调查的12家一级医院或由于等级的限制均未配备病理数字切片扫描仪；参与调查的三级医院有1家具备通过可穿戴设备进行体征数据采集的远程会诊能力；有1家一级医院选择了"其他"，并补充了远程影像和影像前置机等。

表4-2 参与调查各级医院配备的远程医疗相关设备情况

医院等级	远程会诊设备	医院数量（家）	同级医院占比（%）
三级医院	远程视讯终端	37	92.5
	病理数字切片扫描仪	21	52.5
	远程心电图采集终端（常规心电图）	22	55.0

续表

医院等级	远程会诊设备	医院数量（家）	同级医院占比（%）
三级医院	远程心电监护仪（动态心电）	11	27.5
	远程移动查房车	11	27.5
	远程教育录播设备	18	45.0
	远程手术示教设备	16	40.0
	其他设备	1	2.5
二级医院	远程视讯终端	34	100.0
	病理数字切片扫描仪	13	38.2
	远程心电图采集终端（常规心电图）	16	47.1
	远程心电监护仪（动态心电）	6	17.6
	远程移动查房车	6	17.6
	远程教育录播设备	9	26.5
	远程手术示教设备	3	8.8
	其他设备	0	0.0
一级医院	远程视讯终端	10	83.3
	病理数字切片扫描仪	0	0.0
	远程心电图采集终端（常规心电图）	8	66.7
	远程心电监护仪（动态心电）	4	33.3
	远程移动查房车	0	0.0
	远程教育录播设备	2	16.7
	远程手术示教设备	2	16.7
	其他设备	1	8.3

（三）远程医疗系统建设及对接情况

1. 医院远程信息系统建设情况

远程医疗信息系统建设作为开展远程医疗的重要基础，在很大程度上影响着远程医疗的发展质量。调查设置的备选项为远程会诊系统、远程病理诊断系统、远程心电诊断系统、远程查房系统、远程门诊系统、远程中医诊疗系统、远程教育系统、远程手术示教系统、远程应急指挥系统、远程影像诊断系统和其他。

参与调查的各级医院远程医疗信息系统建设情况如表4-3所示。结果显示，在参与调查的各地区各级医院远程医疗系统建设中，占比最高的均为远程会诊系统，三级医院、二级医院和一级医院分别占比95%（38家）、100.0%（34家）和91.7%（11家）。在三级医院和二级医院中，远程病理诊断系统、远程心电诊断系统和远程教育系统的建设情况均比较乐观。一级医院远程影像诊断系统和远程心电诊断系统由于设备相对价廉易配备，占比分别位居第二和第三；其中有1家一级医院选择了"其他"，并补充了双向转诊、远程B超系统和远程检验系统等。

表4-3　　参与调查各级医院远程医疗信息系统建设情况

医院等级	远程医疗系统	医院数量（家）	同级医院占比（%）
三级医院	远程会诊系统	38	95.0
	远程病理诊断系统	18	45.0
	远程心电诊断系统	24	60.0
	远程查房系统	9	22.5
	远程门诊系统	11	27.5
	远程中医诊疗系统	1	2.5
	远程教育系统	27	67.5
	远程手术示教系统	13	32.5
	远程应急指挥系统	2	5.0
	远程影像诊断系统	24	60.0
二级医院	远程会诊系统	34	100.0
	远程病理诊断系统	17	50.0
	远程心电诊断系统	22	64.7
	远程查房系统	4	11.8
	远程门诊系统	2	5.9
	远程中医诊疗系统	2	5.9
	远程教育系统	17	50.0
	远程手术示教系统	3	8.8
	远程应急指挥系统	3	8.8
	远程影像诊断系统	13	38.2

续表

医院等级	远程医疗系统	医院数量（家）	同级医院占比（%）
一级医院	远程会诊系统	11	91.7
	远程病理诊断系统	1	8.3
	远程心电诊断系统	8	66.7
	远程查房系统	0	0
	远程门诊系统	2	16.7
	远程中医诊疗系统	0	0
	远程教育系统	4	33.3
	远程手术示教系统	0	0
	远程应急指挥系统	0	0
	远程影像诊断系统	9	75.0
	其他系统	1	8.3

2. 医院信息系统对接情况

医院信息系统与远程综合会诊系统对接可以实现患者病历资料、远程会诊结果、转诊预约、影像心电资料浏览的相互查询、记录和使用等。调查报告就该年度医院 LIS、PACS 等信息系统是否通过接口改造的方式与远程综合会诊系统对接情况进行了调查，调查设置的备选项为"是"和"否"。

参与调查的 86 家医院信息系统对接情况如表 4 - 4 所示。总体来看，三级医院、二级医院和一级医院 LIS、PACS 等信息系统通过接口改造的方式与远程综合会诊系统对接的医院分别占 35.0%（14 家）、61.8%（21 家）和 58.3%（7 家）。

表 4 - 4   参与调查的各级医院信息系统对接情况

医院等级	医院 LIS、PACS 等信息系统是否通过接口改造的方式与远程综合会诊系统对接	医院数量（家）	同级医院占比（%）
三级	是	14	35.0
	否	26	65.0
二级	是	21	61.8
	否	13	38.2
一级	是	7	58.3
	否	5	41.7

3. 医院电子病历系统应用水平测评等级情况

医院电子病历系统应用水平测评旨在保证我国以电子病历为核心的医院信息化建设工作顺利展开，逐步建立适合我国国情的电子病历系统应用水平评估和持续改进体系，测评等级是以国家卫生健康委颁布的评价标准为依据。参与调查的86家医院电子病历系统应用水平测评等级情况调查设置备选项为应用水平1级、2级、3级、4级、5级和未参与评审。

参与调查的各级医院电子病历系统应用水平测评等级情况如表4-5所示。从医院级别来看，三级医院电子病历系统应用水平测评等级以4级为主，占比为77.5%（31家），3级占比为12.5%（5家），5级占比为7.5%（3家），三级医院中电子病历系统没有应用水平为2级的，有1家三级医院未参与评审，占比为2.5%。二级医院电子病历系统应用水平测评等级以3级为主，占比为47.1%（16家），2级占比为17.6%（6家），4级占比为32.4%（11家），没有电子病历系统应用水平为5级的二级医院，有1家二级医院未参与评审，占比为2.9%。一级医院大都未参与电子病历系统应用水平测评等级评审大都未参与评审，占比为75.0%（9家）；其中电子病历系统应用水平为3级的医院有2家，占比为16.7%；电子病历系统应用水平为4级的医院有1家，占比为8.3%；一级医院中电子病历系统没有应用水平为2级和5级的。所有参评医院中尚未有电子病历系统应用水平为1级的。

表4-5　参与调查的各级医院电子病历系统应用水平测评等级情况

医院等级	医院电子病历系统应用水平测评等级	医院数量（家）	同级医院占比（%）
三级医院	1级	0	0
	2级	0	0
	3级	5	12.5
	4级	31	77.5
	5级	3	7.5
	未参与评审	1	2.5
二级医院	1级	0	0
	2级	6	17.6

续表

医院等级	医院电子病历系统应用水平测评等级	医院数量（家）	同级医院占比（%）
二级医院	3级	16	47.1
	4级	11	32.4
	未参与评审	1	2.9
一级医院	1级	0	0
	2级	0	0
	3级	2	16.7
	4级	1	8.3
	未参与评审	9	75.0

二、人员配备情况

人员配备情况是指从事远程医疗相关管理、技术等工作人员的配备情况，不包括参与远程会诊的会诊医生。

（一）远程医疗工作人员数量

重点对参与调查的医院远程医疗工作人员数量进行了问卷调查，由参与调查医院远程医疗负责人自行填写本院从事远程医疗的工作人员数量。

在参与调查的86家不同等级医院从事远程医疗的工作人员数量分布中，图4-1显示，参与调查的三级医院从事远程医疗的工作人员数最多的为45人，10人及以上的有5家医院，3人及以下的医院共有19家；图4-2显示，参与调查的二级医院从事远程医疗的工作人员数最多的为27人，10人及以上的有3家医院，3人及以下的医院共有21家；图4-3显示，参与调查的一级医院从事远程医疗的工作人员数最多的为30人，10人及以上的有4家医院，3人及以下的医院共有6家。图4-4显示，三级医院、二级医院、一级医院平均每个医院从事远程医疗的工作人员数分别为5.6人、4.7人和6.9人。

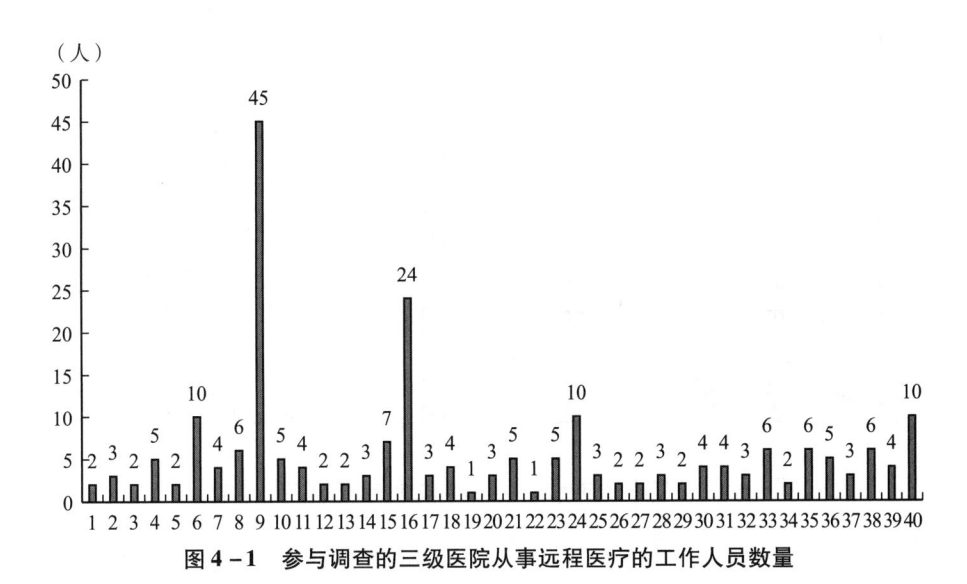

图 4-1 参与调查的三级医院从事远程医疗的工作人员数量

图 4-2 参与调查的二级医院从事远程医疗的工作人员数量

图 4-3 参与调查的一级医院从事远程医疗的工作人员数量

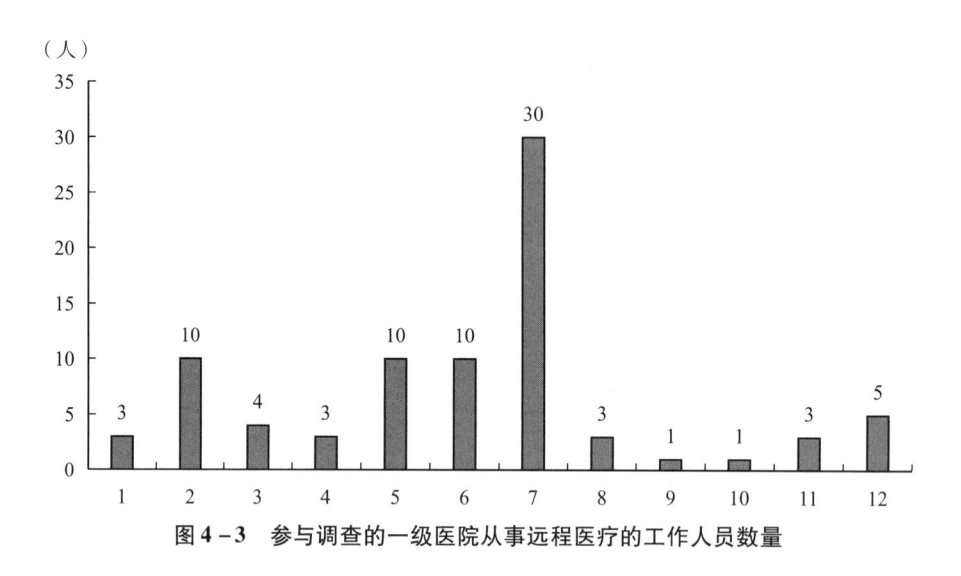

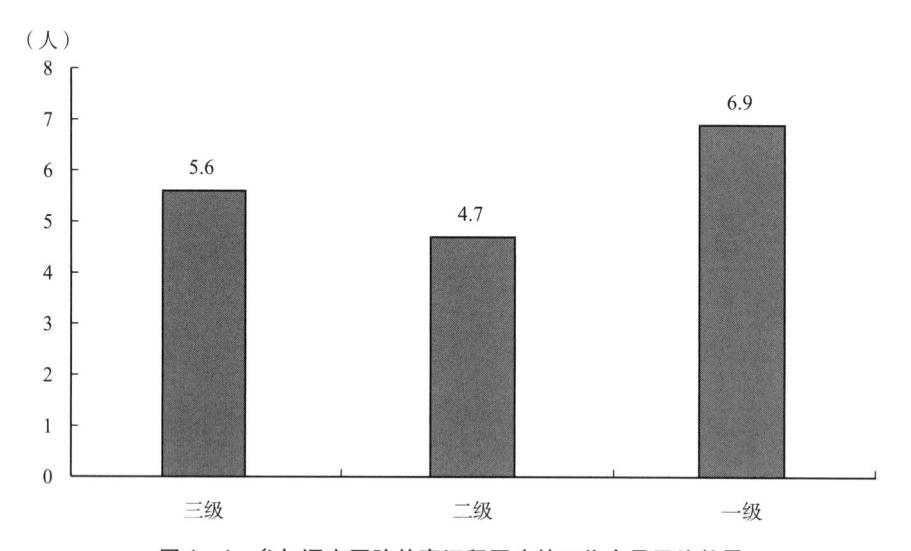

图 4-4 参与调查医院从事远程医疗的工作人员平均数量

（二）远程医疗工作人员专业分布

重点对参与调查的医院从事远程医疗工作人员的专业分布情况进行了问卷调查，由参与调查的医院远程医疗负责人自行填写各专业人员数量，具体包括信息技术类专业、医学类专业、管理类专业和其他专业。

参与调查的医院远程医疗工作人员专业分布情况如图4-5所示。三级医院，分别有92.5%（37家）的医院由信息技术类专业人员参与远程医疗；有80.0%（32家）的医院由医学类专业人员参与远程医疗；有80.0%（32家）的医院由管理类专业人员参与远程医疗。二级医院，分别有82.4%（28家）的医院由信息技术专业人员参与远程医疗；有85.3%（29家）的医院有医学类专业人员参与远程医疗；有73.5%（25家）的医院由管理类专业人员参与远程医疗。一级医院，分别有75.0%（9家）的医院由信息技术专业人员参与远程医疗；有91.7%（11家）的医院由医学类专业人员参与远程医疗；有58.3%（7家）的医院由管理类专业人员参与远程医疗。

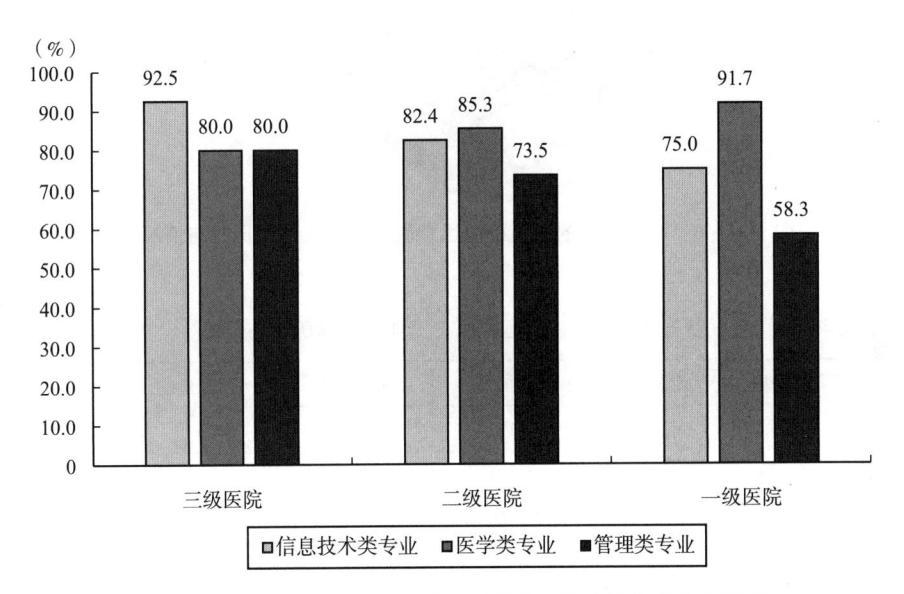

图4-5 参与调查的各级医院远程医疗工作人员专业分布情况

（三）远程医疗工作人员学历分布

重点对医院从事远程医疗工作人员的学历分布情况进行调查，由参与调查医院远程医疗负责人自行填写各学历人员数量，具体包括专科及以下、本科、硕士研究生和博士研究生。

参与调查的医院远程医疗工作人员学历分布情况如图4-6和表4-6

所示。总体来看,在参与调查的86家医院从事远程医疗的工作人员中,本科学历的工作人员占比最高,占比为62.0%(417人);其次为专科及以下学历的工作人员,占比为20.4%(137人);再次为硕士研究生学历的工作人员,占比为16.1%(108人);博士研究生学历的工作人员占比最低,占比为1.5%(10人)。

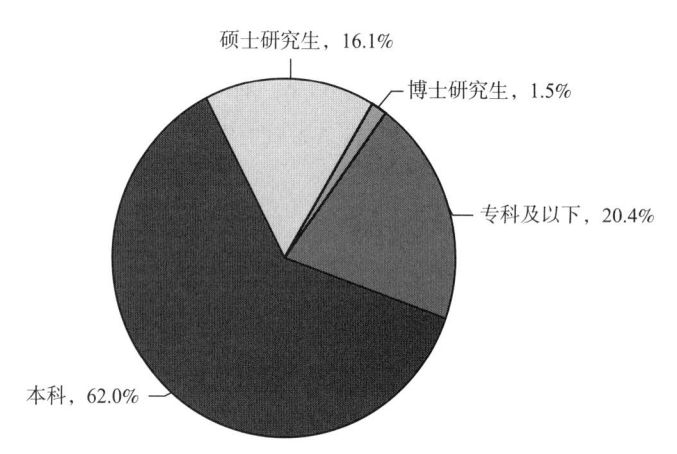

图4-6 参与调查的各级医院远程医疗工作人员学历分布情况

表4-6 参与调查各级医院远程医疗工作人员学历分布情况　　单位:人

医院等级	专科及以下	本科	硕士研究生	博士研究生	合计
三级医院	39	177	102	10	328
二级医院	49	171	6	0	226
一级医院	49	69	0	0	118

具体来看,专科及以下学历在三级医院中共39人,占比为11.9%;在二级医院中共49人,占比为21.7%;在一级医院中共49人,占比为41.5%。本科学历在三级医院中共177人,占比为54.0%;在二级医院中共171人,占比为75.7%;在一级医院中共69人,占比为58.5%。硕士研究生及以上学历主要分布在三级医院,一级医院无研究生学历的远程医疗工作人员。

三、运营管理基本现状

(一) 服务运营模式

本节中服务模式调查问卷设置的问题备选项为混合模式、自运维模式和完全外包模式。参与调查的86家医院服务运营模式分布情况如图4-7和表4-7所示。结果显示,27.9%(24家)的医院实行混合运营模式,72.1%(62家)的医院实行自运维模式,没有医院实行完全外包的运营模式。

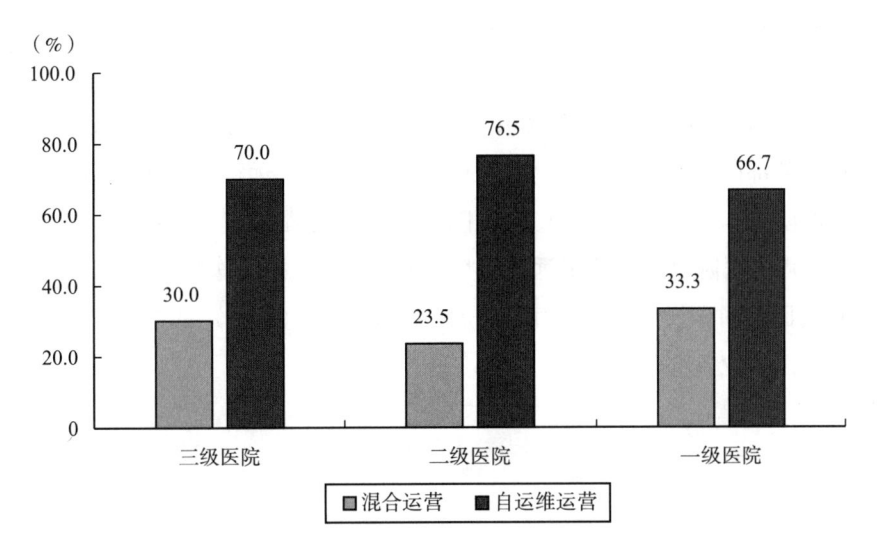

图4-7 参与调查各级医院远程医疗服务运营管理方式占比

表4-7 参与调查远程医疗服务运营管理方式情况

医院等级	远程医疗服务运营模式	医院数量(家)	同级医院占比(%)
三级医院	混合模式	12	30.0
	自运维模式	28	70.0
二级医院	混合模式	8	23.5
	自运维模式	26	76.5
一级医院	混合模式	4	33.3
	自运维模式	8	66.7

在三级医院中，分别有30.0%（12家）的医院实行混合运营模式，70.0%（28家）的医院实行自运维的运营模式。在二级医院中，分别有23.5%（8家）的医院实行混合运营模式，76.5%（26家）的医院实行自运维的运营模式。在一级医院中，分别有33.3%（4家）的医院实行混合运营模式，66.7%（8家）的医院实行自运维的运营模式。

（二）业务部门设置

重点对参与调查的医院是否设立远程医疗业务部门情况进行了问卷调查，设置的备选项为尚未设置和已设置。30.2%（26家）的医院尚未设置远程医疗业务部门，69.8%（60家）的医院已经设置了远程医疗业务部门。

图4-8显示，在三级医院中，40.0%（16家）的医院尚未设置远程医疗业务部门，60.0%（24家）的医院已经设置了远程医疗业务部门。在二级医院中，17.6%（6家）的医院尚未设置远程医疗业务部门，82.4%（28家）的医院已经设置了远程医疗业务部门。在一级医院中，33.3%（4家）的医院尚未设置远程医疗业务部门，66.7%（8家）的医院已经设置了远程医疗业务部门。

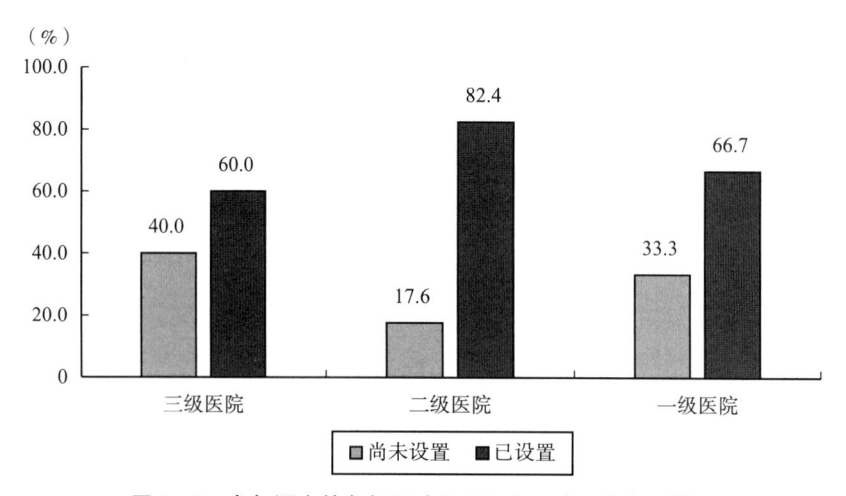

图4-8 参与调查的各级医院设立远程医疗业务部门情况

第二节 远程医疗服务开展基本情况

一、远程协作医疗机构数量

各级医院通过与国内外医院协作，开展远程医疗服务。本书对86家不同级别不同地区的医院就建立远程医疗协作的医疗机构数量进行了调查，由参与调查的医院自行填写分别与本医院建立远程医疗协作的国外医院、省外医院、本省省级医院、本省市级医院、本省县级医院、本省社区卫生服务中心/乡镇卫生院以及村卫生室的数量。

参与调查的各医院的远程医疗协作的医疗机构数量情况如表4-8所示。由于调查结果呈偏态分布，故采用中位数和上下四分位数进行描述。从总体来看，参与调查的医院连接国外医院的中位数为0（0，0）家，连接省外医院的中位数为1（0，2）家。从省内医院连接情况来看，连接省级医院的中位数为1（0，3）家，连接市级医院的中位数为1（0，1）家，连接县级医院的中位数为0（0，2.5）家，连接社区卫生服务中心/乡镇卫生院的中位数为6（0，14）家，连接村卫生室的中位数为0（0，0）家。可以看出，各级医院整体远程协作数量较少。其中，国外协作医院、省内协作村卫生室的数量尤其少；省内协作医院数量多于省外协作医院和国外协作医院数。

表4-8　　　　　不同级别医院的远程协作医疗机构数量　　　　　单位：家

医院级别	省外医院	省内医疗机构				
		省级医院	市级医院	县级医院	社区卫生服务中心/乡镇卫生院	村卫生室
三级医院	1.5 (0, 6)	1.5 (0, 3)	0 (0, 3)	2 (0, 9)	4 (0, 20)	0 (0, 0)
二级医院	0 (0, 1)	2 (1, 3.5)	1 (0, 1)	0 (0, 0)	9.5 (0, 15.5)	0 (0, 0)
一级医院	0 (0, 0)	0 (0, 1)	0 (0, 0)	1 (0, 2)	0 (0, 1)	0 (0, 0)

从医院级别来看，三级医院连接省外医院的中位数为 1.5（0，6）家；从省内医院连接情况来看，三级医院连接省级医院的中位数为 1.5（0，3）家，三级医院连接市级医院的中位数为 0（0，3）家，三级医院连接县级医院的中位数 2（0，9）家，三级医院连接社区卫生服务中心/乡镇卫生院的中位数为 4（0，20）家，三级医院连接村卫生室的中位数为 0（0，0）家。

二级医院连接省外医院的中位数为 0（0，1）家；从省内医院连接情况来看，二级医院连接省级医院的中位数为 2（1，3.5）家，二级医院连接市级医院的中位数为 1（0，1）家，二级医院连接县级医院的中位数为 0（0，0）家，二级医院连接社区卫生服务中心/乡镇卫生院的中位数为 9.5（0，15.5）家，二级医院连接村卫生室的中位数为 0（0，0）家。

一级医院连接省外医院的中位数为 0（0，0）家；从省内医院连接情况来看，一级医院连接省级医院的中位数为 0（0，1）家，一级医院连接市级医院的中位数为 0（0，0）家，一级医院连接县级医院的中位数为 1（0，2）家，一级医院连接社区卫生服务中心/乡镇卫生院的中位数为 0（0，1）家，一级医院连接村卫生室的中位数为 0（0，0）家。

可以看出，随着医院级别的降低，远程协作医院数量减少。在省内的协作医院类型分布上，三级医院连接的社区卫生服务中心和乡镇卫生院数量最多，其次为县级医院和省外医院；二级医院连接的社区卫生服务中心和乡镇卫生院数量最多，其次为省内省级医院和市级医院，未连接县级医院和村卫生室；一级医院连接的协作医院整体数量较少，且以县级医院为主。

二、远程医疗服务类型

（一）医院视角

随着远程医疗服务的迅速发展，参与调查的国内各级医院相继开展了不同类型的远程医疗服务。对 86 家不同级别不同地区的医院就远程医疗服务开展类型进行了调查，设置多选备选项为远程综合会诊、远程教育、远

第四章 远程医疗服务调查与运行分析

程病理诊断、远程心电诊断、远程影像诊断、远程手术示教、远程重症监护、远程门诊、远程护理、远程双向转诊、远程查房、远程慢性病管理、远程急救及其他。

参与调查医院的各项远程医疗服务开展率如图4-9所示。结果显示，84.9%（73家）的医院开展了远程综合会诊，62.8%（54家）的医院开展了远程教育，52.3%（45家）的医院开展了远程影像诊断，44.2%（38家）的医院开展了远程心电诊断，34.9%（30家）的医院开展了远程病理诊断，16.3%（14家）的医院开展了远程手术示教，14.0%（12家）的医院开展了远程门诊，14.0%（12家）的医院开展了远程双向转诊，12.8%（11家）的医院开展了远程查房，7.0%（6家）的医院开展了远程慢性病管理，4.7%（4家）的医院开展了远程急救，2.3%（2家）的医院开展了远程重症监护，1.2%（1家）的医院开展了远程护理，另有1.2%（1家）的医院开展了其他远程医疗服务。

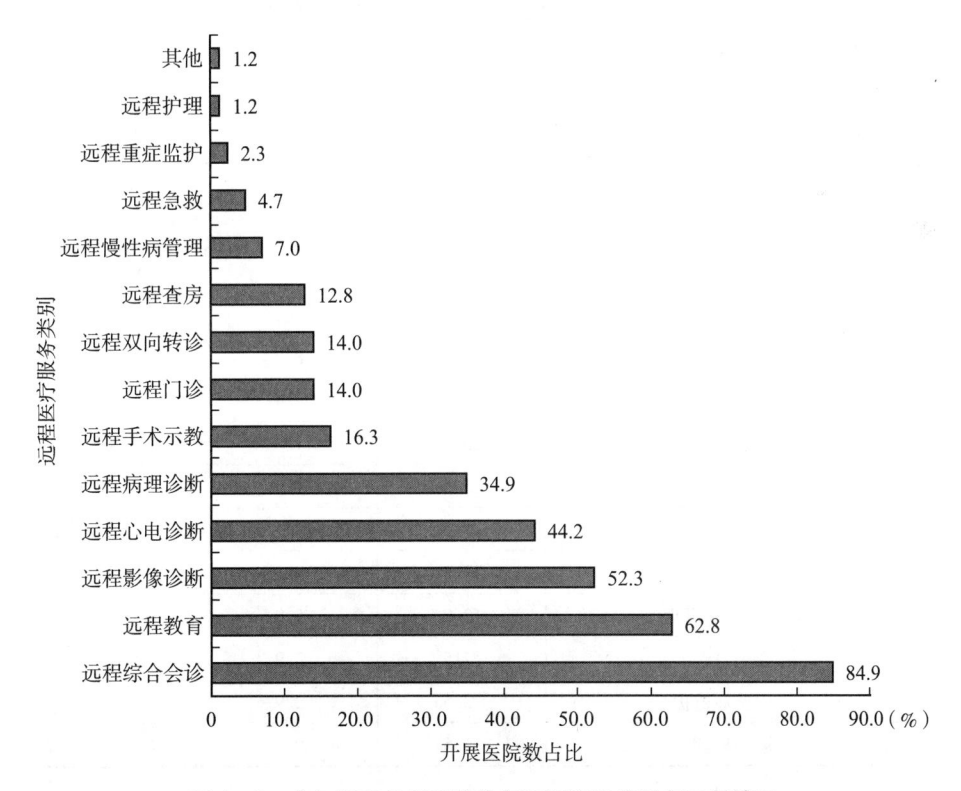

图4-9 参与调查各级医院的各项远程医疗服务开展情况

总体来看，远程综合会诊、远程教育的开展率位于第一批次，超过60%；远程影像诊断、远程心电诊断、远程病理诊断三项专科诊断的开展率位于第二批次，在30%~55%；远程手术示教、远程门诊、远程双向转诊、远程查房的开展率位于第三批次，在10%~20%；远程慢性病管理、远程急救、远程重症监护、远程护理的开展率位于第四批次，在10%以下。

从医院级别来看（见表4-9），在参与调查的40家三级医院中，有82.5%（33家）的医院开展了远程综合会诊，有62.5%（25家）的医院开展了远程教育，有60.0%（24家）的医院开展了远程影像诊断，有45.0%（18家）的医院开展了远程心电诊断，有47.5%（19家）的医院开展了远程病理诊断，有25.0%（10家）的医院开展了远程手术示教，有25.0%（10家）的医院开展了远程门诊，有17.5%（7家）的医院开展了远程双向转诊，有17.5%（7家）的医院开展了远程查房，有10.0%（4家）的医院开展了远程慢性病管理，有7.5%（3家）的医院开展了远程急救，有2.5%（1家）的医院开展了远程重症监护，有2.5%（1家）的医院开展了远程护理。

表4-9　　　　不同级别的医院各项远程医疗服务开展率　　　　单位：%

开展的远程医疗服务项目	三级医院	二级医院	一级医院
远程综合会诊	82.5	82.4	91.7
远程教育	62.5	64.7	58.3
远程影像诊断	60.0	38.2	66.7
远程心电诊断	45.0	38.2	58.3
远程病理诊断	47.5	32.4	4.9
远程手术示教	25.0	11.8	2.4
远程门诊	25.0	5.9	0
远程双向转诊	17.5	14.7	0
远程查房	17.5	8.8	8.3
远程慢性病管理	10.0	5.9	0
远程急救	7.5	2.9	0
远程重症监护	2.5	2.9	0
远程护理	2.5	0	0

在参与调查的 34 家二级医院中，有 82.4%（28 家）的医院开展了远程综合会诊，有 64.7%（22 家）的医院开展了远程教育，有 38.2%（13 家）的医院开展了远程影像诊断，有 38.2%（13 家）的医院开展了远程心电诊断，有 32.4%（11 家）的医院开展了远程病理诊断，有 11.8%（4 家）的医院开展了远程手术示教，有 5.9%（2 家）的医院开展了远程门诊，有 14.7%（5 家）的医院开展了远程双向转诊，有 8.8%（3 家）的医院开展了远程查房，有 5.9%（2 家）的医院开展了远程慢性病管理，有 2.9%（1 家）的医院开展了远程急救，有 2.9%（1 家）的医院开展了远程重症监护，参与调查的二级医院均未开展远程护理业务。

在参与调查的 12 家一级医院中，有 91.7%（11 家）的医院开展了远程综合会诊，有 58.3%（7 家）的医院开展了远程教育，有 66.7%（8 家）的医院开展了远程影像诊断，有 58.3%（7 家）的医院开展了远程心电诊断，有 4.9%（2 家）的医院开展了远程病理诊断，有 2.4%（1 家）的医院开展了远程手术示教，有 8.3%（1 家）的医院开展了远程查房，参与调查的一级医院均未开展远程门诊、远程双向转诊、远程慢性病管理、远程急救、远程重症监护及远程护理业务。

（二）邀请方医生视角

对邀请方医生就主要参与的远程医疗服务项目进行了调查，设置的备选项包括远程会诊、远程病理诊断、远程影像诊断、远程心电诊断、其他。此题为单选题，共有 565 名邀请方医生回答了此题。

参与调查的邀请方医生参与各项远程医疗服务项目的情况如图 4-10 所示。结果显示，89.7%（507 人）的邀请方医生主要参与了远程会诊，4.9%（28 人）的邀请方医生主要参与了远程影像诊断，0.9%（5 人）的邀请方医生主要参与了远程心电诊断，1.1%（6 人）的邀请方医生主要参与了远程病理诊断，3.4%（19 人）的邀请方医生主要参与了其他远程医疗服务。其他项具体填写内容包括：远程教育/教学、康复、慢性病管理等。可以看出，在各项远程医疗服务项目中，远程会诊的参与率最高，超过85%；远程病理诊断、远程影像诊断、远程心电诊断三项远程专科诊断的参与率普遍较低，均未超过5%，其中，远程影像诊断参与率稍高，远程心电诊断与远程病理诊断参与率在1%左右。

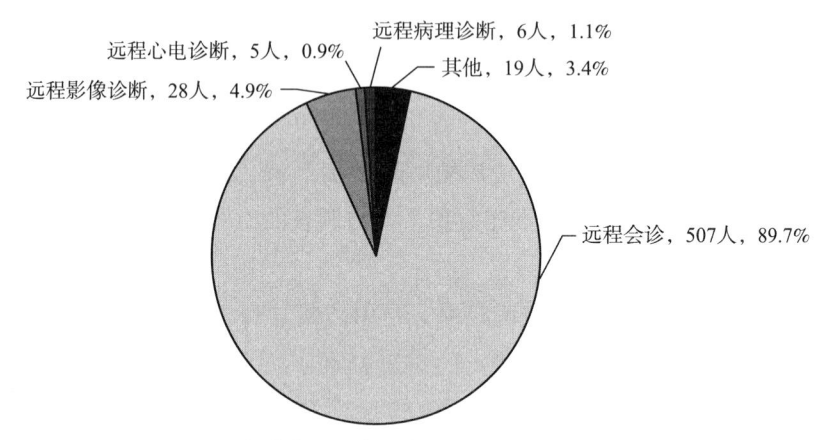

图4-10 邀请方医生主要参与远程医疗服务类型的分布

（三）受邀方医生视角

对受邀方医生就主要参与的远程医疗服务项目进行了调查，设置的备选项包括远程会诊、远程病理诊断、远程影像诊断、远程心电诊断、其他。此题为单选题，共有153名受邀方医生回答了此题。

参与调查的受邀方医生参与各项远程医疗服务项目的情况如图4-11所示。结果显示，75.8%（116人）的受邀方医生主要参与了远程会诊，13.1%（20人）的受邀方医生主要参与了远程影像诊断，3.3%（5人）的受邀方医生主要参与了远程病理诊断，4.6%（7人）的受邀方医生主要参与了远程心电诊断，3.3%（5人）的受邀方医生主要参与了其他远程医疗服务。其他项具体填写内容包括：远程教育/教学、康复、慢性病管理等。可以看出，在各项远程医疗服务项目中，远程会诊的参与率最高，超过75%；远程影像诊断的参与度高于远程心电诊断和远程病理诊断。

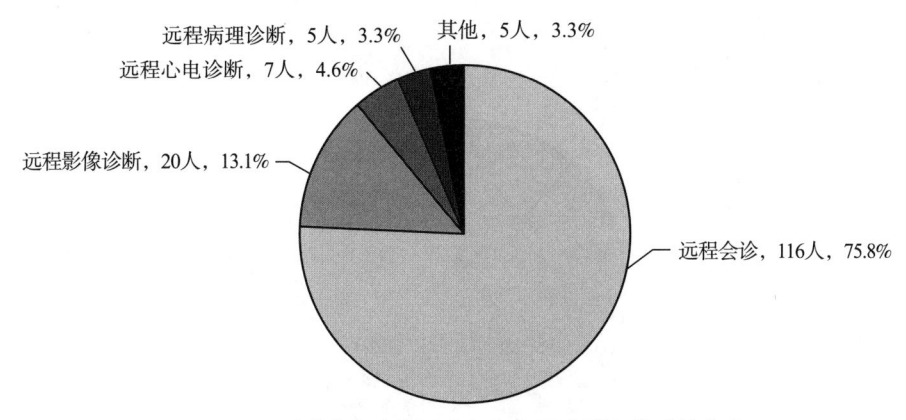

图 4-11 受邀方医生主要参与远程医疗服务类型的分布

三、远程医疗服务需求评价

(一) 邀请方医生视角

对邀请方医生就"您认为本院患者向上级医院转院前,是否需要进行远程医疗服务"进行了调查,设置备选项为"非常需要""比较需要""一般""不太需要"。共有565名邀请方医生回答了此题。

结果显示(见图4-12),有53.8%(304人)的邀请方医生认为本院患者向上级医院转院前非常需要进行远程医疗服务,有34.2%(193人)的邀请方医生认为本院患者向上级医院转院前比较需要进行远程医疗服务,有1.6%(9人)的邀请方医生认为本院患者向上级医院转院前不太需要进行远程医疗服务,另有10.4%(59人)的邀请方医生认为本院患者向上级医院转院前进行远程医疗服务的需要度一般。

(二) 受邀方医生视角

对受邀方医生就"您认为下级医院患者向上级医院转院前,是否需要先进行远程医疗服务"进行了调查,设置的备选项包括"非常需要""比较需要""一般""比较不需要"。共有153名受邀方医生回答了此题。

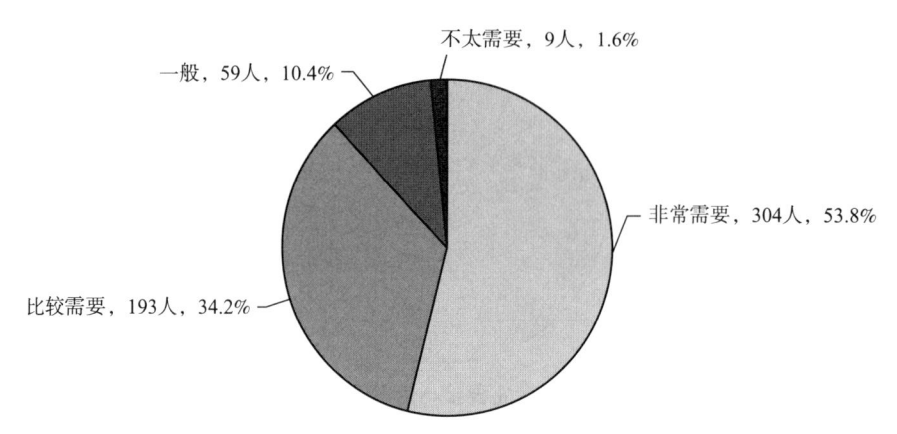

图 4-12 邀请方医生视角下是否需要进行远程医疗服务意见分布

结果显示（见图 4-13），有 34.6%（53 人）的受邀方医生认为下级医院患者向上级医院转院前，非常需要先进行远程医疗服务，有 47.1%（72 人）的受邀方医生认为下级医院患者向上级医院转院前，比较需要先进行远程医疗服务，有 2.0%（3 人）的受邀方医生认为下级医院患者向上级医院转院前，比较不需要先进行远程医疗服务，另有 16.3%（25 人）的受邀方医生认为下级医院患者向上级医院转院前进行远程医疗服务的需要度一般。

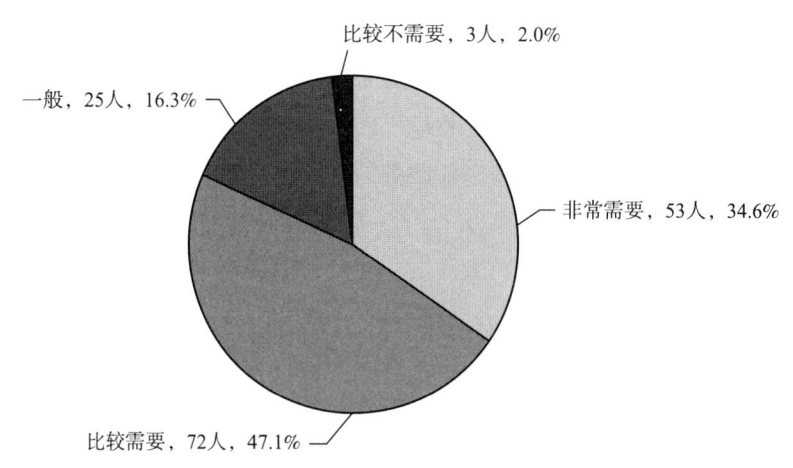

图 4-13 受邀方医生视角下是否需要进行远程医疗服务的意见分布

四、远程会诊响应时间和服务时间

（一）远程会诊响应时间

1. 普通远程会诊平均响应时间

接到会诊申请到会诊开始的时间称为会诊响应时间。对二、三级医院就"医院普通会诊平均响应时间"进行了调查，此题为填空题。共有55家医院回答了此题，其中包括二级医院21家和三级医院34家。结果显示，医院普通会诊平均响应时间最短的为0.5小时，最长的为72.0小时，平均数为28.7小时，中位数为24.0小时。

从医院级别来看，三级医院中，普通会诊平均响应时间最短的为0.5小时，最长的为72.0小时，平均数为25.2小时，中位数为24.0小时。二级医院中，普通会诊平均响应时间最短的为0.5小时，最长的为72.0小时，平均数为27.4小时，中位数为24.0小时。

2. 紧急远程会诊平均响应时间

下级医院接诊到急诊危重患者，可申请紧急远程会诊。从以电话、平台预约等各种形式接到会诊申请到会诊完毕的时间称为紧急会诊平均响应时间。一般情况下，上级医院对待紧急会诊会尽快处理，以缩短响应时间。对二、三级医院就"医院紧急远程会诊平均响应时间"进行了调查，此题为填空题。共有53家医院回答了此题，其中包括二级医院21家和三级医院32家。结果显示，医院紧急会诊平均响应时间最短的为0.25小时，最长的为28.0小时，平均数为5.9小时，中位数为2.0小时。

从医院级别来看，三级医院中，紧急会诊平均响应时间最短的为0.5小时，最长的为28.0小时，平均数为7.0小时，中位数为2.0小时。二级医院中，紧急会诊平均响应时间最短的为0.25小时，最长的为24.0小时，平均数为4.4小时，中位数为1.0小时。

（二）远程会诊等待时间

从会诊约定开始时间到会诊实际开始时间的时长称为会诊等待时间，

主要考察会诊能否准时开始。分别对邀请方医生和受邀方医生就"您每次参与远程医疗服务的平均等待时间"进行了调查，此题为填空题。

1. 邀请方医生视角

共得到549名邀请方医生的有效问卷。结果显示，邀请方医生每次参与远程医疗服务的平均等待时间最短的为0分钟，即不用等待，最长的为60分钟，平均数为12分钟，中位数为10分钟。

2. 受邀方医生视角

共有149名受邀方医生回答了此题。结果显示，受邀方医生每次参与远程医疗服务的平均等待时间最短的为0分钟，即不用等待，最长的为60分钟，平均数为6分钟，中位数为5分钟。

（三）远程医疗服务次均时长

分别对邀请方医生和受邀方医生就"您每次参与远程医疗服务的平均时间"进行了调查，此题为填空题。

1. 邀请方医生视角服务次均时长

共有540名邀请方医生有效回答了此题。结果显示，邀请方医生每次参与远程医疗服务的次均时长最短的为5分钟，最长的为120分钟，平均数为26.1分钟，中位数为30分钟。

2. 受邀方医生视角服务次均时长

共有146名受邀方医生回答了此题。结果显示，受邀方医生每次参与远程医疗服务的次均时长最短的为5分钟，最长的为120分钟，平均数为29.5分钟，中位数为30分钟。

五、远程医疗服务满意度评价

本研究分别对参与远程医疗业务的受邀方医生和邀请方医生进行了调查，重点了解在远程医疗运行过程中，医生对信息系统与设备运行满意度情况、医生对远程医疗服务流程的满意程度、受邀方医生对病历资料的满意度情况、诊断结果的一致性与反馈、医生的总体满意度及参与推荐意愿等内容，以展示我国远程医疗服务运行的满意度情况。

(一) 信息系统与设备运行满意度情况

1. 远程医疗系统操作便利程度

远程医疗系统通常包含远程会诊系统、远程心电诊断系统、远程病理诊断系统、远程教育、远程手术示教系统、远程门诊、远程查房以及远程监护系统，常用的是前四种。远程医疗系统支撑着远程医疗业务的开展，系统操作的便利程度直接影响会诊双方的直观体验，以及后续参与远程医疗的意愿，可以说一个流畅便利的远程医疗系统是业务开展的前提。

本次就远程医疗系统操作便利程度，面向邀请方医生和受邀方医生开展调查，共收集到718份医生问卷，其中153份为受邀方医生问卷、565份为邀请方医生问卷，具体了解了其对远程医疗系统便利性的满意程度，设置备选项有非常不满意、比较不满意、一般、比较满意、非常满意。

医生对远程医疗系统操作便利性的满意程度情况如图4-14所示。在接受调查的718名医生中，仅有1名医生对现有的远程医疗系统操作便利程度非常不满意，有3名医生对现有的远程医疗系统比较不满意，占比极少。10.3%（74人）的医生对现有的远程医疗操作便利程度感觉一般，35.1%（252人）的医生对现有远程医疗操作系统操作便利程度比较满意，54.0%（388人）的医生对现有远程医疗系统操作便利程度非常满意。产生这种调查结果，一方面，说明现有的远程医疗系统能满足双方医生在会诊时的需求，没有出现阻碍或者影响会诊顺利开展的因素；另一方面，也说明医生对远程医疗系统操作便利程度的敏感度不高，系统只是辅助手段，医生更重视的是远程医疗的医疗本质，强调的是医疗数据的共享这一功能。

在受邀方医生问卷调查数据中，1名医生对现有远程医疗系统操作便利性非常不满意，22名医生对现有远程医疗操作便利程度感觉一般，74名医生对现有远程医疗系统操作便利性比较满意，56名医生对现有远程医疗系统操作便利性非常满意。在邀请方医生问卷中，3名医生对现有远程系统操作便利性比较不满意，52名医生对现有远程医疗操作便利程度感觉一般，178 名医生对现有远程医疗系统操作便利性比较满意，332 名医生对现有远程医疗系统操作便利性非常满意，从结果中可以看出，两者调查数据有较高的重合性。整体来看，绝大部分受调查医生对现有远程医疗系统的操作便利程度较为满意，结合现实情况，我国的远程医疗系统大多数由区域龙头医院牵头组建，一般有能力建设一个相对完善的远程医疗信息系统，来服务远程医疗的开展。

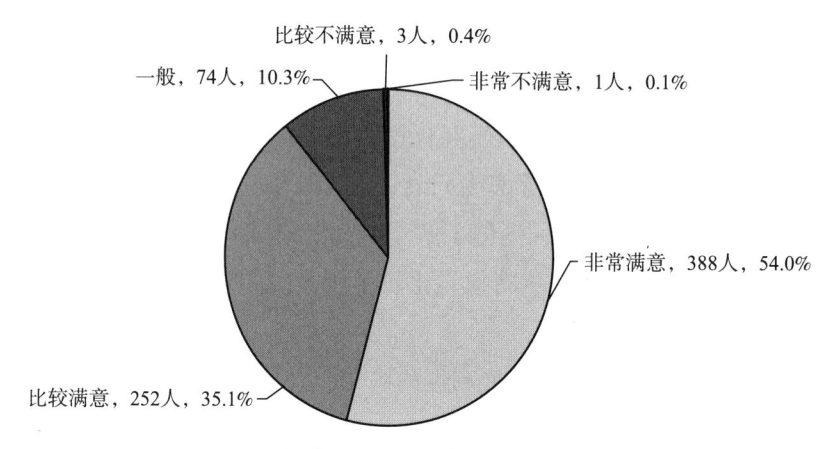

图 4-14　医生对远程医疗系统操作便利性满意度情况

2. 远程医疗服务过程中音视频质量的满意程度

远程医疗以计算机、网络通信和多媒体技术为基础，实现对医学资料和远程视频、音频信息的传输、存储、查询和共享。在系统搭建过程中，音视频无疑是整个系统的关键模块，是连接医生与医生、医生和患者之间的桥梁。医生之间、医患之间在讨论病情时，要通过语言、视频互动实时观察远端患者肤色、病灶大小、形状等，为了使声音和影像等诊断信息在诊断时能够符合临床诊断需求，良好的音视频的效果可以为医生提供一个舒适的环境，有利于远程会诊的开展。

本书对医生就远程医疗服务过程中音视频质量的满意程度进行了调查，共收集到 718 份医生问卷，其中 153 份为受邀方医生问卷，565 份为邀请方医生问卷，设置备选项有非常不满意、比较不满意、一般、比较满意、非常满意。

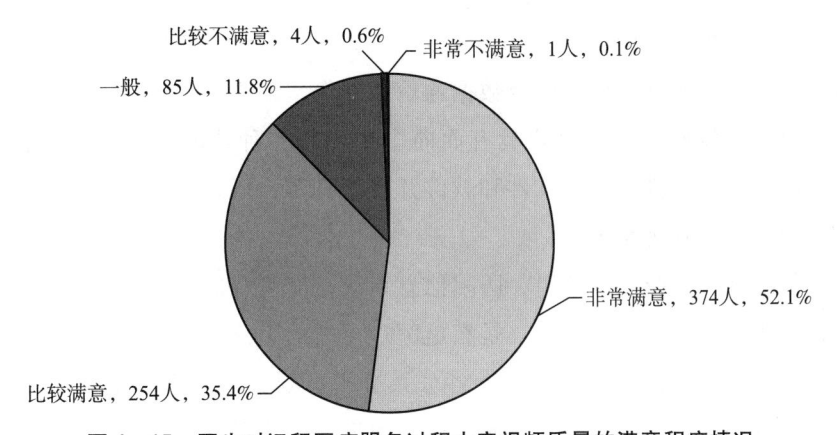

医生对远程医疗服务过程中音视频质量的满意程度情况如图4-15所示。718名参与调查的医生中，仅有5名医生对音视频的质量感到不满意，其中有1名医生非常不满意，4名医生比较不满意，占比极少。11.8%（85人）的医生对远程医疗服务过程中音视频质量感觉一般，35.4%（254人）的医生对远程医疗服务过程中的音视频质量感觉比较满意，52.1%（374人）的医生对远程医疗服务过程中的音视频质量感到非常满意。这说明我国目前远程医疗系统的音视频质量总体较高，能够满足大多数医生的需求，一方面得益于音视频软硬件技术的进步，更先进的音视频编码技术、更高清的视频设备的使用，使得远程会诊过程中的画面显示效果极大增强；另一方面得益于互联网技术的进步，高速宽带、5G等互联网通信技术的普及，使相关机构有能力传输更加高清的音视频信号，同时也对影像、病理大容量数据的传输起到了极大的促进作用。

图4-15 医生对远程医疗服务过程中音视频质量的满意程度情况

本书分别对比分析受邀方与邀请方医生对远程医疗服务过程中音视频质量的满意度情况。其中，在受邀方医生问卷调查数据中，1名医生对远程医疗服务过程中音视频质量感到非常不满意，1名医生感到比较不满意，32名医生（占比为20.1%）对远程医疗服务过程中的音视频质量感觉一般，68名医生（占比为44.4%）对远程医疗服务过程中的音视频质量感到比较满意，51名医生（占比为33.3%）对远程医疗服务过程中的音视频质量感到非常满意。在邀请方医生问卷中，3名医生对远程医疗服务过程中音视频质量感到比较不满意，53名医生（占比为9.4%）对远程医疗服务过程中的音视频质量感觉一般，186名医生（占比为32.9%）对远程医疗服务过程中的音视频质量感到比较满意，323名医生（占比为57.2%）对远程医疗服务过程中的音视频质量感到非常满意。从结果上来看，两份问卷数据的单独分析结果与总体结果呈现出一致性。整体来看，绝大部分受调查医生对现有远程医疗服务过程中的音视频质量较为满意。

3. 医院现有信息化水平能否保证远程医疗正常开展

医院信息系统是指利用计算机软硬件技术和网络通信技术等现代化手段，对医院及其所属各部门的人流、物流、财流进行综合管理，对在医疗活动各阶段产生的数据进行采集、存储、处理、提取、传输、汇总，加工形成各种信息，从而为医院的整体运行提供全面的自动化管理及各种服务的信息系统。

医院信息系统主要由硬件系统和软件系统两大部分组成。在硬件方面，要有高性能的中心电子计算机或服务器、大容量的存储装置、遍布医院各部门的用户终端设备以及数据通信线路等，组成信息资源共享的计算机网络；在软件方面，需要具有面向多用户和多种功能的计算机软件系统，包括系统软件、应用软件和软件开发工具等，还要有各种医院信息数据库及数据库管理系统。

从功能及系统的细分讲，医院信息系统一般可分成三部分：一是满足管理要求的管理信息系统；二是满足医疗要求的医疗信息系统；三是满足以上两种要求的信息服务系统，各分系统又可划分为若干子系统。此外，许多医院还承担临床教学、科研、社会保健、医疗保险等任务，因此在医院信息系统中也应设置相应的信息子系统。

远程会诊服务过程中涉及的医院信息系统主要是医院信息系统（HIS）、影像归档和通信系统（PACS）、实验室信息系统（LIS）、电子病历（EMR）等，用于存储传输患者的病历数据，为远程诊断提供支撑。本次针对参与远程会诊的双方医生，调查其所在医院现有信息化水平能否保证远程医疗正常开展，设置能保证和不能保证两个选项。在718份医生问卷中，共有94.3%（677名医生）认为医院现有的信息化水平能保证远程医疗的正常开展，在受邀方医生调查数据中，这一数据为90.2%，在邀请方医生调查数据中,这一数据为95.4%。总体来看,医院现有的信息化水平能保证远程医疗的正常开展。

(二) 服务流程和环境满意度情况

1. 医生对远程医疗服务流程的满意程度

对718名医生进行调查,其中153份为受邀方医生问卷、565份为邀请方医生问卷,了解其对所参与远程医疗服务流程的满意程度。在调查问卷中,设置的备选项为非常满意、比较满意、一般、比较不满意和非常不满意。

医生对远程医疗服务流程的满意程度如图4-16所示。结果显示,在接受调查的718名医生中,有1名医生对现有的远程医疗服务流程非常不满意,4名医生对远程医疗服务流程比较不满意,8.5%(61人)的医生对现有的远程医疗服务流程感到一般,36.8%(264人)的医生对现有的远程医疗服务流程感到比较满意,54.0%(388人)的医生对现有的远程医疗服务流程感到非常满意。总体来看,90.8%的医生对现有的服务流程感到满意,远程医疗在我国的整个服务体系已经渐趋成熟。

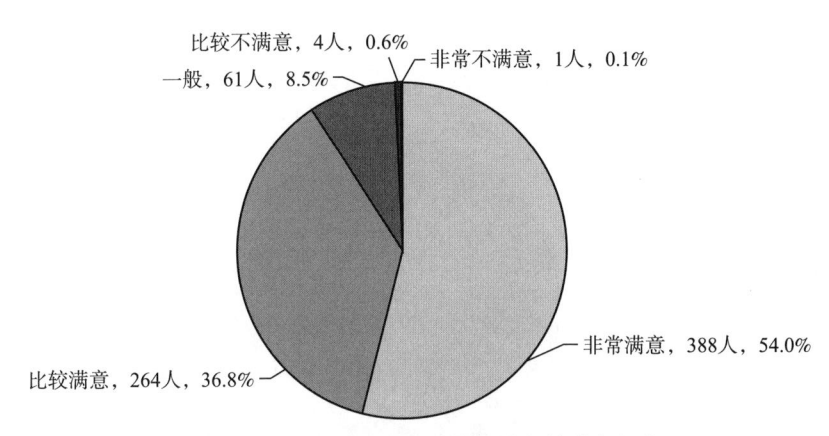

图4-16 医生对远程医疗服务流程的满意程度

在受邀方医生问卷中,只有3名医生对现有的远程医疗服务流程不满意,其中1名非常不满意,2名比较不满意。7.12%(20人)的医生对现有的服务流程感到一般,39.60%(73人)的医生对现有的服务流程感到比较满意,52.42%(57人)的医生对现有的服务流程感到非常满意。在邀请方医生问卷中，也仅有 2 名医生对现有的远程医疗服务流程感到比较不满意。7.3%（41 人）的医生对现有的服务流程感到一般，92.4%（522 人）的医生对现有远程医疗服务流程感到满意，其中比较满意占比为 33.8%（191 人），有 58.6%（331 人）的医生对现有远程医疗服务流程感到非常满意，人数超过半数。

2. 医生对远程医疗服务环境的满意程度

通过对 718 名医生进行满意度调查，了解其对医院远程医疗服务环境的满意程度。在调查问卷中，设置的备选项为非常满意、比较满意、一般、比较不满意和非常不满意。

在接受调查的 718 名医生中，图 4-17 显示有 1 名医生对远程医疗服务环境非常不满意，3 名医生对远程医疗服务环境比较不满意，7.8%（56 人）的医生对现有的远程医疗服务环境感到一般，34.4%（247 人）的医生对现有远程医疗服务环境感到比较满意，57.2%（411 人）的医生对现有的远程医疗服务环境感到非常满意。总体来看，91.6% 的医生对现有的远程医疗服务环境感到满意，反映了我国远程医疗在软硬件及会诊环境上已经相当完善。

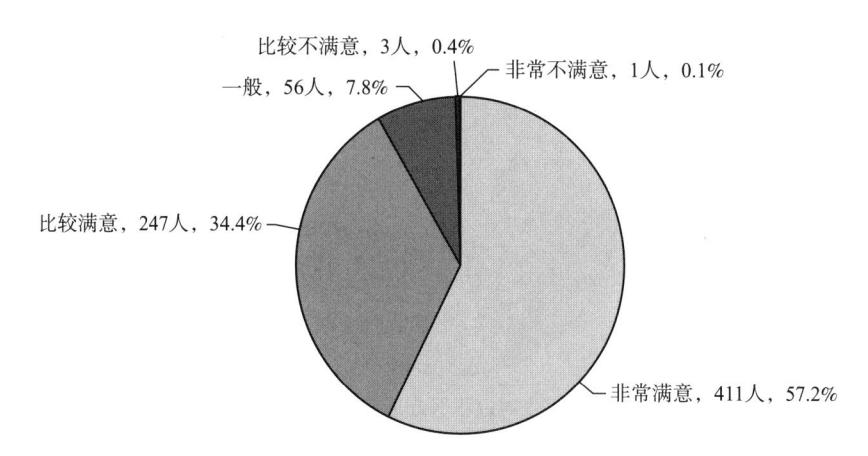

图 4-17 医生对远程医疗服务环境的满意程度

（三）受邀方对病例资料的满意度情况

在远程会诊中，医生与医生之间进行交流，本质上是一种知识转移。

病历资料是受邀方医生进行病情判断的重要依据，通过研读病历资料，结合自己的临床经验，将隐性知识显性表达并传递给邀请方医生，可以说下级医院提供病例资料的完善程度直接影响远程会诊的质量。目前我国远程会诊过程中病例资料的共享方式多种多样，大部分为图片、辅流等形式，而对接了数据接口的医院则能将原始数据影像等资料无损传输至远程会诊平台，大大方便了受邀方医生查阅病例资料。

调查受邀方医生对病历资料的满意程度是十分重要的，因为视讯只是辅助手段，远程会诊中数据的传输才是其核心要素，这也侧面反映了整个远程会诊系统的信息化程度，因此该调查是极有意义的。对参与远程医疗服务的153名受邀方医生进行调查，了解其对下级医院提供的远程医疗病历资料是否满意。在调查问卷中，设置的备选项为非常不满意、比较不满意、一般、比较满意和非常满意。

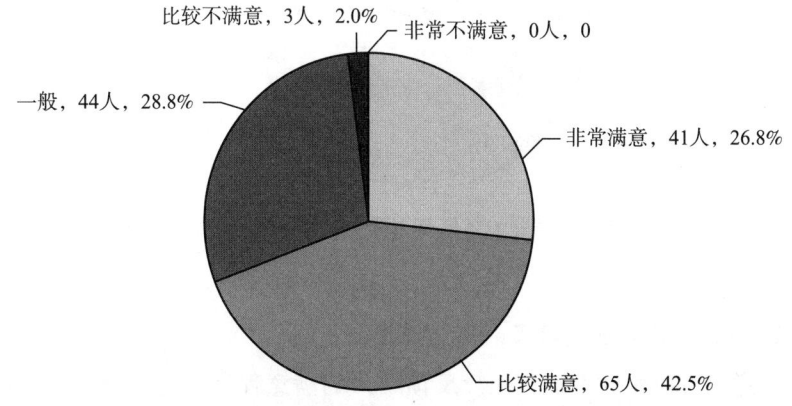

对于受邀方医生对病历资料的满意程度情况，图4-18显示，在接受调查的153名受邀方医生中，有3人对病历资料比较不满意，28.8%（44人）的医生对会诊中的病例资料感到一般，42.5%（65人）的医生对病历资料感到比较满意，26.8%（41人）的医生对病历资料感到非常满意。总体来看，大部分受邀方医生对会诊过程中的病例资料感到满意，占总人数的69.3%。但是距离服务流程和服务环境90%以上的满意度还有很大差距，说明远程会诊中病例资料的共享和传输还有很大的进步空间，如何为受邀方医生提供清晰翔实的病例资料，并实现影像、病理的实时同步查看，是未来努力的方向。

图4-18 受邀方医生对病历资料的满意程度情况

(四) 诊断结果与反馈情况

1. 诊断结果的一致性

邀请方远程会诊的主要目的之一就是明确诊断和指导治疗。在远程会诊中，邀请方医生在经过院内会诊后，如果还存在诊断结果不明确的情况，就要通过远程会诊寻求上级医院的帮助，这就必然会存在邀请方医生会诊结果与上级专家诊断结果总体上不一致的情况。因此我们就邀请方医生会诊结果与远程会诊结果的一致性进行了调查，在调查问卷中，设置的备选项为非常不一致、比较不一致、一般、比较一致、完全一致。

本次调查共收集到565份邀请方医生问卷，结果如图4-19所示。从图中我们可以看出，没有受邀方医生认为诊断结果与本院会诊结果非常不一致。有0.2%（1人）的邀请方医生认为诊断结果比较不一致，有4.8%（27人）的邀请方医生认为诊断结果的一致性一般，有74.8%（423人）的邀请方医生认为诊断结果比较一致，有20.2%（114人）的邀请方医生认为诊断结果完全一致，可见诊断结果比较一致占大部分。

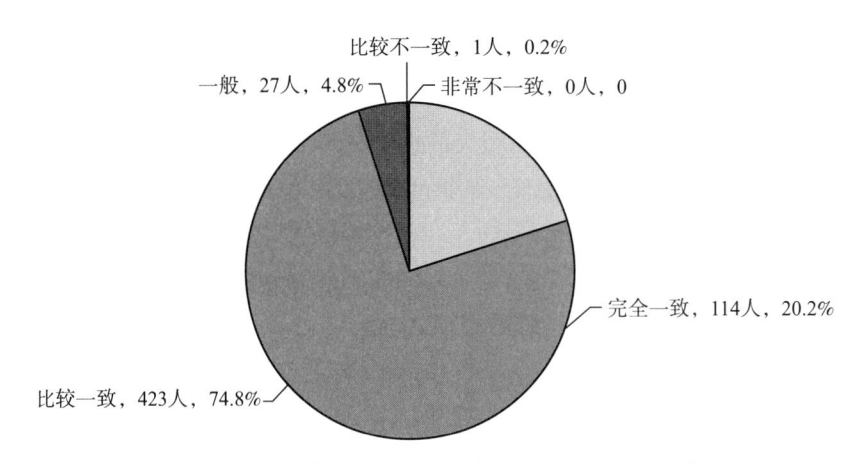

图4-19 本院会诊结果与上级专家诊断结果一致性情况

2. 对远程诊疗反馈结果的满意程度

对邀请方医生就其远程医疗反馈结果的满意程度进行调查，设置的备选项为非常不满意、比较不满意、一般、比较满意、非常满意。邀请方医生对远程医疗反馈结果的满意度包含对远程诊疗意见的接受程度、远程会诊对患者病情的帮助程度,还包括上级医生的专业技术能力、会诊中的态度、反馈的及时性等。

结果如图 4-20 所示,在 565 份邀请方医生问卷中,没有对远程诊疗的反馈结果感觉非常不满意的,仅有 3 名邀请方医生对远程诊疗的反馈结果比较不满意,4.1%(23 人)的医生对远程诊疗的反馈结果感觉一般,51.9%(293 人)的医生对远程诊疗的反馈结果感到非常满意,43.5%(246 人)的医生对远程诊疗的反馈结果感到比较满意。总体来看,邀请方医生对远程医疗反馈结果的满意度较高。

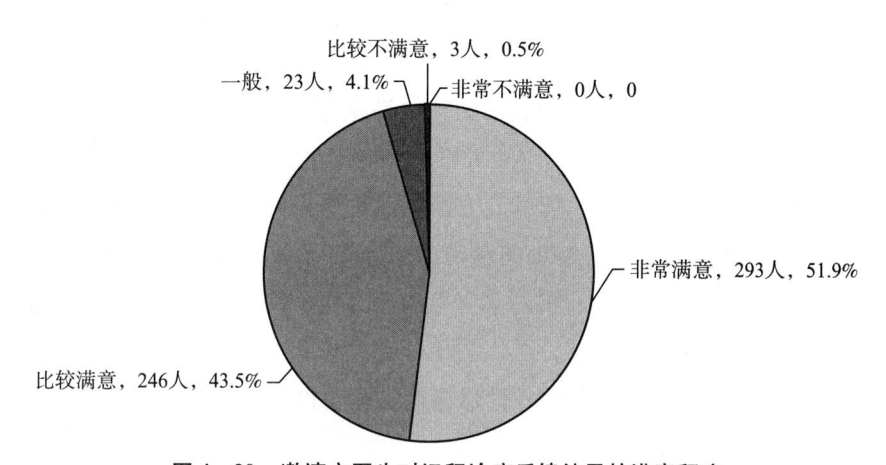

图 4-20 邀请方医生对远程诊疗反馈结果的满意程度

(五)医生总体满意度情况

对参与远程医疗的邀请方和受邀方就其远程医疗服务的总体满意度进行调查,设置的备选项为非常满意、比较满意、一般、比较不满意、非常不满意。

从受邀方医生对远程医疗服务的整体满意程度看,图 4-21 显示,153 份问卷中仅有 1 名医生感觉非常不满意;17.6%(27 人)的受邀方医生对远程医疗服务整体感觉一般;81.7%(125 人)的受邀方医生对远程医疗服务整体感到满意,其中 46.4%(71 人)的受邀方医生感到比较满意,35.3%(54 人)的受邀方医生感到非常满意。

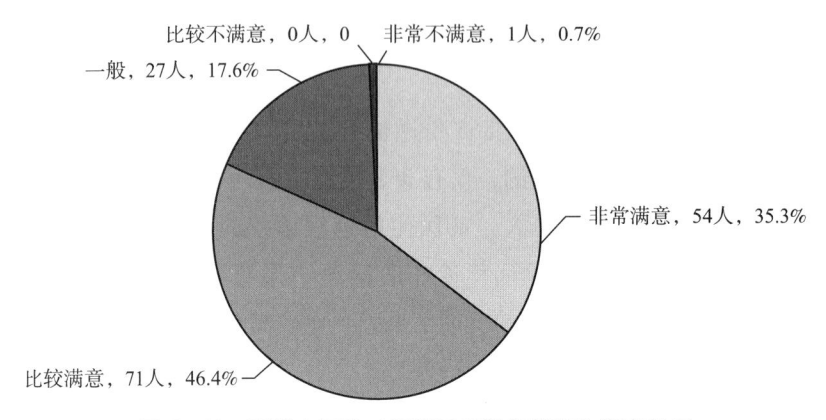

图 4-21　受邀方医生对远程医疗服务的整体满意程度

从邀请方医生对远程医疗服务的整体满意程度看，图 4-22 显示，有 4 名医生整体感觉不满意，其中非常不满意的 1 名、比较不满意的有 3 名，占比极小；4.1%（23 人）的邀请方医生对远程医疗服务的整体满意程度一般；高达 95.2%（538 人）的邀请方医生对远程医疗服务整体感到满意，其中 41.7%（236 人）的邀请方医生感到比较满意，53.5%（302 人）的邀请方医生感到非常满意。可以看出，邀请方医生对远程医疗服务的整体满意度较受邀方医生对远程医疗服务整体满意度高。

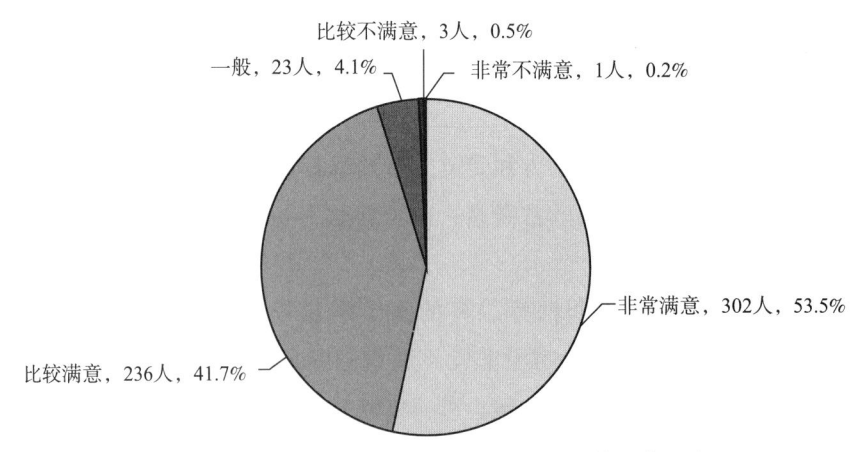

图 4-22　邀请方医生对远程医疗服务的整体满意程度

第三节 远程医疗服务体系运行绩效评价

如何评价远程医疗服务绩效以确保公立医院高质量发展,已成为一项重要课题。我国诸多学者、专家对医院医疗服务绩效管理和评价模式进行了大量的研究,并逐步形成了基础理论体系,但对医院远程医疗服务绩效评价体系的构建研究相对较少。本书重点针对省级层面和国家层面的两次远程医疗服务绩效评价工作展开深入分析。

一、河南省远程医疗服务体系运行绩效综合评价

河南省是典型的人口大省和医疗服务大省,卫生资源总量不足且分布不均,基层卫生资源不足,尤其是优质卫生资源的严重不足,在我国医疗卫生事业发展上具有典型代表性。根据本书前文的介绍,河南省远程医疗服务体系较为完善,建有河南省远程医学中心和国家远程医疗中心,中心建成了涵盖省辖市中心医院、县级医院、乡镇、社区、村卫生机构和新疆哈密地区、山西晋城、四川江油等省外医疗机构,形成了"省中心—省辖市分中心—县中心站—乡镇服务站—基层服务点"联动的五级远程医疗服务体系,建成了以数据交换平台为主、视频会议系统为辅的两级联动远程医疗综合服务平台,开展远程会诊、远程教育、远程应急救治、远程手术示教等业务,在技术水平、网络规模、服务规模等方面都处于国内领先水平,是我国远程医疗示范基地之一。

本书依托河南省远程医学中心率先开展了河南省远程医疗服务体系运行效果评价。具体做法是:一是借助科学的评价指标体系构建方法和远程医疗服务专家资源,形成一套符合河南省远程医疗服务发展实际需要的绩效评价体系;二是在项目支持下建立了远程医疗服务绩效评价系统;三是针对全省远程医疗服务机构运行数据和现场调查数据,依托该系统对河南省医疗服务机构开展远程医疗服务绩效评价,并将评价结果应用于各地远程医疗服务机构,以完善远程医疗服务体系。

（一）运行绩效综合评价目的与对象

本次调研旨在"以评促建、以评促改、以评促管",对河南省远程医疗发展状况和总体水平进行摸底与评价,推动远程医疗服务机构发挥诊疗优势,不断提高远程医疗服务效率与质量,促进远程医疗服务机构可持续健康发展。河南省远程医疗绩效评价是通过调查省内与河南省远程医学中心联网的省级医院、市级医院、县级医院的远程医疗资源配置、组织管理、服务能力、服务效果和发展潜力等信息,客观反映河南省远程医疗的发展建设情况和发展面临的主要问题,为改善本省远程医疗建设、提升远程医疗服务能力提供参考。通过促进全省远程医疗更好更快发展、推动分级诊疗实施、优化医疗资源配置,来加快推进健康中原建设。

评价对象为河南省内有关医疗机构、河南省远程医学中心联网医院,包括三级医院、二级医院和一级医院,其中二级医院主动通知下辖联网的一级医院进行填报。远程医疗运行绩效评价的调查对象是与河南省远程医学中心联网的医院,其中省级医院 10 家,市级医院 44 家,县级医院 135家,问卷由各医院远程医学中心负责人查证填写。

（二）运行绩效综合评价内容与指标体系

远程医疗服务体系运行绩效综合评价内容主要涵盖资源配置、组织管理、服务能力、服务效果和发展潜力情况五个方面。本次绩效评价指标由河南省远程医学中心组织实施者结合远程医疗建设和实际业务场景制定,经过多轮专家咨询及修改后最终形成。

评价体系构建具体操作流程：一是通过文献检索、政策梳理等方式,获取远程医疗服务效果或运行绩效评价的关键维度,即资源配置、组织管理、服务能力、服务效果和发展潜力 5 个一级指标。二是根据初定的关键维度,进行专题小组讨论,初步确定关键维度下的二级指标,其中资源配置维度有基础设施、人员配备、资金保障 3 个二级指标,组织管理维度有制度保障、部门设置、激励措施、利益机制 4 个二级指标,服务能力维度有协作医院数、服务内容、服务数量、回访情况 4 个二级指标,服务效果维度有满意度、转归情况、应急救治 3 个二级指标,发展潜力维度有科研

第四章 远程医疗服务调查与运行分析

能力、技能实操能力、培训学习、发展规划、新技术应用5个二级指标及相应的47个三级指标,设计专家咨询表以备开展多轮专家咨询。三是根据入选要求,初定合适的专家咨询团队,向其发放专家咨询表,经过多轮咨询后,剔除不适合或者专家意见一致性低的指标,确定最终指标体系。本书构建的远程医疗运行绩效评价体系(见表4-10)共包含5个一级指标,19个二级指标,42个三级指标,并进一步通过层次分析法和专家评价法,初步确定了指标的相应权重。

表4-10 河南省远程医疗运行绩效评价指标体系

一级指标	二级指标	编号	三级指标	部分指标说明
资源配置(20%)	基础设施	1	开展远程医疗的独立会诊室数量	请填数量
		2	远程医疗的安全设备配备	是否有如防火墙、入侵监测、入侵防护、漏洞扫描等安全设备
		3	远程医疗业务MCU配备	此为二分类指标:是否配备
		4	远程医疗视讯终端类型	"硬终端""软终端",二选一。"硬终端"是指支持H.323和SIP国际视频通信标准协议的专用视讯终端,如华为TE30等。"软终端"是指安装有视频会议软件支持开展远程会诊业务的专用计算机,如简单摄像头
		5	远程医疗硬件设备配备	从以下硬件设备中选择[(1)病理数字切片扫描仪;(2)远程心电图机;(3)远程医疗前置机;(4)远程移动查房车;(5)远程教育录播设备;(6)多源手术信息采集终端;(7)其他]
		6	移动会诊设备配备	此为二分类指标:是否配备
		7	患者病历资料共享方式	数据直接传输:系统自动上传,对方可自行操作查看患者资料;视频辅流:本地桌面共享,对方只能观看,无法修改患者资料;其他方式:通过邮件、QQ、微信等手动上传资料

续表

一级指标	二级指标	编号	三级指标	部分指标说明
资源配置（20%）	人员配备	8	参与远程医疗服务的专职管理人员数	单位：人。医务科、信息科等部门分派的管理和技术人员为兼职人员。专职人员仅指设置有远程医疗部门的人员
		9	参与远程医疗服务的兼职管理人员数	
		10	参与远程医疗服务的专职技术人员数	
		11	参与远程医疗服务的兼职技术人员数	
		12	向上级医疗机构申请远程医疗服务的医生数	单位：人
		13	向下级医疗机构提供远程医疗服务的医生数	
	资金保障	14	医院是否配备了远程医疗建设资金	若"是"，请提供证明文件
组织管理（10%）	制度保障	15	是否建立了远程医疗服务管理规范（制度、办法）	若"是"，此处需提供规范制度证明文件
	部门设置	16	医院是否下设了专门的远程医疗科室或部门	如设置远程医疗中心、远程医学中心、远程会诊中心等
	激励措施	17	医院是否对参与远程医疗服务的医务人员有激励措施	若"是"，请提供证明文件
	利益机制	18	是否建立了远程医疗机构上下级之间的利益共享机制	若"是"，请提供证明文件或协议
服务能力（35%）	协作医院数	19	联网上级医院数	反映远程诊疗可服务本院患者的资源数量。提供联网上级医院名单
		20	联网下级医院数	反映远程诊疗可服务下级医院患者的资源数量

续表

一级指标	二级指标	编号	三级指标	部分指标说明
服务能力（35%）	服务内容	21	远程医疗服务项目	单位：项。从以下业务中选择［（1）远程会诊；（2）远程教育（培训讲座）；（3）远程查房；（4）远程手术示教；（5）远程病理诊断；（6）远程影像诊断；（7）远程心电诊断；（8）其他］
		22	远程医疗覆盖疾病专科情况	以亚专科数为主
	服务数量	23	年综合会诊量	通过会诊系统、业务平台等开展的实时会诊量
		24	年远程病理诊断量	通过病理系统、业务平台等开展的实时诊断量
		25	年远程心电诊断量	通过心电系统、业务平台等开展的实时诊断量
		26	年远程影像诊断量	通过影像系统、业务平台等开展的实时诊断量
		27	年开展远程教育次数	反映向同级或下级医疗机构开展远程教育情况
	回访情况	28	是否开展了回访/随访工作	反映医院在远程会诊结束后，是否跟踪回访或随访患者。若选"是"，请提供回访问卷、记录等多种形式的证据
服务效果（15%）	满意度	29	是否开展了参与远程医疗服务的医患满意度调查	若选"是"，需要提供证明文件
	转归情况	30	年内经过远程综合会诊的好转例次数	单位：例次
	应急救治	31	开展远程急救和远程突发事件救治例数	单位：例。请提供证明材料
发展潜力（20%）	科研能力	32	主持/参与远程医疗服务市级以上科研项目数	单位：项。请提供证明材料
		33	发表远程医疗服务成果论文数	单位：篇。成果包括论文、专利、软著、著作等

续表

一级指标	二级指标	编号	三级指标	部分指标说明
发展潜力（20%）	技能实操能力	34	参加省远程医疗技能竞赛考试人数	单位：人
		35	参加市远程医疗技能竞赛考试人数	单位：人
		36	获得省远程医学中心颁发技能培训证书的人员数	单位：人。请提供证明材料
	培训学习	37	在国远教育 App 上的注册人员数	单位：人。请提供证明材料
		38	参观学习交流人次数	单位：人次。到相关单位参观考察人次数，不含展会。附有关证明
		39	参加国内外远程医疗相关会议人次数	单位：人次。需提供参会证明材料，包括会议名称、举办时间和地点等
		40	参加行业类比赛的赛事个数	单位：个。需提供参加比赛的证明材料，包括比赛名称、举办时间和地点等
	发展规划	41	是否将远程医疗列入医院年度重点工作	医院年度总体规划中是否有本院远程医疗发展规划独立的章节，需附年度计划红头文件
	新技术应用	42	在远程医疗工作中是否应用相关新技术	远程医疗新技术应用包括5G技术、人工智能、大数据技术等

（三）调查方法

本次调研评价通过远程医疗运行绩效评价系统开展线上问卷调查，各医院远程医疗负责人注册账号并负责提供相关问题的准确数据。问卷填写完毕后，由河南省远程医学中心工作人员通过现场核实、视频连线核实等方法核实问卷填报结果。采用"线上填报和线下访谈相结合""客观评价与主观评价相结合"的方式进行调研评估。

（四）远程医疗综合绩效评估结果分析

1. 远程医疗资源配置情况

远程医疗资源配置就医院远程医疗基础设施情况、人员配备情况和资金保障情况设置相应条目和分值。

（1）基础设施建设情况。远程医疗基础设施是影响远程医疗运行和可持续发展的基本元素，本部分有7个条目，分别为"开展远程医疗的独立会诊室数量（权重0.0148）""远程医疗安全设备配备（权重0.0097）""远程医疗业务MCU配备（权重0.0110）""远程医疗视讯终端类型（权重0.0127）""远程医疗硬件设备配备（权重0.0152）""移动会诊设备配备（权重0.0083）""患者病历资料共享方式（权重0.0143）"。

独立会诊室数量是指可同时独立开展远程会诊的诊室数量。从不同级别医院看，在样本省级医院中，设立开展远程医疗的独立会诊室数量最多有29个，最少有1个，平均独立会诊室数量为5.4个；在样本市级医院中，设立开展远程医疗的独立会诊室数量最多有10个，存在没有设立独立会诊室的市级医院，平均独立会诊室数量为2.8个；在县级医院中，设立开展远程医疗的独立会诊室数量最多有13个，存在没有设立独立会诊室的县级医院，平均独立会诊室数量为2.1个。

用于远程医疗的安全设备是指防火墙、入侵检测、入侵防护、漏洞扫描之类的软硬件设施。如图4-23所示，有80.0%的省级医院有用于远程医疗的安全设备，有72.7%的市级医院有用于远程医疗的安全设备，有58.5%的县级医院有用于远程医疗的安全设备。

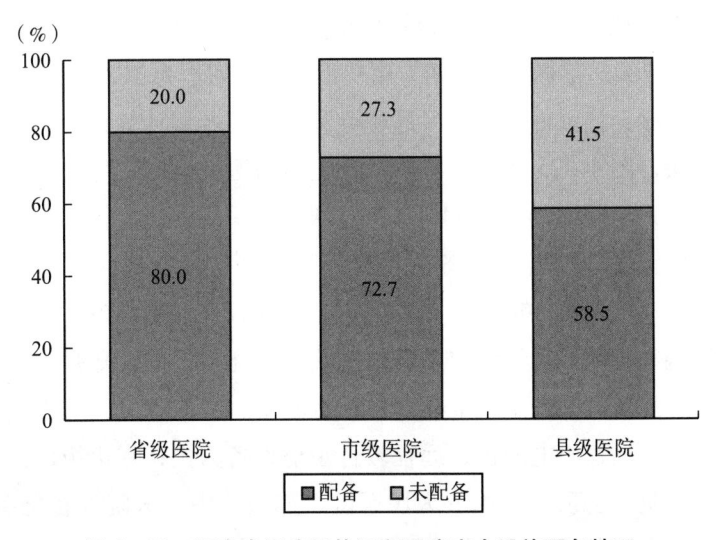

图4-23 河南省医疗机构远程医疗安全设施配备情况

MCU 为微控制单元，又称单片微型计算机，是指随着大规模集成电路的出现及其发展，将计算机的 CPU、RAM、ROM、定时计数器和多种 I/O 接口集成在一片芯片上，形成芯片级的计算机，为不同的应用场合做不同组合控制。如图 4-24 所示，有 80.0% 的省级医院配备了远程会诊 MCU 服务器，有 50.0% 的市级医院配备了远程会诊 MCU 服务器，有 31.9% 的县级医院配备了远程会诊 MCU 服务器。

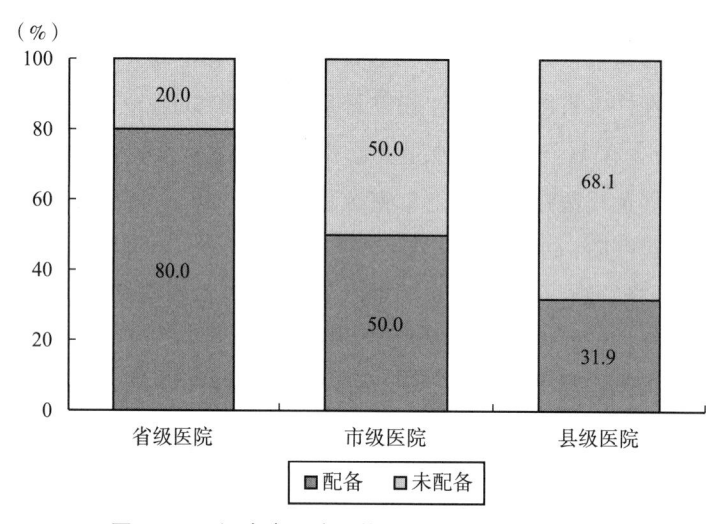

图 4-24　河南省医疗机构 MCU 服务器配备情况

远程医疗视讯终端一般分为软终端和硬终端，硬终端是指支持 H.323 和 SIP 国际视频通信标准协议的专用视讯终端，如华为 TE30 等。软终端是指安装有视频会议软件支持开展远程会诊业务的专用计算机，一般会采用简单摄像头。图 4-25 所示，有 80.0% 的省级医院采用硬终端，有 88.6% 的市级医院采用硬终端，有 94.1% 的县级医院采用硬终端。

远程医疗硬件配备设置备选项为病理数字切片扫描仪、远程心电图机、远程医疗前置机、远程移动查房车、远程教育录播设备、多元手术信息采集终端和其他。省级医院中不同医院设备配备不同，郑州大学第一附属医院设备配备最为齐全，上述设备都有配备。其他省级医院以病理数字切片扫描仪、远程心电图机、远程教育录播设备为主；在市级医院中，南阳市中心医院、平顶山市第一人民医院、郑州市中心医院设备配备齐全，上述设备都有配备，20.5% 的市级医院没有配备相关远程医疗设备；县级医院设备配备以远程心电图机、病理数字切片扫描仪、远程教育录播设备为主，8.9%的县级医院没有配备相关远程医疗设备。

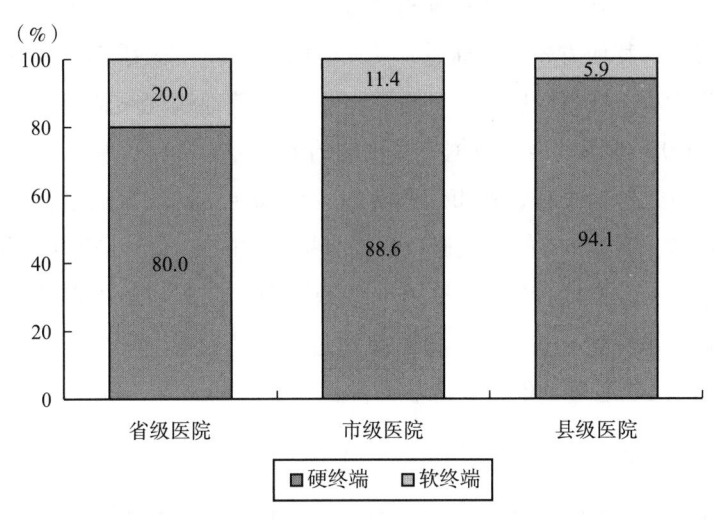

图 4-25 河南省医疗机构远程医疗视讯终端分布情况

移动会诊设备是指移动查房车、移动查房机器人、预装专家会诊 App 的移动终端等。如图 4-26 所示，有 80.0% 的省级医院有移动会诊设备，有 31.8% 的市级医院有移动会诊设备，有 14.8% 的县级医院有移动会诊设备。

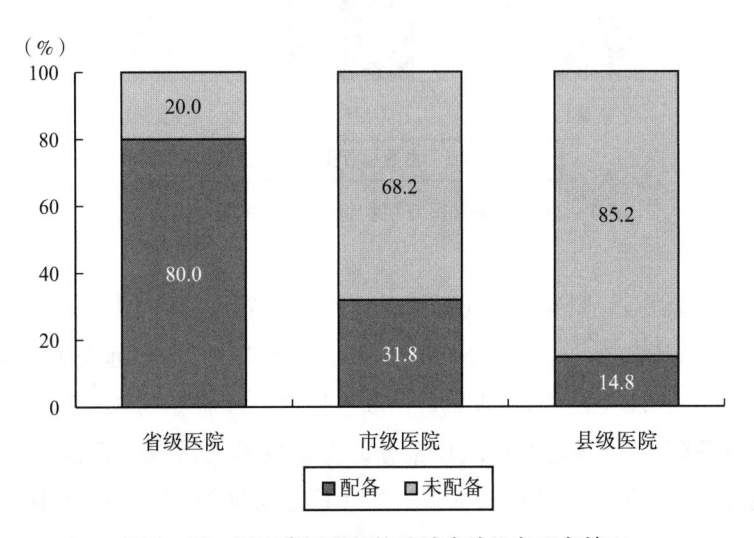

图 4-26 河南省医疗机构移动会诊设备配备情况

远程会诊过程中患者病历资料共享方式一般分为数据直接传输、视频辅流和其他方式。数据直接传输是指系统自动上传数据,对方可自行操作查看患者资料;视频辅流是指通过本地桌面共享,对方只能观看,无法修改患者资料;其他方式是指通过邮件、QQ、微信等方式手动上传资料。如图4-27所示,在省级医院中,有70.0%的医院通过视频辅流方式传输资料,有20.0%的医院通过数据直接传输的方式传输资料,有10.0%的医院通过其他方式传输资料;在市级医院中,有86.4%的医院通过视频辅流方式传输资料,有6.8%的医院通过数据直接传输的方式传输资料,有6.8%的医院通过其他方式传输资料;在县级医院中,有91.1%的医院通过视频辅流方式传输资料,有5.9%的医院通过数据直接传输的方式传输资料,有3.0%的医院通过其他方式传输资料。

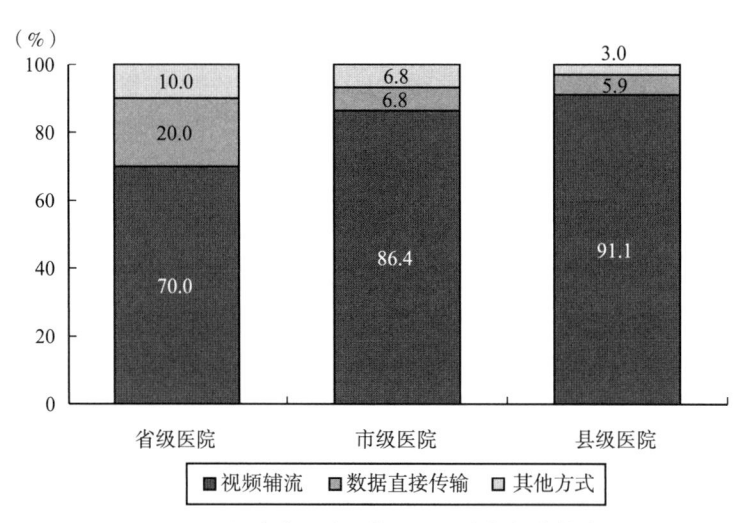

图4-27 河南省医疗机构远程医疗数据传输方式

(2)远程医疗服务人员配置情况。远程医疗服务人员配备是远程医疗服务的关键因素之一,本部分有6个条目,分别为"参与远程医疗服务的专职管理人员数(权重0.0055)""参与远程医疗服务的兼职管理人员数(权重0.0027)""参与远程医疗服务的专职技术人员数(权重0.0110)""参与远程医疗服务的兼职技术人员数(权重0.0055)""向上级医疗机构申请远程医疗服务的医生数(权重0.0180)""向下级医疗机构提供远程医疗服务的医生数（权重 0.0193）"，具体数据如表 4-11 所示。

表 4-11　河南省医疗机构远程医疗人员配备情况

医院分类	人员配备	平均人数（最小值，最大值）
省级医院	专职管理	2.7（0，11）
	兼职管理	2.7（1，9）
	专职技术	1.4（0，4）
	兼职技术	3.9（1，15）
	向上申请医生数	29（0，157）
	向下服务医生数	119.7（0，382）
市级医院	专职管理	1（0，5）
	兼职管理	2.5（0，7）
	专职技术	0.8（0，5）
	兼职技术	2.3（0，7）
	向上申请医生数	47.6（0，350）
	向下服务医生数	55.3（0，1146）
县级医院	专职管理	1.3（0，7）
	兼职管理	2.2（0，11）
	专职技术	1.2（0，10）
	兼职技术	2.2（0，15）
	向上申请医生数	48.6（0，575）
	向下服务医生数	19.9（0，281）

在管理人员和技术人员配备方面，医务科、信息科等部门分派的管理和技术人员为兼职人员，专职人员仅指设置有远程医疗部门的人员。

在省级医院中，专职管理人员最多为 11 人，存在没有专职管理人员的省级医院，平均每个医院专职管理人员数为 2.7 人；在市级医院中，专职管理人员最多为 5 人，存在没有专职管理人员的市级医院，平均每个医院专职管理人员数为 1 人；在县级医院中，专职管理人员最多为 7 人，存在没有专职管理人员的县级医院，平均每个医院专职管理人员数为 1.3 人。

在省级医院中，兼职管理人员最多为9人，最少为1人，平均每个医院兼职管理人员数为2.7人；在市级医院中，兼职管理人员最多为7人，存在没有兼职管理人员的市级医院，平均每个医院兼职管理人员数为2.5人；在县级医院中，兼职管理人员最多为11人，存在没有兼职管理人员的县级医院，平均每个医院兼职管理人员数为2.2人。

在省级医院中，专职技术人员最多为4人，存在没有专职技术人员的省级医院，平均每个医院专职技术人员数为1.4人；在市级医院中，专职技术人员最多为5人，存在没有专职技术人员的市级医院，平均每个医院专职技术人员数为0.8人；在县级医院中，专职技术人员最多为10人，存在没有专职技术人员的县级医院，平均每个医院专职技术人员数为1.2人。

在省级医院中，兼职技术人员最多为15人，最少为1人，平均每个医院兼职技术人员数为3.9人；在市级医院中，兼职技术人员最多为7人，存在没有兼职技术人员的市级医院，平均每个医院兼职技术人员数为2.3人；在县级医院中，兼职技术人员最多为15人，存在没有兼职技术人员的县级医院，平均每个医院兼职技术人员数为2.2人。

在省级医院中，向上级医疗机构申请远程医疗服务的医生数最多有157人，最低为0人，平均每个医院向上级医疗机构申请医生数为29人；在市级医院中，向上级医疗机构申请远程医疗服务的医生数最多有350人，最低为0人，平均每个医院向上级医疗机构申请医生数为47.6人；在县级医院中，向上级医疗机构申请远程医疗服务的医生数最多有575人，最低为0人，平均每个医院向上级医疗机构申请远程医疗服务的医生数为48.6人。

在省级医院中，向下级医疗机构提供远程医疗服务的医生数最多有382人，最低为0人，平均每个医院向下级医疗机构提供医生数为119.7人；在市级医院中，向下级医疗机构提供远程医疗服务的医生数最多有1146人，最低为0人，平均每个医院向下级医疗机构提供医生数为55.3人；在县级医院中，向下级医疗机构提供远程医疗服务的医生数最多有281人，最低为0人，平均每个医院向下级医疗机构提供医生数为19.9人。

（3）远程医疗资金保障情况。远程医疗资金保障对远程医院的可持续发展具有重要意义，"资金保障"分类中共有1个条目，为"医院是否配备了远程医疗建设资金（权重0.0520）"。有80.0%的省级医院配备了远程医疗建设资金，有45.5%的市级医院配备了远程医疗建设资金，有54.8%的县级医院配备了远程医疗建设资金。

2. 远程医疗组织管理情况

远程医疗组织管理就医院远程医疗制度保障情况、部门设置情况、激励措施情况和利益机制情况设置相应条目和分值，此部分4个方面各只有1个条目。

（1）远程医疗制度保障情况。从远程医疗服务管理规范方面来看（权重0.0210），所有的省级医疗都建立了远程医疗服务管理规范，54.5%的市级医院建立了远程医疗服务管理规范，65.2%的县级医院建立了远程医疗服务管理规范。

（2）远程医疗部门设置情况。从医院是否设立专门远程医疗科室来看（权重0.0300），50.0%的省级医院设立了专门的远程医疗科室，43.2%的市级医院设立了专门的远程医疗科室，54.8%的县级医院设立了专门的远程医疗科室。

（3）远程医疗服务激励措施情况。从激励措施来看（权重0.0285），80.0%的省级医院对参与远程医疗服务的医务人员有激励措施，31.8%的市级医院对参与远程医疗服务的医务人员有激励措施，41.5%的县级医院对参与远程医疗服务的医务人员有激励措施。

（4）远程医疗服务利益机制情况。从利益共享机制方面来看（权重0.0205），有30.0%的省级医院建立了远程医疗机构上下级间的利益共享机制，11.4%的市级医院建立了远程医疗机构上下级间的利益共享机制，13.3%的县级医院建立了远程医疗机构上下级间的利益共享机制。

3. 远程医疗服务能力情况

远程医疗服务能力就医院远程医疗协作医院数、服务内容情况、服务数量情况和回访情况设置相应条目和分值。

（1）远程医疗协作医院数情况。远程医疗协作医院数主要反映远程诊疗可服务本院患者的资源数量和远程诊疗可服务下级医院患者的资源数量，本部分有2个条目，为"联网上级医院数（权重0.0407）""联网下级医院数（权重0.0500）"。具体数据如表4-12所示。

表 4-12　　　　　河南省医疗机构远程医疗协作医院数

医院分类	协作类型	平均数量（最小值，最大值）
省级医院	联网上级	4.9（0，19）
	联网下级	265.8（0，1105）
市级医院	联网上级	7（0，104）
	联网下级	22.9（0，230）
县级医院	联网上级	4.1（0，22）
	联网下级	22.8（0，609）

省级医院联网上级医院数最高为 19 家，最低为 0 家，平均联网上级医院数为 4.9 家；市级医院联网上级医院数最高为 104 家，最低为 0 家，平均联网上级医院数为 7 家；县级医院联网上级医院数最高为 22 家，最低为 0 家，平均联网上级医院数为 4.1 家。

省级医院联网下级医院数最高为 1105 家，最低为 0 家，平均联网下级医院数为 265.8 家；市级医院联网下级医院数最高为 230 家，最低为 0 家，平均联网下级医院数为 22.9 家；县级医院联网下级医院数最高为 609 家，最低为 0 家，平均联网下级医院数为 22.8 家。

（2）远程医疗服务内容情况。该服务内容主要反映远程医疗开展的广度，本部分有 2 个条目，为"远程医疗服务项目（权重 0.0590）""远程医疗覆盖疾病专科情况（权重 0.0503）"。

远程医疗服务项目设置选项为远程会诊、远程教育、远程查房、远程手术示教、远程病理诊断、远程影像诊断、远程心电诊断和其他。省级医院覆盖远程会诊、远程教育、远程查房、远程手术示教、远程病理诊断、远程影像诊断和远程心电诊断；市级医院覆盖远程会诊、远程教育、远程手术示教、远程病理诊断、远程影像诊断和远程心电诊断；县级医院覆盖远程会诊、远程教育、远程病理诊断、远程影像诊断和远程心电诊断。

省级、市级和县级医院远程医疗疾病专科覆盖面都较为全面，主要有呼吸内科、消化内科、心血管内科、内分泌科、神经内科、血液内科、肾病科、普通外科、骨科、神经外科、泌尿外科、胸外科、耳鼻咽喉科、口腔科、感染性疾病科、急诊医学科、重症医学科等。

（3）远程医疗服务数量情况。该数量主要反映医院远程医疗服务能力的基础指标，主要考察远程综合会诊量、远程专科诊断量和远程教育次数。本部分共有5个条目，为"年综合会诊量（权重0.0442）""年远程病理诊断量（权重0.0165）""年远程心电诊断量（权重0.0165）""年远程影像诊断量（权重0.0165）""年开展远程教育次数（权重0.0150）"。具体数据如表4-13所示。

表4-13　　　　　河南省医疗机构远程医疗服务数量

医院分类	服务种类	平均例数/次数（最小值，最大值）
省级医院	综合会诊	1612.4（0，13325）
	远程病理	1043.4（0，10420）
	远程心电	11798（0，113521）
	远程影像	103.4（0，613）
	远程教育	62.1（0，288）
市级医院	综合会诊	434.4（0，7669）
	远程病理	243.4（0，8379）
	远程心电	10602.5（0，155000）
	远程影像	7765.6（0，141004）
	远程教育	29.5（0，308）
县级医院	综合会诊	199.4（0，2561）
	远程病理	249.3（0，12000）
	远程心电	8204.6（0，146000）
	远程影像	2136.9（0，40486）
	远程教育	29.2（0，240）

年综合会诊量是指通过会诊系统、业务平台等开展的实时会诊量。在省级医院中，最高综合会诊量为13325例，最低为0例，省级医院平均综合会诊量为1612.4例；在市级医院中，最高综合会诊量为7669例，最低为0例，市级医院平均综合会诊量为434.4例；在县级医院中，最高综合会诊量为2561例，最低为0例，县级医院平均综合会诊量为199.4例。

年远程病理诊断量是指通过病理系统、业务平台等开展的实时诊断量。在省级医院中，最高远程病理诊断量为10420例，最低为0例，省级医院平均远程病理诊断量为1043.4例；在市级医院中，最高远程病理诊断量为8379例，最低为0例，市级医院平均远程病理诊断量为243.4例；在县级医院中，最高远程病理诊断量为12000例，最低为0例，县级医院平均远程病理诊断量为249.3例。

年远程心电诊断量是指通过心电系统、业务平台等开展的实时诊断量。在省级医院中，最高远程心电诊断量为113521例，最低为0例，省级医院平均远程心电诊断量为11798例；在市级医院中，最高远程心电诊断量为155000例，最低为0例，市级医院平均远程心电诊断量为10602.5例；在县级医院中，最高远程心电诊断量为146000例，最低为0例，县级医院平均远程心电诊断量为8204.6例。

年远程影像诊断量是指通过影像系统、业务平台等开展的实时诊断量。在省级医院中，最高远程影像诊断量为613例，最低为0例，省级医院平均远程影像诊断量为103.4例；在市级医院中，最高远程影像诊断量为141004例，最低为0例，市级医院平均远程影像诊断量为7765.6例；在县级医院中，最高远程影像诊断量为40486例，最低为0例，县级医院平均远程影像诊断量为2136.9例。

年开展远程教育次数反映向同级或下级医疗机构开展远程教育的情况。在省级医院中，开展远程教育的最高次数为288次，最低为0次，省级医院平均开展远程教育的次数为62.1次；在市级医院中，开展远程教育的最高次数为308次，最低为0次，市级医院平均开展远程教育的次数为29.5次；在县级医院中，开展远程教育的最高次数为240次，最低为0次，县级医院平均开展远程教育的次数为29.2次。

（4）远程医疗服务回访情况。回访工作反映医院在远程会诊结束后，是否跟踪回访或随访患者。本部分共有1个条目，为"是否开展了回访/随访工作（权重0.0412）"。如图4-28所示，有30.0%的省级医院开展了随访工作，具体为河南省传染病医院、郑州大学第五附属医院、新乡医学院第一附属医院；20.5%的市级医院开展了随访工作，具体为焦作市人民医院、洛阳市中心医院、郑州人民医院、郑州市中心医院、焦作市第二人民医院、商丘市立医院、许昌市人民医院、南阳市中医院、河南圣德医院有限公司；24.4%的县级医院开展了随访工作。

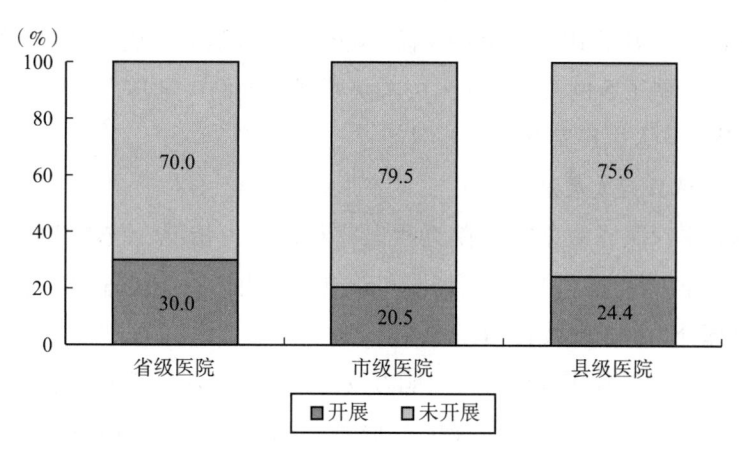

图 4-28　河南省医疗机构远程医疗随访工作开展情况

4. 远程医疗服务效果情况

远程医疗服务效果就医院远程医疗满意度、转归情况和应急救治情况设置相应条目和分值，此部分3个方面各只有1个条目。

（1）远程医疗满意度情况。从是否开展了参与远程医疗服务的医患满意度调查（权重0.0475）来看，有20.0%的省级医院开展了参与远程医疗服务的医患满意度调查，具体为郑州市第六人民医院、郑州大学第五附属医院；有15.9%的市级医院开展了参与远程医疗服务的医患满意度调查，具体为焦作市人民医院、洛阳市中心医院、郑州人民医院、郑州市中心医院、焦作市第二人民医院、商丘市立医院、许昌市人民医院；有19.3%的县级医院开展了参与远程医疗服务的医患满意度调查。

（2）远程医疗转归情况。从年内经过远程综合会诊的好转例次数（权重0.0530）来看，省级医院平均好转例次数为90.9例，其中河南省儿童医院好转例次数最多，为376例；市级医院平均好转例次数为233.2例，其中新乡市中心医院好转例次数最多，为6902例；县级医院平均好转例次数为115.1例，其中偃师市人民医院好转例次数最多，为2350例。

（3）远程医疗应急救治情况。从开展远程急救和远程突发事件救治例数（权重0.0495）来看，省级、市级、县级医院基本尚未开展远程突发事件救治。省级医院中河南大学淮河医院开展远程突发事件救治2例；市级医院中许昌市中心医院开展了1例，郑州市中心医院开展了5例，驻马店市中心医院开展了10例；县级医院中渑池县人民医院开展了2例，舞钢市人民医院开展了5例，原阳县人民医院开展了1例，息县人民医院开展了9例，汝阳县人民医院开展了1例。

5. 远程医疗发展潜力情况

远程医疗服务效果就医院远程医疗科研能力情况、技能实操能力情况、培训学习情况、发展规划情况和新技术应用情况等设置相应条目和分值，此部分5个方面共有11个条目。

（1）远程医疗服务机构科研能力情况。远程医疗科研能力包含2个条目，分别为"主持/参与远程医疗服务市级以上科研项目数（权重为0.0185）"和"发表远程医疗服务成果论文数（权重为0.0195）"。基本情况如表4-14所示。

表4-14 河南省开展远程医疗机构科研能力情况

医院级别	指标维度	每家医院平均个数（最小值，最大值）
省级医院	科研项目数	0.30（0,3）
	发表论文数	3.00（0,30）
市级医院	科研项目数	0（0,0）
	发表论文数	0.07（0,2）
县级医院	科研项目数	0（0,0）
	发表论文数	0.04（0,4）

在科研项目数量方面，在10家省级医院中，仅有郑州大学第一附属医院获得3个科研项目，其他9个省级医院暂未获得科研项目；在44家市级医院中，尚未有医院获得科研项目；在135家县级医院中，尚未有医院获得科研项目。

在发表论文数量方面，在10家省级医院中，仅有郑州大学第一附属医院发表30篇科研论文成果，其他9个省级医院暂未发表与远程医疗相关的科研成果。在 44 家市级医院中，仅有洛阳市中心医院发表 1 篇和郑州市中心医院发表 2 篇科研论文；在 135 家县级医院中，仅有西平县人民医院发表 1 篇和太康县人民医院发表 4 篇科研论文。

（2）远程医疗技能实操能力情况。技能实操能力包含 3 个条目，分别为"参加省级远程医疗技能竞赛考试人数（权重为 0.0168）""参加市远程医疗技能竞赛考试人数（权重为 0.0080）"和"获得省远程医学中心颁发技能培训证书的人员数（权重为 0.0282）"。具体情况如表 4-15 所示。

表 4-15　　河南省开展远程医疗机构技能实操能力情况

医院级别	指标维度	每家医院平均人数（最小值，最大值）
省级医院	参加省级考试人数	1.20（0，2）
	参加市级考试人数	0.80（0，4）
	获得证书人数	1.50（0，6）
市级医院	参加省级考试人数	0.84（0，3）
	参加市级考试人数	2.77（0，32）
	获得证书人数	0.39（0，3）
县级医院	参加省级考试人数	0.38（0，4）
	参加市级考试人数	1.36（0，8）
	获得证书人数	0.23（0，5）

在参加省级竞赛考试人数方面，在 10 家省级医院中，有 6 家医院（河南省胸科医院、河南省儿童医院、郑州大学第五附属医院、郑州大学第三附属医院暨河南省妇幼保健院、河南大学淮河医院和新乡医学院第一附属医院）各派 2 人参加省级竞赛考试，其他 4 家省级医院暂未参加省级竞赛考试。

在 44 家市级医院中，有 5 家医院（信阳市中心医院、郑州人民医院、许昌市人民医院、周口市第一人民医院、南阳市第六人民医院）各派 1 人参加省级竞赛考试，有 13 家医院（安阳市人民医院、鹤壁市人民医院、焦作市人民医院、洛阳市中心医院、平顶山市第一人民医院、濮阳市人民医院、三门峡市中心医院、商丘市第一人民医院、新乡市第一人民医院、许昌市中心医院、郑州市中心医院、驻马店市中心医院、开封市人民医院）各派 2 人参加省级竞赛考试，有 2 家医院（济源市人民医院、南阳市中心医院）各派 3 人参加省级竞赛考试。

在 135 家县级医院中，民权县人民医院派 4 人参加省级竞赛考试，有 2 家医院（临颍县人民医院、延津县人民医院）派 3 人参加省级竞赛考试，有 7 家医院（温县人民医院、淇县人民医院、长垣市人民医院、太康县人民医院、长葛市人民医院、范县人民医院、方城县人民医院）派 2 人参加省级竞赛考试，有 27 家医院派 1 人参加省级竞赛考试，其余 98 家医院未派人参加省级竞赛考试。

在参加市级竞赛考试人数方面，在 10 家省级医院中，有 2 家医院（河南大学淮河医院和新乡医学院第一附属医院）各派 2 人参加市级竞赛考试，河南省传染病医院（郑州市第六人民医院）派 4 人参加市级竞赛考试，其他 7 家省级医院暂未参加市级竞赛考试。

在 44 家市级医院中，南阳市中心医院、三门峡市中心医院、安阳市人民医院、郑州市中心医院分别派 32 人、20 人、10 人、6 人参加市级竞赛考试，有 3 家医院（商丘市第一人民医院、商丘市立医院、商丘市第三人民医院）各派 4 人参加市级竞赛考试，有 4 家医院（焦作市人民医院、濮阳市人民医院、新乡市中心医院、新乡市第一人民医院）各派 3 人参加市级竞赛考试，有 12 家医院各派 2 人参加市级竞赛考试，有 6 家医院（信阳市中心医院、郑州人民医院、许昌市人民医院、周口市第一人民医院、焦作市第三人民医院、南阳医学高等专科学校第一附属医院）各派 1 人参加市级竞赛考试，有 15 家市级医院暂未参加市级竞赛考试。

在 135 家县级医院中，虞城县人民医院、社旗县人民医院分别派 8 人和 5 人参加市级竞赛考试，有 15 家医院分别派 4 人参加市级竞赛考试，有 8 家医院（封丘县人民医院、渑池县人民医院、扶沟县人民医院、南乐县人民医院、临颍县人民医院、新乡县人民医院、延津县人民医院、襄城县人民医院）派 3 人参加市级竞赛考试，有 32 家医院派 2 人参加市级竞赛考试，有 23 家医院派 1 人参加市级竞赛考试，其余 55 家医院未派人参加市级竞赛考试。

在获得省远程医学中心颁发技能培训证书的人员数方面，在 10 家省级医院中，郑州大学第三附属医院暨河南省妇幼保健院有 6 人获得技能培训证书，河南大学淮河医院有 3 人获得技能培训证书，有 3 家医院（郑州大学第一附属医院、郑州大学第五附属医院、新乡医学院第一附属医院）分别有 2 人获得技能培训证书，其余 5 家医院暂未获得技能培训证书。

在 44 家市级医院中，南阳市中心医院有 3 人获得技能培训证书，有 3 家医院（平顶山市第一人民医院、三门峡市中心医院、新乡市第一人民医院）分别有 2 人获得技能培训证书，有 8 家医院（鹤壁市人民医院、焦作市人民医院、洛阳市中心医院、商丘市第一人民医院、信阳市中心医院、许昌市中心医院、焦作市第二人民医院、周口市第一人民医院）分别有 1 人获得技能培训证书，其余 32 家医院暂未获得技能培训证书。

在 135 家县级医院中，封丘县人民医院、太康县人民医院分别有 3 人和 5 人获得技能培训证书，有 4 家医院（温县人民医院、河南神火集团职工总医院、宁陵县民医院、扶沟县人民医院）分别有 2 人获得技能培训证书，有 15 家医院分别有 1 人获得技能培训证书，其余 114 家医院暂未获得技能培训证书。

（3）远程医疗培训学习情况。培训学习包含 4 个条目，分别为"在国远教育 App 注册人数（权重为 0.0146）""参观学习交流人次数（权重为 0.0130）""参加国内外远程医疗相关会议人次数（权重为 0.0122）""参加行业类比赛的赛事个数（权重为 0.0132）"。具体情况如表 4-16 所示。

表 4-16　河南省开展远程医疗机构人员培训学习情况

医院级别	指标维度	每家医院平均人次数/个数（最小值，最大值）
省级医院	国远教育 App 注册人数	—
	参观学习交流人次数	24.30（0，132）
	参加会议人次数	23.20（0，185）
	参加行业比赛个数	1.30（0，5）
市级医院	国远教育 App 注册人数	—
	参观学习交流人次数	19.89（0，400）
	参加会议人次数	22.52（0，409）
	参加行业比赛个数	0.91（0，4）

续表

医院级别	指标维度	每家医院平均人次数/个数（最小值，最大值）
县级医院	国远教育 App 注册人数	—
	参观学习交流人次数	8.58（0，250）
	参加会议人次数	4.99（0，193）
	参加行业比赛个数	0.56（0，4）

在国远教育 App 注册人员数方面，经过现场调查和访谈发现，各个医院对本院职工的实际注册人数是不知情的，且无法有效统计，因此无论是省级医院还是市、县级医院，其在数据填报上存在空白现象或者随意填报现象。从国远教育后台看，也无法确定注册人员在不同医院的分布情况。

在远程医疗参观学习交流人次数方面，在 10 家省级医院中，郑州大学第五附属医院、郑州大学第一附属医院、新乡医学院第一附属医院、河南科技大学第一附属医院、河南大学淮河医院、河南省胸科医院参观学习交流人次数分别为 132 人次、40 人次、30 人次、26 人次、10 人次、5 人次，其余省级医院尚未派人参观学习交流。

在 44 家市级医院中，首先南阳市中医院参观学习交流人次数最多，为 400 人次，其次南阳市中心医院参观学习交流人次数为 189 人次；有 2 家医院（商丘市第一人民医院、郑州人民医院）参观学习交流人次数均为 100 人次；鹤壁市传染病医院、平顶山市第一人民医院参观学习交流人次数分别为 50 人次、15 人次；有 2 家医院（三门峡市中心医院、周口市第一人民医院）参观学习交流人次数均为 5 人次；洛阳市中心医院参观学习交流人次数为 3 人次；有 3 家医院（焦作市人民医院、郑州市中心医院、南阳市第一人民医院）参观学习交流人次数均为 2 人次；有 2 家医院（焦作市第二人民医院、开封市人民医院）参观学习交流人次数均为 1 人次；其余 30 家医院均未派人参观学习交流。

在 135 家县级医院中，社旗县人民医院、临颍县人民医院、温县人民医院参观学习交流人次数分别为 250 人次、180 人次、150 人次；有 2 家医院（汝州市第一人民医院、洛宁县人民医院）参观学习交流人次数均为

100 人次；长垣市人民医院、林州市人民医院、渑池县人民医院参观学习交流人次数分别为 91 人次、76 人次、21 人次；有 2 家医院（商水县人民医院、商城县人民医院）参观学习交流人次数均为 20 人次；汝州市骨科医院参观学习交流人次数为 18 人次；有 2 家医院（内黄县人民医院、南阳市骨科医院）参观学习交流人次数均为 15 人次；有 2 家医院（滑县人民医院、新安县人民医院）参观学习交流人次数均为 12 人次；有 2 家医院（汤阴县人民医院、尉氏县人民医院）参观学习交流人次数均为 10 人次；河南神火集团职工总医院、长葛市人民医院参观学习交流人次数分别为 7 人次、6 人次；有 3 家医院（嵩县人民医院、扶沟县人民医院、沈丘县人民医院）参观学习交流人次数均为 5 人次；有 3 家医院（孟津县第二人民医院、太康县人民医院、登封市人民医院）参观学习交流人次数均为 3 人次；有 9 家医院（封丘县人民医院、西平县民医院、鄢陵县中医院、光山县人民医院、新县民医院、正阳县人民医院、淮滨县人民医院、内乡县人民医院、襄城县人民医院）参观学习交流人次数均为 2 人次；有 3 家医院（淅川县人民医院、镇平县人民医院、新乡县人民医院）参观学习交流人次数均为 1 人次；有 4 家医院（西华第一人民医院、偃师市人民医院、沁阳市人民医院、汝阳县民医院）暂未统计参观学习交流人次数；其余 94 家医院均未派人参观学习交流。

在参加国内外远程相关会议人次数方面，在 10 家省级医院中，郑州大学第五附属医院、郑州大学第一附属医院、河南科技大学第一附属医院、河南大学淮河医院、新乡医学院第一附属医院参加国内外远程相关会议人次数分别为 185 人次、26 人次、16 人次、3 人次、2 人次，其余省级医院尚未派人参加国内外远程相关会议。

在 44 家市级医院中，南阳市中心医院、驻马店市中心医院、许昌市中心医院、郑州市中心医院、开封市传染病医院参加国内外远程医疗相关会议人次数分别为 409 人次、400 人次、100 人次、31 人次、15 人次。有 2 家医院（平顶山市第一人民医院、新乡市第一人民医院）参加国内外远程医疗相关会议人次数均为 10 人次；有 2 家医院（三门峡市中心医院、周口市第一人民医院）参加国内外远程医疗相关会议人次数均为 5 人次；洛阳市中心医院、焦作市人民医院、焦作市第二人民医院参加国内外远程医疗相关会议人次数分别为3人次、2人次、1人次；其余32家医院尚未派人参加国内外远程医疗相关会议。

在135家县级医院中，平舆县人民医院、滑县人民医院、孟州复兴医院、汝州市第一人民医院、扶沟县人民医院、林州市人民医院、商水县人民医院参加国内外远程医疗相关会议人次数分别为193人次、170人次、110人次、50人次、30人次、21人次、20人次；有3家医院（温县人民医院、西平县民医院、西峡县人民医院）参加国内外远程医疗相关会议人次数均为10人次；郏县人民医院参加国内外远程医疗相关会议人次数为9人次；有2家医院（洛宁县人民医院、临颍县人民医院）参加国内外远程医疗相关会议人次数均为5人次；巩义市人民医院参加国内外远程医疗相关会议人次数为4人次；有2家医院（汝州市骨科医院、长葛市人民医院）参加国内外远程医疗相关会议人次数均为3人次；有6家医院（封丘县人民医院、渑池县人民医院、鄢陵县中医院、光山县人民医院、商城县民医院、内乡县人民医院）参加国内外远程医疗相关会议人次数均为2人次；有9家医院（嵩县人民医院、遂平县人民医院、息县人民医院、淮滨县人民医院、灵宝市第一人民医院、南召县人民医院、新乡县人民医院、沈丘县人民医院、禹州市中心医院）参加国内外远程医疗相关会议人次数均为1人次；其余97家医院尚未派人参加国内外远程医疗相关会议。

在参加行业类比赛的赛事个数方面，在10家省级医院中，郑州大学第一附属医院、河南大学淮河医院参加行业类比赛的赛事个数分别为5个、2个；有6家医院（河南省传染病医院、河南省胸科医院、河南省儿童医院、郑州大学第五附属医院、郑州大学第三附属医院暨河南省妇幼保健院、新乡医学院第一附属医院）参加行业类比赛的赛事个数均为1个；其余2家医院（河南中医药大学第一附属医院、河南科技大学第一附属医院）暂未参加行业类比赛赛事。

在44家市级医院中，有3家医院（平顶山市第一人民医院、三门峡市中心医院、郑州市中心医院）参加行业类比赛的赛事个数均为4个；有5家医院（安阳市人民医院、洛阳市中心医院、许昌市中心医院、周口市第一人民医院、开封市人民医院）参加行业类比赛的赛事个数均为2个；有18家医院参加行业类比赛的赛事个数均为1个；另有18家医院暂未参加行业类比赛的赛事。

在135家县级医院中,温县人民医院参加行业类比赛的赛事个数为4个;有12家医院参加行业类比赛的赛事个数均为2个;有47家医院参加行业类比赛的赛事个数均为1个;有75家医院暂未参加行业类比赛的赛事。

(4)远程医疗服务发展规划情况。远程医疗发展规划包含1个条目,即"是否将远程医疗列入医院年度重点工作(权重为0.0270)",体现在医院年度总体规划中是否有本院远程医疗发展规划的独立章节。具体情况如图4-29所示。

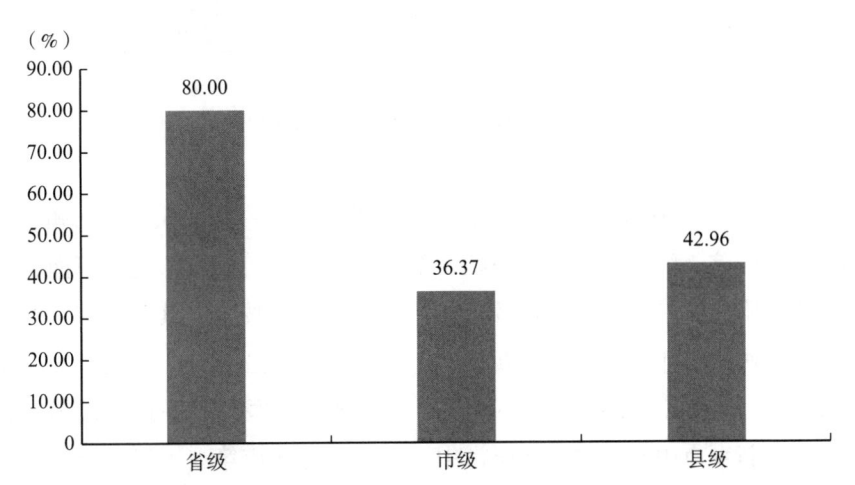

图4-29 河南省开展远程医疗机构中有远程医疗发展规划医院占比情况

在10家省级医院中,有80%(8家)医院均将远程医疗列入医院年度重点工作,仅有河南省儿童医院和河南中医药大学第一附属医院没有将远程医疗列入医院年度重点工作。在44家市级医院中,仅有36.37%(16家)医院将远程医疗列入医院年度重点工作,其余28家医院没有将远程医疗列入医院年度重点工作。在135家县级医院中,有42.96%(58家)医院将远程医疗列入医院年度重点工作,其余77家医院没有将远程医疗列入医院年度重点工作。

(5)远程医疗新技术应用情况。远程医疗新技术应用情况包含1个条目,即"在远程医疗工作中是否应用相关新技术(权重为0.0290)",体现在远程医疗新技术应用包括5G技术、人工智能、大数据技术等应用情况。具体情况如图4-30所示。

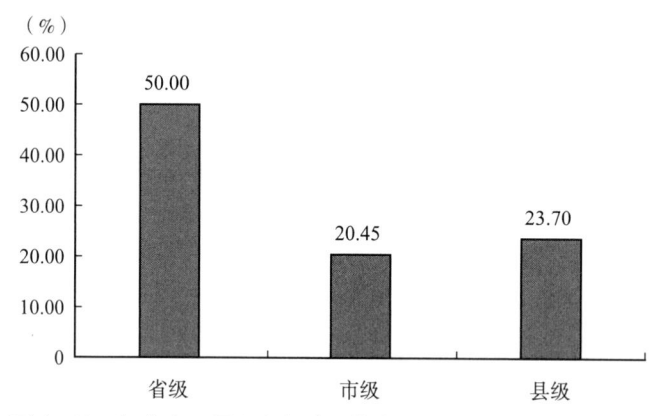

图4-30 河南省开展远程医疗机构中新技术应用医院占比情况

在10家省级医院中，有5家医院（郑州大学第一附属医院、郑州大学第三附属医院、河南大学淮河医院、新乡医学院第一附属医院、河南科技大学第一附属医院）在远程医疗工作中应用相关新技术；其余5家医院暂未在远程医疗工作中应用相关新技术。在44家市级医院中，仅有9家医院（安阳市人民医院、洛阳市中心医院、南阳市中心医院、平顶山市第一人民医院、新乡市中心医院、郑州市中心医院、焦作市第二人民医院、驻马店市第一人民医院、周口市第一人民医院）在远程医疗工作中应用相关新技术，其余35家医院暂未在远程医疗工作中应用相关新技术。在135家县级医院中，有32家医院在远程医疗工作中应用相关新技术，其余103家医院未在远程医疗工作中应用相关新技术。

6. 远程医疗服务体系运行绩效综合评价结果

（1）医院评价等级划分。按照"客观评价与主观评价相结合"的评价体系，通过专家咨询后，得到各类各级医院的权重标准分值，并进一步结合现场核查和调研情况，测算总体评分结果。参考各类评估规则，本远程医疗发展状况绩效评估划分按照"精准计算、分档呈现"的原则公布，划分为4档。省、市、县级医院远程医疗分类评分排名，参考整体水平得分位次百分位，前10%的为A类，前10%~30%的为B类，前30%~60%

的为 C 类，低于前 60% 的为 D 类。

（2）分级评价结果。在 10 家省级医院远程医疗服务综合评价中，A 类水平医院有 1 家，为郑州大学第一附属医院；B 类水平医院有 2 家，为郑州大学第五附属医院、河南大学淮河医院；C 类水平医院有 3 家，为新乡医学院第一附属医院、河南科技大学第一附属医院、郑州大学第三附属医院；D 类水平医院有 4 家，为河南省传染病医院、河南中医药大学第一附属医院、河南省儿童医院、河南省胸科医院。

在 44 家市级医院远程医疗服务综合评价中，A 类水平医院有 5 家，为洛阳市中心医院、郑州市中心医院、焦作市第二人民医院、南阳市中心医院、郑州人民医院；B 类水平医院有 9 家，为平顶山市第一人民医院、焦作市人民医院、商丘市立医院、鹤壁市人民医院、周口市第一人民医院、三门峡市中心医院、新乡市中心医院、许昌市中心医院、新乡市第一人民医院；C 类水平医院有 13 家，为濮阳市人民医院、南阳市第二人民医院、南阳市第六人民医院、驻马店市中心医院、许昌市人民医院、开封市传染病医院、信阳市中心医院、焦作市第三人民医院、驻马店市第一人民医院、开封市人民医院、南阳医学高等专科学校第一附属医院、河南圣德医院有限公司、安阳市人民医院；D 类水平医院有 17 家，为商丘市第一人民医院、济源市人民医院、信阳市第四人民医院、南阳油田总医院、平顶山市第五人民医院、南阳市第一人民医院、新乡市第二人民医院、鹤壁市传染病医院、信阳市第三人民医院、商丘市妇幼保健院、安阳市第五人民医院、南阳市中医院、商丘市第三人民医院、商丘市第四人民医院、新乡市传染病医院、平顶山市传染病医院、济源市妇幼保健院。

在 135 家县级医院远程医疗服务综合评价中，A 类水平医院有 14 家，B 类水平医院有 27 家，C 类水平医院有 40 家，D 类水平医院有 54 家，具体医院名称不再列出。

总体来看，河南省远程医疗事业一直处于快速发展之中，远程医疗系统功能模块发挥正常，会诊量等指标在全国处于领先水平；远程医疗系统建设各层级机构共同参与、良性互动，适应了新型组织建设的要求；远程医疗系统灵活性程度高，适应了远程医疗系统建设快速发展、业务快速增加的需要。通过各种途径宣传，逐步提高人们对远程医疗的认知水平，并促使政府和医疗机构等大力提升远程医疗在政策、资金、技术等方面的支持力度,更加完善全省远程医疗服务体系。

二、全国远程医疗服务体系运行绩效综合评价

(一)运行效果综合评价背景与方法

1. 评价背景与目的

党的二十大报告中明确指出"深化医药卫生体制改革,促进优质医疗资源扩容和区域均衡布局"。为全面贯彻健康中国战略部署,党中央、国务院高度重视医疗联合体(以下简称"医联体")的建设发展,按照《国务院办公厅关于推进分级诊疗制度建设的指导意见》(国办发〔2015〕70号)、《关于推进分级诊疗试点工作的通知》(国卫医发〔2016〕45号)、《国务院办公厅关于推进医疗联合体建设和发展的指导意见》(国办发〔2017〕32号)、《国家卫生健康委 中医药管理局关于印发医疗联合体管理办法(试行)的通知》(国卫医发〔2020〕13号)、《国务院办公厅关于印发深化医药卫生体制改革2022年重点工作任务的通知》(国办发〔2022〕14号)等有关文件要求,大力推进远程医疗服务发展,完善"省—市—县—乡—村"五级远程医疗服务网络,充分利用信息化手段下沉优质医疗资源,提升基层医疗服务能力,提高优质医疗资源可及性。

国家卫生健康委医政司委托国家卫生健康委卫生发展研究中心开展全国远程医疗协作网绩效评估。鉴于河南省远程医疗服务团队在科研和业务层面取得了较好的成绩,因此河南省远程医疗科研团队深度参与了国家卫生健康委卫生发展研究中心的评价工作,并承担了全国远程医疗协作网绩效评估的指标设计、数据分析、报告撰写等工作。远程医疗协作网是指面向基层、边远和欠发达地区,主要由公立医院作为牵头单位,向基层医疗卫生机构提供远程医疗、远程教学、远程培训等服务,利用信息化手段促进资源纵向流动,提高优质医疗资源可及性和医疗服务整体效率的医联体。本次调查涉及的医疗机构主要为医院(包括一、二、三级医院和未定级医院)和基层医疗卫生机构(包括社区卫生服务中心/站、卫生院、村

卫生室，不包括门诊部和诊所、卫生所、医务室等），不涉及专业公共卫生机构和其他医疗卫生机构。本次绩效评估旨在了解全国远程医疗协作网建设和发展情况，总结远程医疗协作网建设实践经验，及时发现问题，为优化政策，形成科学、有效的远程医疗协作网模式，推进分级诊疗和医疗联合体建设提供依据。

2. 评价数据来源与方法

评价数据主要来源于国家卫生健康委卫生发展研究中心以及郑州大学第一附属医院评估课题组采集到的远程医疗协作网运行数据资料。根据《国家卫生健康委医政司关于开展分级诊疗和医联体建设总结评估工作的通知》（国卫医资源便函〔2022〕358号）的要求，由31个省、自治区、直辖市及新疆生产建设兵团卫生健康委，根据《关于印发医疗联合体管理办法（试行）的通知》（国卫医发〔2020〕13号）等文件中对远程医疗协作网建设的有关要求，确定填报主体的数量和基本信息，于2022年10月30日前上报填报名录。2022年11月1~15日，各远程医疗协作网由牵头医院登录"卫生健康政策评估信息系统"，按照前期研制的远程医疗协作网绩效考核评估指标的要求，报送2021年和2022年相关数据。填报信息包括远程医疗协作网的基本信息、资源配置、医疗质量及支持保障四个部分。各省份上报形成的填报名录共包含远程医疗协作网250个。

监测数据特点及清洗要求：一是由远程医疗协作网中的牵头医院负责填报。为避免出现填报混乱、数据存在出入等情况，本次数据填报主要由远程医疗协作网中的牵头医院统一填报；在数据清洗过程中，对填报中的异常值或存在明显逻辑错误值等进行修正或排除该条信息。二是既关注远程医疗协作网成员单位的基本情况和覆盖范围，又关注牵头医院的服务能力和服务水平。三是本次绩效考核以服务利用、医疗质量、服务保障三个维度为主，兼顾数量与质量。经清洗后，本次调查报告实际采用了28个省份的423条远程医疗协作网数据。其中，2021年调查样本中，参与填报的牵头医院194家，牵头组建远程医疗协作网210个，平均每个省（区、市）7.50个。2022年调查样本中，参与填报的牵头医院199家，牵头组建远程医疗协作网213个，平均每个省（区、市）7.61个。即部分医院为多个远程医疗协作网牵头医院。

从质量控制方法看，一是建立标准化和信息化的考核支持体系。根据调查目的和内容以及国家卫生健康委卫生发展中心制定的《远程医疗协作网绩效考核填报手册》，统一考核填报所需的操作指南和考核内容指标解释，建成并开放国家远程医疗协作网绩效考核管理平台。绩效评估课题组成立调查工作小组，建立工作保障制度，保障绩效考核工作顺利开展。二是加强政策宣传、解读和人员培训。为积极有效推进绩效考核工作，国家卫生健康委医政司出台了《关于开展分级诊疗和医联体建设总结评估工作的通知》（国卫医资源便函〔2022〕358号），通过试填报与正式填报，优化数据填报系统，降低填报错误率，减轻医院后续返修重新上报压力。依托绩效考核工作QQ群、微信群、电话等，在线培训牵头医院填报人员，解读填报内容，在线服务时长超过9000分钟，在线服务300余人次。建立国家、省级和医院联动机制，实现了信息高效互通共享。三是加强数据填报质控，落实填报主体责任。经各省级卫生健康行政部门审核确认，全国共有29个省份的216个远程医疗协作网牵头医院参加绩效考核工作。针对数据质控发现的问题，团队专职答疑人员通过电话、微信、QQ群、绩效系统咨询等沟通咨询方式，即时解答填报人员遇到的问题。定期汇总反馈，建立问题答疑台账，累计收集解答问题36个，其中基本信息填报问题13个、绩效考核指标信息填报问题18个。对填报内容审核不通过的，通过系统进行驳回。通过团队成员对各地、各医院负责人进行督促，落实其主体责任，及时上报数据。

（二）运行效果综合评价结果分析

1. 远程医疗协作网内牵头医院服务能力有所增强

（1）远程医疗协作网内省级（含直辖市）医院占比有所增加。表4-17显示，2021年，在194家样本牵头医院中，省级（含直辖市）医院75家，占比38.66%；2022年，在199家样本牵头医院中，省级（含直辖市）医院78家，占比39.20%。相比之下，省级（含直辖市）牵头医院数量有所增加，同时占比提高了0.54个百分点。省级（含直辖市）医院组建远程医疗协作网的占比亦有所提升。

表 4-17　　　　2021 年和 2022 年牵头医院主办单位级别情况　　　　单位：家

类别	2021 年	2022 年
委属（管）医院数	11	11
省（含直辖市）属医院数	75	78
市（含直辖市下辖区）属医院数	108	110
合计医院数	194	199

（2）远程医疗协作网内牵头医院中三级甲等医院比例有所提高。表 4-18 显示，在调查样本的牵头医院中，2021 年三级甲等医院 152 家，占比为 78.35%；2022 年三级甲等医院 158 家，占比为 79.40%。2022 年调查样本的牵头医院中，三级甲等医院的数量较 2021 年有所增加，同时占比提高了 1.05 个百分点，三级甲等医院在远程医疗协作网建设中的引领作用更加凸显。

表 4-18　　　　　　2021 年和 2022 年牵头医院级别情况　　　　　　单位：家

类别	2021 年	2022 年
三级医院	172	177
其中：三级甲等医院	152	158
二级甲等及以下医院	22	22

（3）远程医疗协作网内不同类型牵头医院持续发力。表 4-19 显示，2021 年，在调查样本的牵头医院中，综合医院 152 家，占比为 78.35%；中医医院 17 家，占比为 8.76%；专科医院 24 家，占比为 12.37%。2022 年，在调查样本的牵头医院中，综合医院 156 家，占比为 78.39%；中医医院 17 家，占比为 8.54%；专科医院 25 家，占比为 12.56%。

2022 年调查样本牵头医院中的综合医院数量较 2021 年有所增加，同时占比提高 0.04 个百分点；中医医院数量无变化，但占比下降 0.22 个百分点；专科医院数量有所增加，同时占比提高 0.19 个百分点。各类医院均积极参与远程医疗协作网建设，使远程医疗协作网服务内容各具特色。

表4-19 2021年和2022年牵头医院类型情况　　　　　　　单位：家

类别	2021年	2022年
综合医院	152	156
中医医院	17	17
专科医院	24	25
其他类型医院	1	1
合计	194	199

（4）作为国家医学中心等建设主体的牵头医院积极发挥辐射作用。表4-20显示，2021年，在调查样本牵头医院中，作为国家级各类中心建设的牵头医院有41家（占比为21.13%）。其中，有5家医院作为国家级医学中心主体医院，有23家医院作为国家区域医疗中心主体医院，有3家医院作为国家临床医学中心主体医院，有14家医院作为国家区域医疗中心建设项目输出医院。另外，有个别医院既是国家区域医疗中心，又是国家临床医学中心主体医院。

表4-20 2021年和2022年牵头医院相关建设项目情况　　　　单位：家

类别	2021年	2022年
国家级	41	41
其中：国家级医学中心	5	5
国家区域医疗中心	23	23
国家临床医学中心	3	3
国家区域医疗中心建设项目输出医院	14	14
省级	39	40
其中：省级医学中心建设项目	15	17
省级区域医疗中心建设项目	25	24
无中心或相关建设项目	114	118

作为省级各类中心建设的牵头医院有39家（占比为20.10%）。其中，有15家医院作为省级医学中心建设项目主体医院，有25家医院作为省级

区域医疗中心建设项目主体医院。另外,有 1 家医院既是省级医学中心建设项目,又是省级区域医疗中心建设项目主体医院。

2022 年,在调查样本牵头医院中,作为国家级各类中心建设的牵头医院有 41 家(占比为 20.60%)。其中,有 5 家医院作为国家级医学中心主体医院,有 23 家医院作为国家区域医疗中心主体医院,有 3 家医院作为国家临床医学中心主体医院,有 14 家医院作为国家区域医疗中心建设项目输出医院。另外,有个别医院既是国家区域医疗中心,又是国家临床医学中心主体医院。

作为省级各类中心建设的牵头医院有 40 家(占比为 20.10%)。其中,有 17 家医院作为省级医学中心建设项目主体医院,有 24 家医院作为省级区域医疗中心建设项目主体医院。另外,有 1 家医院既是省级医学中心建设项目,又是省级区域医疗中心建设项目主体医院。

相比 2021 年,2022 年调查样本的牵头医院中为国家级和省级各类中心或相关建设项目牵头医院的数量基本持平,其占全部牵头医院的比例分别为 41.24% 和 40.70%,牵头医院医疗服务能力较强。

(5)牵头医院医疗质量控制水平明显提高。表 4-21 显示,2021 年,在调查样本的牵头医院中,作为国家级医疗质量控制中心的有 7 家,占比为 3.61%;作为省级医疗质量控制中心的有 64 家,占比为 32.99%;作为地市级医疗质量控制中心的有 58 家,占比为 29.90%。

表 4-21　2021 年和 2022 年牵头医院医疗质量控制中心承担情况　单位:家

年份	2021	2022
国家级	7	7
省级	64	65
地市级	58	61
未承担	65	66
合计	194	199

2022 年,在调查样本的牵头医院中,作为国家级医疗质量控制中心的有 7 家,占比为 3.52%;作为省级医疗质量控制中心的有 65 家,占比为

32.66%；作为地市级医疗质量控制中心的有 61 家，占比为 30.65%。

相比 2021 年，2022 年调查样本的牵头医院中作为国家级医疗质量控制中心的牵头医院数量无变化，作为省级医疗质量控制中心和地市级医疗质量控制中心的牵头医院数量均有所增加。远程医疗协作网牵头医院更加重视医疗质量控制，有利于促使远程医疗服务质量进一步提升。

（6）牵头医院远程诊疗量占前五位专科较为集中。图 4-31 显示，牵头医院远程诊疗量占前五位专科，主要指牵头医院开展远程会诊或医学影像服务涉及的专业科别，按照该科别远程服务量由大到小的顺序排列后，取前五位的专业科别。

2021年
- 医学影像 13.42
- 心血管内科 12.85
- 神经内科 9.13
- 呼吸内科 8.79
- 消化内科 4.62

2022年
- 神经内科 10.18
- 心血管内科 10.18
- 呼吸内科 8.26
- 消化内科 6.64
- 医学影像 6.19

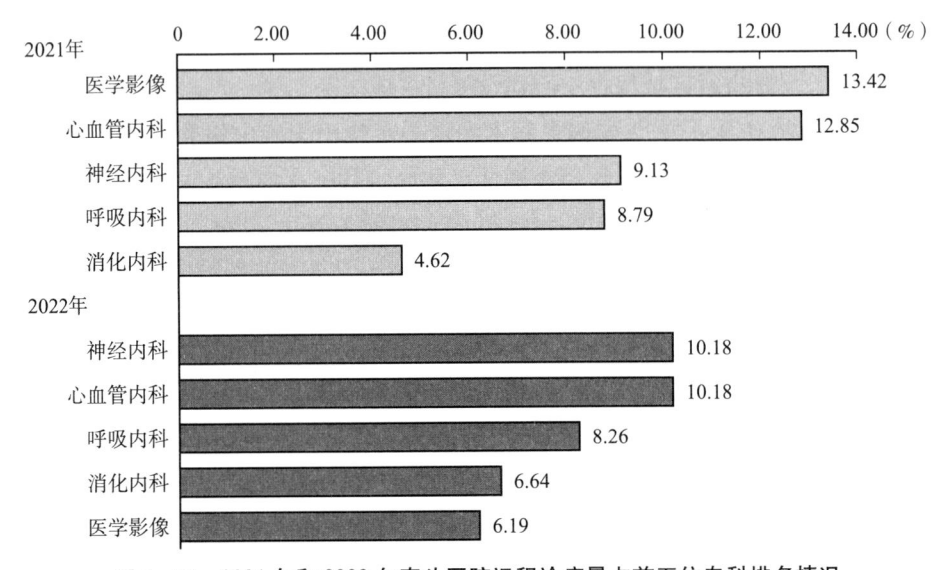

图 4-31　2021 年和 2022 年牵头医院远程诊疗量占前五位专科排名情况

2021 年，在调查样本的牵头医院中，远程诊疗涉及专科 46 个，远程诊疗量占前五位的分别为医学影像（13.42%）、心血管内科（12.85%）、神经内科（9.13%）、呼吸内科（8.79%）、消化内科（4.62%）。

2022 年，在调查样本的牵头医院中，远程诊疗涉及专科 48 个，远程诊疗量占前五位的分别为神经内科（10.18%）、心血管内科（10.18%）、呼吸内科（8.26%）、消化内科（6.64%）、医学影像（6.19%）。

相比 2021 年，2022 年调查样本的牵头医院中的远程诊疗量前五名科室无变化，但排序略有变化。

（7）牵头医院组建远程医疗协作网的临床和医技科室数量不断增加。2021年，在调查样本的牵头医院中，组建远程医疗协作网的临床和医技科室总数为3862个，占总临床和医技科室数的42.89%。从单个医院来看，组建远程医疗协作网的临床和医技科室占比最高的为100%，最低的为0.01%。2022年，在调查样本的牵头医院中，组建远程医疗协作网的临床和医技科室总数为3923个，占总临床和医技科室数的41.79%。从单个医院来看，组建远程医疗协作网的临床和医技科室占比最高的为100%，最低的为0.01%。2022年调查样本的牵头医院组建远程医疗协作网的临床和医技科室数量较2021年有所增加。总体来看，大部分医院近一半的临床和医技科室参与了远程医疗协作网建设，充分调动了优质医疗资源发挥辐射带动作用。

（8）牵头医院专职负责远程医疗协作网的管理人员数量逐步增多。专职管理人员数量主要指负责远程医疗相关仪器、设备、设施、信息系统的定期检测、登记、维护、改造、升级，符合远程医疗相关卫生信息标准和信息安全规定，保障远程医疗服务信息系统（硬件和软件）处于正常运行状态，满足医疗机构开展远程医疗服务的专职管理人员，包括但不限于远程医疗主管或负责人、分诊人员、网络设备维护人员等保障远程医疗服务正常开展的人员。

2021年，在调查样本的牵头医院中，每家牵头医院专职负责远程医疗协作网管理人员最多为50人，最少为0人，平均为4.44人。2022年，在调查样本的牵头医院中，每家牵头医院专职负责远程医疗协作网管理人员最多为50人，最少为0人，平均为4.39人。相比2021年，2022年每家样本牵头医院专职负责远程医疗协作网管理人员数平均值基本持平。牵头医院重视远程医疗协作网管理，安排专职管理人员负责远程医疗协作网的日常工作。

（9）牵头医院参与远程医疗协作网服务提供的专家水平持续提升。临床专家主要指具有相应诊疗服务能力、独立开展临床工作的执业医师，医技专家主要指具有相应诊断服务能力、独立开展医学诊断（影像、病理、心电等）工作的技师。

2021年，在调查样本的牵头医院中，每家牵头医院参与远程医疗协作网服务提供临床专家最多为2667人，平均为197.81人。其中，副高及以上职称专家总数最多为950人，平均为111.08人。参与远程医疗协作网服务提供医技专家最多为874人，平均为35.58人。

2022年，在调查样本的牵头医院中，每家牵头医院参与远程医疗协作网服务提供临床专家最多为2667人，平均为205.35人。其中，副高及以上职称专家最多为1004人，平均为117.15人。参与远程医疗协作网服务提供医技专家最多为975人，平均为36.64人。2022年，在调查样本的牵头医院中，参与远程医疗协作网服务提供临床专家数量均值较2021年提高了3.81%，其中，副高级以上职称专家数量均值提高了5.46%。参与远程医疗协作网服务提供医技专家数量均值提高了2.98%。这表明专家参与积极性得到提高，医疗服务能力有所增强。

（10）远程医疗协作网成员单位中每家牵头医院联结不同级别医疗机构数有所上升。远程医疗协作网成员单位是指签订具有法律效力的远程医疗协作网合作协议的医疗卫生机构。某一类型医院（比如，某委属医院）可能被多家牵头医院同时联结纳入各自的远程医疗协作网。

表4-22显示，2021年，调查样本中牵头医院组建的远程医疗协作网为207个。其成员单位中包含国际、委属（管）、省级、市级、区级、县级、乡镇级医疗机构的远程医疗协作网分别为10个、21个、62个、112个、103个、153个和145个，涉及国际、委属（管）、省级、市级、区级、县级、乡镇级医疗机构数分别为23家、73家、578家、3298家、1586家、4644家和14431家；每家牵头医院联结国际、委属（管）、省级、市级、区级、县级、乡镇级医疗机构最多分别为6家、17家、105家、564家、145家、588家和2500家；每个远程医疗协作网牵头医院联结国际、委属（管）、省级、市级、区级、县级、乡镇级医疗机构平均为2.30家、3.48家、9.32家、29.45家、15.40家、30.35家和99.52家。

2022年，调查样本牵头医院组建的远程医疗协作网有210个。其成员单位中包含国际、委属（管）、省级、市级、区级、县级、乡镇级医疗机构的远程医疗协作网分别为10个、22个、66个、115个、108个、149个和146个，涉及国际、委属（管）、省级、市级、区级、县级、乡镇级医疗机构合计数分别为 28 家、94 家、651 家、3545 家、1756 家、5028 家和 14956 家；每家牵头医院联结国际、委属（管）、省级、市级、区级、县级、乡镇级医疗机构最多分别为 6 家、17 家、105 家、578 家、182 家、635 家和 2500 家；每个远程医疗协作网牵头医院联结国际、委属（管）、省级、市级、区级、县级、乡镇级医疗机构平均为 2.80 家、4.27 家、9.86 家、30.83 家、16.26 家、33.74 家和 102.44 家。

表 4-22　2021 年和 2022 年远程医疗协作网成员单位联结不同类型医疗机构情况

类别	2021 年	2022 年
国际医疗机构合计数（家）	23	28
国际医疗机构的协作网个数（个）	10	10
委属（管）医疗机构的合计数（家）	73	94
委属（管）医疗机构的协作网个数（个）	21	22
省级医疗机构合计数（家）	578	651
省级医疗机构的协作网个数（个）	62	66
市级医疗机构合计数（家）	3298	3545
市级医疗机构的协作网个数（个）	112	115
区级医疗机构合计数（家）	1586	1756
区级医疗机构的协作网个数（个）	103	108
县级医疗机构合计数（家）	4644	5028
县级医疗机构的协作网个数（个）	153	149
乡镇医疗机构合计数（家）	14431	14956
乡镇医疗机构的协作网个数（个）	145	146
其他类型医疗机构合计数（家）	2303	2690
其他类型医疗机构的协作网个数（个）	78	83

2022 年调查样本成员单位中每个远程医疗协作网牵头医院联结的国际、委属（管）、省级、市级、区级、县级和乡镇级医疗机构数均值较 2021 年分别提高了 21.74%、22.70%、5.79%、4.69%、5.58%、11.17% 和 2.93%。可见，远程医疗协作网成员单位每家牵头医院联结不同级别医疗机构数量总体上均有所提升。

(11) 每家牵头医院所在辖区远程医疗协作网覆盖率有所提升。远程医疗协作网覆盖率是指统计时间点，牵头医院主办单位辖区内签订具有法律效力的远程医疗协作网合作协议的医疗卫生机构占该辖域内医疗卫生机构总数的比例。

2021年，在194个调查样本中，每家牵头医院组建的远程医疗协作网总覆盖率为11.00%，最大覆盖率为100%。2022年，在197个调查样本中，每家牵头医院成立的远程医疗协作网总覆盖率为11.74%，最大覆盖率为100%。相比2021年，2022年调查样本的总覆盖率提升0.74%。远程医疗协作网的覆盖率正逐步提高，使更多居民能够获得优质医疗服务。

2. 远程医疗服务利用水平逐步提升

(1) 基层医疗机构远程诊断水平有所提升。远程诊断例次数是指牵头医院年度开展协作网内远程诊断例次数，包括但不限于远程影像、远程超声、远程病理、远程心电等，以受邀方次数单向计算。

图4-32显示，2021年，在195个远程医疗协作网中，调查样本牵头医院的远程诊断共3581751例次，平均值为18367.95例次。2022年，在196个远程医疗协作网中，调查样本牵头医院远程诊断共2924527例次，平均值为14921.06例次。相比2021年，2022年远程医疗协作网中，调查样本牵头医院远程诊断服务量平均例次数下降18.77%。这主要反映出基层医疗机构诊断技术水平提升，申请远程诊断的频次有所降低。

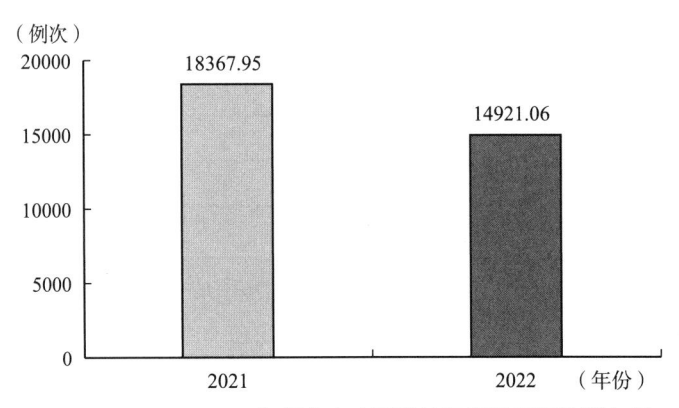

图4-32 2021~2022年样本牵头医院的远程诊断平均服务量

（2）远程会诊例次数显著提升。远程会诊例次数是指牵头医院对远程医疗协作网内成员单位年度开展远程会诊例次数。

图 4-33 显示，2021 年，在 122 个远程医疗协作网中，调查样本牵头医院远程会诊共 196370 例次，平均值为 1609.59 例次。2022 年，在 139 个远程医疗协作网中，调查样本牵头医院远程会诊共 334796 例次，平均为 2408.60 例次。相比 2021 年，2022 年远程医疗协作网中，调查样本牵头医院远程会诊服务量平均例次数提高了 49.64%，远程会诊服务量明显增加。

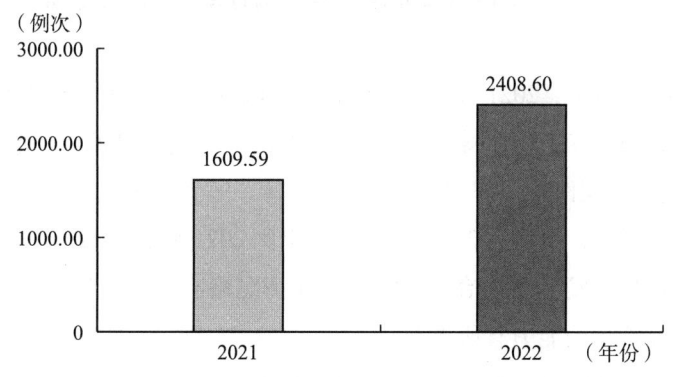

图 4-33　2021~2022 年样本牵头医院的远程会诊平均服务量

（3）远程培训人次数明显提高。远程培训人次数是指牵头医院对远程医疗协作网内成员单位医疗人员年度开展远程培训人次数，包括线下和线上实时参与培训人员数。

图 4-34 显示，2021 年，在 146 个远程医疗协作网中，调查样本牵头医院远程培训共 5516366 人次，平均为 37783.33 人次。2022 年，在 152 个远程医疗协作网中，调查样本牵头医院远程培训共 7215678 人次，平均为 47471.57 人次。相比 2021 年，2022 年远程医疗协作网中，调查样本牵头医院远程培训人次数平均增长 25.64%。远程医疗为加强医护人员业务水平提供了便利条件，提升了基层医务人员的医疗服务能力。

（4）远程急救和突发事件救治充分应用。远程急救和突发事件救治总例数是指牵头医院年度开展的远程急救和远程突发应急事件救治例数，包括远程新冠病例或疑似病例的专家会诊病例数或远程指导突发地震、火灾等应急事件的伤员救治例次数。

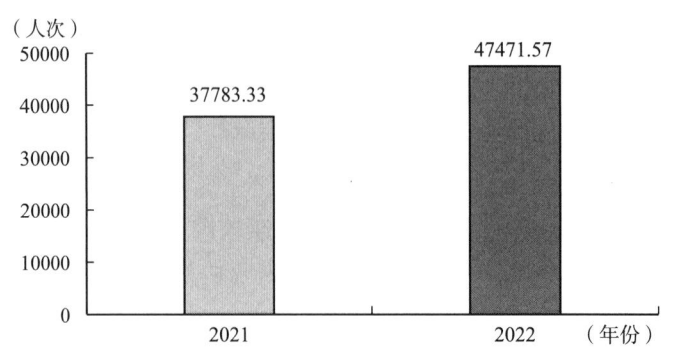

图 4-34 2021~2022 年样本牵头医院远程培训平均人次数

图 4-35 显示，2021 年，在 85 个远程医疗协作网中，调查样本牵头医院远程急救和突发事件救治共 24344 例次，平均为 286.40 例次。2022 年，在 75 个远程医疗协作网中，调查样本牵头医院远程急救和突发事件救治共 21204 例次，平均为 282.72 例次。相比 2021 年，2022 年样本牵头医院远程急救和突发事件救治的总例次平均情况略有降低，这反映出基层医疗机构的应急救治能力有所提升。

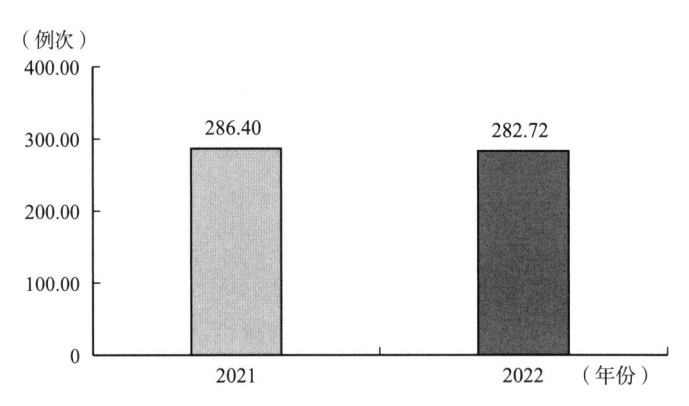

图 4-35 2021~2022 年调查样本牵头医院的远程急救和突发事件救治平均例次数

3. 远程医疗服务质量不断改善

（1）牵头医院更加重视远程会诊患者回访/随访工作。2021 年，调查样本牵头医院回访/随访远程会诊患者总例数占比为 21.29%，2022 年为 24.57%，提高 3.28 个百分点，正在形成远程医疗协作网对患者的闭环服务圈。

(2) 进一步规范实施远程会诊。根据 2018 年《远程医疗服务管理规范（试行）》中第三条针对远程医疗服务流程及有关要求的规定，计算签订远程医疗合作协议的远程医疗协作网内部，某年度内远程会诊病例中诊疗服务符合操作规范的远程会诊病例数所占比例。相比 2021 年的 81.51%，2022 年调查样本牵头医院规范实施远程会诊例数总占比为 92.02%，提高了 10.51 个百分点，远程医疗服务操作更加规范。

(3) 远程会诊和诊断建议采信率有待提升。远程会诊和诊断建议采信率是指牵头医院年度出具的会诊和诊断建议被成员单位采信并用于患者治疗的例次数占比。2021 年，调查样本牵头医院远程会诊和诊断建议采信率占比为 91.30%，2022 年该指标为 82.78%，下降了 8.52 个百分点。深入分析发现，远程会诊和诊断建议采信率尚未达到 100%，这表明远程医疗服务中存在无效服务，尤其是远程会诊服务，主要是受邀方专家提供的诊断建议专业性强，基层医疗机构诊疗技术或者硬件设施不具备，无法采纳使用上级专家的诊疗建议。

4. 远程医疗服务保障逐步落实

(1) 实施第三级信息安全等级保护。2021 年和 2022 年，调查样本中分别有 85.45% 和 86.84% 的样本牵头医院按照国家有关法律法规，实施远程医疗信息系统第三级信息安全等级保护。2022 年较上年度占比提高了 1.39 个百分点，远程医疗协作网建设更加注重数据安全。

(2) 出台远程医疗服务管理规范。2021 年和 2022 年，调查样本中分别有 89.55% 和 89.91% 的牵头医院按照国家有关法律法规，出台了远程医疗服务管理规范，2022 年占比较上年度提高了 0.36 个百分点。远程医疗协作网建设更加制度化和规范化。

(3) 制定远程医疗价格标准与支付标准。2021 年和 2022 年，在调查样本的牵头医院中，按照有关要求执行当地政府制定有关远程医疗的价格标准与支付标准的牵头医院数量占比分别为 69.55% 和 71.05%，2022 年较上一年度提高了 1.5 个百分点。这有助于提高远程医疗协作网建设的可持续性。

(4) 灵活调整本机构远程医疗服务价格。2022 年，在调查样本牵头医院中，按照《关于做好公立医疗机构"互联网+医疗服务"项目技术规范及财务管理工作的通知》（国卫财务函〔2020〕202号）以及省市远程医疗服务收费方案，灵活调整本医疗机构远程医疗服务价格，并且实行备案制管理的样本牵头医院数量占比为76.32%，比2021年的75.91%提高了0.41个百分点。这表明各远程医疗协作网能够根据实际需要，灵活调整远程医疗服务价格，以充分体现远程医疗服务人员的技术劳动价值。

（三）远程医疗协作网运行问题的原因及对策

1. 远程医疗协作网运行问题的原因分析

（1）远程医疗协作网牵头医院服务供给能力有待提升。牵头医院的实力对远程医疗协作网建设有重要影响，在一定程度上决定了远程医疗协作网的服务水平。本次调查的2022年牵头医院中，委属（管）医院和省（含直辖市）属医院的数量占比分别为5.53%（11家）和39.20%（78家），这表明政府应鼓励更多实力较强的委属（管）医院和省（含直辖市）属医院积极主导组建远程医疗协作网，充分发挥自身优势。一些省市未成立专门的远程医疗服务管理机构，牵头医院远程医疗管理专职人员占比不足1%；调查样本的牵头医院中参与远程医疗协作网服务提供临床专家的数量有待进一步提高，需要鼓励更多临床和医技专家参与远程医疗服务；虽然将近一半的临床和医技科室参与了远程医疗协作网建设，但仍有很大的提升空间。

（2）远程医疗协作网内部管理规范亟须完善。远程医疗协作网的服务供给方有邀请方医疗机构、受邀方医疗机构、软件运营商等多元主体参与，远程医疗协作网内部的管理机制是否完善，决定了各方能否在既定的约束下各司其职、规避风险、通力协作，保障远程医疗协作网的高效运转。一方面，远程医疗协作网内各医疗机构尚未签订具有法律效力的合作协议，或者签订的合作协议因不规范而流于形式，从而造成在发生损害时难以有效界定各方责任。另一方面，部分远程医疗协作网内没有明确的远程医疗服务流程规定和管理规范，在一定程度上会造成各方主体在提供服务时存在操作不规范、记录不详细、诊断不准确等问题，亟须制定和完善远程医疗协作网的相关管理规范。

（3）远程医疗协作网服务连续性有待加强。"以患者为中心"的服务理念要求医疗服务重视对患者全生命周期的管理，不仅要关注治疗过程，还要关注患者后续的康复和生活方式的调整，保持医疗服务的连续性。然而，当前各地远程医疗协作网建设多存在重服务前和服务中、轻服务后的问题，牵头医院将目光多聚焦于相关科室和专家组的组织工作，以及远程会诊和远程诊断等服务内容的开展，较少有牵头医院关注到服务结束后需要继续对患者进行回访和随访。2022年，调查样本牵头医院回访/随访的远程会诊患者总例数占比仅为24.57%，多数牵头医院在远程会诊后未能及时为患者提供后续服务，也没有根据服务情况及时调整远程医疗服务策略，长远来看不利于远程医疗协作网的可持续发展。

（4）远程医疗服务价格机制需要建立和完善。远程医疗服务价格的高低不仅影响了患者的远程医疗服务需求，还影响了服务供给方的服务提供意愿。在调查样本远程医疗协作网牵头医院中，部分牵头医院没有按照有关要求执行当地政府制定的有关远程医疗的价格标准与支付标准，以及尚未有效结合各地和本机构实际对远程医疗服务价格进行适度调整。此外，远程医疗服务收费方案和补偿机制仍待细化完善，一方面可能导致难以对患者更多使用远程医疗服务形成有效激励，另一方面也对充分调动远程医疗服务人员的工作积极性造成阻碍。

2. 远程医疗协作网运行的优化策略分析

（1）充分发挥远程医疗协作网中的优质医疗资源引领作用。国家应鼓励委属（管）医院、省级（含直辖市）医院等实力强的医疗机构作为牵头医院，积极主动地参与远程医疗协作网服务工作。牵头医院应根据地方发展实际，创新性地制定符合当地服务需求的远程医疗协作网发展战略，引导各级医疗机构充分、有序、合理地参与远程医疗协作网建设，着力提升与各级医疗机构的协作能力，进一步投入更多有技术水平和诊疗能力的临床和医技专家资源，更好地推动优质医疗资源下沉基层，使基层医疗机构患者有效获得优质远程医疗服务的同时，进一步帮助基层医疗机构服务人员提升专业技术能力和服务水平，更好地发挥实力强的医疗机构对基层医疗机构的"传帮带"作用。

（2）着力加强远程医疗协作网管理和运行机制建设。厘清远程医疗协作网内部管理制度和运行机制，是促进远程医疗协作网高质量发展的必然要求。建议牵头医院着力加强远程医疗协作网合作协议、服务流程等方面的内部管理制度和成员单位之间的合作运行机制建设。在管理制度方面，要充分考虑到远程医疗服务流程的关键节点和内容，将操作规范、病历记录要求、监督管理等内容进行制度化明确，增强合作协议等制度规范的适用性和可操作性。在运行机制上，要充分明确成员单位之间的权责纠纷和潜在风险分担机制，以及合作主体之间的利益分享机制等，强化运行绩效考核。

（3）强化远程医疗协作网内对患者的闭环管理。充分发挥国家、省、市级牵头医院作用，加强与成员单位的沟通交流，在为患者提供远程医疗服务的同时，也要关注患者在接受远程医疗服务后的病情发展情况，坚持为患者提供健康指导，为患者提供全生命周期的医疗服务。同时，远程医疗协作网内的医疗机构应统一电子病历格式与规范，在保证数据安全的前提下，共享远程医疗服务患者健康档案，帮助各级医疗机构的医护人员更加方便、快捷地了解患者健康状况，帮助患者提高健康水平。

（4）推动远程医疗收费标准出台与落实。各远程医疗协作网所在地区应尽快出台远程医疗服务收费标准，确保远程医疗服务可持续发展。在考虑当地经济社会发展水平、政府财政补偿、建设成本、运营成本、维护成本和医护人员劳动价值的基础上，做好远程医疗服务项目成本测算，构建政府、医疗机构、医护人员、患者、第三方机构等利益主体均能参与的远程医疗服务价格制定和决策机制，共同出台科学合理的远程医疗服务收费标准。同时，应在医保基金可承受范围内，设置远程医疗服务项目报销标准，减轻患者经济负担，吸引更多患者使用远程医疗服务。

第四节　远程医疗服务体系运行激励分析

远程医疗可看作医疗服务人员之间的远距离医疗技术支持活动，已成为推动优质医疗资源下沉、完善分级诊疗制度和解决患者看病就医难问题的关键抓手,而医务人员作为远程医疗服务的提供者和使用主导者,在推动远程医疗服务体系建设与发展过程中发挥重要作用。为更好识别远程医疗服务人员技术劳务价值决定要素,需要了解影响远程医疗服务体系运行的关键因素,探索我国医务人员远程医疗服务使用意愿以及分析我国远程医疗服务人员的实际与期望激励等关键问题。

一、远程医疗服务体系运行主要影响因素分析

远程医疗服务体系运行涉及远程医疗服务邀请方机构和受邀方机构,以及运用通信、计算机及网络等信息化技术,为本医疗机构患者诊疗提供技术支持的医疗活动的各要素。作为医疗领域的新型服务模式,其旨在通过提供远距离的医疗服务以解决偏远、欠发达地区人民群众的看病就医问题,提升医疗服务的公平可及性,满足人民群众的医疗健康需求。

在提供远程医疗服务的过程中,存在医疗机构信息化水平偏低、服务标准化和规范化程度不高、相关法律法规和监管体系不健全、医疗服务人员和患者对远程医疗接受程度较低等问题,制约着远程医疗服务推广应用。因此,亟待梳理远程医疗服务体系内的各种复杂影响因素,找出关键要素或问题,以促进远程医疗体系可持续运行。本节内容借助决策试验与评估实验室分析法(decision-making trial and evaluation laboratory,DEMATEL),从医疗服务供给方视角探讨远程医疗服务体系运行的关键影响因素,为更好地推进远程医疗服务提供依据。

(一)远程医疗运行影响因素及分析方法

1. 远程医疗运行影响因素筛选

本节数据来源于文献理论分析和远程医疗运行影响因素问卷调查资料,调查时间为2020年1~2月。以"远程医疗"和"影响因素"等为主题检索词,在中国知网、维普数据库、万方数据库等中文数据库对2009年1月至2019年12月公开发表的文献进行精确检索,剔除相关度较低的文献,共获得文献79篇。在此基础上,通过内容分析法,以"影响远程体系运行"为条件,经过二次剔除找出核心文献,进行归纳分析,筛选出远

程医疗服务体系运行的影响因素,并经过专家咨询确定了16种核心影响因素(见表4-23)。

表4-23　　远程医疗服务体系运行的影响因素

关键因素	基本内涵	编码
医保政策	远程医疗服务的医保报销制度	S1
医疗服务价格	远程医疗服务的收费标准	S2
法律法规	远程医疗服务相关法律法规和行为规范	S3
激励相容机制	医疗机构邀请方和受邀方对远程医疗服务利益分配、补偿、协调和约束机制	S4
监管机制	远程医疗服务行为全过程的监督机制和管理制度	S5
服务流程与制度	医疗机构规范开展远程医疗服务的流程和配套制度	S6
领导重视	医疗机构领导层对开展远程医疗服务的重视和支持程度	S7
医务人员参与	医务人员参与远程医疗的主观意愿、积极性和对其认可程度及决策过程	S8
患者参与	远程医疗服务患者的需求与利用和对其认知程度及决策过程	S9
疾病信息沟通	为有效开展远程医疗,邀请方的患者疾病信息提供程度和与上级医生的沟通顺畅程度	S10
医疗信息系统	提供远程连接的医疗信息系统,保障兼容性、可靠性等,搭建高清的视音频交互系统	S11
硬件配置	为开展远程医疗服务所需的显示器、机房、办公设备等配置情况	S12
技术支持	医院信息部门对远程医疗服务的全方位技术支持和故障排除等保障服务	S13
隐私保护与安全	保证患者的隐私得到有效保护,规避泄露风险	S14
医疗服务质量	远程医疗服务的技术和非技术质量,包括患者对服务质量的感知等	S15
平台设计与优化	远程医疗服务平台设计,包括综合会诊、诊断、教育等平台建设	S16

专家成员情况是影响评价结果的关键,纳入专家原则为从事信息化远程医疗服务工作3年以上、本科及以上学历、自愿参与本研究、独立表达见解。根据质性研究的要求,实发专家咨询表30份而有效回收28份。有效咨询表的专家基本情况为男性17名、年龄范围为26~47岁、学历为本

科及以上（本科 6 名、硕士 13 名、博士 9 名）。专家成员对该咨询内容均为熟悉，而非常熟悉人员占 63.33%；人员城市分布在上海、重庆、南京、武汉、郑州，均为参与远程医疗服务的医生（职称为副高及以上）、医院管理人员、远程辅助操作人员、卫生行政人员和专职科研人员五类。

2. 远程医疗服务体系运行关键影响因素分析方法

DEMATEL 分析方法是美国 Battelle 实验室的学者于 1971 年提出的一种借助图论和矩阵工具对系统影响因素进行识别与分析的有效方法，适用于复杂系统因素间的影响作用研究[①]。其实质是把系统看成一个带权值的有向图且与矩阵对应，以表示系统因素之间的逻辑关系和影响强度。事实上，远程医疗服务体系是医疗和信息技术等高度融合的复杂系统，故本节内容拟运用该方法分析远程医疗服务体系运行关键影响因素。具体分析步骤如下：

（1）确定远程医疗服务体系运行的影响因素及其编码（S_λ，$\lambda = 16$）（见表 4-23）。

（2）确定影响程度标尺并进行专家问卷调查。本研究拟定的影响程度标尺为 0~5 分，即 0 为无影响，1 为弱影响，2 为较弱影响，3 为中等程度影响，4 为较强影响，5 为强影响。评估专家根据所选标尺对该影响因素进行评估打分，确定不同影响因素之间的直接影响程度。

（3）根据专家评分建立初始直接关系（平均）矩阵 $A = (a_{ij})_{16 \times 16} = \frac{1}{H} \sum_{k=1}^{H} (x_{ij}^k)_{16 \times 16}$。本研究直接影响程度是取 H（H = 28）名专家评分的平均标度，$1 \leq k \leq H$，矩阵 A 中的 a_{ij} 反映因素 S_i 对因素 S_j 的直接影响程度，x_{ij}^k 表示第 k 名专家给出因素 S_i 对因素 S_j 的影响评分，通过归一化初始直接关系矩阵，本研究采用行和最大值法：$\text{Maxvar} = \max(\sum_{j=1}^{16} a_{ij})$，以获得规范化直接影响矩阵 $D = \left(\frac{a_{ij}}{\text{Max var}}\right)_{16 \times 16}$。

（4）进一步计算综合影响矩阵 $T = (t_{ij})_{16 \times 16}$。而 $T = D^1 + D^2 + D^3 + \cdots +$

---

① Fontela E, Gabus A. The DEMATEL Observer, DEMATEL 1976 Report [R]. Switzerland, Geneva: Battelle Geneva Research Centre, 1976.

$D^m = \sum_{m=1}^{\infty} D^m$，近似地，$T = D(I-D)^{-1}$，其中 I 为单位矩阵，$(I-D)^{-1}$ 为 $(I-D)$ 的逆矩阵。

（5）根据综合影响矩阵，分别计算影响度、被影响度、中心度和原因度。本研究的综合影响矩阵（T）的每行与每列之和分别为影响度（T_r）与被影响度（T_c），可计算出中心度（$T_r + T_c$）与原因度（$T_r - T_c$）。这里，$T_r = (\sum_{j=1}^{16} t_{ij})_{16 \times 1}$ 和 $T_c = (\sum_{i=1}^{16} t_{ij})_{1 \times 16}$。

（二）远程医疗运行影响因素分析结果

1. 综合影响矩阵的计算结果

根据 DEMATEL 方法的实施步骤，计算出每个影响因素对其余因素的初始直接影响程度。本研究中，以行和最大值 $\max(\sum_{j=1}^{16} a_{ij}) = 60.250$，进行归一化处理，测算出规范化直接影响矩阵，进而获得综合影响矩阵（T）（见表 4 – 24）。

2. 影响度、被影响度、中心度和原因度计算结果

根据综合影响矩阵，计算出远程医疗服务体系运行影响因素的影响度（T_r）、被影响度（T_c）、中心度（$T_r + T_c$）和原因度（$T_r - T_c$），其［最小值，最大值］范围分别为［3.0237，4.5009］、［2.3122，4.2775］、［5.9976，8.1861］和［-1.0505，1.5234］（见表 4 – 25）。以中心度为横轴，原因度为纵轴建立笛卡尔坐标系，根据各因素的坐标值标记出各个因素所在位置（见图 4 – 36），并将横轴之上的因素（原因度大于 0）称为原因因素（S1、S2、S3、S4、S5、S7），横轴之下的因素（原因度小于 0）称为结果因素（S6、S8、S9、S10、S11、S12、S13、S14、S15、S16）。以中心度均值做平行于纵坐标的虚直线，将本研究的笛卡尔坐标系重新划分为 4 个象限，其中原因度和中心度均高的第一象限（S7）为关键因素。按中心度大小排序，原因因素前三位的为 S7（领导重视）、S5（监管机制）和 S4（激励相容机制）；按照原因度大小排序，结果因素中较容易受到其他因素影响的是 S10（疾病信息沟通）、S9（患者参与）和 S15（医疗服务质量）。

表 4-24　远程医疗服务体系运行影响因素的综合影响矩阵

因素	S1	S2	S3	S4	S5	S6	S7	S8	S9	S10	S11	S12	S13	S14	S15	S16
S1	0.1212	0.1894	0.1443	0.2132	0.2082	0.2505	0.2466	0.2651	0.2515	0.2605	0.2378	0.2176	0.2278	0.2333	0.2554	0.2326
S2	0.1748	0.1276	0.1431	0.2238	0.2137	0.2535	0.2525	0.2770	0.2575	0.2673	0.2420	0.2253	0.2322	0.2416	0.2657	0.2370
S3	0.1752	0.1814	0.1234	0.2147	0.2401	0.2723	0.2472	0.2784	0.2590	0.2787	0.2546	0.2389	0.2482	0.2854	0.2812	0.2569
S4	0.1640	0.1699	0.1464	0.1612	0.2284	0.2764	0.2573	0.2828	0.2388	0.2848	0.2444	0.2276	0.2384	0.2464	0.2629	0.2412
S5	0.1550	0.1554	0.1552	0.2182	0.1739	0.2797	0.2518	0.2796	0.2562	0.2807	0.2546	0.2375	0.2542	0.2779	0.2792	0.2517
S6	0.1476	0.1532	0.1462	0.1966	0.2045	0.1996	0.2120	0.2636	0.2440	0.2698	0.2360	0.2215	0.2338	0.2584	0.2631	0.2405
S7	0.2028	0.2080	0.1860	0.2622	0.2740	0.3234	0.2300	0.3317	0.2881	0.3321	0.3089	0.2925	0.3039	0.3165	0.3332	0.3076
S8	0.1580	0.1620	0.1468	0.2075	0.2085	0.2759	0.2465	0.2157	0.2659	0.2919	0.2530	0.2377	0.2562	0.2702	0.2869	0.2540
S9	0.1399	0.1357	0.1313	0.1639	0.1776	0.2239	0.1940	0.2277	0.1609	0.2270	0.1983	0.1874	0.2018	0.2177	0.2301	0.2064
S10	0.1354	0.1406	0.1396	0.1877	0.1852	0.2432	0.2082	0.2471	0.2189	0.1921	0.2148	0.2032	0.2146	0.2237	0.2533	0.2194
S11	0.1487	0.1619	0.1470	0.1938	0.2093	0.2684	0.2339	0.2701	0.2400	0.2809	0.1934	0.2406	0.2607	0.2613	0.2720	0.2545
S12	0.1422	0.1480	0.1338	0.1794	0.1946	0.2474	0.2162	0.2396	0.2179	0.2703	0.2430	0.1683	0.2425	0.2515	0.2598	0.2436
S13	0.1417	0.1437	0.1333	0.1764	0.1930	0.2450	0.2107	0.2411	0.2142	0.2622	0.2426	0.2195	0.1746	0.2402	0.2536	0.2323
S14	0.1390	0.1499	0.1491	0.1717	0.2052	0.2511	0.2150	0.2382	0.2358	0.2493	0.2281	0.2143	0.2242	0.1865	0.2542	0.2253
S15	0.1501	0.1482	0.1466	0.1894	0.2064	0.2477	0.2353	0.2570	0.2430	0.2553	0.2260	0.2099	0.2237	0.2519	0.2013	0.2415
S16	0.1472	0.1510	0.1402	0.1912	0.2133	0.2558	0.2280	0.2540	0.2355	0.2748	0.2449	0.2195	0.2318	0.2431	0.2607	0.1853

表4–25　远程医疗服务体系运行影响因素的影响度、
被影响度、中心度和原因度情况

因素	影响度	被影响度	中心度	中心度排序	原因度	因素属性
S1	3.5550	2.4426	5.9976	16	1.1124	原因因素
S2	3.6343	2.5258	6.1601	14	1.1086	原因因素
S3	3.8356	2.3122	6.1479	15	1.5234	原因因素
S4	3.6708	3.1510	6.8218	13	0.5199	原因因素
S5	3.7607	3.3358	7.0965	9	0.4249	原因因素
S6	3.4902	4.1137	7.6039	4	-0.6235	结果因素
S7	4.5009	3.6852	8.1861	1	0.8158	原因因素
S8	3.7368	4.1686	7.9054	2	-0.4319	结果因素
S9	3.0237	3.8273	6.8510	12	-0.8036	结果因素
S10	3.2270	4.2775	7.5045	5	-1.0505	结果因素
S11	3.6363	3.8222	7.4586	6	-0.1859	结果因素
S12	3.3981	3.5614	6.9595	11	-0.1633	结果因素
S13	3.3240	3.7686	7.0926	10	-0.4446	结果因素
S14	3.3368	4.0056	7.3424	7	-0.6687	结果因素
S15	3.4333	4.2125	7.6458	3	-0.7791	结果因素
S16	3.4763	3.8299	7.3061	8	-0.3536	结果因素

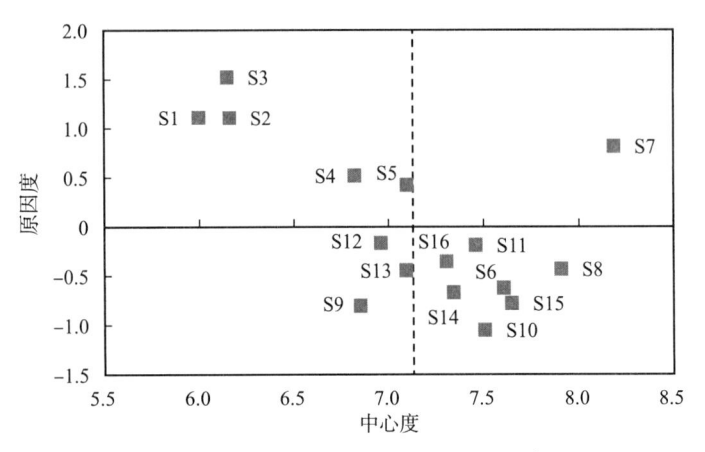

图4–36　DEMATEL中心度与原因度因素分析

(三) 远程医疗服务体系运行影响因素剖析

远程医疗服务体系的可持续运行，能够有效解决偏远、欠发达地区的医疗资源匮乏问题，推动优质医疗资源下沉，满足当地人民群众的医疗健康需求，为实现健康中国战略奠定基础。因此，本研究借助专家咨询的DEMATEL结构模型技术，分析和归纳影响远程医疗服务体系运行的关键因素，并将其归为原因因素和结果因素。

1. 影响因素中的原因因素分析

从研究结果看，首先，领导重视是影响远程医疗服务可持续运行的关键因素，即医疗机构领导层对开展远程医疗服务的重视程度直接影响远程医疗服务运行效果。在我国，远程医疗服务是在医疗机构邀请方和受邀方之间开展的，优质医疗资源的下沉需要依托医疗机构，这表明当医疗机构领导层对远程医疗服务重视程度高时，会大力支持远程医疗软硬件设施建设和人员配备，同时也会采取相应的补偿激励措施，以激发医务人员的参与积极性。

其次，监管机制是保证远程医疗服务有效开展的基础，即远程医疗服务体系的健康运行离不开完备的监督和管理制度。一般来说，远程医疗服务涉及医疗机构及其医务人员、患者、设备与网络供应商及技术保障人员等，故需对医疗和商业等活动行为进行有效监管。一是要明确监管主体，基于我国国情建议以卫生健康委为核心，以医保部门、食品药品监督管理部门、工业和信息化部门、市场监督管理部门、公安部门为重点，共同成立综合监管小组。二是要明确监管依据和标准，协调制定不同级别的远程医疗服务建设标准和操作风险等级，作为监管依据。三是要明确监管客体，主要是对远程医疗服务机构、远程医疗服务软硬件设备、远程医疗服务人员、远程医疗系统安全风险等进行监管。四是创新监管模式，实行远程医疗运行的线上与线下监管、例行和专项检查、行政与群众监督相结合的全过程监管模式。

最后，激励相容机制是指医疗机构开展远程医疗服务前要明确利益分配与补偿、协调和约束机制。有效开展远程医疗服务需要设计和制定一项制度，旨在保证医疗服务行为人（医疗机构和医务人员）追求个人利益的行为，正好与远程医疗服务体系价值最大化的目标相吻合。医疗活动兼具社会与经济属性，无论是患者诊疗费用，还是医务人员知识提升等，都是涉及服务主体的利益，如远程会诊费用分担、医务人员的经济补偿、远程医疗软硬件设施的投资回报等。这表明促进远程医疗服务的健康运行，需要建立明确的利益分配与补偿制度。

2. 影响因素中的结果因素分析

在结果因素中，疾病信息沟通、患者参与、医疗服务质量三个因素是较容易受到其他因素影响的。本研究中的疾病信息沟通是指上下级远程医疗服务人员对患者疾病信息了解程度和诊疗过程的沟通顺畅程度，这是实现远程医疗服务目标的关键。在远程医疗服务中，开展较多的服务是远程会诊，其流程是在视讯平台前开展患者病情的探讨，明确治疗方案。该过程会受到网络稳定性、设备通信质量等因素影响，这就需要保证软硬件设备能够正常运行，以及上下级医疗机构的医生之间能够使用通俗易懂的词汇进行有效沟通，避免上级机构的医生使用较为新颖或前沿的技术词汇但知识水平有限的下级机构医生难懂的沟通语言。

患者参与是指患者对远程医疗服务的认知程度，以及能够认识到自己的远程医疗需求与利用情况并进行健康诊疗的相关决策过程。在医疗信息不对称的前提下，偏远或欠发达地区的患者往往对新型的远程医疗服务模式并不理解和认同，这就需要通过多途径政策宣传、熟人或医生推荐等方式[1]，来提高患者对远程医疗服务的认知力，帮助患者进行远程医疗服务行为利用决策。提高患者认知程度不仅能够正向影响患者满意度[2]，也能够极大地影响远程医疗服务结果[3]。这表明为实现远程医疗服务体系目标，政府或远程医疗服务提供者要更多地关注患者参与情况。

提高医疗服务质量是远程医疗服务体系中的核心目标，该因素涉及远程医疗服务的全过程，包括结构质量、过程质量、结果质量，故容易受到

---

[1] 崔楠，顾海，赵俊，等. CAS 理论视角下我国远程医疗服务运行机制研究 [J]. 中国卫生事业管理，2019，36（5）：321-325.

[2] 翟运开，路薇，赵杰，等. 基于结构方程模型的远程会诊患者满意度研究 [J]. 中国卫生政策研究，2018，11（9）：64-70.

[3] 乔超锋. 患者参与对远程医疗服务创新绩效影响研究 [D]. 郑州：郑州大学，2017.

其他因素的影响。在促进远程医疗服务体系运行的过程中,要持续提升远程医疗服务质量。有研究认为,提升服务的响应性、加强基础设施建设、规范医务人员服务行为和合理制定服务价格①,能够保证远程医疗服务质量。此外,本研究认为还要关注患者参与、医院规章制度、政策大环境、监管机制和医疗风险管控。这就需要以患者为中心,多措并举的全过程提升医疗服务质量,保障远程医疗服务体系健康可持续运行。

综上所述,通过对影响因素中的原因因素和结果因素进行分析,深入探索影响远程医疗服务推广应用的关键因素。为了更好地推动远程医疗发展,建议针对开展远程医疗业务的医疗机构,提升其领导层对远程医疗的重视程度;完善监管机制和激励相容机制,促进远程医疗服务有序开展,保证供需双方权、责、利的统一;完善远程医疗基础设施建设,提升医疗机构信息化水平和参与人员的专业服务能力;实现上下级医疗机构医生对患者疾病信息的有效沟通,以及时给出合理的诊疗方案;扩大远程医疗服务的政策宣传,提升医生和患者的参与程度;持续提升远程医疗服务质量,满足基层偏远地区患者的医疗需求。

实际上,本研究仅从供方视角进行专家评判,具有一定的局限性。今后可以纳入患者、政府和社会组织、远程医疗技术运维服务商和软硬件设施供应商等专家代表,全方位评估远程医疗服务体系运行的关键影响因素,以期更好地推动远程医疗服务体系健康可持续运行。

二、远程医疗服务使用意愿和关键问题分析

在远程医疗服务体系运行中,分析我国医务人员远程医疗服务使用意愿和关键问题,能够更好地探索医疗服务人员的技术劳务价值决定要素识别问题。通过对文献的梳理,发现国内对远程医疗参与机构医务人员使用意愿和满意度的研究相对较少。而本研究通过问卷调查分析,旨在了解我国医务人员远程医疗使用行为和参与积极性,并进一步探讨远程医疗使用

---

① 翟运开,李颖超,赵杰,等. 远程医疗服务质量影响因素研究——基于服务质量差距模型 [J]. 卫生经济研究,2018,2:50-53,56.

中存在的关键问题,以期为更好地提升远程医疗服务质量和识别远程医疗服务技术劳务价值提供参考。

(一) 远程医疗服务使用意愿调查分析方法

1. 研究对象

本研究数据来源于 2019 年 10~11 月由国家远程医疗中心等部门联合开展的"中国医院远程医疗服务效果调查 2019"。根据问卷回收质量和区域分布等情况,以东部的福建和海南,中部的河南和湖南,西部的贵州、四川和青海 7 个省份为调查地区,以已参与过远程医疗的邀请方和受邀方医务人员为调查对象,包括临床医师、护士、医技人员、分诊和陪诊等运维人员、行政管理人员等,共获得有效问卷 1084 份。

在 1084 份有效问卷中,医务人员年龄为（35.25±8.34）岁,其中最小年龄 20.00 岁,最大年龄 65.00 岁;男性 530 人（48.89%）,女性 554 人（51.11%）;一级医院、二级医院、三级医院医务人员的数量分别为 99 人（9.13%）、656 人（60.52%）和 329 人（30.35%）;在区域分布上,东部地区 158 人（14.58%）、中部地区 319 人（29.43%）和西部地区 607 人（56.00%）;在人员角色上,邀请方 785 人（72.42%）,受邀方 299 人（27.58%）;在职业类型中,医生 780 人（71.96%）,护士 160 人（14.76%）,医技人员 92 人（8.49%）,行政管理人员 52 人（4.80%）;在职称级别中,正高级职称 46 人（4.24%）,副高级职称 181 人（16.70%）,中级职称 351 人（32.38%）,初级职称 402 人（37.08%）,无职称 104 人（9.59%）;在最高学历中,博士 8 人（0.74%）,硕士 82 人（7.56%）,本科 770 人（71.03%）,专科 205 人（18.91%）,高中及以下 19 人（1.75%）。

2. 调查与分析方法

该调查采用电子问卷形式,主要内容为医务人员基本情况、使用意愿和满意度情况、远程医疗服务认知评价情况等。为了更好地识别医务人员的认知与态度,问卷选项设计为愿意（非常愿意和比较愿意）和不愿意（不太愿意和非常不愿意）、满意（非常满意和比较满意）和不满意（不太满意和非常不满意）,以规避中立态度选项,即排除不表态或者态度不明确的选项。为了更好地了解部分医务人员使用意愿和满意度偏低的原因，本研究在问卷中设计了1个开放式问题：您认为远程医疗服务还存在哪些问题？

本研究以 A、B、C、D、E、F、G 代表上述福建、海南、河南、湖南、贵州、四川和青海7个省份，通过 Excel 2013 表格创建数据库，并进行数据清洗；使用 SPSS 软件进行数据统计学分析。采用描述性分析方法和 Kruskal – Wallis 非参数检验方法对不同省份或区域的医务人员所提问题词频进行归纳分析以及满意度和使用意愿的组间比较，检验水准取 0.05。

（二）医务人员使用远程医疗整体满意度和继续使用意愿情况

1. 医务人员使用远程医疗整体满意度情况

表 4-26 显示，医务人员对所参与远程医疗服务"非常满意"的占 60.15%、"比较满意"的占 38.47%；仅有 1.38% 的医务人员（15人）表示对参与远程医疗服务"不太满意"和"非常不满意"。

从不同省份看，7个样本省份医务人员整体满意度情况差异有统计学意义（$\chi^2 = 24.528$，$P < 0.01$）；比较发现，B 省医务人员满意度低于 A、C、D、E 和 F 省医务人员满意度（$P < 0.05$），G 省医务人员满意度低于 D、E 和 F 省医务人员满意度（$P < 0.05$），其他省份医务人员满意度差异无统计学意义。从不同区域看，东、中、西部医务人员对所参与远程医疗服务的整体满意度情况差异无统计学意义（$\chi^2 = 3.798$，$P = 0.150$）。

2. 医务人员继续使用远程医疗意愿情况

表 4-26 显示，医务人员表示"非常愿意"继续使用远程医疗服务的占 70.57%、"比较愿意"继续使用远程医疗服务的占 27.68%；仅有 1.75% 的医务人员（19人）表示"不太愿意"和"非常不愿意"继续使用远程医疗服务。

从不同省份看，7个样本省份医务人员继续使用远程医疗服务意愿情况差异有统计学意义（$\chi^2 = 26.051$，$P < 0.01$）；比较发现，B 省医务人员使用意愿程度低于 A、C、E 和 F 省医务人员使用意愿程度（$P < 0.05$），高于 D 省医务人员使用意愿程度（$P < 0.05$）；C 省医务人员使用意愿程度

表 4-26 医务人员继续使用远程医疗服务的意愿和满意度情况

区域	省份	人数	整体满意度								继续使用意愿							
			非常满意		比较满意		不太满意		非常不满意		非常愿意		比较愿意		不太愿意		非常不愿意	
			人数	百分比(%)	人数	百分比(%)	人数	百分比(%)	人数	百分比(%)	人数	百分比(%)	人数	百分比(%)	人数	百分比(%)	人数	百分比(%)
东部	A	85	53	62.35	32	37.65	0	0.00	0	0.00	64	75.29	21	24.71	0	0.00	0	0.00
	B	73	29	39.73	41	56.16	3	4.11	0	0.00	38	52.05	33	45.21	2	2.74	0	0.00
中部	C	225	136	60.44	88	39.11	0	0.00	1	0.44	177	78.67	45	20.00	3	1.33	0	0.00
	D	94	64	68.09	29	30.85	1	1.06	0	0.00	72	76.60	18	19.15	4	4.26	0	0.00
	E	282	172	60.99	107	37.94	3	1.06	0	0.00	187	66.31	90	31.91	5	1.77	0	0.00
西部	F	222	146	65.77	74	33.33	2	0.90	0	0.00	161	72.52	58	26.13	2	0.90	1	0.45
	G	103	52	50.49	46	44.66	5	4.85	0	0.00	66	64.08	35	33.98	2	1.94	0	0.00
合计		1084	652	60.15	417	38.47	14	1.29	1	0.09	765	70.57	300	27.68	18	1.66	1	0.09

高于 E 省和 G 省医务人员使用意愿程度（P < 0.05），其他不同省份医务人员使用意愿情况差异无统计学意义。从不同区域看，东、中、西部医务人员继续使用远程医疗服务意愿情况差异有统计学意义（$\chi^2 = 11.995$，P = 0.002）；比较发现，东部地区医务人员使用意愿程度高于中部地区（P = 0.003），中部地区医务人员使用意愿程度低于西部地区（P = 0.002），东部和西部地区医务人员使用意愿情况差异无统计学意义。

调查结果显示，已参与过远程医疗的医务人员对远程医疗服务整体满意度较高且东、中、西部医务人员满意度差异无统计学意义。实际上，医务人员对其整体满意度不仅会直接影响远程医疗服务运行的质量和效率，也会通过感知服务和感知情绪传导，进而影响患者满意度。在"互联网 + 医疗"的发展背景下，较高的医务人员整体满意度对整个远程医疗服务体系健康运行会产生积极作用。医务人员继续使用远程医疗的意愿，与整体满意度的结果一致。中部地区的 C 省医务人员继续使用意愿最高，这与该省推进远程医疗服务建设较早且投入较大有关，而 D 省医务人员继续使用意愿程度最低，这归因于该省远程医疗业务没有实现规模化和常态化，缺少必要的运行保障机制，尤其是网络保障方面。除了基础通信设施完善外，邀请方获得技能培训和满足会诊需求以及受邀方获得正当补偿收入和提高专家知名度等利益诉求会影响其整体满意度和使用意愿，因此政策制定者和医院管理者应该多关注远程医疗双方医务人员的利益诉求。

（三）医务人员视角的远程医疗服务存在问题情况

1. 医务人员视角下的远程医疗服务体系存在问题调查情况

在"开放式问题"的问卷调查中，共有 499 人（46.03%）参与问题填写，剔除填写内容不明确或相关性不大的 18 份，共计有效填写 481 份，有效率为 96.39%。其中，邀请方医务人员填写 350 份，有效率为 95.71%，受邀方医务人员填写 149 份，有效率为 97.99%。进一步对医务人员填写的主要问题进行文本归纳分析。结果如下：

邀请方和受邀方医务人员所提主要问题分别有 36 类和 26 类，分别被提及 346 人次和 156 人次。表 4 - 27 显示，按照被提频次高低排序，前 15 位的主要问题共被提及 375 人次，占 74.70%。

表 4-27 不同省份医务人员视角的远程医疗服务现存主要问题分布情况　　单位：人次

类别	A	B	C	D	E	F	G	角色		合计	占比（%）
								邀请方	受邀方		
会诊开展（或反馈信息）不及时，等待时间长	8	5	18	5	16	15	9	68	8	76	15.14
系统设备不完善，操作不便捷	2	4	17	2	10	6	7	25	23	48	9.56
无法实现远程查体和全面了解病情	2	3	8	1	9	14	0	21	16	37	7.37
远程医疗信任度低，医患参与度不高	3	3	8	3	12	3	3	24	11	35	6.97
网速偏低，网络信号不稳定、不通畅	0	1	13	7	9	4	1	28	7	35	6.97
收费和医保报销机制不完善	0	4	5	3	4	2	3	10	11	21	4.18
预约申请不便捷，服务流程亟待完善	3	0	1	1	6	3	2	14	2	16	3.19
提供临床病历资料不规范、不全面、质量差	0	3	4	0	7	0	2	0	16	16	3.19
与受邀方医院和专家对接比较单一	1	1	2	4	3	3	1	15	0	15	2.99
双方医生沟通时间短、病情讨论不充分	0	3	4	0	2	5	0	14	0	14	2.79
服务量不足，利用率低，远程医疗资源浪费	0	1	0	0	7	3	2	4	9	13	2.59
基层无法执行上级医生给的会诊方案	1	0	4	1	4	2	1	10	3	13	2.59
远程医疗会诊集中在院级层面，无法实现科室会诊	2	0	5	0	2	3	1	10	3	13	2.59
专家讲解不详细、意见不具体、态度差	2	2	2	2	0	2	2	12	0	12	2.39
不能直接调阅病历，资料填写或上传过程烦琐	0	0	2	2	0	7	0	9	2	11	2.19
合计	24	30	93	31	91	72	34	264	111	375	74.70

从不同人员角色看,邀请方医务人员所提主要问题(前 3 位)依次是"会诊开展(或反馈信息)不及时,等待时间长""网速偏低,网络信号不稳定、不通畅""系统设备不完善,操作不便捷",而受邀方医务人员所提主要问题(前 3 位)依次是"系统设备不完善,操作不便捷""无法实现远程查体和全面了解病情""提供临床病历资料不规范、不全面、质量差"。

从不同省份看,7 个样本省份医务人员视角的远程医疗服务现存主要问题分别被提及 24 人次、30 人次、93 人次、31 人次、91 人次、72 人次和 34 人次;除 D 省外,其余省份的首要问题均为"会诊开展(或反馈信息)不及时,等待时间长"。

2. 医务人员视角下的远程医疗服务体系运行问题分析

通过分析医务人员填写的内容,归纳影响远程医疗体系运行的关键问题。结果显示,除 D 省医务人员认为首要问题为"网速偏低,网络信号不稳定、不通畅"外,其余省份医务人员均认为首要问题为"会诊开展(或反馈信息)不及时,等待时间长"。由 D 省医务人员继续使用意愿程度最低可以发现,相比会诊响应及时性,远程网络问题可能更易影响医务人员的使用意愿。

参与远程医疗的邀请方医务人员普遍认为,当前远程医疗服务主要存在会诊开展和反馈信息不及时、等待时间过长的问题。这种结果受多种因素的影响,其与远程医疗服务流程和系统设备有关,即现行流程多为受邀方分诊人员收到会诊请求并核对后,才联系专家并约定会诊时间,然后反馈给邀请方,经双方商定好时间后,才能开展会诊。如果申请信息不符合要求,还有可能被分诊人员退回以重新申请;如果双方医生或邀请方患者临时有变,还会进一步拖延时间。远程会诊后,可能还需要向邀请方反馈会诊信息,而因系统设备功能界面不友好导致反馈信息录入需要时间和人力,进而延长等待时间。此外,网速偏低与网络信号不稳定、不通畅等远程网络问题也是邀请方关注的重点,这与网络建设大环境有关。目前,很多互联网远程医疗机构使用的网络带宽偏低,尤其是基层医院尚未具备千兆网络接入能力,因此网络传输质量不高。

系统设备不完善、操作不便捷是邀请方和受邀方共同关心的问题,但其更是受邀方提出的首要问题。主要体现在远程医疗设备更新不及时、兼容性差以及界面功能不友好，使用起来较为烦琐，直接影响医务人员的使用感知体验，进而影响其满意度和继续使用意愿。无法实现远程查体和全面了解病情是一个难以克服的客观问题，会直接影响受邀专家的临床诊断，其通常依靠更详尽的临床病例资料来弥补。然而，邀请方提供患者病历资料往往存在不规范、不全面、质量差等情况，已经成为受邀方关心的第三大问题。该情况主要归因于：一方面，邀请方自身基础设施建设不足，导致检查检验和诊治能力有限，无法提供高质量的病历资料；另一方面，基于不同患者疾病情况、不同专家诊断习惯等因素，受邀方无法统一给出会诊前所需资料的清单内容和标准格式，如需要提供哪些检查检验单等。

此外，医务人员虽然继续使用远程医疗意愿高，但由于医患双方对远程医疗的重要性认知不到位，远程医疗知晓率和信任度低，因此医疗机构及其医务人员主动使用远程医疗的积极性不高，远程医疗实际使用率偏低，进一步加剧远程医疗资源浪费。根据调查结果，医务人员认为远程医疗还存在双方医生沟通时间短、病情讨论不充分，资料填写或上传过程较为烦琐，无法完全实现在科室内或者移动端远程会诊，医疗机构联网对接比较单一等问题。有些体制与机制上的问题需要政策引导和双方协商解决，而有些技术层面的问题只有在医疗信息化技术发展到一定阶段后才能得到解决。

（四）医务人员视角的远程医疗服务体系优化分析

远程医疗是一个复杂适应系统，涉及远程医疗供给方、需求方、行政监管机构、专业保障与服务机构等多个主体[①]，它们之间存在互动关系。这表明在优化远程医疗服务体系过程中需要系统分析利益主体及其相互关系，而不是简单"缺啥补啥"，要形成系统的解决方案。

一是强化远程医疗服务基础设施建设，这需要政府、专业保障与服务

---

① 顾海，崔楠，刘洪，等. 基于复杂适应系统理论视角下我国远程医疗特征研究[J]. 中国卫生政策研究，2019，12（3）：78-82.

机构和医疗机构联合进行投入建设。重点完善邀请方远程医疗设备和系统功能，同时做好与受邀方系统的对接，及时更新优化系统和设备。有研究表明，领导重视能够提升医疗机构软硬件设施建设和人员配备[①]，故要提升远程医疗服务机构的领导认识水平，进而更好地完善远程基础设施，尤其是远程医疗通信网络质量问题。此外，多部门协作开发移动远程医疗系统和终端设备，如应用移动 App 等，做到不受时间、场所等影响，随时随地可开展远程医疗服务，提升远程医疗服务质量和效率。

二是完善远程医疗服务流程，包括时间、人员、信息等内容。等待时间长大多数情况是由受邀方专家时间不容易确定导致的，为此，建议由医务处牵头，做好会诊专家排班工作，尽可能地提前确定专家远程坐诊时间（排班表），同时远程会诊室运维人员提前做好准备工作，以保证会诊顺利开展。建立规范的远程医疗服务专家库[②]，实现某一邀请方可通过专家库对接多个受邀方（专家）的远程服务机制，避免发生邀请方只能对接某一特定受邀方（专家）的现象，给邀请方医生更多选择。实际上，通过多种渠道开展远程医疗相关知识宣传，提升人们对远程医疗的认识水平和信任程度是关键。强化对医院管理层及其医务人员的远程宣传与教育培训，同时着力向潜在远程医疗消费群体宣传，以赢得广泛的认同感和较高的接受度[③]，真正地让人们了解远程医疗服务流程，避免对远程医疗产生误解。

三是减轻远程医疗需方的医疗负担和体现供方的医疗服务价值，这需要卫生健康、医疗保障、财政等多部门协作，基于人力资源消耗来合理测算远程医疗服务成本[④]，进一步捋顺远程医疗服务价格，明确项目收费标准；完善报销机制，提升患者医保报销比例[⑤]，同时也要加大医保监管力

[①] 郑晶，方鹏骞，蒋帅，等. 远程医疗服务体系运行影响因素分析 [J]. 中华医院管理杂志，2020，36（6）：511 – 515.

[②] 黄羽舒，王前强. 广西远程医疗开展现状与对策分析 [J]. 卫生经济研究，2016，33（6）：32 – 34.

[③] 谭雅宁. 对优化我国远程医学发展模式的几点思考 [J]. 军事医学，2018，42（6）：476 – 477.

[④] 翟运开，刘新然，路薇，等. 基于改进作业成本法的远程医疗服务项目成本核算 [J]. 中华医院管理杂志，2019，35（8）：678 – 682.

[⑤] 张炎亮，毕闰芳，翟运开. 基于演化博弈的远程医疗服务推广策略分析 [J]. 科技管理研究，2017，16：224 – 228.

度,避免远程医疗服务滥用①,合理减轻患者医疗负担。不同地区在远程医疗收费和报销方面差异性较大,需要构建符合当地实际需要的远程医疗收费和报销标准,合理补偿远程医疗服务人员的劳务价值,包括物质的和精神的、货币的和非货币的补偿激励策略。

实际上,本研究具有一定的局限性,表现在:调查对象主要为已参与远程医疗的医务人员,未包含有意愿但尚未参与远程医疗的医务人员,这主要考虑参与远程医疗服务人员能够对远程医疗有真实感受,其使用意愿和满意度更具有代表性。此外,采用电子问卷填报的调查方式在某种程度上会降低数据质量,调查范围和数量会影响其区域代表性等。开放式问题的设计可能导致收集的资料不够全面和深入。今后,调查对象可以考虑纳入有意愿但尚未参与远程医疗的医务人员,了解他们的使用意愿和满意度,更多关注其医疗服务技术劳务价值体现问题。同时,完善调查方式和范围,保证问卷调查的科学性,深入剖析影响医务人员使用意愿和满意度的关键因素,以期更好地从医务人员视角推动远程医疗可持续发展。

三、我国远程医疗服务人员激励问题与对策探讨

远程医疗已成为当前形势下"互联网+医疗"健康服务新模式的重要组成部分。实际上,远程医疗服务是一个复杂适应系统,涉及多个利益主体。医疗服务人员是远程医疗服务的重要提供者和参与者,包括临床医师、护士、医技人员、分诊和陪诊人员等。然而,如何充分体现医疗服务人员技术劳务价值以及调动医院远程医疗服务人员积极性是保障远程医疗服务可持续发展的关键。本小节内容主要分析远程医疗服务人员的实际与期望激励现况,探讨存在的关键问题,更好地完善医疗服务人员技术劳务价值体现的决定要素,以推动远程医疗服务持续发展。

(一)远程医疗服务人员激励调查方法

本节数据来源于国家远程医疗中心等部门联合开展的"中国医院远程

---

① 王雅洁,徐伟,杜雯雯,等.我国远程医疗核心问题研究[J].卫生经济研究,2020,37(2):66–68.

医疗服务效果调查2019"和半结构化知情人访谈资料。

1. 远程医疗服务人员问卷调查

电子问卷调查时间为2019年10~11月，本研究以福建、海南、河南、湖南、贵州、四川、青海7个省份参与调查的医疗服务人员为样本，共回收有效问卷1084份。选取问卷中医院实际激励与医疗服务人员期望激励情况等相关的调查内容；激励问卷选项类别包括费用补贴、评优评先、职称晋升、其他措施，且在实际激励选项中增加"无激励强制要求"和期望激励选项中增加"根本不需要激励"，即实际激励和期望激励情况均为5类且为多选项。

表4-28显示，参与问卷调查人员年龄以30~39岁为主（42.34%）；职称以初级和中级为主（69.46%）；人员角色以远程医疗邀请方人员为主（72.42%）；最高学历以本科为主（71.03%）；职业类型以医生为主（71.96%）；人员所在科室以内科为主（38.93%）。

表4-28　参与调查的医疗服务人员的基本情况（n=1084）

类别	人数	构成比（%）
性别		
男	530	48.89
女	554	51.11
年龄（岁）		
20~29	296	27.31
30~39	459	42.34
40~49	258	23.80
50~59	68	6.27
≥60	3	0.28
职称		
正高级	46	4.24
副高级	181	16.70
中级	351	32.38
初级	402	37.08
其他	104	9.59

续表

类别	人数	构成比（%）
人员角色		
邀请方	785	72.42
受邀方	299	27.58
最高学历		
博士	8	0.74
硕士	82	7.56
本科	770	71.03
其他	224	20.66
职业类型		
医生	780	71.96
护士	160	14.76
医技	92	8.49
行政	52	4.80
所在科室		
外科	209	19.28
内科	422	38.93
妇科	59	5.44
儿科	76	7.01
心电科	19	1.75
影像科	98	9.04
病理科	11	1.01
其他	190	17.53

2. 远程医疗服务人员知情人半结构化访谈

根据开展服务量和专科分布原则，本研究以河南省域内6家医院（综合医院3家、儿童医院1家、肿瘤医院1家、传染病医院1家）为样本点，对参与远程医疗服务的知情人进行半结构化访谈，每家医院3~5人，共26人。访谈时间为2020年1月6~13日，访谈对象主要包括参与远程医疗服务的临床科室医师10人、远程医疗分诊和陪诊等运行维护人员9人、远程医疗业务行政主管人员7人,年龄23~54岁,以副高级职称为主,均自愿参与本研究,能够独立表达见解。重点访谈远程医疗服务价格及成本、人员劳动价值及补偿问题等。

定量资料采用Excel 2013表格创建数据库,并进行数据清洗,运用描述性统计分析方法进行比较分析;定性资料由调查人员采集访谈录音并将其整理成文本资料,分类汇总分析。

(二) 远程医疗服务人员激励调查情况

1. 实际激励与期望激励的总体情况

图4-37显示,有51.48%、38.47%、19.56%的医疗服务人员分别表示所在医院采取费用补贴、评优评先、职称晋升激励措施,而有67.99%、51.29%、40.87%的医疗服务人员期望医院采取费用补贴、评优评先、职称晋升激励措施。在这3类激励措施中,实际激励和期望激励的差距分别为16.51个、12.82个和21.31个百分点;其中,职称晋升的实际激励与期望激励差距最大。有19.65%的医疗服务人员认为所在医院无激励强制要求,而仅有10.33%的医疗服务人员表达不需要激励的期望结果。总体来看,实际激励与期望激励存在一定的差距,医疗服务人员对远程医疗的多种激励措施期望较高。

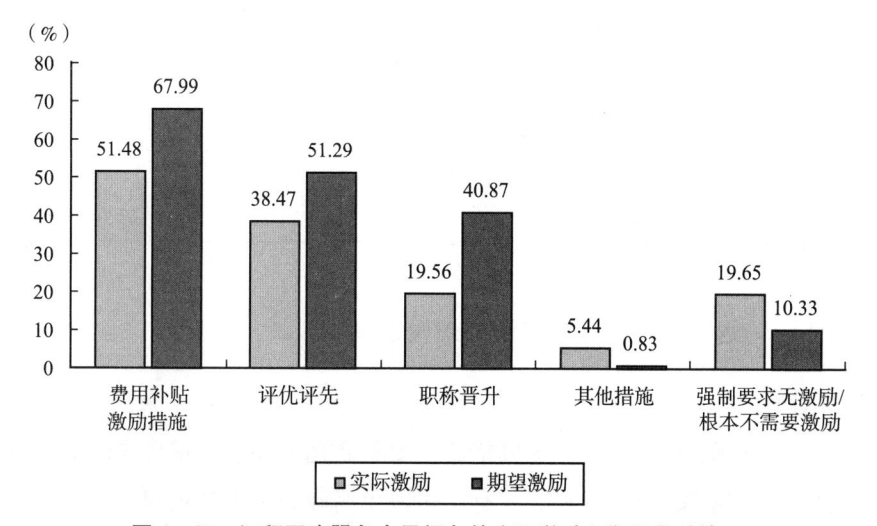

图4-37 远程医疗服务人员视角的实际激励和期望激励情况

2. 不同职称远程医疗服务人员实际激励和期望激励差距情况

因职称晋升方面实际激励与期望激励差距大,故进一步分析不同职称远程医疗服务人员的激励情况。表4-29显示,以实际激励和期望激励总体情况为基准,有71.74%、70.17%和69.40%的正高级、副高级和初级远程医疗服务人员期望医院采取费用补贴;其中,实际激励和期望激励差距最大的是初级人员(18.65个百分点)。有56.52%、53.73%和57.69%的正高级、初级和无职称远程医疗服务人员期望医院采取评优评先;其中,实际激励和期望激励差距最大的是正高级人员(28.26个百分点)。有46.41%的副高级远程医疗服务人员期望医院采取职称晋升,其实际激励和期望激励差距为29.28个百分点,也是不同职称级别中激励差距最大的。此外,职称级别越高的远程医疗服务人员越表示不需要激励,即使无激励措施也愿意参与远程医疗服务。

表4-29 不同职称远程医疗服务人员视角的实际激励和期望激励情况　　单位:%

职称	费用补贴		评优评先		职称晋升		其他措施		强制要求无激励措施/根本不需要激励	
	实际激励	期望激励	实际激励	期望激励	实际激励	期望激励	实际激励	期望激励	实际激励	期望激励
正高级	54.35	71.74	28.26	56.52	13.04	39.13	10.87	0.00	26.09	13.04
副高级	52.49	70.17	28.73	47.51	17.13	46.41	6.08	1.10	27.62	13.26
中级	53.85	65.81	32.48	47.86	18.23	40.74	6.27	1.14	19.66	11.40
初级	50.75	69.40	45.52	53.73	22.89	40.80	3.98	0.25	16.17	8.71
无职称	43.27	64.42	52.88	57.69	18.27	32.69	4.81	1.92	16.35	6.73

(三)远程医疗服务人员激励访谈结果

对河南省6所样本医院的26名远程医疗服务人员访谈结果进行文本归类,结果显示:医院采取的激励措施主要有费用补贴、评优评先、职称晋升和口头表扬等。在访谈中,仅有3名医生明确表示参与远程医疗工作能够扩大自己的知名度,没有或不需要激励措施也愿意参与远程医疗;其余人员认为远程医疗作为一项医疗活动，耗费时间和技术成本，应该对患者进行收费以补偿上级医生的技术劳动价值付出。在费用补偿方面，不同医院采取的方式不一样，有1家医院按照50元/例对参与远程医疗服务的医生进行补偿，未区分医生职称级别；有1家医院的补偿标准为主治医师30元/例、副主任医师40元/例、主任医师50元/例；其余医院没有明确表示对参与的医生有费用补偿；此外有医院实行会议时口头表扬、科室年终考核加分、科室内奖励、设置目标任务量（未完成规定会诊量要罚款）等措施。

此外，有个别受访者表示医院往往将远程医疗服务人员的激励策略局限于口头承诺或一纸文件，很难落实甚至根本未落实。有2家医院主管部门人员能够提供激励制度文件，其他医院未制定此类文件但表示有激励措施。有7名受访医生不知医院对参与远程医疗服务人员有激励措施，有1名受访医生虽然知道有激励措施，但认为医院并未兑现。在6所样本医院中，有2所医院配备专职人员负责陪诊和分诊等运维工作，其他医院由远程医疗归属部门（医务部门、信息部门等）派人员兼职负责陪诊和分诊等运维工作。可见，医院对参与远程医疗服务人员的激励重视程度不足，存在激励措施单一、激励制度落实不到位、技术劳务价值体现不充分等问题。

（四）远程医疗服务人员激励问题与应对策略

信息化技术与医疗的深度融合助推了远程医疗的发展，尤其自新冠疫情发生以来，公众对远程医疗的认识水平和建设支持力度有了大幅提升。远程医疗服务人员对远程医疗服务提供与利用起主导作用，因而如何通过激励措施更好地促进医疗服务人员参与远程医疗，成为医院管理者和学者的关注热点。本研究结合问卷调查和半结构访谈法，探讨了远程医疗服务人员激励问题及关键对策。

1. 远程医疗服务人员激励问题分析

（1）缺乏差异化和多样性的人员激励方式，人员激励程度不高。调查结果显示，医院采取的实际激励方式多以费用补贴等物质激励为主，兼有相对较少的评优评先和职称晋升等激励措施，其他激励措施占比相对较少，仅为5.44%。然而，这些实际激励措施并未达到远程医疗服务人员的激励期望，尤其是职称晋升方面。一方面，这与远程医疗服务人员的要求和调查样本有关，即受邀方通常为副高级及以上职称人员，而参与调查的邀请方人员占72.42%，其常以初级或中级职称为主，故对职称晋升的需求较大；另一方面，由于职称是对人才专业技术能力、工作业绩和品德的肯定，直接关系到医务人员薪酬待遇和工作积极性[①]，因此远程医疗服务人员对职称晋升的激励需求最大。但数据显示很多医院并没有采取职称晋升策略来激励远程医疗服务人员。此外，职称级别越高的远程医疗服务人员越表示不需要激励，甚至没有激励措施也愿意参与远程医疗服务。通过访谈发现，有些受邀请医院对远程医疗服务人员的费用补贴并未按照职称级别进行划分，也有些医院对其职称级别的费用补贴是有区别的，但区别不是很大。总体来看，远程医疗服务人员实际激励程度是不足的。实际上，有19.65%的远程医疗服务人员表示医院采取强制要求无激励，而强制参与远程医疗在理论上无法保持远程医疗服务的可持续性。

（2）医院领导层重视程度不足，激励策略落实不到位。激励策略能够激发和调动远程医疗服务人员的内在潜力与积极性，提升医院远程医疗服务的业务能力。通过访谈发现，一些医院管理者对远程医疗服务能够提升医疗服务公平可及性和保障人民群众健康的重要性认识不足，对远程医疗业务的开展不够重视。主要表现在：一方面，部分医院尚未成立独立的职能部门和配备专职运维人员，通常将远程医疗挂靠在医务部门、信息部门、科教部门等，分诊和陪诊等运维人员安排随意性大；另一方面，部分远程主管领导认为远程医疗可能会占用正常的医疗业务开展时间和增加远程医疗服务人员的负担。有研究发现，领导重视是影响远程医疗服务可持续运行的关键要素[②]，当医院领导层对远程医疗服务重视程度高时，会支持建立和完善与远程医疗服务人员职级、劳动强度等相匹配的激励措施，以更好地体现远程医疗服务人员劳动价值，提高其参与积极性。然而，从访谈结果分析看，医院对远程医疗的重视程度不高，进而导致不重视远程

---

① 张光鹏. 我国卫生职称制度存在的问题及建议［J］. 中国医院院长，2017（16）：72-75.
② 郑晶，方鹏骞，蒋帅，等. 远程医疗服务体系运行影响因素分析［J］. 中华医院管理杂志，2020，36（6）：511-515.

医疗服务人员的激励策略。不执行激励策略或执行不力的情况,直接影响远程医疗服务人员的工作积极性和效率。很显然,激励措施并没有很好地发挥激励作用,远程医疗服务的考核激励机制往往流于形式。

2. 远程医疗服务人员激励关键策略分析

(1) 强化激励需求分析,打破远程医疗服务人员激励策略的同质化瓶颈。不同角色(邀请方和受邀方)医院之间和同一医院内均应制定与需求相匹配的不同激励措施。根据激励边际效用理论的基本内涵①,远程医疗服务人员激励方式设计需要体现差异化和多样性,以更好地调动人员的积极主动性。在实际工作中,远程医疗服务人员具有区别于其他科室工作人员的特殊性,激励机制设计者可通过问卷调查、深度访谈等方法,充分了解不同角色、不同年龄或工作年限、不同科室或岗位、不同职级、不同劳动强度和风险等的远程医疗服务人员实际需求,完善医务人员应得报酬的费用补贴标准和绩效激励政策,有针对性地设计激励策略,包括薪酬、福利、津贴、荣誉和晋升等,即货币的和非货币的、物质的和精神的激励措施。实际上,一些受访人员并不很在意费用补贴等物质激励,他们认为参与远程医疗服务能够提升邀请方人员医疗服务技能和扩大受邀方人员影响力与知名度等,而受邀方医师通常具有副高级及以上职称,其更加注重评优评先、职称晋升等高层次的需求,包括赢得尊重和实现自我价值等。建议医院管理者遵循人力资源消耗理念②,明确成本消耗与劳动价值补偿。结合参与远程医疗服务人员的实际需要,在物质薪酬激励的基础上,增加非物质激励策略③,以满足服务人员更高层次需求,包括继续深造机会、荣誉奖励、职称职务晋升、会议表扬等激励需求。重视非物质性激励措施,培养员工的内在动力和积极性④。以最有效的方式实现激励目标,需

---

① 文丽雅. 公立医院薪酬管理中激励边际效用理论的应用研究 [J]. 中国管理信息化, 2019, 22 (5): 91-92.

② 翟运开, 刘新然, 路薇, 等. 基于改进作业成本法的远程医疗服务项目成本核算 [J]. 中华医院管理杂志, 2019, 35 (8): 678-682.

③ 张树林, 李昭旭, 施梅, 等. 我国公立医院薪酬管理面临的挑战及优化策略 [J]. 中国医院管理, 2019, 39 (10): 56-57.

④ 常路, 张雨桐, 姚卫光, 等. 基层医疗卫生服务机构医护人员激励机制满意度调查: 以佛山市 S 镇为例 [J]. 中国卫生事业管理, 2020, 37 (4): 283-286.

要制定符合实际需要的、有针对性的激励策略。

（2）加强医院内部远程医疗服务政策宣传和激励策略落实，体现远程医疗服务人员技术劳动价值。在激励策略实际操作中，医院管理者充分认识到远程医疗服务的重要性，积极学习和宣传远程医疗服务相关策略，不能让好的政策或激励措施束之高阁。重点让已参与或潜在参与远程医疗服务人员了解医院内部激励策略，同时保障激励策略能体现参与远程医疗服务人员的劳动价值，以更好地提升远程医疗服务人员的积极性。具体做法：一是强化远程医疗服务人员认知与培训[1]，这是激励基础。医院应采取多种形式宣讲远程医疗相关政策及相关配套策略，让医疗服务人员认识到远程医疗的现实重要性、服务流程、操作方式等，之后产生使用意愿和能力[2]，激励措施才能发挥作用。二是强化人员激励机制顶层设计，制定行之有效的激励措施及考核细则并以多种方式进行宣传，包括但不限于各种院内会议、院内文件、口头宣传、远程培训等形式。重视医院及医疗服务人员的利益激励、风险分担及公益本质等正向宣导[3]，保障远程医疗服务人员劳动价值和社会地位。三是有条件的医院应建立独立的远程医疗部门，配备专职人员来负责远程医疗服务业务管理和落实医院激励策略，通过内部强化机制实现医院激励目标。激励制度设计是基础，考核落实是激励机制发挥效力的关键。

实际上，本研究具有一定局限性。主要表现在：调查对象仅为已参与远程医疗的服务人员，尚未了解到有潜在参与意向人员的激励需求和看法；采用电子问卷调查形式在某种程度上会降低数据质量等。今后，应充分考虑远程医疗服务业务特殊性，综合远程医疗服务中的岗位设置、服务时间、工作难度和风险等要素，着重优化调查问卷和访谈设计，完善调查方式、对象和范围等，更加科学地提出远程医疗服务人员的激励策略，以推动远程医疗服务的健康可持续发展。

---

[1] 廖生武，刘天峰，赵云，等．欧美发达国家远程医疗服务模式对我国的启示［J］．中国卫生事业管理，2015，32（10）：730－732.

[2] 蔡金龙，刘征，杨风李，等．贫困地区医务人员远程医疗使用意愿及影响因素调查：以重庆市城口县为例［J］．现代预防医学，2020，47（15）：2766－2769.

[3] 王园园，张小波，尹伯松，等．远程医疗健康扶贫的实践困境及对策研究：基于利益相关者分析［J］．中国卫生事业管理，2020，37（7）：556－560.

第五节 本章小结

本章重点分析了我国7个样本省份的远程医疗基础建设和服务开展情况，包括软硬件设施配置、人员数量及专业情况、远程医疗服务数量等内容。进一步构建远程医疗运行绩效评价体系，并对我国和河南省远程医疗服务体系运行绩效进行调查评价研究，评价远程医疗协作网内牵头医院服务能力、服务利用水平、医疗服务质量、服务保障机制等方面；同时分析了远程医疗服务体系运行的主要影响因素，并针对医务人员的远程医疗服务使用意愿及面临的激励补偿问题进行深入调查研究，在此基础上分析远程医疗服务技术劳务价值的相关影响要素，为深入探析远程医疗服务行为、远程医疗服务质量和远程医疗服务项目人力成本等方面提供支撑依据。

第五章

远程医疗服务行为与质量评价

第一节 远程医疗服务行为评价

远程医疗服务的行为态度直接影响远程医疗服务的结果，而其行为的变化也能反映出医疗技术服务价值是否得到充分体现。理论上，医疗服务人员技术劳务价值体现是否充分，会直接影响远程医疗服务效能。接下来，本书将重点阐述远程医疗服务的行为决定要素及其对体现技术劳务价值的作用机制。

一、远程医疗服务人员行为动机分析

远程医疗主要是由医疗机构邀请方和受邀方医生针对患者病情进行的技术支持活动，我国远程医疗服务模式主要是以医疗机构（医生）之间开展的远程会诊和医学诊断（含医学影像、心电和病理）等服务为主。医生在远程医疗服务提供过程中发挥重要作用，但其会考虑远程医疗的成本补偿、执业压力环境与医疗纠纷、内部管理制度和要求、领导对远程医疗重视程度等个体和组织层面因素，进而作出是否或多大程度参与远程医疗的决策行为，该行为具有复杂性、有利性、交互性和协同性等特征。

医生积极参与远程会诊是提升远程医疗服务利用水平的关键前置条件。由于动机是引起行为的内在原因和动力，因此参与动机可解释为促使

医生参与远程医疗的驱动力或决定要素。从计划行为理论看,医疗服务人员参与远程医疗服务的行为意向受行为态度和主观规范的影响,其是决定实际是否参与以及如何参与行为的直接因素。从理论上来看,医疗服务人员的参与动机包括感知价值和感知风险等要素,其能影响参与行为的强度及持续性。

在远程医疗服务过程中,医疗服务人员的技术劳务价值得不到体现时,就会产生远程医疗服务惰性问题。"惰性"(inertia)一词常指不易改变的落后习性,其包括社会惰性、成员惰性和文化惰性等,组织中的惰性可理解为组织成员保持现有工作行为习惯和消极应对环境变化的工作倾向,导致组织效率低下。[①] 在医疗领域中,人们基于环境选择成本、路径依赖或者行为惯性等,往往不愿意改变传统的面对面医疗服务模式,会对新的远程医疗服务模式产生抵触情绪。这种惰性行为现象也是策略性行为,其反映出远程医疗参与人员对全新环境下的远程医疗信息技术应用抱有消极应对倾向,以致其参与水平和参与程度不高,导致在远程医疗参与行为结果上的低效或无效性。

从惰性行为表现类型看,有积极型的惰性行为,如习惯于现有的医疗服务模式,对工作习惯有明显的偏好并竭力维护原有习惯,对新技术应用缺少应有的自信;也有消极型的惰性行为,如在医疗服务中缺乏主人翁意识,不求进取的蒙混过关思想,完全消极的工作状态。然而,无论是哪类惰性行为都不利于远程医疗服务的可持续发展。在实际调研中,还发现有:敷衍式惰性行为,如愿意参与远程医疗但表现出敷衍了事、不守时等懒散态度[②];机械式惰性行为,如按部就班地参与远程会诊,不对患者病情做过多的诊疗解读或沟通;反抗式惰性行为,如不愿意参与或者零星地参与几次远程医疗服务等;合谋式惰性行为,如邀请方和受邀请方医务人员为了共同应对上级某项政策或者行动指令而开展远程医疗服务等。需要对这些惰性行为进行深入探析和评价,以促进远程医疗发展和服务质量与效率提升。

---

① 甄新伟. 地方政府组织惰性及其矫正 [D]. 成都:电子科技大学, 2006.
② 蒋帅, 孙东旭, 赵杰, 等. 基于医务人员视角的远程医疗服务使用意愿和关键问题研究 [J]. 中华医院管理杂志, 2021, 37 (1): 25-29.

这些惰性行为可以通过远程医疗的参与频率、参与时间、服务量来测量，其中，参与频率是指医务人员参与远程医疗的次数，参与时间是指医务人员参与远程医疗的次均时长，服务量是指（某期）医务人员提供远程医疗服务人次数；也可以通过医务人员服务的患者总数、为每个患者提供远程医疗的次数和利用远程医疗临床目的来衡量[①]；还可通过被动或主动参与远程医疗行为来表示，如设置测量题项：您会主动参与改善远程医疗服务流程吗？您会推荐他人参与远程医疗吗？该参与行为拟采用 Likert 五分量表法进行测量。然而，医务人员是否参与远程医疗以及参与程度和水平是主观行为结果，其参与远程医疗的惰性行为受到多种决定因素的影响。

二、远程医疗服务人员行为决定要素分析

（一）远程医疗服务人员行为决定要素研究基础

决策模型（decision model）是一种描述决策过程中各因素间作用关系及其在一定条件下运动变化规律的方法，可用于全面识别决定因素及对其进行合理归类分析。在医疗领域，医生行为要素分析聚焦于为缓解和治愈患者疾病而做出的诊疗决策过程，通常会受到多种因素影响。研究发现，大量文献聚焦于特定人群（如老年人、慢性病患者、精神患者等）传统就医行为特征和影响因素研究，主要以医疗需方行为研究为主，而从供方医生视角探讨远程医疗参与行为决策机制模型的系统研究仍较为缺乏。目前，一些成熟的理论模型被引入远程医疗服务领域，以尝试解释医生远程医疗参与行为。

（1）医疗行为决定要素作用机制理论研究：单一理论研究范式和整合理论研究范式。单一理论研究范式主要利用某一理论研究医疗服务利用行为，但具有决策机制解释效力不足等局限性。例如，健康信念模型主要用

---

① West V. L., Milio N. Organizational and environmental factors affecting the utilization of telemedicine in rural home healthcare [J]. Home Health Care Services Quarterly, 2004, 23 (4): 49–67.

于分析感知疾病威胁（易感性认知和严重性认知）和行为评估（收益性认知和障碍性认知）及行为线索。然而，健康信念模型强调个人自身感知信念而忽略主观规范等外界压力影响[1]。为此，有学者认为计划行为理论能够弥补健康信念模型的不足，通过整合这两种理论模型能够加大对行为的解释力度[2]；也有学者运用自我效能理论与健康信念模型、整合技术接受模型与计划行为理论[3]等整合范式分析了我国台湾地区远程医疗系统的终端用户参与意图模型和决定因素，认为主观规范显著影响行为意向，感知易用性正向影响感知有用性，但感知有用性对行为意图的影响并不显著，并明确整合模型为远程医疗未来发展提供有益支持；还有学者将社会资本理论、社会认知理论与技术接受模型进行整合，以分析远程医疗服务系统使用行为影响因素，发现社会因素正向影响技术因素（感知易用性和感知有用性），自我效能是感知易用性的显著前因变量，进而影响远程医疗参与的动机或意图。[4]

（2）整合型 UTAUT – PRT 是挖掘医生参与行为决定因素的重要理论框架。鉴于理论整合能够提高模型解释效力，有学者整合了已有的 8 个理论模型，提出了技术接受和应用整合理论（UTAUT）[5]，其认为影响用户接受意向和参与行为的核心变量为绩效期望、努力期望、社会影响和促成因素，而性别、年龄、经验、自愿性等为调节因素，其主要对信息技术参与者行为具有较强的解释力，常用于解释医疗信息技术层面的患者接受程度，而远程医疗是利用信息化技术提供医疗服务的，故将 UTAUT 应用到远程医疗服务领域是可行且准确的。有学者用 UTAUT 预测家庭护理病人和医生对远程医疗设备的接受和利用程度，发现当他们意识到努力有回报时，会愿意利用该技术，但需要进一步探索哪些因素抑制远程医疗技术的

---

[1] Poss J. E. Developing a new model for cross-cultural research: Synthesizing the health belief model and the theory of reasoned action [J]. Ans Advances in Nursing Science, 2001, 23 (4): 1 – 15.

[2] 阚庭, 张静. 健康信念模式和理性计划行为理论在健康行为领域的综合应用 [J]. 中华行为医学与脑科学杂志, 2015, 24 (3): 284 – 288.

[3][4] Tsai C. H. Integrating social capital theory, social cognitive theory, and the technology acceptance model to explore a behavioral model of telehealth systems [J]. International Journal of Environmental Research and Public Health, 2014, 11: 4905 – 4925.

[5] Venkatesh V., Morris M. G., Davis G. B., et al. User acceptance of information technology: Toward a unified view [J]. MIS Quarterly, 2003, 27 (3): 425 – 478.

利用①。也有学者利用 UTAUT 和任务技术适配（TTF）进行模型整合，来分析患者远程医疗参与意愿②。

根据整合理论模型应用情况，启示本研究可以从整合理论视角研究医生远程医疗参与行为。考虑到 UTAUT 中的绩效期望和努力期望是指参与者感知价值或利益，类似于感知有用性和感知易用性，而医疗服务具有不同于普通技术产品或服务的特殊性，医生在参与远程医疗前需要感知评估，其更倾向于降低其感知风险和成本而不是最大化其感知利益。因此，本研究在 UTAUT 基础上，引入感知风险理论（PRT），以更加全面地指导和分析医生远程医疗参与行为决策机制，提高模型解释效力。实际上，感知风险这一心理学概念最早是由哈佛大学的雷蒙德·鲍尔（Raymond Bauer）提出的，其认为消费者每次行动都会产生无法预知的结果，即存在风险承担。感知风险是消费者对商品参与过程和结果不确定性的认知，并证实时间风险、财务风险、隐私风险以及价值体现风险等在个人行为动机和行为决策之间有消极作用。尤其是价值体现风险会成为医生参与远程医疗的不确定因素，若医疗服务技术劳务价值得不到体现，则会进一步负向影响远程医疗接受程度和参与效率，导致惰性行为产生。

（3）医生远程医疗参与行为决策机制的构建工具。现有研究多强调因素总结，并通过探索性因子分析构建结构方程模型，而这种方法往往聚焦于影响因素及其关系比较明确的领域。对于影响因素尚未全面识别及具有复杂结构的系统，如何全面识别影响因素及其作用关系是合理建模的先决条件。在决策机制构建上，本研究利用新兴的集成 DEMATEL – ISM 结构模型化技术方法来研究医生参与远程医疗的惰性行为关键因素及其作用机制和惰性行为形成机制，主要考虑前者获得整体影响矩阵与后者获得可达矩阵具有共性，但其区别在于前者能得出因素间影响程度和方向，后者能直观反映因素间层级关系，若将其结合则能高效地获得更稳健的多级递阶结

---

① Anne K., Matthew L. C., Richard B. Incorporating UTAUT predictors for understanding home care patients' and clinician's acceptance of healthcare telemedicine equipment [J]. Journal of Technology Managemant & Innovation, 2014, 9 (3): 29 – 41.

② 翟运开，张瑞霞，杨一旋，等. 基于 UTAUT 和 TTF 模型的患者远程医疗使用意愿研究 [J]. 中国医院管理, 2019, 39 (9): 24 – 26, 38.

构模型，较好地揭示医生远程医疗参与行为决策因素间相互影响的内在作用机制和逻辑结构。当前，该方法已广泛应用于建筑、交通运输等领域，但在医疗领域的应用较少。有学者将 DEMATEL 分析方法应用于远程医疗研究领域，探索了远程医疗服务体系运行影响因素[①]。

远程医疗服务利用程度是医疗需求与供给作用的结果，但远程医疗供给是关键，尤其是在促进远程医疗服务利用中起到核心主导作用的医务人员，其参与行为受到多种因素的影响，而国内系统分析远程医疗参与行为的研究较少，且参与惰性行为类别及形成机制的研究更少。目前，研究者对我国远程医疗整体发展水平的系统梳理有所欠缺，虽有部分文献分析了影响远程医疗服务的因素，但较为零散，且在这些因素中，缺少对远程医疗服务提供者的关注，尤其缺少对医务人员惰性行为的研究。

在 UTAUT 和 PRT 理论框架下，根据医务人员参与远程医疗行为的影响力来源，将主体决策过程中的关键影响因素分为动力因素（如感知价值等促进因素）和阻力因素（如感知风险等抑制因素），以及其他控制因素（如个体特征因素、社会环境因素等），明确导致惰性行为产生的决定因素。虽然 UTAUT 和 PRT 为参与远程医疗服务惰性行为决定因素分析提供了理论框架，但现有研究并未清楚阐述如何系统而全面地识别决定因素。现有研究多强调因素总结，并通过探索性因子分析构建结构方程模型，而这种方法往往聚焦于影响因素及其关系比较明确的领域。对于那些决定因素尚未全面识别及具有复杂结构的系统，全面识别其决定因素及其之间的作用关系是合理建模的先决条件。

行为科学（behavior science）可以成为改善医生参与远程医疗行为的重要工具，国际上学者们也越来越认可基于行为科学理论进一步改善医生行为决策的重要价值。前期研究发现，远程医疗总体处于探索发展阶段，影响医生参与远程医疗服务的关键要素众多，包括医疗机构、医务人员、医疗信息技术、法律法规和政策、医疗服务质量等。其中，医生在远程医疗服务提供过程中发挥主导作用，但其还会考虑远程医疗的成本补偿、执

---

① 郑晶, 方鹏骞, 蒋帅, 等. 远程医疗服务体系运行影响因素分析 [J]. 中华医院管理杂志, 2020, 36（6）: 511-515.

业压力环境与医疗纠纷、内部管理制度和要求、领导对远程医疗重视程度、社会规范反馈（个人相对于相关社会群体的态度或行为）、协作与沟通质量、时空容忍度（医生去远程医疗服务点的时间花费和空间距离的接受能力）等个体和组织层面因素，进而做出是否或多大程度参与远程医疗，该行为结果具有复杂性、有利性、交互性和协同性等特征。因此，改善医生参与行为是实现远程医疗服务目标的出发点和落脚点，在远程医疗服务特殊情境下，研究医生远程医疗参与行为决策机制是一个亟待开展的重要行为科学课题。

（二）远程医疗服务人员行为决定要素分析思路

鉴于医务人员远程医疗参与行为受到多重因素的影响，而且各个因素之间的关系复杂和层次结构模糊，医务人员参与远程医疗惰性行为的决定因素不够明确，进而导致体现医务人员技术劳务价值的关键决定要素不够明确，需要关键技术突破。本书基于文献理论分析和采用知情人访谈等方法，清晰界定医务人员参与远程医疗惰性行为的基本内涵。在 UTAUT 和 PRT 理论框架指导下，开展基于扎根理论的深度访谈，以提供研究所需的丰富信息，总结特定情境下医务人员参与远程医疗惰性行为的决定因素。依靠科学的测量工具和专家智慧，结合定量和定性分析结果，有效深挖潜在的和能够观察到的关键决定因素及其作用关系，为模型构建奠定基础。

同时，鉴于目前国内对医务人员参与远程医疗不同类型惰性行为的决策影响因素研究相对较少，鲜有对远程医疗参与惰性行为机制模型的系统性构建研究。因此，为得到科学翔实的参与远程医疗惰性行为机制模型，以获得技术劳务价值决定机制，本书拟联合运用成熟的 DEMATEL–ISM 结构模型化技术方法构建决策模型，厘清医务人员参与远程医疗惰性行为的系统要素及其关系，有效构建其惰性行为概念模型，并根据科学测量工具获得的定量数据资料，运用结构方程模型对所构建的概念模型进行实证优化，并结合专家智慧，以获得科学的医务人员参与远程医疗不同类型惰性行为机制模型，为提出具有针对性的可控因素作用路径和优化策略奠定基础。

三、远程医疗服务人员行为决定要素作用机制模型构建

本书构建行为决定要素作用机制模型的基本思路为"发展现状评估—参与行为分析—行为类别评定—测量工具研制—决定因素识别—形成机制剖析—行为模型构建—激励策略制定"。研究内容基本框架如图 5-1 所示。

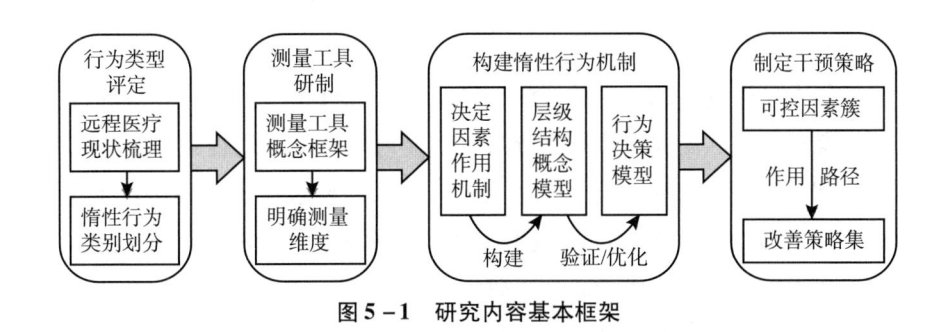

图 5-1 研究内容基本框架

此部分主要内容包括现状评估与行为评定、行为测度工具开发、关键决定要素分析、惰性行为机制构建、行为干预策略研制。

(一) 医务人员参与远程医疗惰性行为类型化评定识别与测度研究

1. 医务人员参与远程医疗现状评价与惰性行为类型化评定研究

通过对文献理论进行分析，系统回顾和评价我国远程医疗发展现状，包括远程医疗基础设施、远程医疗服务技术、远程医疗运管制度、远程医疗服务行为、远程医疗服务数量和质量等维度，系统评价远程医疗发展成熟度和未来趋势。进一步梳理国内外远程医疗参与行为决策相关理论和实证研究文献资料，通过文献归纳演绎和专题小组讨论，即根据文献理论分析结果，拟邀请 8~10 名具有丰富远程医疗实践经验的医务人员、医院管理者、医疗信息化与行为心理学专家学者和有远程医疗参与经历的患者代表等组成专题小组，开展专题小组讨论，深入探讨医务人员参与远程医疗惰性行为的内涵，确定医务人员参与远程医疗的行为类型画像集。具体实施流程：(1) 确定讨论主题。即医务人员参与远程医

疗惰性行为内涵及类别。(2) 明确讨论人员与分工。拟定主持人为本项目负责人,以观察者身份参与小组讨论的记录员1名,进行录音及记录所有信息,包括非语言信息。(3) 讨论时间和次数。根据实际需要,一般为1~1.5小时和1~2次。(4) 总结和整理讨论结果。(5) 撰写专题小组讨论报告。挖掘和评定医务人员参与远程医疗行为特征,明确医务人员参与远程医疗惰性行为内涵。在前期基础上,分析所收集到的样本公立医院医务人员参与远程医疗的根本动机、意愿和满意度以及现存问题等,初步建立医务人员参与远程医疗的行为类型画像集,为惰性行为类型化评定提供数据支撑。

运用专家咨询和知情人访谈法,确定医务人员参与远程医疗惰性行为类型定义标准和匹配决策原则等分层机制;选取参与过远程医疗服务的临床医生和远程医疗管理人员等知情人8~10人,要求从事远程医疗工作3年以上、副高以上职称、35岁以上年龄且在本领域内具有一定的权威性。同时,再选取组织行为学和心理学研究者3~5名,主要考虑其能从单纯行为学视角来判定惰性行为类型。根据专题小组讨论结果,预先对不同类型的行为进行初分,并进行行为描述。将其结果发送给预定专家,完成第一轮独立咨询后,汇总专家意见,明确远程医疗惰性行为类型定义标准和划分情况;重新进行归类和行为描述后,开展第二轮专家咨询,并根据意见集中情况决定是否进行第三轮专家咨询,以期能够获得反抗式、机械式、敷衍式和合谋式等惰性行为类别。

结合远程医疗参与行为类型画像集,按照拟定的分成机制,细化医务人员参与远程医疗惰性行为类型,初步获得以下四种惰性行为类型:反抗式惰性行为、敷衍式惰性行为、机械式惰性行为、合谋式惰性行为(见图5-2)。其中,反抗式惰性行为表现为明确不愿意参与远程医疗或者每月/每年零星地参与几次远程医疗服务等,包括受邀方和邀请方医务人员;敷衍式惰性行为表现为明确愿意参与远程医疗,但表现出不遵守邀请方和受邀方双方约定的远程医疗开展时间、直接诱导患者上转、工作敷衍了事等懒散态度,这种情况更多出现在受邀方专家人员行为上;机械式惰性行为表现为依据远程医疗服务要求,按部就班地参与远程会诊或者远程医学诊断,但不对患者病情做过多的诊断解读或沟通等,这会导致必要的医学知识转移受阻；合谋式惰性行为表现为邀请方和受邀方医务人员为了共同应对上级某项政策或者行动指令而开展远程医疗服务等。

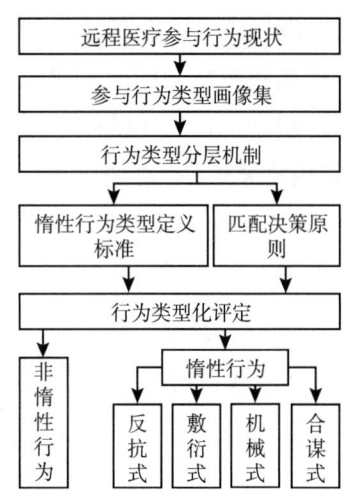

图 5-2　医务人员参与远程医疗惰性行为类型化评定思路框架

2. 医务人员参与远程医疗惰性行为测量工具开发研究

通过文献归纳和知情人定性认知访谈，获得与医务人员参与远程医疗惰性行为表现形式相关的定性资料。同时，利用现有远程医疗平台的录像资料，进行回放记录和分析，获得第一手的服务过程行为资料，最终形成远程医疗服务前、中和后期的行为定性描述资料集。进一步采用扎根理论编码技术对所获取的定性资料进行归纳，以得到四类惰性行为的概念化陈述（statements）；再利用概念映射（concept mapping）方法，对质性分析结果进行补充，获得概念测量框架，形成惰性行为的条目池，初步获得不同类型惰性行为的基本条目。在此基础上，开展第三轮专家咨询，旨在对基本条目进行筛选，重点咨询条目的适宜性和重要性，并达成专家共识，初步形成四类惰性行为的相应陈述条目。同时，运用项目反应理论（item response theory，IRT）筛选出区分度差和具有重复内容的条目，并进行测量工具的信效度检验，检验测量工具维度和理论框架的拟合度，剔除不合理条目，以形成医务人员参与远程医疗惰性行为的最终测度量表，具体做法如下所示。

考虑到无法直接借鉴成熟量表，拟自行开发医务人员参与远程医疗惰性行为测度量表。通过前期文献综述发现，确定初始测量条目的主要方法有文献归纳法（35%）、访谈法（22%）、专家判断（17%）、焦点组讨论（14%）、归纳演绎法（7%）和问卷调查法（5%）。考虑专家判断和焦点组讨论等属于访谈法范畴，因此本研究主要采用文献归纳法、访谈法和归纳演绎法等。根据丘吉尔（Churchill，1979）①的量表开发流程和本研究实际需要，拟构建医务人员参与远程医疗惰性行为测度量表开发方法与程序（见图5-3）。

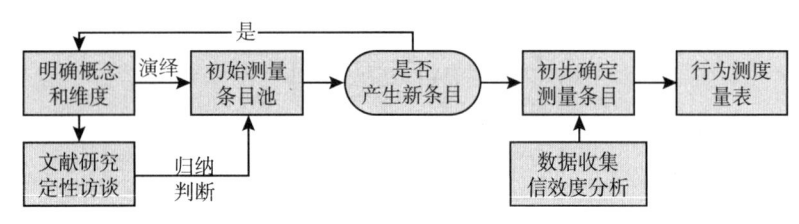

图5-3　医务人员参与远程医疗惰性行为测度量表开发方法与程序

（1）初始条目形成方法。在前期研究基础上，明确参与远程医疗惰性行为基本概念和测量维度（如反抗式、敷衍式、机械式和合谋式等行为维度），演绎出相应的测量条目，进一步结合文献研究法，收集影响远程医疗参与行为的关键决定因素相关核心文献，获取相应的参与远程医疗的行为表现形式和行为特征，进行归纳总结。在此基础上，选取6~8家受邀方和邀请方医院，获取每家医院3~5名专家远程会诊平台现场实录视频，进行个体外在行为观察和特征标记分析，包括语言和肢体动作等。运用扎根理论编码技术和概念映射方法，对上述行为特征的质性分析结果进行归类标记和条目陈述。

进一步通过邀请8~10名远程医疗服务领域内的重要知情人和专家学者等开展定性访谈，针对演绎和归纳形成的初步测量条目进行判断分析，形成初始测量条目池。为保证行为描述条目表述的准确性，再补充社会心

---

① Gilbert A. Churchil. A paradigm for developing better measures of marketing constructs [J]. Journal of Marketing Research, 1979, 16 (1): 64-73.

理行为学领域专家3~5名。通过对15名左右的权威专家开展三轮咨询，直至不再产生新条目，并形成专家共识，以获得初步确定的测量条目（见表5-1）。

表5-1　医务人员参与远程医疗的惰性行为测量条目（初步）

维度	条目陈述
反抗式惰性行为	我几乎不参与医院远程医疗服务。 我不愿意向患者推荐远程医疗服务。 ……
敷衍式惰性行为	我参与远程医疗服务时经常迟到不按时开始。 我习惯推荐下级远程医疗服务医生将患者上转。 ……
机械式惰性行为	在远程会诊中，我不做过多病情分析，只给下级医院诊疗方案。 我不愿意与对方医生过多沟通。 ……
合谋式惰性行为	为完成上级要求或指令，我会与对方协作开展远程医疗服务。 为了获得物质和精神奖励，我会与对方协作开展远程医疗服务。 ……

（2）测量条目设计原则。为保证测度量表的有效性，本研究遵循语言原则、测量原则和设计形式。一是语言原则。使用远程医疗领域的专有术语，本研究提前了解受试者的能力水平，考虑使用符合文化习惯、教育水平的语句和用词方法，使测量条目的语言表述更加通俗化和简短化，同时采用简单问题靠前和特殊问题置后的"漏斗式方法"，以利于被调查者应答。二是测量原则。按照Likert五分量表法，采取量表条目计分式测量。判断相应条目陈述内容是否符合实际情况并进行打分，设定评判尺度为"非常不符合（1分）、比较不符合（2分）、一般（3分）、比较符合（4分）、非常符合（5分）"。拟得四类惰性行为各有5个条目，共20个，则量表分值为20~100分，其中将得分为20的个体行为称为非惰性行为，将四个维度中得分最高的维度所指的惰性行为作为个体惰性行为，如反抗式维度得分最高，则该个体行为为反抗式惰性行为。为避免造成受试者的思维定式，可适当将一些问题折半分为两部分，一部分采取正向记分，

另一部分采取反向记分，计算两部分的相关系数，进而提高整个量表的信度。经过预调查后，采用探索性因子分析探讨测量维度及构成，采用验证性因子分析检验测量工具维度与理论框架的拟合程度；获得测度量表的信效度检验结果，对量表的重测信度、内部一致性、结构效度等进行分析并修改和完善测度量表。三是设计形式。充分考虑测度量表的逻辑性和界面友好性，合理控制测度量表的长度和作答时间。明确测量目的并对专有概念或名词进行通俗化界定，充分表达对受试者的尊重和理解。明确填写说明。

(二) 医务人员参与远程医疗惰性行为形成机制模型构建研究

1. 医务人员参与远程医疗惰性行为的关键决定要素识别

通过前期研究发现，大量文献探讨了远程医疗建设与发展的相关影响因素（见图5-4）。一是经济社会与文化宏观层面，如人口社会学特征、健康文化差异、伦理道德、软硬件和网络等基础设施投入等；二是法律法规与政策中观层面，如远程医疗立法与监管、信息安全与隐私保护、价格与医保报销政策、费用补偿与激励机制等；三是医疗服务要素微观层面，如远程医疗服务水平、服务流程、服务质量、系统设备操作技能等；四是个体层面，如医生学历、年龄、经济收入、价值认同、固有就医观念等。现有研究对医务人员参与远程医疗的惰性行为形成机制以及体现技术劳务价值的决定机制鲜有深入探究，对不同作用力方向、不同层面的行为决定因素之间的相互作用机制缺乏系统分析，部分研究也仅聚焦医务人员所受到的外部影响，尚未阐述其深层次的惰性行为识别关键技术问题，包括医务人员参与远程医疗的惰性行为内在动机要素与外部影响要素识别和挖掘技术手段等问题。

总的来说，目前对我国医务人员参与远程医疗惰性行为决定因素及其体现技术劳务价值的研究不够深入。在进一步研究内容上，借助新的理论分析框架和因素识别技术与手段等，系统性地深度剖析医务人员参与远程医疗惰性行为的关键决定要素及其作用机制，以及对体现技术劳务价值的决定机制。因此，亟须系统识别医务人员参与远程医疗惰性行为决定要素及其作用机制。

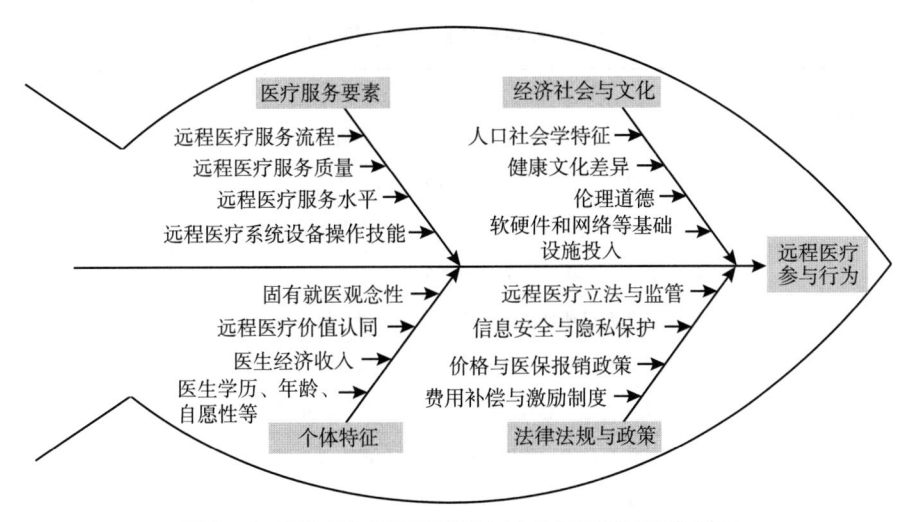

图 5-4　医生参与远程医疗的行为关键影响要素鱼骨图

鱼骨图内容：

医疗服务要素：远程医疗服务流程、远程医疗服务质量、远程医疗服务水平、远程医疗系统设备操作技能

经济社会与文化：人口社会学特征、健康文化差异、伦理道德、软硬件和网络等基础设施投入

个体特征：固有就医观念性、远程医疗价值认同、医生经济收入、医生学历、年龄、自愿性等

法律法规与政策：远程医疗立法与监管、信息安全与隐私保护、价格与医保报销政策、费用补偿与激励制度

结果：远程医疗参与行为

　　基于 UTAUT 和 PRT 理论以及不同类型惰性行为内涵，拟从个体特征、绩效期望、努力期望、社会影响、促成因素、风险感知等多个维度来系统而全面地识别每个维度所包含的可能影响医务人员参与远程医疗惰性行为的决定要素，初步构建影响参与远程医疗不同类型惰性行为的潜在决定因素分析框架。其中，个体特征维度主要包括医务人员性别、年龄、学历、工作年限、职业类型、职称级别等；绩效期望维度主要包括远程医疗有用性、节约医疗成本、提高医疗技能等；努力期望维度主要包括远程医疗易用性、系统设备操作便捷等；社会影响维度主要包括远程医疗的宣传推广、身边同事们参与远程医疗等；促成因素维度主要包括医疗信息化为远程医疗提供基础支撑、为国家和地方政策创造良好环境等；风险感知维度主要包括身体、财务和隐私安全问题、经济与时间成本问题等。根据潜在决定因素和研究目的，设计并完善调查问卷。

　　本书主要采用 UTAUT-PRT 理论、多水平分析法和基于扎根理论的深度访谈法，以识别和确定医生远程医疗参与行为决策的关键决定因素。在了解医生参与远程医疗服务所面临的关键问题及成因状况下，根据研究目的和理论分析框架，设计访谈问卷条目，如表 5-2 所示。

表 5-2　　基于 UTAUT-PRT 的医生参与远程医疗行为
决定因素问卷条目（初步设计）

维度	问卷条目
绩效期望	1. 您认为远程医疗服务的价值有用性如何？
	2. 您认为远程医疗服务为患者节约医疗费用吗？
	3. 您认为远程医疗服务能够提高邀请方医生的服务技能水平吗？
	4. 您认为远程医疗服务质量如何？
努力期望	5. 您认为自己所使用的远程医疗系统操作便利程度如何？
	6. 您认为自己所参与的远程医疗服务流程是否便捷？
	7. 您认为自己去远程医疗服务点的时间消耗接受程度如何？
	8. 您认为自己去远程医疗服务点的距离远近接受程度如何？
社会影响	9. 您认为社会层面对远程医疗的宣传力度如何？
	10. 您认为自己去参与远程医疗有受到同行医生参与情况的影响吗？
	11. 您认为自己所在机构与远程医疗协作机构的关系如何？
	12. 您认为身边医生对参与远程医疗的态度如何？
促成因素	13. 您认为国家和地方出台的政策或规范符合实际需要吗？
	14. 您认为远程医疗服务收费价格如何？
	15. 您认为自己参与远程医疗服务得到相应报酬了吗？
	16. 您认为本机构领导对远程医疗服务的重视程度如何？
风险感知	17. 您认为自己能否接受远程医疗可能存在的医疗纠纷？
	18. 您认为远程医疗对医生的隐私保护如何？
	19. 您认为参与远程医疗服务会浪费自己的精力吗？
	20. 您认为参与远程医疗服务会影响自己其他医疗服务吗？

设计访谈问卷条目为初步设计方案，访谈或调查开始前需要进行基于专家经验的内容效度检验以及预调查，进一步优化该访谈问卷条目以形成正式版本，以供研究者使用。在远程医疗现有发展成熟度下，评价医务人员参与水平和程度，并确定这些维度要素是如何直接或者间接通过医务人员影响远程医疗服务利用的。结合不同类型惰性行为测度结果和潜在决定因素筛选结果，通过相关和回归分析，定量确定影响医务人员参与远程医疗惰性行为的决定因素。考虑不同样本省市、不同样本医院和不同样本医

务人员的多水平嵌套层次结构，采用多水平模型等方法探索惰性行为关键决定要素，有效识别不同决定要素对不同类型惰性行为的多分类变量影响情况。对此进行重新定义和编码，初步构建医务人员参与远程医疗的不同类型惰性行为决定因素指标体系框架。

进一步采用基于扎根理论的深度访谈法对所获得的关键决定因素进行深入剖析，以更好地识别和界定医务人员参与远程医疗不同类型惰性行为的决定因素。扎根理论（grounded theory，GT）范式是指通过系统地收集和分析文献资料，从而构建理论的质性分析方法。按照设计好的访谈提纲（主要关于远程医疗参与行为决定因素），对受访者进行深入访谈，以探索行为决策的动力和阻力因素簇。依据研究目的和前期理论分析结果，合理设计访谈提纲。采用典型抽样原则，深入访谈样本医疗机构内接受或拒绝参与远程医疗的医务人员，以剖析医务人员参与远程医疗惰性行为的形成过程，充分获得可能影响医务人员参与远程医疗惰性行为机制的所有关键决定因素，形成多维度和多层次的决定因素簇，初步厘清决定因素间正负向作用关系。具体研究框架如图5-5所示。

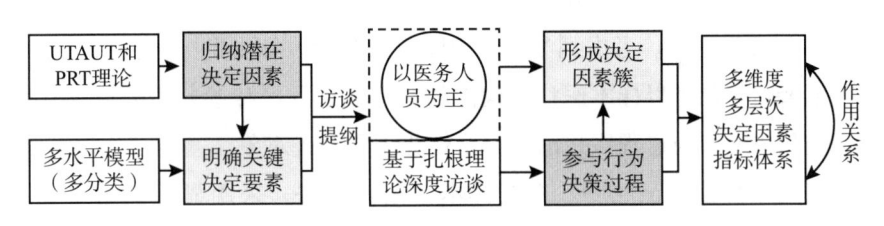

图5-5 医务人员远程医疗参与行为的决定因素研究框架

本书主要通过问卷调查法、多水平模型统计分析法、基于扎根理论的深度访谈法等，来识别影响医务人员参与远程医疗惰性行为的决定因素和构建关键决定要素指标体系，具体操作如下所示。

（1）问卷调查法。根据研究目的和内容，并参考前期承担的《中国医院远程医疗服务调查》情况，编制本研究调查问卷，包括邀请方和受邀方两类问卷。问卷主要内容包括人员基本特征信息、人口社会学信息、远程医疗参与水平和程度情况、参与行为决定因素、远程医疗参与期望和认知态度等，并通过专题小组讨论和专家评定效度，进行小范围预调查，保证

Cronbach's α 系数大于 0.7，最终形成完善的正式调查问卷。

本调查主要采用典型调查与分层抽样相结合的方法。

一是现场调查地点。选择原则为符合社会调查及卫生统计学要求、现场调查工作支持与配合程度高、样本要具有代表性等。据中国卫生信息与健康医疗大数据学会远程医疗信息化专业委员会（以下简称"远程医疗专委会"）、国家远程医疗中心等联合开展的《中国医院远程医疗服务调查》（2018年、2019年、2020年）结果、远程医疗专委会的联络资源能力和本人工作及求学地区等情况，尽可能地扩大抽样范围，以提高样本代表性。

本研究采用国家统计局地区分组方法，以经济水平和地理分布为主要分层依据，拟选择东部地区福建省和浙江省、中部地区河南省和湖北省、西部地区贵州省和青海省作为调查地区。每个省份选择省会城市和1个地级市作为现场调查样本地区，共计调查6个省会城市和6个地级市，合计12个城市。

二是调查机构与对象。以每样本省会城市的（省属）三级医院、二级医院和一级医院各1家（合计18家医院）、每样本地级市的（市属）三级医院、二级医院和一级医院各1家（合计18家医院）为调查样本医疗机构（共36家医院）。考虑到参与远程医疗的邀请方和受邀方医务人员主要是医生，则本调查以样本医疗机构内的有潜在远程医疗参与需要的，且主观接受和拒绝参与远程医疗的医生个体为主要调查对象。

三是样本量确定原则。根据样本量估计方法，采用显著性水平 $\alpha = 0.05$、允许误差 $\delta \leq 0.05$，根据 $p = 0.5$ 时总体方差达到极大值原则计算每个省份内的邀请方和受邀方医生的样本量；选择80%的设计效力，则在每市范围内调查样本应为310人，共计3720人。按照医院等级高低，设定医务人员数比例为6:3:1，则三级医院186人、二级医院93人和一级医院31人。

四是收集参与行为相关信息的方式。首先，由经过培训的调查员到样本医院直面医生进行问卷调查。考虑到医务人员配合程度与回答质量，由样本医院指派一名引导员进行引导，待调查员获得医务人员信任后，引导员可在非需要时回避。其次，根据样本医院提供的近期接受和拒绝参与远程医疗的医生信息，一方面，将设置严格质量控制条件的电子问卷，经由医院主管部门下发给指定的医生，进行在线问卷填写；另一方面，由经过培训的调查员进行电话回访。最后，通过现场调查、在线调查和电话回访等方式，收集所需的样本医院医生远程医疗参与行为相关信息资料。

（2）多水平模型统计分析法。医务人员分层抽样得到的样本数据具有明显的复杂层次结构，第一阶段按照我国东、中、西部地区进行分区，并各取2个省份（共6个省份），第二阶段分别在各省随机抽取2个城市（共12个城市），第三阶段分别在每个城市抽取开通远程医疗服务的三级医院、二级医院和一级医院各1家（共36家医院），第四阶段在每个医院随机抽取测定样本量的医务人员（共3720个个体）。考虑到同一省份内远程医疗建设与发展背景差异性不大，但不同医务人员个体、不同医院、不同城市在经济发展条件和地理环境上可能存在差异，相应变量的分布在个体间不具备独立性，数据呈现高水平单位内的相似性，因此采用多水平模型更能描述数据结构特征，使得分析结果更加合理准确。

本研究以医务人员个体层面为水平1，医院层面为水平2，省市区域层面为水平3，拟合三水平模型，具体操作如下所示。

一是三水平空模型。拟合模型中不含任何自变量的空模型，用于判断是否应该考虑数据的层次结构，其三水平空模型可表示为：

$$水平1：Y_{ijk} = \beta_{0jk} + e_{ijk}$$

$$水平2：\beta_{0jk} = \gamma_{00k} + \mu_{0jk}$$

$$水平3：\gamma_{00k} = \pi_{000} + \mu_{00k}$$

经合并后，模型变为：$Y_{ijk} = \pi_{000} + \mu_{00k} + \mu_{0jk} + e_{ijk}$

$$e_{ijk} \sim (0, \sigma_e^2)，\mu_{0jk} \sim (0, \sigma_{\mu_{0jk}}^2)，\mu_{00k} \sim (0, \sigma_{\mu_{00k}}^2)$$

其中，$i = 1, 2, \cdots, i$，表示水平1单位（医务人员个体）；$j = 1, 2, \cdots, j$，表示水平2单位（医院）；$k = 1, 2, \cdots, k$，表示水平3单位（省市区域）。β_{0jk}表示第k个水平3单位内第j个水平2单位中Y的均值；e_{ijk}表示第k个水平3单位内第j个水平2单位中Y的变异；γ_{00k}表示第k个水平3单位内中Y的均值；μ_{0jk}表示水平2随机效应或者水平2残差项；π_{000}表示所有Y的均值，即截距固定效应；μ_{00k}表示水平3随机效应或者水平3残差项。

水平3和水平2残差项的方差分别为$\sigma_{\mu_{00k}}^2$和$\sigma_{\mu_{0jk}}^2$，若经假设检验其均不为0，则表明存在高水平效应，也就是说要拟合三水平模型；若经假设检验其仅有一项有统计学意义,则表明三水平模型应简化为二水平模型;若其均为 0,则不需要考虑数据层次结构,简化为传统的线性回归模型。

二是三水平完整模型。当拟合的空模型提示数据存在多层嵌套结构,即医务人员个体嵌套于医院,医院嵌套于省市区域。为进一步解释各层内的变异,将模型依次引入高水平自变量和低水平自变量,以构建完整模型。以每层各纳入一个自变量为例,三水平完整模型可表示为:

$$水平1: Y_{ijk} = \beta_{0jk} + \beta_{1jk}X_{ijk} + e_{ijk}$$

$$水平2: \beta_{0jk} = \gamma_{00k} + \gamma_{01k}H_{0jk} + \mu_{0jk}$$

$$\beta_{1jk} = \gamma_{10k} + \gamma_{11k}H_{1jk} + \mu_{1jk}$$

$$水平3: \gamma_{00k} = \pi_{000} + \pi_{001}Z_{00k} + \mu_{00k}$$

$$\gamma_{01k} = \pi_{010} + \pi_{011}Z_{01k} + \mu_{01k}$$

$$\gamma_{10k} = \pi_{100} + \pi_{101}Z_{10k} + \mu_{10k}$$

$$\gamma_{11k} = \pi_{110} + \pi_{111}Z_{11k} + \mu_{11k}$$

其中,残差项 e_{ijk}、μ_{0jk}、μ_{00k} 的分布与空模型相同。$\mu_{1jk} \sim (0, \sigma_{1k}^2)$,$\mu_{01k} \sim (0, \sigma_{\mu_{01}}^2)$,$\mu_{10k} \sim (0, \sigma_{\mu_{10}}^2)$,$\mu_{11k} \sim (0, \sigma_{\mu_{11}}^2)$。

三是组内相关系数(intra-class correlation,ICC)。一般地,在研究多水平模型时,ICC 是用来判断是否需要构建多水平模型的重要依据之一。

将水平 2 的方差 $\sigma_{\mu_{0jk}}^2$ 和水平 3 的方差 $\sigma_{\mu_{00k}}^2$ 相加得到组间的随机误差 σ_u^2,组内的随机误差 σ_e^2,因变量不具有独立性,也就是说同组的测量值具有相似性,其相似程度用 ICC 来衡量,可表示为:

$$ICC = \frac{\sigma_u^2}{\sigma_u^2 + \sigma_e^2}$$

$$ICC_{水平3} = \frac{\sigma_{\mu_{00k}}^2}{\sigma_u^2 + \sigma_e^2}$$

$$ICC_{水平2} = \frac{\sigma_{\mu_{0jk}}^2}{\sigma_u^2 + \sigma_e^2}$$

若 ICC = 0,表明数据不具有层次结构,可忽略省市区域间或医院间变异的存在,或者同一省市区域、同一医院内因变量不存在聚集性,模型可简化为传统的单水平模型;若 ICC ≠ 0,则表明不能忽略高水平间变异的存在,同组的相似程度越高,ICC 越大。

四是模型选择分析。在拟合多水平模型时，通常先拟合方差成分模型（随机截距模型），然后拟合随机系数模型。根据建立的两个模型的 -2 对数似然值的大小判断合适的方法，若随机系数模型的 -2 对数似然值变小显著，则选择随机系数模型，若其 -2 对数似然值变小不显著或者甚至变大，则选择方差成分模型。

总之，运用该方法旨在构建多水平模型，来研究多水平结构的众多行为决定因素数据对惰性行为的影响。此外，还可以根据研究需要将因变量划分为二分类（惰性行为和非惰性行为）或者无序多分类（四种类型的惰性行为），采用多水平多分类 Logistic 模型，深度挖掘关键的影响惰性行为的决定要素。

（3）基于扎根理论的深度访谈法。按照设计好的访谈提纲（主要关于远程医疗参与行为决定因素），对受访者进行深入访谈，以探索惰性行为的关键决定因素及其作用关系，为构建形成机制模型奠定基础。具体操作如下所示。

一是访谈对象与原则。本访谈以远程医疗服务提供方为主，主要是具备开展远程医疗业务的医疗机构内的医务人员，包括医生、护士、医技人员、分诊和陪诊等运行维护人员[①]、远程医疗管理人员，但考虑到参与远程医疗的医务人员主要是医生，本研究对象拟以邀请方和受邀方医生为主。另外，鉴于医疗服务需方也能从医务人员视角提供关键信息，故本研究拟将具有良好交流能力的患者及其家属作为访谈补充人员。

访谈原则：所有受访者要有能力和时间且愿意配合访谈、能独立自由交流和表达见解。

二是确定样本量。根据质性研究经验，初步确定为 30 人，后期根据信息饱和度检验结果决定是否增加样本量。

三是资料收集。采用面对面半结构访谈法，在预设决定因素簇的前提下，深入了解被访者观点（具体流程如图 5-6 所示）。拟定两位访谈员按

---

① 一般地，分诊和陪诊人员会出现在综合会诊过程中，前者指受邀方接到会诊申请后，核实信息、联系专家、与邀请方商定会诊时间和人员等；后者指机构双方会诊前沟通、整理和补充会诊资料、调通和维护远程系统设备、基础性故障排除、会诊后关闭系统设备、整理或录入会诊结果等。

照提纲进行，一人负责交流，另一人负责观察和记录（包括停顿、声调、特殊情绪、肢体语言等），以最大限度地获取信息。

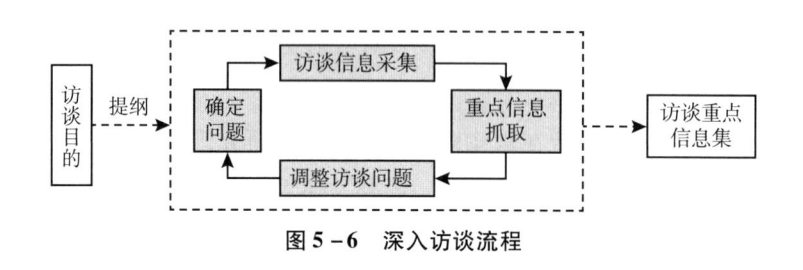

图 5-6 深入访谈流程

四是资料整理。在每次访谈结束后，及时整理访谈录音，补充完善访谈笔记，以备分析。为保证语音信息转录的准确性、完整性，可采用 oTranscribe 在线音频播放工具（使用网址：http://otranscribe.com/），进行暂停、快进/退、在线打字等操作，还可采用双人各自转录，最后汇总。

五是编码和饱和度检验。按照克拉瑟和施特劳斯（Claser & Strauss, 1967）提出的扎根理论原则，运用 NVivo（V10.0）软件对所抽取的 80%（24 人份）访谈资料进行开放性编码、主轴编码、选择性编码，形成医务人员参与远程医疗惰性行为决定因素簇（具体步骤如图 5-7 所示）。对剩余的 20%（6 人份）访谈资料进行饱和度检验，按照上述路径分析，当整个编码过程不再出现新的概念或类属，即为理论饱和度良好。否则，继续增加样本量直到理论饱和。

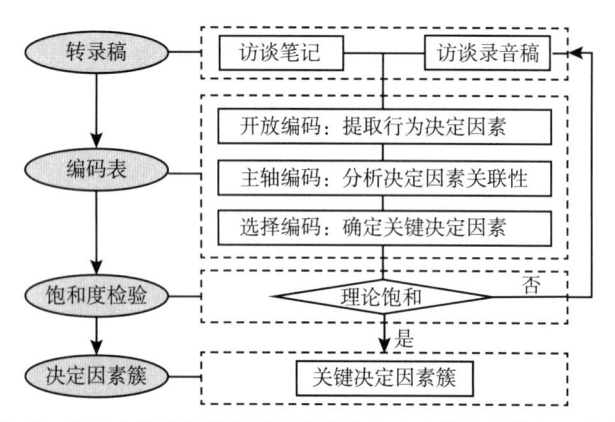

图 5-7 医务人员参与远程医疗惰性行为决定因素的扎根理论分析

2. 医务人员参与远程医疗惰性行为形成机制模型构建

本研究主要包括以下两部分内容:"讨论建模"和"模型验证与优化"。在借助扎根理论的深度访谈基础上,主要应用决策试验和评估实验室分析法(DEMATEL)和解释结构模型(ISM),即集成 DEMATEL - ISM 结构模型化技术来研究影响医务人员参与远程医疗不同类型惰性行为的决定因素作用机理和行为形成机制模型。具体实现方法如下所示。

从概念模型构建方面,医生远程医疗参与行为具有复杂性、系统性和结构不清晰的特点,系统内的各种决定要素以一定的内在机制相互影响,共同决定医生的参与行为。因此,需要从远程医疗相关领域专家视角,解释和判定所获得的医务人员参与远程医疗不同类型惰性行为决定因素指标体系,严格定义相关因素变量,明确动力因素和阻力因素及其结构作用关系与强度,包括影响度、被影响度、中心度和原因度等,进一步将其转化成综合影响矩阵的数字化逻辑关系,解释医生参与行为影响规律,以识别远程医疗服务人员的技术劳务价值决定要素。

借助计算机辅助建模技术,将惰性行为决定因素簇细分为不同层级(见图 5 – 8),包括社会层面(法律法规匹配度、医疗政策环境适宜度、固有就医行为规范、健康文化、人口与经济水平等)、机构层面(激励约束机制、医院经济效益水平、社会责任与公益属性、领导重视程度、远程绩效考核标准、医院区域发展模式等)、关系层面(医患关系感知、受邀方机构内部关系、邀请方机构内部关系、上下级机构关系等)和个体层面(医生性情特征、主观规范、医生时间消耗和经济成本、费用补偿水平、学习远程医疗服务新技能机会成本、风险感知水平、绩效期望等),厘清因素之间的因果关系和作用路径,绘制影响参与惰性人员技术劳务价值决定要素的行为研究假设。

基于上述因素分析,拟邀请 15~20 位分别从事远程医疗服务、卫生政策、医院管理、医疗信息管理、医疗保险、行为心理学、临床医学、计算机网络与通信等专业领域的、具有副高级职称及以上的专家组成咨询讨论小组。主要运用专家咨询讨论建模的集成 DEMATEL - ISM 结构模型化技术方法(见图 5 – 9)。

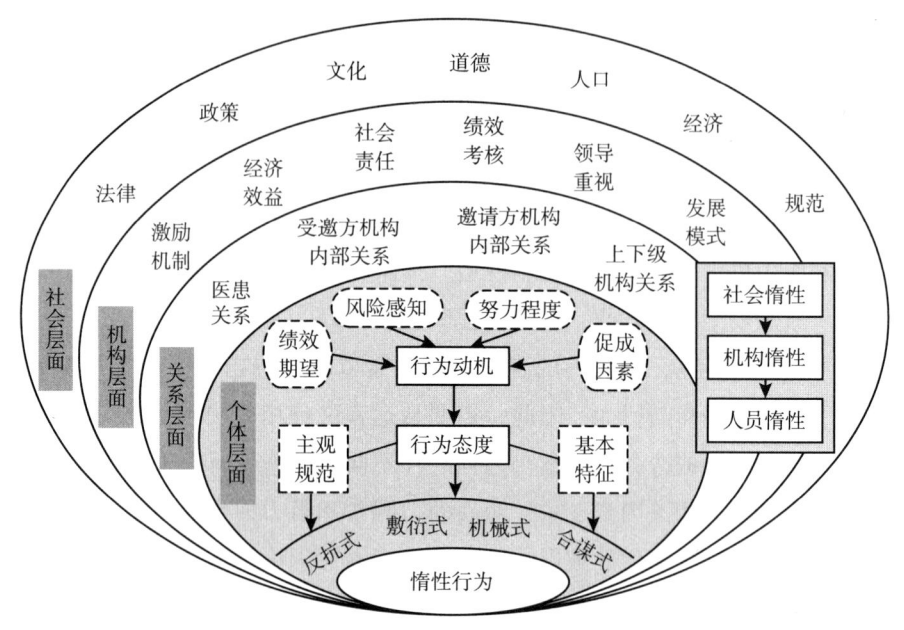

图 5-8 医务人员参与远程医疗惰性行为机制概念模型框架

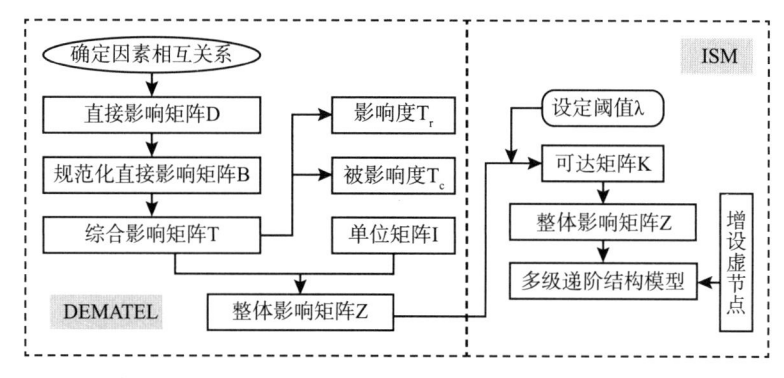

图 5-9 基于 DEMATEL-ISM 方法的参与远程医疗惰性行为机制建模流程

一方面,运用 DEMATEL 研究惰性行为决定因素间的关系和影响程度,确定综合影响矩阵,得出关键决定因素及重要程度,确定整体影响矩阵。

另一方面,借助 ISM 明确层级结构模型:依据整体影响矩阵,计算可达矩阵,从而构建行为决定因素的多级递阶结构模型。

(1)决策试验和评估实验室分析法(DEMATEL)。运用该方法研究影响医务人员参与远程医疗惰性行为的各个决定因素间的逻辑关系和直接影响矩阵。计算各个因素的影响度、被影响度、原因度与中心度，调整系统结构图和确定因素所属种类（原因因素和结果因素），作为构造模型的依据。

一是获得直接影响矩阵（D）。根据已确定的影响医务人员参与远程医疗惰性行为决定因素集（A），进行因素释义和编码，记为因素 a_i（$a_i \in A$，$i = 1, 2, \cdots, n$）。为量化各因素间影响关系强弱，本研究将评价因素间相互影响程度标度取为5个等级，分别为0、1、2、3和4。

邀请上述专家咨询讨论小组成员对医务人员参与远程医疗惰性行为的决定因素进行两两比较，并按拟定标度对其直接影响程度进行评分。为消除与降低专家个体差异，本研究选取所有专家评分平均值作为直接影响程度分值。获得量化后的医务人员远程医疗参与行为决定因素系统的初始直接影响矩阵，则有 $D = [d_{ij}]_{n \times n}$。

$$D = \begin{bmatrix} 0 & d_{12} & \cdots & d_{1n} \\ d_{21} & 0 & \cdots & d_{2n} \\ \vdots & \vdots & \ddots & \vdots \\ d_{n1} & d_{n2} & \cdots & 0 \end{bmatrix}$$

其中，d_{ij}（$i = 1, 2, \cdots, n$；$j = 1, 2, \cdots, n$，$i \neq j$）表示因素 a_i 对因素 a_j 的直接影响程度；若 $i = j$ 时，则 $d_{ij} = 0$。

二是获得规范化直接影响矩阵（B）。本研究采用行和最大值法对直接影响矩阵（D）进行归一化处理，则得规范化直接影响矩阵，即 $B = [b_{ij}]_{n \times n}$，$b_{ij} \in [0, 1]$。

$$B = \frac{1}{\max\limits_{1 \leq i \leq n} \sum\limits_{j=1}^{n} d_{ij}} D$$

三是获得综合影响矩阵（T）。通过把规范直接影响矩阵自乘后再累加，来获得综合影响矩阵，即 $T = [t_{ij}]_{n \times n}$。

$$T = B^1 + B^2 + \cdots + B^n = \sum_{n=1}^{\infty} B^n = B \frac{I - B^{n-1}}{I - B}$$

由于 $b_{ij} \in [0, 1]$，$\lim\limits_{n \to \infty} B^{n-1} = 0$，则有：

$$T = B(I - B)^{-1}$$

其中，I 为单位矩阵；$(I-B)^{-1}$ 为 $I-B$ 的逆矩阵。

四是确定各因素的影响度（T_r）、被影响度（T_c）、中心度（T_r+T_c）与原因度（T_r-T_c）。其中，T_r 为矩阵中因素各行之和，T_c 为 T 矩阵中因素各列之和。

$$\begin{cases} T_r = (\sum_{j=1}^{n} t_{ij})_{n \times 1} \\ T_c = (\sum_{i=1}^{n} t_{ij})_{1 \times n} \end{cases}$$

在影响医务人员参与远程医疗惰性行为的决定因素中，中心度（T_r+T_c）越大，表示该决定因素重要程度越高，反之则相反。原因度（T_r-T_c）表示该决定因素与其他因素之间的因果逻辑关系，当 $T_r-T_c>0$ 时，表示该决定因素易影响其他决定因素，称为原因因素；当 $T_r-T_c<0$ 时，表示该决定因素易受到其他决定因素的影响，称为结果因素。

进一步以中心度为横坐标、原因度为纵坐标，绘制因果关系图，确定各因素的因果属性，找出影响医务人员参与远程医疗惰性行为的关键决定因素。

五是确定整体影响矩阵（Z）。在综合影响矩阵基础上考虑自身因素影响，获得医务人员参与远程医疗惰性行为决定因素的整体影响矩阵，则有 $Z = [z_{ij}]_{n \times n}$。

$$Z = T + I$$

其中，T 为医务人员参与远程医疗惰性行为决定因素综合影响矩阵；I 为单位矩阵。

（2）解释结构模型法（ISM）。ISM 方法是系统科学里的一种研究方法，把复杂的系统分解成若干个子系统，利用人们的实践经验和知识以及计算机的辅助，最终将系统构造成一个多级递阶结构模型。运用该方法研究医务人员参与远程医疗惰性行为的决策系统要素之间已知的但凌乱的关系，建立决定因素的层级结构模型。

六是计算可达矩阵（K）。依据整体影响矩阵（Z）确定行为决定因素的可达矩阵，有 $K = [k_{ij}]_{n \times n}$。为简化因素系统结构，设定阈值 λ（可结合专家意见和实际情况确定），其中元素 k_{ij} 为：

$$\begin{cases} k_{ij}=1, & Z_{ij} \geqslant \lambda \\ k_{ij}=0, & Z_{ij} < \lambda \end{cases}$$

其中，$i=1,2,\cdots,n$；$j=1,2,\cdots,n$。对于 n 较小的因素系统，通常取 $\lambda=0$。

七是划分决定因素的层级。根据可达矩阵，确定行为决定因素 a_i 的可达集 R_i 和先行集 Q_i 以及 $R_i \cap Q_i$。可达集 R_i 由可达矩阵 K 中第 i 行中所有矩阵因素为 1 的列对应的元素组成，先行集 Q_i 由可达矩阵 K 中第 i 列中所有矩阵因素为 1 的行对应的元素组成。其计算公式如下：

$$R_i = \{a_j \mid a_j \in A, \ k_{ij} \neq 0\}$$
$$Q_i = \{a_j \mid a_j \in A, \ k_{ji} \neq 0\}$$

根据 $R_i \cap Q_i = R_i$ 判断因素是否满足该等式，来确定因素的层级及其所在的区域。若该等式成立，则该因素为系统最底层因素集，并在可达矩阵中划除第 i 行和第 i 列。重复这一步骤，直到划除所有因素，得到层级分解表，绘制影响医务人员参与远程医疗惰性行为的决定因素层级结构图。

八是建立和修正多级递阶结构模型。根据系统层次结构的严格定义，同层因素间或跨层因素间不应存在直接影响关系。若本研究构建的医务人员参与远程医疗惰性行为的决定因素多级递阶结构模型存在直接影响关系，则需要增设虚节点进行适当调整。虚节点是指系统中并没有这样的因素，可以将其看作相关节点的像。通过增设虚节点，可以有效构建医务人员参与远程医疗惰性行为多级递阶结构模型。

在模型验证和优化方面，本书主要采用问卷调查法和结构方程模型分析法。为验证和优化基于 DEMATEL – ISM 建立的医务人员参与远程医疗惰性行为形成机制模型，拟采用 AMOS（V23.0）软件对所构建的惰性行为形成机制概念模型进行多群组结构方程模型实证分析，并结合专家智慧获得最终优化模型。

基于上述概念模型，识别决策模型影响因素中的潜变量和可测变量。据此，科学编制惰性行为决定因素的调查问卷，主要包括反映医务人员远程医疗行为动机因素指标、社会惰性和机构惰性指标、医务人员个人基本特征指标等。根据所收集的四个层面的医务人员远程医疗服务参与行为相关信息，采用多群组结构方程模型分析方法，旨在评估适配于某一样本的模型是否也适配于其他不同的样本群体，即评估本研究所提出的假设模型在不同区域样本间是否相等或参数是否具有不变性。

本研究多群组分析以人口区域统计变量为调节变量，拟采用两步骤建模程序，即构建测量模型和结构模型。具体流程为：模型设定→模型识别（拟采用 t 规则展开对模型的识别检验）→模型估计（运用问卷调查的可测变量数据，拟采用最大似然法对模型参数估计）→模型评价（路径系数和载荷系数的显著性检验和模型拟合程度的评估）→模型修正。在保证信度和效度的基础上，运用 AMOS 软件对模型进行验证性因子分析，计算参与远程医疗惰性行为形成机制模型的路径系数，明确因素间的作用关系，评估模型拟合程度，进行假设检验，以验证和优化概念模型。再结合专家智慧，以获得最优的医务人员参与远程医疗惰性行为机制模型，挖掘远程医疗服务人员技术劳务价值的决定要素。依据模型分析不同类型惰性行为对医务人员参与远程医疗的影响程度，揭示当前系统环境下影响参与行为决定因素的作用路径，最终获得最优的医务人员参与远程医疗惰性行为形成机制模型并进行解释。

（三）医务人员参与远程医疗的促进路径和激励干预策略研究

根据所构建的惰性行为形成机制模型，侧重分析惰性行为决定因素中的可控因素，识别其在决定因素簇中的层级位置和影响路径。进一步选取测量结果为反抗式、敷衍式、机械式和合谋式惰性行为组和非惰性行为组的机构人员作为典型案例，通过比较分析，深度挖掘其远程医疗开展的内外部环境要素和个体特征，有效识别作用对象和优化路径。同时，比较分析国内外体制环境和适用范围，归纳和借鉴国外有关参与远程医疗服务行为的促进策略，以更好地体现医疗服务技术劳务价值。在激励相容理论指导下，理顺政府部门、医疗机构、医务人员和患者等主体的利益诉求，采用逻辑推理方法提出潜在可控的激励干预策略。运用专家座谈法，优选出符合实际需要的邀请方和受邀方医务人员参与远程医疗的促进策略集和优先次序。

进一步依据过程干预机制理论框架，有效实施激励策略，以提升医务人员参与积极性和远程医疗服务质量，更好地体现其技术劳务价值。具体包括：支持（support）——主要考虑惰性行为产生的内外部因素，从内部进行价值引导、服务理念宣传、文化氛围营造和从外部提供技术资源保障、激励政策支撑等，以推动所指定的促进策略能够实现；执行（execute）——主要明确实施路径、优化管理制度、规范业务诊疗、开展医学交流等；强化（strengthen）——依据远程医疗参与效果对机构和医务人员进行认知强化、内在认可、规范刺激和考核问责等；反馈（feedback）——对执行和强化后的管理策略干预结果进行反馈，以便制定更好的激励规制策略。具体研究框架如图 5-10 所示。

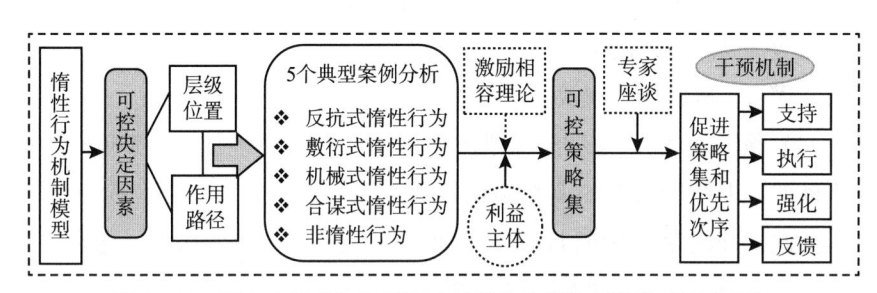

图 5-10　医务人员参与远程医疗的激励路径和干预策略研究框架

此部分旨在基于前述惰性行为形成机制模型的分析结果，识别影响因素中的可控因素，明确其在因素中的层级位置。在激励相容理论指导下，借助典型案例分析归纳并优化可控因素的优化路径和策略，结合专家咨询，拟从社会、政府、医疗机构、个体层面，提出符合我国国情的邀请方和受邀方医务人员参与远程医疗的促进策略集，并依据过程干预理论框架，有针对性地提出改善医务人员参与远程医疗惰性行为的干预策略，具体分析方法如下所示。

1. 典型案例分析

该方法是对有代表性的事物或现象进行深入而仔细的研究，从而获得总体认识的一种科学分析方法。根据前期研究情况和知情人推荐，选取医务人员参与远程医疗非惰性行为和四种类型惰性行为的五个样本机构人员作为典型案例分析对象，通过知情人访谈、专题小组讨论、观察法和现有资料收集等方式，开展案例研究，具体分析如下所示。

（1）明确案例研究设计。主要包括案例分析实施方案及流程、案例分析小组成员培训等，确保案例分析质量。

（2）提出研究问题和目的。为什么该样本医务人员参与远程医疗会产生惰性行为？归纳远程医疗服务运行模式以及医务人员参与远程医疗惰性行为关键决定因素和干预策略。

（3）资料收集与整理。一是获取每个样本医院与远程医疗相关的文本资料，尤其是管理规范、激励措施等；二是经样本医院同意后，训练有素的观察员进入远程会诊室，观察邀请方和受邀方医生整个会诊前、中和后的全过程，并作翔实记录等；三是对该样本医院远程医疗业务分管领导、远程医疗服务人员（主要为医生、护士、医技人员、分诊和陪诊人员等）和该机构归属地卫生健康委分管领导进行知情人深度访谈；以研究问题为导向，深入了解其经验和做法，获取第一手访谈资料。

（4）撰写案例分析报告。根据研究目的和改善惰性行为激励策略案例分析框架，围绕所获取的典型案例第一手资料，进行深入案例分析和总结。据此，开展专题小组讨论，以获得医务人员参与远程医疗意愿和路径以及惰性参与的原因，并结合管理学、卫生经济学、社会学等相关理论，采用逻辑推理方法提出潜在可控优化策略，撰写分析报告。

2. 激励相容理论分析

在激励相容理论指导下，本研究旨在设计某种机制使远程医疗活动参与者的个人利益与设计者既定的组织目标相统一，从而引导每个参与者在谋求个人利益的同时，也通过自己的努力去实现组织目标。这里存在医院组织目标和医务人员个人目标、政府目标和医院（医务人员）目标的相统一性。为更好地推动远程医疗服务开展，本研究假定远程医疗服务购买者（政府或患者等）和远程医疗服务提供者（医院或个人等）为理性经济人，都追求自身利益最大化，即政府追求国民健康第一，医务人员增收第二，而作为服务提供者的医务人员则追求自身利益第一，国民健康第二。

政府要实现国民健康的目标，除通过行政手段干预外，还可以通过补偿机制来满足医务人员的自身利益，提高医务人员参与的积极性，使医务人员获得利益目标与政府的国民健康目标相一致，进而初步建立起激励相容理论下的补偿机制对医务人员增收的理论框架（见图 5-11），其中直接和间接激励方式在前期研究中已提及并发表了激励对策相关学术论文。

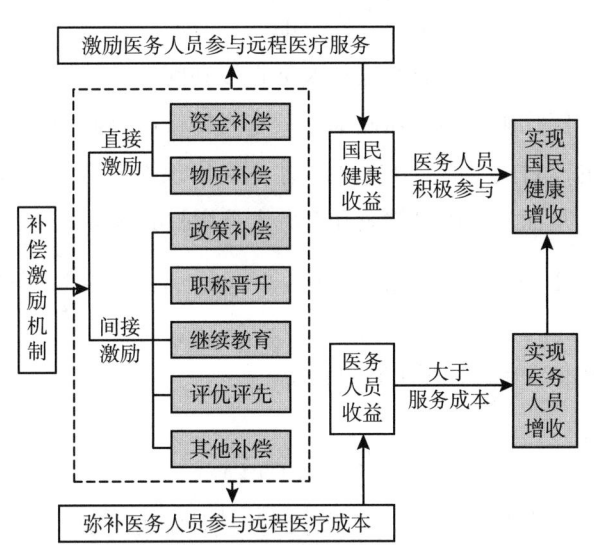

图 5-11　激励相容理论下的补偿机制对医务人员增收的理论框架

假设医务人员参与远程医疗服务的努力程度 x 决定政府的国民健康收益 R(x)，且满足 $R'(x) \geq 0$，则医务人员远程医疗服务产出函数为 $G = f(x) + \varphi$，φ 为服从正态分布的外生变量。设医务人员远程医疗服务投入成本为 C(x)，政府采取直接或间接补偿方式对医疗机构医务人员进行激励。对医务人员而言，两种激励的等值货币收益分别为 $\beta_1[f(x) + \varphi]$ 和 $\beta_2[f(x) + \varphi]$，其中，β_1 为直接补偿激励系数，β_2 为间接补偿激励系数。

根据前述惰性行为形成机制模型，明确促进医务人员可持续参与远程医疗干预策略，且在设计补偿激励机制时，政府要考虑满足医务人员参与远程医疗目标相容约束下，实现保障基层和偏远地区国民健康目标效用最大化的目标一致性函数为：

$$\max\{R(x) - \beta_1[f(x) + \varphi]\}$$

$$\text{s.t.} \begin{cases} \beta_1 f(x) + \beta_2 f(x) - C(x) - \frac{1}{2}r(\beta_1^2 + \beta_2^2)\sigma^2 \geq w \\ \max\left\{\beta_1 f(x) + \beta_2 f(x) - C(x) - \frac{1}{2}r(\beta_1^2 + \beta_2^2)\sigma^2\right\} \end{cases}$$

其中，r 为风险规避系数；w 为医务人员保有收入；σ^2 为总体方差。

该激励相容的一阶导数条件有：

$$\beta_1 \frac{df(x)}{da} + \beta_2 \frac{df(x)}{da} - \frac{dC(x)}{da} = 0$$

从上式可以看出，政府对医务人员直接和间接补偿激励系数等于医务人员参与远程医疗服务的边际成本，只有当补偿激励收益大于医务人员参与远程医疗的支付成本时，医务人员才不会出现惰性行为，且愿意参与到医疗服务中，从而实现国民健康和医务人员增收的双重效应。

进一步假定 $f(x) = ax + b$，a 和 b 为参数，$C(x) = \frac{x^2}{2}$，间接与直接补偿激励系数比值 $k = \frac{\beta_2}{\beta_1}$，则上式可得：

$$\beta_1 = \frac{x}{a(1+k)}$$

可以看出，当 k 越大时，β_1 越小，间接补偿力度加大能够减少资金等直接补偿。间接补偿方式能够减轻政府财政压力，同时能把医务人员的积极性调动起来。这为后续提出有针对性的激励干预策略提供了参考依据。在此基础上，进一步分析医务人员选择不同补偿方式的影响因素及其影响程度。

3. 基于专家咨询的 SESF 过程干预策略分析

根据理论分析结果和研究目的，制定并完善专家咨询表。拟对远程医疗服务提供方（包括医务人员、网络通信商代表、远程医疗设备供应商代表等）、医院管理者、政策制定者、卫生决策研究者等 15~20 名专家进行多轮咨询，明确关键作用对象，识别优化路径和方式。进一步对改善惰性行为的可控因素重要性和可行性进行评估，确定医务人员参与远程医疗行为促进策略；对存在多种潜在优化策略的激励约束因素，找出策略的优先顺序。

在过程干预框架指导下，从支持（support，S）、执行（execute，E）、强化（strengthen，S）和反馈（feedback，F）方面着手（见图 5-12），有针对性地设计成套的可控干预策略组合，激励医务人员可持续参与远程医疗服务，为政府政策制定者和医疗机构管理者等提供决策依据，以推动优质医疗资源有效下沉，满足基层边远和贫困地区群众的健康需求。

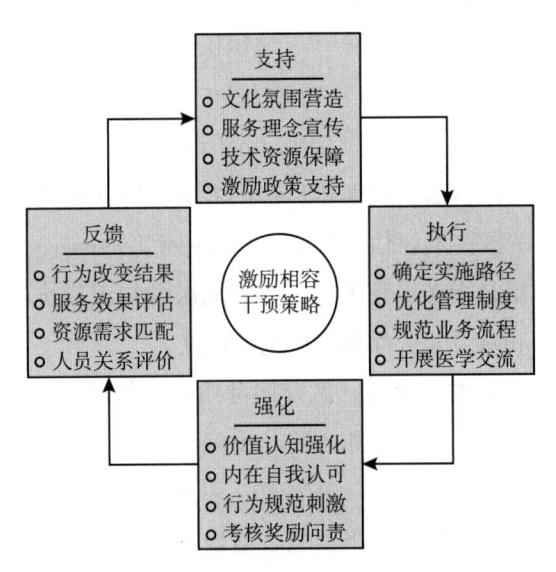

图 5-12　过程干预策略分析框架

第二节　远程医疗服务质量评价

远程医疗行为是医疗服务提供者的动机表现，其行为态度直接影响远程医疗服务质量，进而影响远程医疗服务技术劳务价值。远程医疗服务质量是对远程医疗服务工作的综合判断和评价，通过构建远程医疗服务质量评价机制，为远程医疗服务技术劳务价值评价奠定基础。

一、远程医疗服务质量概述

（一）基本概念

质量的概念较为广泛，涵盖物理质量、产品质量、生活质量等多个维度，服务质量是一个相对抽象的概念，无法用某一定量指标来评价，而且随着社会发展，其概念也在不断地完善和明晰。医疗服务质量通常反映在诊疗效果的优劣上，代表着医疗机构的服务思想、技术水平和管理水平。医疗服务质量是医疗服务活动的核心要素，也是医疗服务对象对整个服务过程及结果的判断或评价。1966年，美国医疗质量管理之父阿维迪斯·多那比第安（Avedis Donabedian）首次提出医疗质量的基本内涵：结构（structure）、过程（process）和结果（outcome）[1]。1988年，他将医疗质量界定为利用合理的方法实现期望目标的能力，即恢复身心健康和令人满意[2]。1988年，美国技术评估办公室（Office of Technology Assessment）提出：医疗服务质量是指在现有条件下，利用医学知识和技术，增加患者医疗服务期望结果和减少非医疗期望结果的程度。

从医疗服务的基本概念看，医疗服务质量包括以下四个部分[3]：一是诊断是否正确、及时而全面，如入院与出院诊断符合率等；二是治疗是否有效、及时、彻底，如治愈率、好转率、病死率等；三是疗程的长短，如平均住院日等；四是因医疗不当给患者增加不必要的痛苦或损害，如医疗差错发生率、手术感染率等。此外，医疗质量还包括满足患者其他方面需求的程度。这反映出医疗质量既包含终末质量，又包含过程质量；既包含医疗工作质量，又包含医疗基础建设条件质量。国外医疗服务质量通常从患者角度出发，建立"以患者为中心"的医疗服务理念，而我国对医疗服务质量的研究相对较晚，主要聚焦在医疗服务结果方面。

远程医疗服务质量是对远程医疗服务过程和结果的综合印象，包括远程医疗服务态度、服务人员及设备配置情况、专业水平和服务效果等要素。结合"结构—过程—结果"理论，远程医疗服务质量包括以下三个方面：一是结构层面，主要是远程医疗服务提供方根据自身医疗水平和资源能够向有需求的用户提供远程医疗服务的能力和水平，如诊室数量、专家数量、专家水平等结构性资源；二是过程层面，远程会诊的服务质量涉及远程会诊的全过程，从诊前的预约到正式会诊，再到诊后的随访和治疗效

---

[1] Avedis Donabedian. Evaluating the quality of medical care [J]. Milbank Memorial Fund Quarterly, 1966, 44.

[2] Avedis Donabedian. The quality of care：How can it be assessed? [J]. Journal of the American Medical Association, 1988, 260 (12)：1743 - 1748.

[3] 彭瑞聪，高良文. 中国卫生事业管理学 [M]. 长春：吉林科学技术出版社, 1987.

果,每个节点都影响着远程会诊的质量;三是结果层面,远程会诊服务质量是远程医疗服务提供者满足用户需求程度评价,如用户在接受远程会诊服务时的感知质量等。

(二) 远程医疗服务质量特征与分类

远程医疗服务质量既具有普通医疗服务质量的特性,又不同于非医疗产品或服务的质量特性,主要表现在以下几个方面:一是主观性。远程医疗服务人员提供医疗服务往往根据患者描述和相关检查等综合诊断结果,整个诊疗过程需要邀请方和受邀方医生共同参与,而最终邀请方医生和患者进行远程医疗服务质量评价,且患者的主观期望和感受会受到多种因素的影响,因此远程医疗服务质量具有较强的主观性。二是过程性。远程医疗服务是一个远距离的诊疗活动过程。在这个过程中,需要邀请方和受邀方医务人员进行互动和沟通,以期改善邀请方患者的健康状况。因此,远程医疗服务质量不仅需要关注诊疗的结果优劣,还要关注诊疗的过程是否合理、融洽。三是异质性。远程医疗服务质量评价是不稳定的,不同患者或者同一患者因不同时间、不同地点、不同疾病、不同程度等因素会对质量的期望和实际感知有所不同,评价结果也会不同。四是时效性。远程医疗服务主要通过邀请方和受邀方医务人员针对特定病情发展阶段的患者,开展远距离诊疗活动(包括远程会诊以及影像、病理、心电等诊断)并提供诊疗方案,因此,服务质量评价具有特定病情发展阶段的时效性,病情发生变化后可能需要新的远程诊疗或者其他诊疗方案。

远程医疗服务质量有技术性和非技术性两类,前者主要指远程医疗服务人员医疗专业技术服务结果,同时包含网络平台稳定性、数据传输安全性、医疗设备技术更新等质量结果,后者主要指医疗环境、服务流程、医疗费用、后勤服务、职业道德、隐私保护等感知结果或者满意度结果。在整个远程医疗服务过程中,存在患者对远程医疗服务的期望结果(E)和患者对远程医疗服务的实际感知结果(P)。当$E>P$时,患者对远程医疗服务质量的满意度相对较低,当$E \leq P$时,患者对远程医疗服务质量的满意度相对较高,这也是医疗服务质量改进的目标。

(三) 远程医疗服务质量评价 SERVQUAL 评价模型

研究医疗服务质量的理论与模型,主要包括三维质量评价理论、顾客感知质量模型、服务质量差距模型、SERVQUAL 评价模型等。本书通过比较分析质量评价理论的适用性,采用 SERVQUAL 评价模型探索远程医疗服务质量评价。

1985 年,医疗服务质量研究资深学者帕拉苏拉曼(A. Parasuraman)、瓦拉瑞尔 A. 泽丝曼尔(Valarie A. Zeithaml)和利奥纳多 L. 贝瑞(Leonard L. Berry)提出了 SERVQUAL(service-quality)量表评价法[1],即 10 个维度,包括有形性(tangibles)、可靠性(reliability)、响应性(responsiveness)、有效沟通性(communication)、可信性(credibility)、安全性(security)、胜任力(competence)、礼貌性(courtesy)、了解性(understanding/knowing the customer)和接近性或易得性(access)。

1988 年,他们进行了改进并提出医疗服务质量评价模型,包含 5 大维度[2],即有形性(tangibles)、可靠性(reliability)、响应性(responsiveness)、保证性(assurance)和移情性(empathy)。其中,保证性和移情性包含了 10 个维度中的后 7 个条目:有效沟通性、可信性、安全性、胜任力、礼貌性、了解性、接近性或易得性。SERVQUAL 评价法往往可以从患者角度出发,评价患者的实际感受与期望之间的差距来评价医疗服务质量。后来,虽然很多学者进行了改进,但基本是在 SERVQUAL 量表评价的基础上进行的。

远程医疗服务质量评价方法相对较多且不统一,目前仍没有形成完整而标准的评价方法。本书采用 SERVQUAL(service-quality)量表评价法对远程医疗服务质量进行评价(见表 5-3),并根据现在发展趋势和现实需要进行改进。

---

[1] A. Parasuraman, Valarie A. Zeithaml, Leonard L. Berry. A conceptual model of service quality and its implications for future research [J]. Journal of Marketing, 1985, 49: 41-50.

[2] A. Parasuraman, Valarie A. Zeithaml, Leonard L. Berry. SERVQUAL: A multiple-item scale for measuring consumer perceptions of service quality [J]. Journal of Retailing, 1988, 64 (1): 12-40.

表 5-3　　　　远程医疗服务 SERVQUAL 量表评价维度

序号	维度	含义
1	有形性（tangibles）	远程医疗服务的实物证明：实物远程医疗设施、人员形象、工具或远程医疗设备等
2	可靠性（reliability）	性能和可信性的一致性：及时合理提供远程医疗服务、患者病历精确性、保持正确的会诊记录、指定的时间提供服务
3	响应性（responsiveness）	邀请方和受邀方提供远程医疗服务的意愿和行动：及时提出会诊申请、快速向邀请方确定会诊医师及时间等
4	有效沟通性（communication）	邀请方和受邀方能够互相理解，采用同顾客对等的沟通方式：解释远程服务及其成本，保证及时解答医生或患者的问题
5	可信性（credibility）	信任、自信、真诚、患者利益第一
6	安全性（security）	远程医疗设施安全、财产安全、隐私安全
7	胜任力（competence）	拥有提供远程医疗服务的必备技能和知识
8	礼貌性（courtesy）	邀请方和受邀方能够礼貌、尊重、换位思考和友善地沟通
9	了解性（understanding/knowing the customer）	满足邀请方医生或患者的需求：提供个性化的诊疗服务、及时回应患者需求等
10	接近性或易得性（access）	联系的方便性和可接触性：接近性的远程服务、较短的等候服务时间、方便的会诊时间、方便的服务设施

二、远程医疗服务质量评价指标体系构建

（一）远程医疗服务质量关键因素分析

前面章节已经阐述过，远程医疗不仅涉及疾病预防、诊断、治疗等医学技术以及其他辅助技术，同时还涉及远程医疗服务设施及通信网络等。远程医疗服务不同于普通的临床服务，其更多强调的是依托远程医疗服务平台进行医疗决策，以实现远程医疗的个性化服务或个性化的诊疗方案。因此，远程医疗服务对诊疗前期的患者医疗健康数据质量要求很高，而且医疗健康数据的质量也会影响临床医疗服务质量和远程医疗服务结果。此外，远程医疗服务质量包括整个远程医疗服务的过程质量和终末质量，也

必然包括远程医疗服务对象的主观感受和健康改善程度。换言之，远程医疗服务质量的评价除传统的医疗服务质量评价因素外，还包括患者医疗健康数据质量因素、远程医疗通信网络质量因素等。

（二）质量评价指标体系构建的基本原则

结合医疗服务质量评价的理论与方法，本书主要从患者的角度进行分析，给出远程医疗质量评价的指标筛选原则（包括重要性、社会性、敏感性、科学性、可行性等）和指标体系构建原则（包括全面性、目的性、实用性、时效性、可操作性、科学性等），具体如下所示。

从指标筛选原则看，一是重要性，体现在评价指标要具有临床意义，能够反映远程医疗服务质量问题，并且能够直接影响患者的远程医疗服务结果；二是社会性，体现在评价指标要具有社会属性，要能反映出社会和政府所关注的重要问题，或以保障人民健康为目的的民生热点问题；三是敏感性，体现在指标的正向变化对远程医疗服务结果的改善作用要明显；四是科学性，即评价指标体系的信度和效度要高，要能反映出评价的目的和内容，尤其是内容效度和表面效度；五是可行性，体现在评价指标要容易获取且真实可靠。

从指标体系构建原则看，一是全面性，选取的指标要尽可能全面地反映远程医疗服务质量情况，但也不能过于细分和面面俱到，要保证远程医疗服务的关键点能够在指标中体现出来；二是目的性，远程医疗服务质量评价要以患者为核心，从患者角度出发制定原则，重点关注临床诊疗信息的不对称性，从患者角度来审视远程医疗服务质量；三是实用性，医疗服务质量评价模型相对较多，而且国际的差异性会导致评价结果的不可靠，因此构建评价指标体系时要结合本国国情和远程医疗服务的实际需要，增强质量评价的实用性；四是时效性，远程医疗服务质量的评价要与时俱进，评价要在"互联网＋医疗"的医疗改革大环境下进行；五是可操作性，质量评价指标体系要具有针对性和客观需要性，符合现实调查研究的操作方式，指标不能太细、太复杂，也不能超出远程医疗服务的实际工作范围；六是科学性，质量评价指标筛选原则、评价方法的选择、指标的维度划分等要具有科学性。此外，质量评价指标体系要具有较高的信度和效度。

(三) 远程医疗服务质量评价指标体系构建

1. 评价指标体系构建基础依据

考虑到单一的评价指标的局限性和传统综合评价方法的主客观性不足问题，需要借助 SERVQUAL 应用原理（见图 5-13），来构建远程医疗服务质量评价体系。在实际构建过程中，本书主要运用 SERVQUAL 的五维度评价模型，结合远程医疗服务实际情况，对 SERVQUAL 量表进行补充完善，具体包括对量表中每个维度的条目进行增加修改和重新定义，对不符合现实情况的进行删除，初步确定远程医疗服务质量的"五维度"评价量表，同时，考虑到远程医疗服务的基本内涵是为经济欠发达的边远农村提供远程医疗服务，因此考虑增加远程医疗服务的经济性特征，包括患者的医疗成本和医生的补偿机制，以形成最终的远程医疗服务质量评价体系。

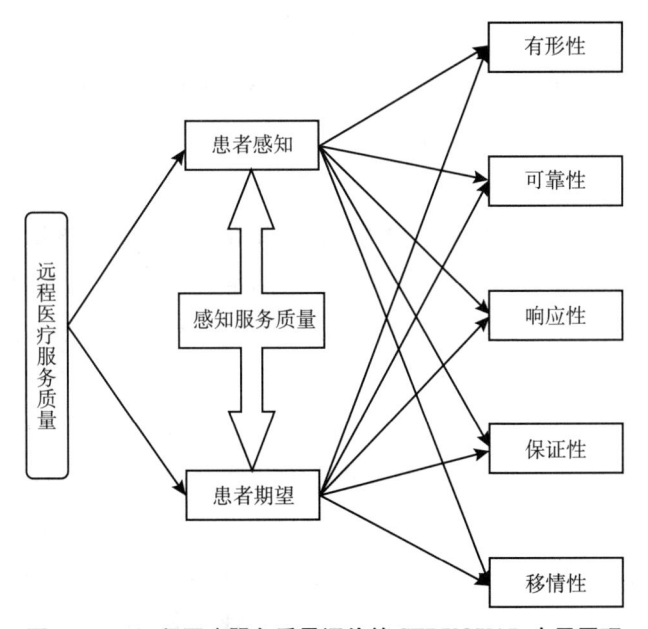

图 5-13 远程医疗服务质量评价的 SERVQUAL 应用原理

2. 评价指标体系筛选

在进行评价时，要先确定评价指标，由于指标之间存在一定的相关性，所以就给指标确定增添了困难。如果选取的指标过多，就会增加研究的复杂程度以及难度；反之，就有可能漏掉相对重要的指标，影响体系的可靠性和科学性。因此，远程会诊服务质量评价指标选取的科学性和合理性直接影响评价的结果。所以，建立科学、客观、合理、全面反映远程医疗服务质量的指标体系尤为重要。本书主要根据文献研究法、实地调研法确定指标选取原则。

（1）指标初选。在SERVQUA理论框架指导下，本书以"政策梳理+文献检索+专题调查"为主线，进一步梳理近年来的远程医疗服务相关政策、学术文献，以及针对公立医疗机构远程医疗服务质量评价因素的专题座谈和问卷调查资料，专家座谈与调查时间为2024年7~8月。一是根据前面章节的相关政策文件内容，初步获得远程医疗服务质量相关指标。二是以"远程医疗"和"服务质量"为检索主题词，对中国知网、万方数据等中文数据库进行精确检索，检索时间段为2009年1月至2024年6月。进一步对获取的学术文献进行内容分析，剔除与远程医疗服务质量评价要素研究相关性较低的参考文献，确定有价值的核心参考文献。三是综合考虑以上两种方式获得的关键影响因素，并召开专题小组讨论会，初步确定6个维度30种评价要素及其含义。

根据初定的影响因素，设计专家咨询调查表并进行专家咨询。一般地，由于远程医疗服务质量评价指标的判定结果会受到专家成员情况的直接影响，因此需要选择合适的函询专家，通常为15~50人。本研究确定的专家筛选原则为从事远程医疗服务实践或研究工作3年以上、涉及多个相关工种门类、本科及以上学历、具有独立思维和判断。按照15~20人的普遍共识，本研究针对远程医疗服务质量评价要素种类筛选环节，初步邀请6名专家开展函询，通过优化调整并选择28种核心评价指标因素。

（2）确定专家咨询问卷。专题小组谈论法是指5~10个成员在组长的带领下，围绕主题以自由讨论的形式进行面对面交流的定性研究方法。本研究参与专题小组讨论的成员包括5名卫生管理专家、4名医院管理专家、4名博士生和3名硕士生。通过查阅文献，就远程医疗服务质量指标体系的初步方案进行讨论，在此基础上，逐步完善指标体系的基本框架，形成远程医疗服务质量评价指标专家咨询表。专家咨询问卷主要包括问卷说明、专家基本信息、专家咨询评议表和专家权威程度自评表四部分。一是问卷说明。主要介绍了远程医疗服务质量评价指标体系构建的目的、背景及问卷填写要求等。二是专家基本信息。包含参与征询的各位专家的姓名、年龄、职称、最高学历、工作单位、工作年限、专业类别、是否为研究生导师等信息。三是专家咨询评议表。包含指标条目、指标重要性、指标修改意见。采用 Likert 五级评分法对指标重要性进行评价，重要性从"不重要"到"非常重要"依次记 1~5 分。四是专家权威程度自评表。包括专家对指标的熟悉程度、判断依据（见表 5-4）。其中，熟悉程度分为"非常熟悉""较熟悉""一般""不太熟悉""不熟悉"，分别赋分为 1.0、0.8、0.4、0.2、0；判断依据包括"理论知识""实践经验""对国内外同行的了解""直觉"4 个方面，每个判断依据对应的专家影响程度分别为大、中、小 3 类。

表 5-4　　　　　　　　专家判断依据量化表

判断依据	专家的影响程度		
	大	中	小
理论知识	0.3	0.2	0.1
实践经验	0.5	0.4	0.3
对国内外同行的了解	0.1	0.1	0.1
直觉	0.1	0.1	0.1

（3）调查研究与统计分析。半结构式访谈（semi-structured interviews）是在粗线条访谈提纲的基础上进行的非正式访谈，对访谈对象所要询问的问题等仅有大致的基本要求。本研究中邀请了专业高校学者、医院管理者、卫生行政部门人员就远程医疗服务质量现状及影响因素进行了深入访谈，为推动远程医疗服务质量评价指标体系构建与优化提供了意见和建议。根据德尔菲法常用指标及筛选方式，重点从专家积极系数、权威系数、专家协调系数进行综合考虑。根据专家意见结果，剔除指标重要性均值 <3.50、变异系数 >0.30 的指标；专家咨询表发放以微信、邮箱的方式进行；指标权重的确认方式以主观分析法中的德尔菲法为主要方式，采用德尔菲法依次对初定指标的权重进行赋值。

在每轮专家咨询后，将结果录入 Excel，运用 SPSS 26.0 软件对专家数据信息进行量化分析。采取专家积极系数、权威系数、协调系数来衡量专家咨询法实施质量。通过对指标均值、标准差、变异系数等进行计算，来达到有效删减指标的目的。采用肯德尔和谐系数（Kendall's W 系数）表示专家协调程度。专家权威系数（q）由专家学术水平权数、专家判断依据和对指标的熟悉程度 3 个指标共同计算得出。其中，专家学术水平权数（q1）根据专家信息分为博士生导师、硕士生导师或教授、其他高级职称、副高职称、中级，依次赋值 1.0、0.9、0.7、0.5、0.3；专家判断依据（q2）分别从理论知识、实践经验、对国内外同行的了解、专家个人直觉感受进行自评赋值（见表 5 – 4）；对指标的熟悉程度（q3）分为 5 个等级，从很熟悉到不熟悉，依次赋值 1.0、0.8、0.5、0.2、0。根据公式 $q = (q1 + q2 + q3)/3$ 计算得出结果，通常认为专家权威系数（Cr）的合理区间是 0 ~ 1，Cr 越大代表专家权威性越高，在研究中专家权威系数大于 0.70 即可接受。专家协调系数通过 SPSS 26.0 测算获得。

（4）专家函询结果。专家基本情况如表 5 – 5 所示。两轮专家咨询均分别发放问卷 17 份，回收 17 份，咨询问卷有效回收率均达到 100%，其中 12 位（70.59%）专家对问卷提出了修改意见。总体来看，专家具有较高的积极性。专家权威系数为 0.85，大于 0.70，结果良好，表明专家对指标非常熟悉、均具有较丰富的相关实践经验和理论水平。同时，这反映出筛选确定的指标准确性和代表性均较好。通过两轮专家咨询后，本研究专家协调系数呈现出良好的表现，一级指标肯德尔和谐系数由 0.30 上升至 0.36（$p<0.01$），二级指标肯德尔和谐系数由 0.19 上升至 0.24（$p<0.01$），三级指标肯德尔和谐系数由 0.18 上升至 0.23（$p<0.01$），均达到统计学要求，证明专家意见有很好的协调程度。

表 5 – 5　　　　　　　　　函询专家基本情况

专家信息	第一轮		第二轮	
	数量（人）	构成比（%）	数量（人）	构成比（%）
性别				
男	12	70.6	12	70.6
女	5	29.4	5	29.4

续表

专家信息	第一轮		第二轮	
	数量（人）	构成比（%）	数量（人）	构成比（%）
年龄				
30~40岁	10	58.8	9	58.8
40~50岁	5	29.4	6	29.4
50岁以上	2	11.8	2	11.8
工作年限				
10年以下	12	70.6	7	70.6
10年以上	5	29.4	10	29.4
职称级别				
正高级	4	23.5	10	23.5
副高级	8	47.1	3	47.1
中级	5	29.4	2	29.4
最高学历				
博士	4	23.5	4	23.5
硕士	9	52.9	13	52.9
本科	4	23.5	4	23.5
专业领域				
医疗管理	4	23.5	4	23.5
临床医学	13	76.5	13	76.5
工作单位类型				
医院	13	76.5	13	76.5
高校	4	23.5	4	23.5

3. 评价指标体系及权重情况

本书构建的远程医疗服务质量评价指标体系包括6个维度28个指标（见表5-6）。通过数据梳理与专家讨论对指标进行调整，最终确定远程医疗服务质量评价指标体系，包括6个一级维度指标（有形性、可靠性、响应性、保证性、移情性、经济性），28个二级指标（X1，X2，…，X28）。远程医疗服务有形性指标权重为15.0分，下设5个二级指标，X1、X2、

X3、X4、X5 指标的权重分别为 2.46 分、3.51 分、2.54 分、3.28 分、3.21 分；远程医疗服务可靠性指标权重为 20.0 分，下设 5 个二级指标，X6、X7、X8、X9、X10 指标的权重分别为 3.25 分、4.06 分、4.47 分、3.10 分、5.12 分；远程医疗服务响应性指标权重为 20.0 分，下设 5 个二级指标，X11、X12、X13、X14、X15 指标的权重分别为 4.51 分、3.45 分、3.58 分、4.14 分、4.32 分；远程医疗服务保证性指标权重为 20.0 分，下设 4 个二级指标，X16、X17、X18、X19 指标的权重分别为 5.94 分、5.43 分、4.36 分、4.27 分；远程医疗服务移情性指标权重为 15.0 分，下设 5 个二级指标，X20、X21、X22、X23、X24 指标的权重分别为 2.12 分、4.23 分、3.24 分、2.22 分、3.19 分；远程医疗服务经济性指标权重为 10.0 分，下设 4 个二级指标，X25、X26、X27、X28 指标的权重分别为 2.11 分、2.24 分、3.16 分、2.49 分，具体分析如下所示。

表 5-6　　　　　　　远程医疗服务质量评价指标体系

维度 （权重/分）	编码	指标含义	指标权重 （分）
有形性 (15.0)	X1	远程医疗服务场地环境得到充分保障	2.46
	X2	远程医疗服务网络与设备运转正常	3.51
	X3	远程医疗服务专家技术人员着装得体	2.54
	X4	远程医疗服务运行维护管理人员保障充分	3.28
	X5	远程医疗服务操作流程和制度规范是明确的	3.21
可靠性 (20.0)	X6	远程医疗服务机构是可信赖的	3.25
	X7	远程医疗服务专家专业知识和技术水平过硬	4.06
	X8	及时关心并有效解决邀请方医生或患者的临床问题	4.47
	X9	远程医疗服务双方能够按照约定时间准时开始	3.10
	X10	邀请方的患者病历记录报告单是真实的	5.12
响应性 (20.0)	X11	受邀方应告诉邀请方医生或患者提供服务的准确时间	4.51
	X12	邀请方医生或患者期望医生提供及时的服务是现实的	3.45
	X13	受邀方医生总是乐意去帮助邀请方医生或患者	3.58
	X14	若医生太忙而无法迅速对患者需求做出响应，是不可接受的	4.14
	X15	医生期望及时解决患者对远程医疗服务的不满	4.32

续表

维度 （权重/分）	编码	指标含义	指标权重 （分）
保证性 (20.0)	X16	远程医疗服务人员是有礼貌的	5.94
	X17	远程医疗服务人员给出的诊疗方案是值得信赖的	5.43
	X18	远程医疗服务过程隐私安全得到保障，让患者感到放心	4.36
	X19	远程医疗服务专家信息库能够保障患者所需的合适专家	4.27
移情性 (15.0)	X20	远程医疗服务机构会差异化地为患者提供服务	2.12
	X21	远程医疗服务受邀方专家会与邀请方医生充分且友好沟通	4.23
	X22	期望受邀方专家了解邀请方医生或患者需求是现实的	3.24
	X23	远程医疗服务机构优先考虑患者利益是现实的	2.22
	X24	远程医疗服务机构期望服务时间能够方便所有患者	3.19
经济性 (10.0)	X25	远程医疗服务免费或费用纳入医疗保险报销	2.11
	X26	远程医疗服务能够降低患者医疗成本	2.24
	X27	远程医疗服务人员补偿机制是完善的	3.16
	X28	远程医疗服务收费明细是合理清晰的	2.49

（1）有形性。有形性主要指远程医疗服务的有形部分，虽然医疗服务是无形的，但医疗服务场地环境、医疗服务人员、远程医疗设备、规范制度等是有形的。医疗服务人员和患者可以通过有形的实物来推测和感知医疗服务质量。

具体指标：X1 远程医疗服务场地环境得到充分保障；X2 远程医疗服务网络与设备运转正常；X3 远程医疗服务专家技术人员着装得体；X4 远程医疗服务运行维护管理人员保障充分；X5 远程医疗服务操作流程和制度规范是明确的。

（2）可靠性。可靠性主要指远程医疗服务机构能够准确地提供所承诺的健康服务。远程医疗服务人员专业水平较高，能够保证准时开始远程诊疗活动并有效解决邀请方临床诊疗问题，提供真实的病历记录报告单。

具体指标：X6 远程医疗服务机构是可信赖的；X7 远程医疗服务专家专业知识和技术水平过硬；X8 及时关心并有效解决邀请方医生或患者的临床问题；X9 远程医疗服务双方能够按照约定时间准时开始；X10 邀请方的

患者病历记录报告单是真实的。

（3）响应性。响应性主要是指远程医疗服务机构能够及时为患者提供有效的健康服务。这也能从侧面反映出远程医疗服务机构是否把患者利益放在第一位。远程医疗服务机构人员应能及时告知患者医疗服务时间，以及按时为患者提供远程医疗服务。患者有需要时，医务人员能够及时作出反应并给予帮助和关心。

具体指标：X11 受邀方应告诉邀请方医生或患者提供服务的准确时间；X12 邀请方医生或患者期望医生提供及时的服务是现实的；X13 受邀方医生总是乐意去帮助邀请方医生或患者；X14 若医生太忙而无法迅速对患者需求做出响应，是不可接受的；X15 医生期望及时解决患者对远程医疗服务的不满。

（4）保证性。保证性主要是指远程医疗服务人员能够让患者产生信任和安全感。医疗服务人员的服务态度和服务能力对医疗质量的影响较大，医务人员缺少友善的态度很容易引起患者的不满，降低患者对医生的信任。医疗技术更新较快，医务人员应尽可能地及时掌握医疗新技术、新方法。

具体指标：X16 远程医疗服务人员是有礼貌的；X17 远程医疗服务人员给出的诊疗方案是值得信赖的；X18 远程医疗服务过程隐私安全得到保障，让患者感到放心；X19 远程医疗服务专家信息库能够保障患者所需的合适专家。

（5）移情性。移情性主要是指远程医疗服务人员设身处地为患者着想，为患者提供个性化的医疗服务，其更多的是强调医务人员对患者的关心和满足患者需求方面。

具体指标：X20 远程医疗服务机构会差异化地为患者提供服务；X21 远程医疗服务受邀方专家会与邀请方医生充分且友好沟通；X22 期望受邀方专家了解邀请方医生或患者需求是现实的；X23 远程医疗服务机构优先考虑患者利益是现实的；X24 远程医疗服务机构期望服务时间能够方便所有患者。

（6）经济性。经济性主要是指远程医疗服务提供机构能够提供准确而完整的收费标准和补偿机制，医疗服务费用纳入医保报销范围并能够降低患者医疗负担。增加经济性维度，主要考虑到远程医疗服务保障经济落后和欠发达地区患者的健康实际需要。

具体指标：X25 远程医疗服务免费或费用纳入医疗保险报销；X26 远程医疗服务能够降低患者医疗成本；X27 远程医疗服务人员补偿机制是完善的；X28 远程医疗服务收费明细是合理清晰的。

第三节 本章小结

远程医疗服务动机直接影响服务行为和工作态度，不同层级的工作态度也会影响远程医疗服务质量，进而直接影响远程医疗服务技术劳务价值体现。本章主要分析远程医疗服务人员行为决定要素，包括经济社会层面、激励约束机制等机构层面、受邀方和邀请方机构内部关系等关系层面和医疗服务人员的个体特征层面，重点分析远程医疗服务人员惰性行为形成机制，包括反抗式惰性行为、机械式惰性行为、敷衍式惰性行为、合谋式惰性行为等，寻找远程医疗服务人员积极参与远程医疗活动的促进路径，挖掘医疗服务技术劳务价值的决定要素。同时，通过远程医疗服务工作态度以及工作过程和结果的综合判断评价，探索远程医疗服务质量评价的关键要素及评价体系，包括有形性、可靠性、响应性、保证性、移情性、经济性等维度。因此，本章重点从医疗服务行为质量视角，强调远程医疗服务传递中的人际互动质量和临床技术执行质量，来识别远程医疗服务技术劳务价值决定要素。

第六章

远程医疗服务项目价格与人力成本

第一节 远程医疗服务项目基本情况

2023年9月，国家卫生健康委员会发布《关于印发全国医疗服务项目技术规范（2023年版）的通知》（国卫财务发〔2023〕27号）明确了《全国医疗服务项目技术规范（2023）版》（以下简称《项目技术规范》），《项目技术规范》要求各地方结合工作实际，完善本地现行相关医疗服务价格项目缺失和不明确的要素内容，标化口径，积极协商同级医疗服务价格主管部门，统一行业标准，指导医疗机构规范收费行为和成本管理；参考该项目技术规范中的基本人力消耗及耗时、技术难度、风险程度、人力资源消耗相对值等要素，做好行业基础工作，积极协商有关部门推动理顺医疗服务项目比价关系。

根据《项目技术规范》中医疗服务项目技术评价要素内容，远程医疗项目由项目编码、项目名称、项目内涵、低值耗材分档、基本人力消耗及耗时、技术难度、风险程度、人力资源消耗相对值、计量单位、收费票据分类、会计科目分类、病案首页费用分类等17个要素组成。其中，基本人力消耗及耗时、技术难度、风险程度和人力资源消耗相对值等要素体现了远程医疗服务人员技术劳务价值。技术难度主要反映远程医疗服务的技术复杂程度和投入力度以及操作难度等，而风险程度主要反映远程医疗服务过程中的诊断或检查等产生的不利后果严重程度的综合评判结果。远程医疗各项目计量单位、基本人力消耗及耗时、技术难度、风险程度、人力资源消耗相对值如表6-1所示。

表6-1　　　　远程医疗项目技术规范基本内容（部分）

项目编码	项目名称	基本人力消耗及耗时	技术难度	风险程度	人力资源消耗相对值	计量单位
AAGB0001	远程会诊	医护技2~5；每人平均耗时45分钟	89	89	70.0	每科
AAGB0002	远程病理诊断	医1，平均耗时20分钟	89	57	49.8	次
AAGB0003	远程影像诊断	医1，平均耗时20分钟	83	57	47.7	次
AAGB0004	远程心电诊断	医1，平均耗时20分钟	83	57	47.7	次
AAGB0005	远程心电监测	医1技1，持续监测	83	57	74.1	日
AAGB0006	远程起搏器监测	医1技1，持续监测	86	79	80.9	日
AAGB0007	远程除颤器监测	医1技1，持续监测	89	95	86.0	日

在远程医疗服务项目内测中，远程会诊指邀请方和受邀方医疗机构在互联网远程会诊中心或会诊科室通过可视视频实时、同步交互的方式开展的单个学科会诊诊疗活动，包括护理会诊。由邀请方医疗机构接收患者，收集患者完整的病历资料，包括病史、临床指征、实验室检查和影像学检查、治疗经过等，并将资料上传至互联网远程医疗网络系统，预约受邀方医疗机构。受邀方医疗机构依据会诊需求，确定会诊科室和会诊医师，会诊医师提前审阅病历资料。至约定时间双方登录互联网远程医疗网络信息系统进行联通，在线讨论患者病情，解答邀请方医师的提问。受邀方将诊疗意见告知邀请方，出具由相关医务人员签名的诊疗意见报告。

远程病理诊断是指通过网络计算机远程系统提供的病理数据传输及诊断服务。开通网络计算机系统，邀请方医疗机构为受邀方医疗机构提供病理资料（包括病理申请单、取材明细以及术中冷冻病理数字切片等），并上传到病理远程会诊平台云端。受邀方基于上述资料通过云端平台对患者的病情进行分析，最终做出综合诊断意见，并出具由相关医师签名的病理诊断报告。

远程影像诊断是指通过网络计算机远程系统提供的影像数据传输及诊断服务。开通网络计算机系统，邀请方医疗机构通过网络将采集到的影像数据传输至受邀方医疗机构，由受邀方依据影像资料出具诊断报告。

远程心电诊断是指通过网络计算机远程系统提供的心电数据传输及诊断服务。开通网络计算机系统，邀请方医疗机构通过网络将采集到的心电数据传输至受邀方医疗机构，由受邀方依据心电资料出具诊断报告。

远程心电监测是指皮肤清洁处理，安放并固定电极，连接使用心电监测远程传输系统，指导患者如何使用，事件发生时患者触发心电事件记录器记录并处理，经电话、手机、网络、卫星系统等传输至医师工作站，医师接收传递的信息后，对其进行分析测量，并将结果通知患者和相关医师。

远程起搏器监测是指安置带有远程监测功能的起搏器后，通过程控打开远程监测设置，利用无线网络收集起搏器的数据并将其传输至相应的数据信息处理中心。专业医师根据有关数据判断起搏器的工作状态，确定患者到医院程控和随访的时间。不含起搏器安置、起搏器程控功能检查。

远程除颤器监测是指安置带有远程监测功能的除颤器后，通过程控打开远程监测设置，利用无线网络收集除颤器的数据并将其传输至相应的数据信息处理中心。专业医师根据有关数据判断除颤器的工作状态，确定患者到医院程控和随访的时间。不含除颤器安置、除颤器程控功能检查。

第二节 远程医疗服务项目收费价格

一、我国各省份远程医疗服务项目收费现状

现阶段，我国不同省份远程医疗服务项目价格存在巨大差异。如表6-2所示，安徽、福建、甘肃等省份的远程医疗服务项目价格差距明显，远程单学科会诊服务价格在150元/次到500元/次不等，远程多学科会诊服务价格在200元/次到750元/次不等。本书重点梳理了安徽省医疗服务价格

项目目录（2022年版）、福建省远程会诊和远程诊断收费项目及标准（2019年）、甘肃省基本医疗保险医疗服务价格项目目录（2022年版）、广西医疗服务项目价格（2021年版）、贵州省医疗服务价格汇编（2025年）、海南省"互联网＋"医疗服务价格项目（2021年）、河北省城市公立医院医疗服务价格查询表（2024年）、河南省医疗服务价格项目规范（2024年11月8日版）、吉林省医疗机构远程会诊医疗服务价格项目（2019年）、江苏省医疗服务价格项目目录（2022年版）、江西省"互联网＋"医疗服务价格项目修订一览表（2023年）、辽宁省公立医疗机构医疗服务项目最高限价（2019年）、内蒙古自治区"互联网＋"医疗服务项目价格（2020年）、宁夏回族自治区三甲医院医疗服务项目价格（2020年版）、青海省"互联网＋"医疗服务项目收费指导价格（2019年）、山东省公立医疗机构医疗服务项目价格（2023年版）、山西省"互联网＋"医疗服务项目价格（2023年）、陕西省医疗服务项目价格（2024年版）、四川省第二批拟修订"互联网＋"医疗服务项目价格（2021年）、新疆维吾尔自治区新疆生产建设兵团医疗服务项目价格目录（2024年版）、云南省"互联网复诊费"等医疗服务项目价格（2023年）、浙江省省级公立医院医疗服务项目价格汇总表（2023年）、重庆市"互联网＋"医疗服务项目价格和医保支付政策（2020年），对比不同省份远程医疗服务项目收费价格。

表6-2　　　　不同省份远程医疗服务项目收费价格

省份	远程单学科会诊（二级医院）	远程多学科会诊（二级医院）	远程单学科会诊（三级医院）	远程多学科会诊（三级医院）
安徽	600元/小时			
福建	180元/次	480元/次	240元/次	600元/次
甘肃	180元/次	620元/次	200元/次	690元/次
广西	300元/次		500元/次	
贵州	100元/次	270元/小时	100元/次	320元/小时
海南	226元/次	360元/次	250元/次	400元/次
河北	市场调节			

续表

省份	远程单学科会诊（二级医院）	远程多学科会诊（二级医院）	远程单学科会诊（三级医院）	远程多学科会诊（三级医院）
河南	48 元/次		200 元/次（副主任医师）230 元/次（主任医师）	
吉林	100 元/次	220 元/次	200 元/次	300 元/次
江苏	200 元/次	480 元/次	200 元/次	600 元/次
江西	200 元/次	400 元/次	200 元/次	400 元/次
辽宁	300 元/次			
内蒙古	180 元/次	420 元/次	200 元/次	440 元/次
宁夏	160 元/次	360 元/次	200 元/次	400 元/次
青海	210 元/次	310 元/次	300 元/次	400 元/次
山东	500 元/小时			
山西	640 元/次		750 元/次	
陕西	185 元/次	480 元/次	230 元/次	600 元/次
四川	无	无	303 元/次	无
新疆	150 元/次	市场调节	180 元/次	市场调节
云南	224 元/次	424 元/次	280 元/次	480 元/次
浙江	200 元/次	400 元/次	200 元/次	400 元/次
重庆	300 元/次	540 元/次	300 元/次	540 元/次

注：表中部分省份远程会诊价格随医师职称、医院等级、学科数量的不同而上下浮动。

同一项目在不同省份执行着各自的收费标准，这也反映出不同地区远程医疗服务技术劳务价值体现不一致，主要由于不同省份在经济发展水平、医疗资源分布、服务成本核算等方面存在显著差异，这些因素共同作用，使远程医疗服务价格呈现出复杂的局面。因此，如何确定远程医疗服务收费价格形成机制是当前亟待解决的重要议题，而其中人力价值成本的确定是更为困难且更需尽早解决的问题。

从经济发展水平来看，东部沿海发达地区的远程医疗服务项目价格相对较高，中西部地区的远程医疗服务项目价格相对较低。发达地区的医疗服务机构在提供远程医疗服务时，投入的技术设备往往更为先进、高端，网络通信基础设施建设更为完善，这些因素都会导致成本的增加。同时，当地居民收入水平和支付能力相对较强，市场环境也促使价格处于较高区间。相反，在一些经济发展相对滞后的省份，较低的经济发展水平限制了医疗服务机构在远程医疗技术更新和网络建设方面的投入，居民支付能力相对有限，远程医疗服务价格相应也较低。

从医疗资源分布来看，医疗资源丰富的省份，拥有大量优质的医疗专家团队、先进的诊断技术和丰富的临床经验，这些优质资源在参与远程医疗服务过程中价格偏高。而医疗资源相对匮乏的地区，能提供的远程医疗服务水平和质量与发达地区存在差距，其价格也因此受到影响。

从服务成本核算来看，远程医疗服务不仅涉及医疗专业人员的时间成本、专业知识价值成本，还包括设备购置与维护、网络通信费用、数据安全保障等多方面成本。然而，目前尚未形成统一、科学的成本核算标准，不同省份根据自身对成本的理解和核算方法进行定价，导致远程医疗服务项目价格在各省份之间存在巨大差异。

二、我国各省份远程医疗服务项目收费比较分析

在对各省份远程医疗服务项目收费现状展开深入探究与剖析后，呈现出多维度的显著差异与潜在规律，其背后蕴含着复杂的经济学、医学资源学及社会学等多重因素的交织影响。

从医院等级上看，二级医院和三级医院的远程医疗服务项目收费差距相对较小。虽然三级医院在医疗技术前沿性、专家资源丰富度与权威性等关键维度中通常占据优势地位，但在远程医疗服务定价体系中，二者并未产生大幅度价格分化与断层现象。这主要是因为远程医疗服务运作模式在一定程度上弱化了医院等级差异带来的传统服务成本差异。在传统医疗服务项目中，高等级医院往往凭借更优质的医疗资源、更专业的医疗团队以及更先进的医疗设施，在服务成本上与低等级医院形成较大差距，患者前往高等级医院就医时通常需要承担更高的费用，包括挂号费、诊疗费、检查费等。然而，远程医疗服务运作模式使得患者无论身处何地，都能够通过线上平台便捷地获得不同等级医院的医疗服务资源，远程医疗服务项目

价格差异仅体现在诊疗费上，在相同职称的医师会诊条件下，难以产生太大差异。然而，需要明确的是，在远程医疗服务项目上，三级医院的性价比远高于二级医院。三级医院凭借其长期积累的更为丰富多元的临床实践经验以及优质的专家资源储备库，在复杂病例远程诊断及制定综合性、系统性治疗方案等关键环节，具备不可替代的核心竞争力与专业优势，其相对略高的收费价格实则是对优质医疗资源投入与价值创造的合理体现与市场反馈。

从学科数量上看，多学科远程医疗服务项目收费远高于单学科远程医疗服务项目收费。远程多学科会诊模式往往要求汇聚来自多个不同专业领域的资深专家，这些专家团队在面对复杂病情时，往往需要投入更多的时间成本与精力资源，对病情进行全方位、多层次的综合分析、深度讨论以及系统性整合。此过程涉及广泛而深入的专业知识交流互动与协同整合，旨在从多学科专业视角出发，为患者量身定制全面、精准且个性化的治疗方案。与之形成鲜明对比的是，远程单学科会诊模式主要依赖某一特定学科领域的专家专业意见与技术判断，在资源投入的广度与深度以及知识整合的复杂性程度上均显著低于远程多学科会诊模式，故而在收费价格上呈现出明显的差异特征，这一差异深刻反映了不同学科数量模式下远程医疗服务的价值创造与成本投入差异。

从医师职称上看，部分省份不同职称的医师在远程医疗服务项目收费中存在一定差异。高职称医师，如主任医师、副主任医师等，在医疗专业领域经过长期的临床实践与学术研究积累，沉淀了更为丰富的临床经验、构建了更为深厚的专业知识体系，在处理复杂疑难病情时，凭借其多年积累的丰富实践经验与敏锐的专业洞察力，能够更为迅速、精准地捕捉到病情的关键核心问题，并据此为患者制定出更为科学合理、切实有效的治疗方向与方案路径，其在远程医疗服务过程中所提供的诊断意见与治疗建议往往具备更高的权威性、专业性与精准度。因此，服务价格相对较高。这种基于医师职称差异的收费机制有助于激励医师群体积极追求专业成长与职称晋升，不断提升自身的专业素养与服务水平，也为患者群体在远程医疗服务市场中提供了更为多元化、精细化的服务选择空间。患者可综合考虑自身病情的复杂程度、经济承受能力以及对医疗服务质量的预期等多方面因素，在不同职称医师的远程医疗服务项目之间进行理性权衡与自主选择。

综上所述，各省份远程医疗服务项目收费在医院等级、学科数量、医师职称等关键维度均呈现出鲜明的特点与差异，深刻反映了远程医疗服务项目收费背后复杂多元的成本结构和市场需求，为建立远程医疗服务项目价格形成机制及推动远程医疗服务行业的规范化、科学化发展提供了重要的实证依据。

三、我国样本医院远程医疗服务项目收费现状

1. 远程医疗收费开展与标准确定情况

本研究重点对86家医院就远程医疗收费开展情况进行调查，设置的备选项包括"不收费""收费，根据对方远程医疗服务机构收费标准确定""收费，行政管理部门制定统一收费标准""收费，医院自行拟定收费标准"。

图6-1显示，有38.4%（33家）的医院选择"不收费"，19.8%（17家）的医院选择"收费，根据对方远程医疗服务机构收费标准确定"，36.0%（31家）的医院选择"收费，行政管理部门制定统一收费标准"，5.8%（5家）的医院选择"收费，医院自行拟定收费标准"。

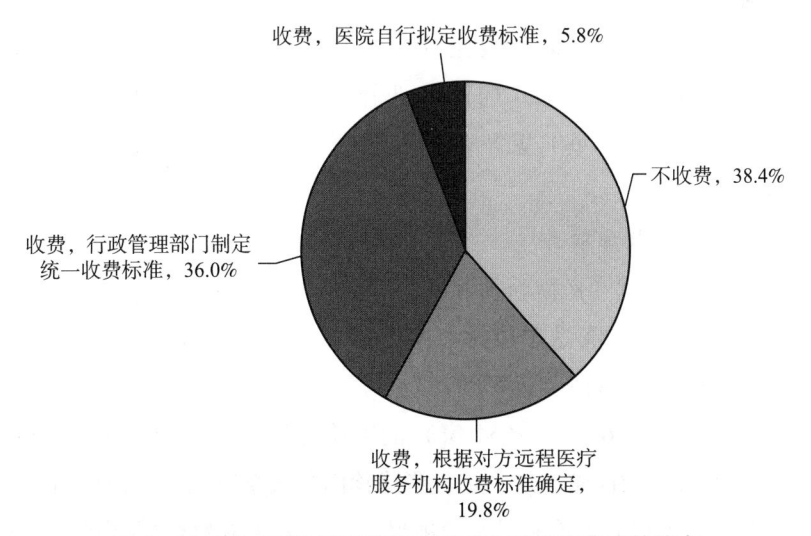

图6-1 参与调查医院远程医疗收费标准确定方式的分布

表 6-3 显示，从医院级别来看，在参与调查的 40 家三级医院中，有 37.5%（15 家）的医院选择"不收费"，22.5%（9 家）的医院选择"收费，根据对方远程医疗服务机构收费标准确定"，37.5%（15 家）的医院选择"收费，行政管理部门制定统一收费标准"，2.5%（1 家）的医院选择"收费，医院自行拟定收费标准"。

表 6-3　　　　　　　　　　不同级别医院的服务收费情况

类别	一级医院	二级医院	三级医院
不收费	41.7%	38.2%	37.5%
收费，根据对方远程医疗服务机构收费标准确定	0.0%	23.5%	22.5%
收费，行政管理部门制定统一收费标准	50.0%	29.5%	37.5%
收费，医院自行拟定收费标准	8.3%	8.8%	2.5%

在参与调查的 34 家二级医院中，有 38.2%（13 家）的医院选择"不收费"，23.5%（8 家）的医院选择"收费，根据对方远程医疗服务机构收费标准确定"，29.5%（10 家）的医院选择"收费，行政管理部门制定统一收费标准"，8.8%（3 家）的医院选择"收费，医院自行拟定收费标准"。

在参与调查的 12 家一级医院中，有 41.7%（5 家）的医院选择"不收费"，50.0%（6 家）的医院选择"收费，行政管理部门制定统一收费标准"，8.3%（1 家）的医院选择"收费，医院自行拟定收费标准"。

2. 远程医疗收费项目

对 86 家医院就"医院目前开展的远程医疗业务中，收费项目有哪些"进行了调查，设置的备选项包括"远程会诊""远程影像诊断""远程心电诊断""远程病理诊断""远程教育"。

图 6-2 显示，62.8%（54 家）的医院开展的远程会诊是收费项目，29.1%（25 家）的医院开展的远程影像诊断是收费项目，29.1%（25 家）的医院开展的远程心电诊断是收费项目，23.3%（20 家）的医院开展的远程病理诊断是收费项目，16.3%（14 家）的医院开展的远程教育是收费项

目。从多省远程医疗服务价格文件来看，规定允许收费的项目也主要集中在远程会诊、远程病理诊断、远程影像诊断和远程心电诊断。

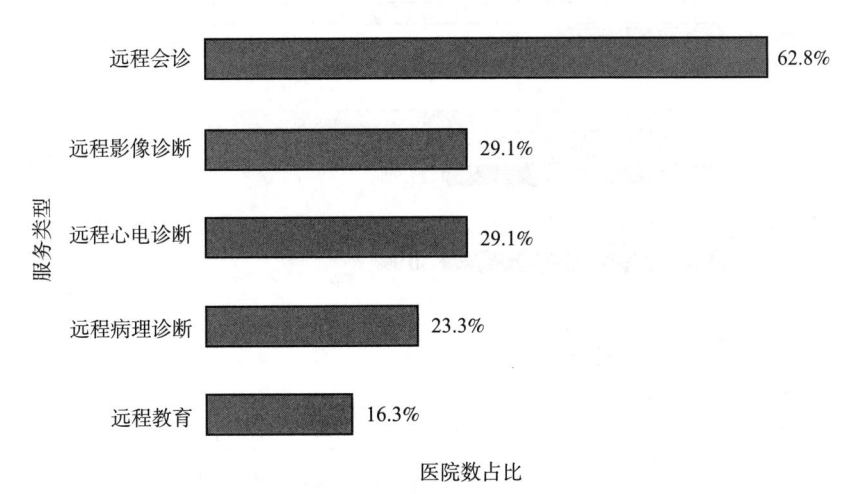

图 6-2　参与调查医院远程医疗收费项目的分布

远程会诊　62.8%
远程影像诊断　29.1%
远程心电诊断　29.1%
远程病理诊断　23.3%
远程教育　16.3%

从医院级别来看（见图 6-3），参与调查的 40 家三级医院中，65.0%（26 家）的医院开展的远程会诊是收费项目，32.5%（13 家）的医院开展的远程影像诊断是收费项目，27.5%（11 家）的医院开展的远程心电诊断是收费项目，30.0%（12 家）的医院开展的远程病理诊断是收费项目，17.5%（7 家）的医院开展的远程教育是收费项目。

在参与调查的 34 家二级医院中，61.8%（21 家）的医院开展的远程会诊是收费项目，17.6%（6 家）的医院开展的远程影像诊断是收费项目，23.5%（8 家）的医院开展的远程心电诊断是收费项目，23.5%（8 家）的医院开展的远程病理诊断是收费项目，17.6%（6 家）的医院开展的远程教育是收费项目。

在参与调查的 12 家一级医院中，58.3%（7 家）的医院开展的远程会诊是收费项目，50.0%（6 家）的医院开展的远程影像诊断是收费项目，50.0%（6 家）的医院开展的远程心电诊断是收费项目，没有医院开展远程病理诊断收费项目，8.3%（1 家）的医院开展的远程教育是收费项目。

远程会诊 58.3% / 61.8% / 65.0%
远程影像诊断 50.0% / 17.6% / 32.5%
远程心电诊断 50.0% / 23.5% / 27.5%
远程病理诊断 0 / 23.5% / 30.0%
远程教育 8.3% / 17.6% / 17.5%

图例：■ 一级医院　■ 二级医院　■ 三级医院

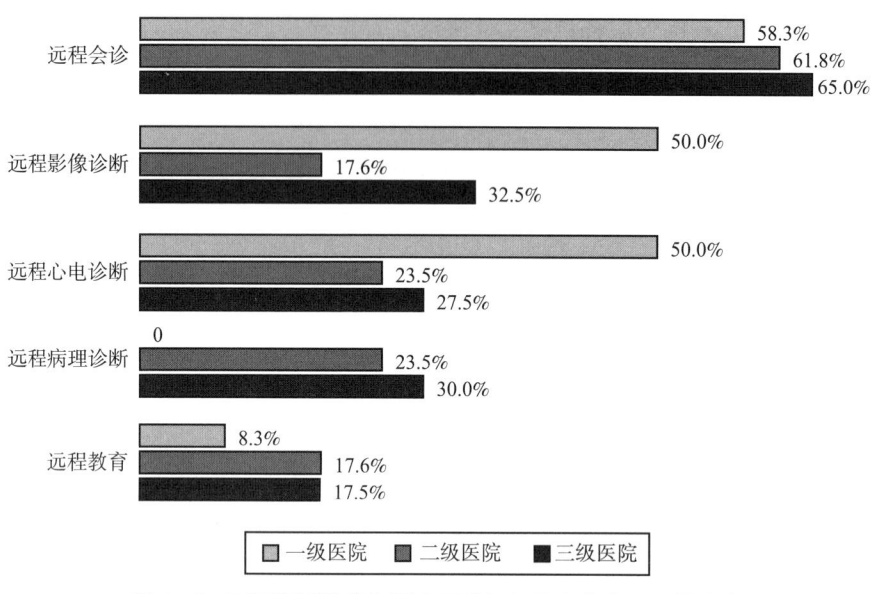

图 6-3　不同级别的参与调查医院远程医疗收费项目的分布

3. 远程会诊收费依据

本书对 86 家医院开展的远程会诊费用的收费依据进行调查（见表 6-4），结果显示，有 15.1%（13 家）的医院按服务时长收费，25.6%（22 家）的医院按专家职称收费，31.4%（27 家）的医院按医院级别收费，23.3%（20 家）的医院按服务内容收费，4.7%（4 家）的医院按其他方式收费。

表 6-4　　不同级别医院开展的远程会诊费用的收费依据情况　　单位：N（%）

类别	三级医院	二级医院	一级医院	合计
服务时长	6（15.0）	5（14.7）	2（16.7）	13（15.1）
专家职称	9（22.5）	10（29.4）	3（25.0）	22（25.6）
医院级别	11（27.5）	12（35.3）	4（33.3）	27（31.4）
服务内容	12（30.0）	6（17.7）	2（16.7）	20（23.3）
其他	2（5.0）	1（3.0）	1（8.3）	4（4.7）

从医院级别看，在 40 家三级医院中，有 15.0%（6 家）的医院按服务时长收费，22.5%（9 家）的医院按专家职称收费，27.5%（11 家）的

医院按医院级别收费，30.0%（12 家）的医院按服务内容收费，5.0%（2家）的医院按其他方式收费。

在 34 家二级医院中，有 14.7%（5 家）的医院按服务时长收费，29.4%（10 家）的医院按专家职称收费，35.3%（12 家）的医院按医院级别收费，17.7%（6 家）的医院按服务内容收费，3.0%（1 家）的医院按其他方式收费。

在 12 家一级医院中，有 16.7%（2 家）的医院按服务时长收费，25.0%（3 家）的医院按专家职称收费，33.3%（4 家）的医院按医院级别收费，16.7%（2 家）的医院按服务内容收费，8.3%（1 家）的医院按其他方式收费。

从多省远程医疗服务价格文件来看，远程医疗的收费标准往往是基于多种条件综合制定的，比较常见的收费标准是根据远程医疗服务内容和医院级别按次收费，有些省份，如贵州省、四川省将专家职称也纳入收费标准中。从调查结果来看，医院按照专家职称、医院级别和服务内容收费的比例基本相当，结合多省远程医疗服务价格表，目前医院是综合这三种标准进行收费的。

4. 远程医疗服务项目收费的合理程度

有 428 名患者参与了远程医疗服务项目收费合理程度的调查，49.1%（210 名）的患者认为远程医疗服务收费是合理的，有 45.3%（194 名）的患者认为远程医疗服务收费非常合理。有 465 名患者参与了远程医疗服务是否为您节省了医疗费用的调查，92.0%（428 名）患者认为远程医疗服务是节省医疗费用的。

总体来看，在接受调查的患者中，超过 90% 的患者认为远程医疗服务项目收费是合理的，以及远程医疗服务节省了医疗费用。这一结果表明，目前医院的远程医疗收费标准是在患者接受范围之内的，同时这一结果也为远程医疗收费在全国进一步推行提供了支持。

四、远程医疗服务项目收费实施典型案例

开展远程医疗服务是一项深化医改的惠民工程。基于目前医疗机构的

运行模式与特点，仅依靠行政手段（或财政）和医院、运行平台公司贴钱来推动，而不考虑实际的运行成本与效率，长期在基层开展远程医疗服务显然是不可持续的。因此，明确远程医疗服务的收费标准、促进远程医疗纳入医保统筹等是发展之势。近年来，福建省、海南省、河南省、湖南省、贵州省、四川省、青海省等多个省份先后发布了一系列政策文件明确远程医疗服务项目的价格，部分省份还将远程医疗纳入基本医疗保险基金支付范畴，这对于推进远程医疗的意义不言而喻，下面是这些典型省份的具体开展情况。

1. 福建省远程医疗收费情况

2018年12月，福建省卫生健康委员会和福建省医疗保障局联合印发了《福建省远程医疗服务管理规范（试行）》（闽卫医政函〔2018〕983号），其中，收费与分配部分要求：（1）远程医疗服务价格按照医疗保障部门核定的标准执行。（2）远程医疗服务费用由邀请方统一收取，邀请方和受邀方按照以下原则进行分配。①紧密型医联体。即医联体内部实行财务统一会计核算、统一管理和实行统一绩效考核分配的医联体，远程医疗服务费用分配按照紧密型医联体内部绩效分配管理规定进行分配。②非紧密型医联体和其他医疗机构间远程会诊。远程医疗服务费用分配由邀请方、受邀方按2∶8的比例分配。③省内医院向省外医院邀请会诊，按照双方远程服务协议约定的比例合理分配。

2019年7月，福建省医疗保障局和福建省卫生健康委员会联合发布的《关于完善"互联网+诊疗服务"收费有关问题的通知》（闽医保〔2019〕53号），对福建省收费项目、收费规范、医保支付、后续管理做了相应的规定。医疗服务项目和价格方面，主要按照医院级别和等级不同进行分类收费。远程会诊方面，远程单学科会诊（三甲医院）300元/次，远程单学科会诊（三乙医院）240元/次，远程单学科会诊（二级医院）180元/次，远程双学科会诊（三甲医院）450元/次，远程双学科会诊（三乙医院）360元/次，远程多学科会诊（三甲医院）600元/次，远程多学科会诊（三乙医院）480元/次，远程会诊（医疗"创双高"三所医院、副省级及以上人民政府引进的高水平医院省外或境外会诊）采取自主定价。远程诊断方面，远程医学影像诊断（三甲医院）100元/次，远程医学影像诊断

（三乙医院）80元/次，远程医学影像诊断（二级医院）60元/次，远程病理诊断（三甲医院）100元/次，远程病理诊断（三乙医院）80元/次，远程病理诊断（二级医院）60元/次，远程心电图诊断10元/次，限基层医疗机构使用，县域内开展。

2. 海南省远程医疗收费情况

2020年9月，海南省医疗保障局和海南省卫生健康委员会联合发布的《关于制定"互联网+"医疗服务价格和医保支付政策有关问题的通知》（琼医保〔2020〕173号），对规范"互联网+"医疗服务价格管理提出两条意见：第一，收费方式应体现跨区域服务的特征。患者接受"互联网+"医疗服务涉及邀请方、受邀方及技术支持方等多个主体或涉及同一主体不同部门的，各方自行协商分配关系。第二，充分保障患者合理合法的价格权益。医疗机构提供"互联网+"医疗服务，收费应以知情同意、合法合规为前提，合理制定和调整价格，并以明确清晰的方法向社会公示。各级医疗保障部门要加强基金监督力度，对于医疗机构存在强制服务、分解服务、以不公平价格提供服务、虚假价格等失信行为的，采取约谈告诫、要求整改等方式予以约束，涉嫌违法违规的，应及时将相关问题线索移交检查执法部门。各级卫生健康部门应严格按照《海南省互联网医院管理办法（试行）》，强化对互联网诊疗服务的监管，并将互联网诊疗服务纳入当地医疗质量控制体系，确保服务质量与安全。

同时，海南省医疗保障局公布海南省"互联网+"医疗服务价格（第一批），价格按照医生职称和一类、二类、三类标准进行制定。远程会诊方面，远程单学科会诊（副主任医师）一类价200元/次，二类价190元/次，三类价180元/次；远程单学科会诊（主任医师）一类价250元/次，二类价238元/次，三类价226元/次；远程多学科会诊一类价400元/次，二类价380元/次，三类价360元/次，超过3个学科，每增加一个学科，加收80元，加收最多不超200元；远程病理会诊一类价400元/次，二类价380元/次，三类价360元/次，以4张切片为基数，超过4张切片的，每增加1张切片加收40元，加收最多不超200元。远程监测方面，远程心电监测、远程起搏器监测、远程除颤器监测、远程胎心监测均为一类价50元/次，二类价46元/次，三类价40元/次。远程诊断方面，远程影像诊断、远程超声诊断均为一类价50元/部位，二类价46元/部位，三类价40元/次；远程心电诊断一类价35元/次，二类价25元/次，三类价15元/次；远程病理诊断一类价300元/次，二类价270元/次，三类价240元/次。

3. 河南省远程医疗收费情况

2019年11月，河南省医疗保障局和河南省卫生健康委员会联合发布的《关于完善"互联网＋"医疗服务价格和医保支付政策的通知》（豫医保办〔2019〕45号），对远程医疗服务的准入条件、项目管理、医保支付政策、工作要求做了明确指示。其中，远程医疗服务价格管理方面，要求公立医疗机构提供的"互联网＋"医疗服务价格由省级统一制定调整。对通过专家评审的新增"互联网＋"医疗服务A类项目，由省医保局、省卫生健康委负责制定全省公立医疗机构价格；B类项目原则上由申报医疗机构自行确定试行价格，试行期暂定为1年。试行期满后，省医保局、省卫生健康委在评估服务效果和成本收入等情况的基础上，进一步明确价格政策；C类项目价格实行市场调节。收费方式按照国家和河南省制定的"互联网＋"医疗服务政策要求和收费标准向患者提供医疗服务，患者接受"互联网＋"医疗服务，按服务受邀方执行的项目价格付费。"互联网＋"医疗服务涉及邀请方、受邀方等多个主体或涉及同一主体不同部门的，各方自行协商确定分配关系。

2024年，河南省医疗保障局公布的《河南省医疗服务价格项目规范（2024年11月8日版）》，其按照医院级别和医生职称情况将远程会诊分为省级医院（三甲医院和非三甲医院）远程会诊（副主任医师）180元/次、远程会诊（主任医师）230元/次、院内会诊48元/次。

4. 湖南省远程医疗收费情况

2020年5月，湖南省医保局和湖南省卫生健康委发布了《关于公布我省第一批"互联网＋"医疗服务试行项目的通知》（湘医保发〔2020〕20号），将远程医疗服务项目按照医院等级和医生职称进行划分。其中，远程会诊（副主任医师）三级医院200元/次、二级医院170元/次。远程会诊（主任医师）三级医院300元/次、二级医院255元/次。远程病理会诊三级医院260元/次，以2张切片为基数，超过2张每增加1张加收100

元,5 张及以上切片不超过 600 元。远程心电监测三级医院 80 元/日。同年 6 月,湖南省医疗保障局发布了《关于完善"互联网+"医疗服务价格和医保支付政策的实施意见》(湘医保发〔2020〕35 号)。其中,在"互联网+"医疗服务价格项目管理中,对项目分类管理、项目设立权限、项目设立条件、不纳入项目设立的情形做了明确规定。在"互联网+"医疗服务价格管理中,对价格制定原则、价格制定权限、价格分类管理、针对各类服务特点细化价格政策提出了相应的要求。

5. 贵州省远程医疗收费情况

2015 年 11 月,贵州省发展改革委、省卫生计生委、省人社厅联合印发《关于规范远程医疗服务价格的通知》(黔发改收费〔2015〕1888 号),首次明确了贵州省远程医疗会诊服务价格标准,收费标准按照每小时或每次计费,并实行最高限价。2016 年 6 月,贵州省发展改革委、省卫生计生委、省人力资源社会保障厅、省财政厅联合印发《贵州省调整完善公立医疗机构远程医疗服务项目价格方案的通知》(黔发改收费〔2016〕1094 号),进一步调整完善公立医疗机构远程医疗服务项目价格方案,明确了贵州省远程医疗服务项目及价格。

贵州省对各类远程医疗服务按照国家级、省级、市级三个档位进行定价。其中,远程会诊的收费标准按照主任医师、副主任医师再次区别定价。远程会诊主任医师、副主任医师收费分别限价 100 元/次、80 元/次,同步远程病理会诊国家级、省级、市级定价分别为 300 元/次、180 元/次、150 元/次,非同步远程病理会诊定价分别为 300 元/次、140 元/次、120 元/次。对于远程诊断类项目,包括远程心电诊断、远程影像诊断、远程检验诊断、远程病理诊断,则按照现行贵州省医疗服务价格中对应的远程诊断项目邀请方价格收取。贵州省还规定,远程医疗服务按实际开展的单个项目计费,不得多个项目重复收费;远程诊断项目不得收取其他费用,每次远程多学科会诊、远程中医辨证论治会诊原则上不超过 1 小时;特殊情况超时每 10 分钟加收 10%,累计加收时间不得超过 60 分钟,累计加收金额不超过最高限价的 60%。远程会诊的准备时间不计入会诊时间。

6. 四川省远程医疗收费情况

2016 年 10 月 24 日,四川省发展改革委、卫生计生委联合发布《关于制定互联网医疗服务项目价格的通知》(川发改价格〔2016〕499号),分类分项制定互联网医疗服务项目价格,对互联网医疗服务项目价格管理方式进行了明确说明。四川省规定远程会诊主任医师、副主任医师收费分别限价100元/次、80元/次,非同步的远程影像诊断(含平片及造影等)定价为50元/次,非同步的远程影像诊断(含CT、MRI)定价为200元/次,远程检测类的定价,包括远程心电监测、远程血压监测、远程血糖监测、远程胎心监测,按市场调节价,收费由医疗机构自行确定。同时,还规定互联网医疗服务按实际开展的单个项目计费,不得多个项目重复收费;远程诊断类项目不得收取其他费用;每次远程多学科会诊原则上不超过1小时;特殊情况超时每10分钟加收10%,累计加收时间不得超过60分钟,累计加收金额不超过最高限价的60%。远程会诊的准备时间不计入会诊时间。这些规定同贵州省类似。

2019年12月,四川省医疗保障局发布《关于公布四川省第一批"互联网+"医疗服务项目试行价格和医保支付政策的通知》(川医保发〔2019〕34号),对全省公立医院远程医疗项目按照三甲、三乙、二甲、二乙4个等级进行定价。远程会诊,双学科会诊三甲医院不超过420元,三乙医院不超过357元;多学科会诊(3个及以上学科),三甲医院不超过604元,三乙医院不超过513元;单学科远程会诊(副主任医师),三甲医院169元/次,三乙医院144元/次;单学科远程会诊(主任医师),三甲医院303元/次,三乙医院258元/次。远程病理会诊,三甲医院263元/次,三乙医院224元/次,以2张切片为基数,超过2张每增加1张,三甲医院加收100元,三乙医院加收85元;6张及以上切片,三甲医院不超过663元,三乙医院不超过564元。远程胎心监测,三甲医院29元/次,三乙医院25元/次,二甲医院21元/次,二乙医院18元/次,每次监测时间20分钟,每天不超过2次。

2024年7月,四川省医疗保障局发布《关于公布15项转归"互联网+"医疗服务价格项目和医保支付政策的通知》(川医保规〔2024〕4号),进一步扩充了远程医疗服务项目价格标准,其中与2019年试行价格相比,新增远程心电监测,三甲医院6元/小时,三乙医院6元/小时,二甲医院5元/小时,二乙医院5元/小时。远程起搏器监测,三甲医院70元/次,三乙医院65元/次，二甲医院59元/次，二乙医院53元/次。家庭自动腹膜透析远程监测，三甲医院74元/次，三乙医院68元/次，二甲医院62元/次，二乙医院56元/次。

7. 青海省远程医疗收费情况

2019年2月，青海省人民政府办公厅发布《关于青海省促进"互联网+医疗健康"发展的实施意见》（青政办〔2019〕18号），对青海省远程医疗的发展目标、重要任务、保障措施工作做出了明确的工作部署。同年12月，青海省医疗保障局发布《关于完善"互联网+"医疗服务收费政策有关事项的通知》（青医保局发〔2019〕159号），要求设立远程会诊、同步远程病理会诊、非同步远程病理会诊、心电监测远程传输、起搏器远程监测、除颤器远程监测等"互联网+"医疗服务收费项目，并要求规范收费行为、强化组织监管、加强政策宣传。

远程医疗收费项目指导价格根据医疗机构级别制定。在远程会诊项目中，远程会诊三级医疗机构300元/次，二级医疗机构240元/次，一级医疗机构210元/次，省内单学科远程会诊按此标准收费，省外单学科加收200元，多学科加收100元，1小时以上，每超过10分，加收10%，最高不得超过200元。同步远程病理会诊三级医疗机构300元/次，二级医疗机构240元/次，一级医疗机构210元/次，非同步远程病理会诊三级医疗机构200元/次，二级医疗机构160元/次，一级医疗机构140元/次，以4张切片为基数，超过4张切片的，每增加1张按10%收取。在远程监测项目中，心电监测远程传输三级医疗机构100元/日，二级医疗机构80元/日，一级医疗机构70元/日。起搏器远程监测和除颤器远程监测三级医疗机构62元/日，二级医疗机构52元/日，一级医疗机构45元/日。

8. 云南省远程医疗收费情况

2009年8月24日，云南省发展和改革委员会、云南省卫生厅联合发布《关于远程可视医疗服务价格的通知》（云发改收费〔2009〕1662号），首次提出远程可视医疗服务试行政府指导价，由省发展和改革委员会会同省卫生厅制定最高限价。云南省远程可视医学诊疗中心及各医疗机构可视终端站点具体执行的服务价格，由诊疗中心在规定的最高限度范围内，根据各地经济社会发展情况及可视终端站点设施配置情况等因素确定，并报省发展和改革委员会、省卫生厅及设有可视终端站点的当地同级发展部门、改革部门、卫生行政主管部门备案。

2020年10月，云南省医疗保障局、云南省卫生健康委员会联合发布《关于制定互联网医疗服务项目试行价格（第一批）的通知》（云医保〔2020〕118号），该项目按新增"互联网+"医疗服务价格项目管理，由省医疗保障局制定或者授权医疗机构自主制定试行价格，试行期限为2年。省医疗保障局制定的试行价格为最高限价，公立医疗机构实际收费标准不得超过最高限价；授权医疗机构制定试行价格的医疗服务项目，由医疗机构根据服务成本依法合理制定或调整价格并保持相对稳定，同时，将制定的试行价格文件报送同级医疗保障部门、卫生健康部门、市场监督管理部门。患者接受"互联网会诊""互联网病理会诊"医疗服务，由邀请方医疗机构按照服务受邀方的收费标准向患者收取费用，分配比例自行协商。

在试行价格中，云南省按照医院级别（一类、二类、三类）、医生职称（主任医师、副主任医师）、学科数量（单学科、多学科）对互联网复诊费、互联网会诊费、互联网病理会诊费、远程心电监测、远程起搏器监测、远程除颤器监测、远程胎心监测等多个远程医疗项目进行最高限价的制定。例如，单学科远程医疗会诊费（主任医师）一类价收费260元/次，二类价收费208元/次，三类价收费156元/次。单学科远程医疗会诊费（副主任医师）一类价收费220元/次，二类价收费168元/次，三类价收费116元/次。互联网同步病理会诊费一类价收费420元/次，二类价收费336元/次，三类价收费252元/次。互联网非同步病理会诊费一类价收费280元/次，二类价收费224元/次，三类价收费168元/次。远程心电监测、远程起搏器监测、远程除颤器监测、远程胎心监测授权医疗机构制定试行价格等。

2023年12月4日，云南省医疗保障局、云南省卫生健康委员会印发了《关于制定"互联网复诊费"等互联网医疗服务项目正式价格的通知》，按照定价程序，经开展"互联网+"医疗服务试行项目使用情况调查，收集比对全国各省（区、市）价格水平，提出正式价格制定方案，报告国家医保局并根据回复意见修改完善后，履行公开征求意见、专家论证、风险评估、审查审议等程序，制定了"互联网复诊费"等 11 项"互联网＋"医疗服务项目正式价格，单学科远程医疗会诊费（主任医师）一类价收费 280 元/次，二类价收费 224 元/次，三类价收费 168 元/次。单学科远程医疗会诊费（副主任医师）一类价收费 220 元/次，二类价收费 176 元/次，三类价收费 132 元/次。互联网远程会诊受邀方为省外专家的，其费用按照省外专家所在地医疗保障部门或医疗机构制定的价格标准向患者收取，分配比例自行协商。互联网病理会诊费一类价 420 元/次，二类价 336 元/次，三类价 252 元/次。远程心电监测一类价 70 元/日，二类价 60 元/日，三类价 53 元/日。远程起搏器监测一类价 70 元/次，二类价 60 元/次，三类价 53 元/次。远程除颤器监测一类价 70 元/次，二类价 60 元/次，三类价 53 元/次。远程胎心监测一类价 25 元/次，二类价 21 元/次，三类价 19 元/次。同时，在原有的医疗服务项目基础上，新增"远程血糖监测""远程血压监测"项目，授权医疗机构制定试行价格。

9. 宁夏回族自治区远程医疗收费情况

2016 年 6 月 6 日，宁夏回族自治区物价局、发展改革委、卫生计生委、人社厅制定出台了《关于远程医疗会诊服务价格的通知》（试行），明确了宁夏回族自治区公立医疗机构开展远程医疗服务时对患者的收费标准。远程会诊服务应坚持以患者自愿选择为原则，不得强行服务、强行收费。① 宁夏回族自治区对各类远程医疗服务按照解放军总医院、自治区级医院、市县级医院三个档位进行定价，具体以受邀医疗机构的级别确定，如远程会诊主任医师分别为 950 元/次、400 元/次、200 元/次，副主任医师分别为 750 元/次、300 元/次、150 元/次；同步远程病理会诊国家级、省级、市级定价分别为 300 元/次、260 元/次、150 元/次，非同步远程病理会诊定价分别为 500 元/次、400 元/次、200 元/次，远程静态心电图诊断定价分别为 40 元/次、30 元/次、20 元/次。如果需要点名、加急会诊时加收 50% 的费用。2018 年，宁夏回族自治区银川市制定了《银川市远程医疗服务收入分配办法（试行）》，统筹兼顾，在不增加基层机构和患者医

---

① 庄彧. 宁夏规范公立医院远程医疗对患者服务收费标准［EB/OL］. 中国经济网，2016 - 06 - 04.

疗服务成本的原则下充分调动远程医疗各方提供远程医疗服务的积极性，远程医疗服务的收费标准严格执行提出远程医疗服务的邀请方的物价收费标准，进一步推动建立远程医疗运营的长效机制。

10. 湖北省远程医疗收费情况

2017年6月12日，湖北省物价局、省卫生计生委联合发文，对新增的74项医疗服务项目价格进行了制定，其中9项为远程医疗项目，湖北省远程医疗收费有了政府指导价。湖北省对各类远程医疗服务按照国家和省级、地市级、县级3个档位进行最高限价，具体价格由患者与医疗机构根据会诊专家级别、人数协商确定，且必须在患者签订知情同意书后方可开展远程会诊服务，充分保障患者的知情权和自由选择权。例如，远程单学科会诊最高限价分别为440元/次、134元/次、68元/次，同步远程病理诊断限价分别为298元/次、174元/次、53元/次，非同步远程病理诊断限价分别为189元/次、127元/次、40元/次，远程心电诊断限价为238元/次。2017年10月，湖北省各市州实施远程医疗项目纳入医保支付。参保人员住院治疗，以及享受门诊特殊慢性病待遇的人员在门诊治疗特殊慢性病时，使用的远程医疗项目纳入医保支付范围，按照参保地正高、副高、主治医师职称相应的门诊诊察费报销额度支付。参保人员住院期间同一种远程医疗费用至多报销1次；享受医保门诊特殊慢性病待遇的参保人员，年度内同一种远程医疗费用报销不超过2次。

2020年1月，湖北省医疗保障局发布《关于完善"互联网+"医疗服务价格和医保支付政策的实施意见》（鄂医保发〔2020〕5号），在远程医疗服务价格管理中提出：一是价格制定权限。"互联网+"医疗服务价格由省级医疗保障部门统一制定和调整。省级医疗保障部门制定和调整全省公立医疗机构提供的"互联网+"医疗服务项目价格上限，公立医疗机构按照不超过省级医疗保障部门公布的最高价格收取费用。新开展的"互联网+"医疗服务项目价格，由省级医疗保障部门制定或与医疗机构协议确定试行价格，试行期2年。试行期满，由省级医疗保障部门在评估其服务效果和成本收入等情况的基础上，公布正式价格。

二是价格分类管理。公立医疗机构提供"互联网+"医疗服务价格，主要实行政府调节。非公立医疗机构提供"互联网+"医疗服务，实行市场调节价。医疗机构不得因服务对象、服务区域不同制定不公平的价格标准。公立医疗机构满足以个性化、高层次需求为主的"互联网+"医疗服务，以及向国（境）外提供的"互联网+"医疗服务，按国家特需医疗规模控制要求，实行市场调节价。其价格由公立医疗机构综合考虑服务成本、患者需求等因素，自主确定并书面告知所在市、州医疗保障部门。在汉委属、省属和相关部队公立医疗机构书面告知省级医疗保障部门。

三是价格规范管理。公立医院提供"互联网+"医疗服务价格包括一个项目的所有费用；检查检验服务，委托第三方出具结论的，收费按委托方线下检查检验服务项目的价格执行，不按远程诊断单独立项，不重复收费；由不同级别医务人员提供互联网复诊服务，均按普通门诊诊察类项目价格收费；依托"互联网+"提供家庭医生服务，按照服务包签约内容和标准提供服务和结算费用，不得因服务方式变化另收或加收费用。此外，患者接受"互联网+"医疗服务，按服务受邀方执行的项目价格付费，涉及邀请方、受邀方及技术支持方等多个主体或涉及同一主体不同部门的，各方自行协商确定分配关系，不得分解收费或加收费用。医疗机构提供"互联网+"医疗服务，收费应以知情同意、合法合规为前提，遵循公平、合法和诚实信用的原则，并以明确清晰的方式公示。

五、远程医疗服务项目服务价格形成影响机制

随着信息技术的飞速发展，远程医疗服务作为一种创新的医疗服务模式在公立医院兴起并逐渐普及，其通过突破地理空间的限制，极大地便利了患者获取优质医疗资源，对于地处偏远区域且医疗资源相对匮乏的患者群体而言，具有巨大的价值与意义。然而，远程医疗服务项目定价始终是制约该行业进一步拓展与深化的核心难题之一。合理的远程医疗服务价格不仅需要参考远程医疗服务成本，还需要综合考量多维度复杂因素。一方面，患者的经济承受能力构成了远程医疗服务项目价格上限，过高的价格会使患者望而却步，阻碍远程医疗服务广泛应用。另一方面，激烈的市场竞争环境促使公立医院在远程医疗服务项目价格策略上会做出一定的调整

以获取竞争优势。此外，远程医疗服务项目价格也受到政策导向的影响，如医保政策覆盖范围与报销比例、政府监管部门对远程医疗服务质量及价格水平的规范与调控等。

1. 影响远程医疗服务价格形成的因素

远程医疗服务价格形成受多种因素的影响，其中成本因素、市场需求因素、政策导向因素对其的影响相对较大。

（1）成本因素。成本是远程医疗服务价格形成的基础。如前文所述，设备成本、人力成本、技术成本等直接决定了远程医疗服务的最低价格界限。只有当价格能够覆盖成本消耗并保证一定的盈余空间时，医疗机构才有动力提供远程医疗服务。

（2）市场需求因素。一方面，患者对远程医疗服务的需求弹性会影响价格。如果远程医疗服务是患者获取优质医疗资源的唯一或重要途径，如偏远地区患者无法及时获得本地专家诊疗时，其需求弹性则相对较小，价格对需求的影响相对较弱，此时价格相对较高，考虑经济水平不高的边远地区患者，可以将远程医疗服务纳入医保支付范畴。相反，如果患者有较多的替代选择，如本地医疗资源能够满足需求，那么远程医疗服务的需求弹性较大，价格过高可能会导致患者流失，价格就需要更具竞争力。另一方面，远程医疗服务市场的竞争程度也对价格有重要影响。当市场上提供远程医疗服务的机构较少时，竞争相对较弱，机构可能具有较强的定价权，可以根据成本和利润目标制定较高的价格。但随着远程医疗服务市场的不断发展，越来越多的医疗机构、互联网企业等进入市场，竞争加剧，价格往往会受到市场竞争的压力而趋于下降，各机构需要通过优化成本结构、提高服务质量等方式来维持市场份额和盈利能力。

（3）政策导向因素。一方面，医保政策对远程医疗服务价格的影响显著。如果医保部门将远程医疗服务纳入医保报销范围，并且确定了较高的报销比例，那么患者的实际支付成本就会降低，这可能会刺激患者对远程医疗服务的需求，同时也会对远程医疗服务价格的制定产生引导作用。另一方面，政府对远程医疗服务的监管政策也会影响价格形成。政府为了保障患者权益，会对远程医疗服务价格进行上限设定或要求价格公开透明。这就促使医疗机构在定价时遵循政府监管要求，不能随意抬高价格，需要通过优化成本管理等方式来保证在价格限制范围内实现盈利。

2. 远程医疗服务价格成本核算机制

（1）远程医疗成本构成要素。远程医疗服务成本的构成相对复杂，但主要体现在以下三个方面：设备成本、人力成本和技术成本。在设备成本中，远程医疗服务需要购置高品质的硬件设备用于实现医患双方的可视化交流。同时，设备使用中会产生一定的维修和保养成本。在人力成本中，费用主要来源于医师、管理人员、技术人员的培训费用和薪酬。在技术成本中，大量患者数据，如病历、影像资料等需要进行传输，会产生一定的数据传输费用。同时，随着远程医疗服务事业的发展，软件开发和持续更新的费用也必不可少。

（2）远程医疗成本核算方法。在远程医疗成本核算中，主要采用作业成本法。首先，确定每个作业环节所消耗的资源成本，包括人力、设备、信息通信等资源的耗费。其次，根据作业动因，即导致作业成本发生的因素，将资源成本分配到各个作业环节。最后，根据患者接受的作业组合和数量，计算出患者的远程医疗服务成本。作业成本法的优势在于能够较为精确地核算远程医疗服务成本，通过对作业环节的细致划分，可以清晰地了解成本的发生源头和分布情况，有助于医疗机构进行成本控制和管理。然而，作业成本法的实施较为复杂，需要对远程医疗服务流程进行详细的梳理和分析，对数据收集和处理的要求较高。并且，确定作业动因的合理性和准确性也存在一定的难度，如果作业动因选择不当，可能会导致成本核算结果出现偏差。

（3）远程医疗成本核算策略。远程医疗服务价格成本核算策略主要包含以下三个方面：第一，完善成本核算制度与规范。由卫生健康部门会同物价管理部门、医保部门等制定统一的远程医疗服务成本核算标准。该标准应明确规定成本核算的范围，包括远程医疗服务成本核算应包含哪些成本要素。同时，建立规范的成本核算流程，从数据收集、整理、成本分配到成本计算等环节都应有明确的操作指南，并按照规定的格式和时间节点进行整理和上报。第二，建立成本监测与动态调整机制。一方面，通过建立远程医疗服务成本监测体系，定期收集包括设备设施成本、人力成本、信息通信技术成本等在内的远程医疗服务成本数据，并对其进行分析和汇总，以实现对远程医疗服务成本的动态掌握。另一方面，根据成本监测结果，建立远程医疗服务价格的动态调整机制。当成本发生较大变动时，综合考虑成本变动幅度、市场需求状况、医保政策等多方面因素，及时调整远程医疗服务价格。第三，加强成本核算与定价的信息化建设。首先，开发专门用于远程医疗服务成本核算的软件系统，该软件应具备数据采集、成本计算、成本分析等功能。其次，采集相关数据，如设备购置时间、价格、人员薪酬发放记录等。最后，利用成本核算方法，计算远程医疗服务成本，并生成成本分析报告，为公立医院远程医疗服务定价提供数据支持。

第三节　远程医疗服务项目人力成本

一、远程医疗服务项目人力成本内涵

远程医疗服务人员是实现远程医疗服务目标的核心要素，在远程医疗服务项目中，人力成本指的是为保障远程医疗服务项目顺利开展消耗人力资源所产生的费用总和，这里的人员包括邀请方和受邀方的临床医师、医疗技术人员、运维与管理人员等，本书重点探索临床医师和医疗技术人员的人力成本，尤其是远程医疗服务人员的知识技能获取和服务劳动消耗所产生的人力成本，为合理识别远程医疗服务人员技术劳务价值提供参考依据。

在前期研究中指出，一名合格的远程医疗服务人员需要多年的医学教育学习和知识技能的积累。在医学教育知识与技能成本投入方面，主要是远程医疗服务人员前期的学历教育投入和参与远程医疗服务后的继续教育投入。无论是从事远程医疗服务的医师、技术人员还是管理人员，都需要在各自专业领域具备扎实深厚的知识体系，而这一体系的构建往往依赖长期且系统的教育过程。从本科阶段的基础学科学习到硕士和博士阶段的专业细分领域深耕，再到远程医疗服务培训以及持续更新知识储备的学术研讨会议、专业进修课程等，均构成了高昂的知识获取成本。这些投入不仅是个人职业生涯发展的基石，更是能够提供精准、前沿且有效的远程医疗

服务的关键所在，是保障远程医疗服务能够紧跟医学发展潮流、精准诊断与治疗各类病症的核心要素之一，其远程医疗服务人员技术劳务价值在每一次远程会诊、诊断建议以及技术维护和管理决策中得以体现，并贯穿整个远程医疗服务中。

同时，一次成功的远程医疗服务，需要远程医疗服务实时的劳动消耗，包括在远程医疗提供前、远程医疗服务过程中、远程医疗服务后三个阶段的劳动消耗。在服务劳动消耗成本方面，涵盖了远程医疗服务人员在实际服务过程中所付出的时间、体力以及所承担的脑力工作成本。医师在远程会诊中需全神贯注地分析患者的病历资料、影像数据等，通过视频或音频沟通准确判断病情并制定治疗方案，这一过程所耗费的专注度和专业精力丝毫不亚于面对面诊疗，且由于远程医疗具有的特殊性，还需额外花费时间协调不同地区的医疗资源和克服信息沟通障碍。在确保远程医疗设备的稳定运行、网络通信的顺畅无阻以及信息系统安全的前提下，随时待命以应对可能出现的紧急远程医疗服务内容，其工作时间的不确定性和应急性显著增加了劳动强度。远程医疗服务人员组织协调各方资源、安排服务流程、处理医患关系以及应对各类突发情况，同样承担了繁重的任务和巨大的精神压力。这些服务劳动消耗的成本共同促进了远程医疗服务得以有序开展的实践基础，是实现远程医疗服务从理论向实际操作转化的关键因素，直接关系到远程医疗服务的质量、效率和患者满意度。

因此，远程医疗服务项目人力成本核算在充分体现远程医疗服务技术劳务价值体系中占据着重要地位，深刻影响着远程医疗服务项目的可持续发展与推广普及。

二、远程医疗服务人员知识技能投入要素

远程医疗服务人员具备的知识技能主要通过医学教育和技能培训获得，而在知识技能投入方面，主要表现在掌握临床医学诊断和实际技能等医学专业能力基础，以及使用远程医疗服务平台等数字技术应用能力等，这需要系统性医学学历教育成本投入、专业技能教育培训投入等持续医学理论与实践知识迭代投入。

（一）医学教育成本投入情况

在远程医疗服务领域中，人员教育成本是保障服务质量、推动行业发展的关键投入。随着医疗技术的日新月异与远程医疗应用场景的不断拓展，对从业人员专业素养的要求持续攀升，相应的教育成本也日益凸显。远程医疗服务人员医学教育成本是人力成本中极具潜力与价值的关键部分，为远程医疗服务持续升级注入源源不断的动力。

教育部等部门发布的《2023年全国教育经费执行情况统计公告》显示，2023年全国教育经费总投入64595.04亿元，比上年增长5.33%；国家财政性教育经费占国内生产总值的比例为4.00%。从生均经费增长情况看，2023年全国普通高等学校生均一般公共预算教育经费为22453.04元，比上年增长1.12%。其中，医学生培养所需要的费用是非常高的，不同地区医学生培养所需费用也会有所不同。

以提供远程医疗服务的临床医师为例，一方面，前期的人才培养轨迹呈现出高投入与长周期特性。从本科教育起始，历经硕士阶段直至博士学位的获取，通常需耗费10~12年的时间，此期间涵盖了系统而全面的医学理论知识学习以及临床实践技能的初步训练。此后，初入医院职场，还需经历1~2年的轮转实习与规范化培训阶段，旨在进一步深化其临床实践能力，熟悉医院各科室的诊疗流程与协作模式，从事远程医疗服务后，还需经历一段专门针对远程医疗服务的适应期，以掌握远程诊断、治疗方案制定以及医患沟通等新型技能与流程。综合来看，培育一名能够胜任远程医疗服务的专业医师，前后累计需13~15年的持续投入与磨砺。另一方面，为适应远程医疗模式，其知识体系需不断更新完善。其中，基础医学知识更新课程必不可少，如最新疾病诊疗指南学习、新兴药物应用培训，以应对复杂多变的病症。这些课程或邀请业内权威专家现场授课，费用按专家级别、授课时长而定，每次培训人均成本可达数千元；或借助专业医学教育平台线上学习，平台会员费、课程购买费每年人均支出亦超千元。

以某大学附属医院为例，其在经费投入中，2021~2024年医学人才培养教育经费投入分别为1.72亿元、1.09亿元、2.60亿元、1.72亿元。在医学人才培养教育经费投入中，主要分为院校医学教学经费投入、毕业后医学教育经费投入和继续医学教育经费投入，如表 6-5 所示。

表 6-5　医学人才培养教育经费投入　　　单位：亿元

类别	2021 年	2022 年	2023 年	2024 年
医学人才培养方面的经费投入	1.72	1.09	2.60	1.72
院校医学教学经费投入	0.36	0.34	0.82	0.66
毕业后医学教育经费投入	0.87	0.58	1.39	0.88
继续医学教育经费投入	0.48	0.16	0.39	0.18

注：医院在医学人才培养方面的经费投入包括人员经费、课程与教材开发经费、教学条件建设经费和其他支出。

人员经费在医学人才培养经费投入中约占比 35%。在人员经费中，师资培训费用约占 15%，该部分经费主要用于支持教师参与各类培训活动，以及邀请业内专家来院开展学术讲座等事项，以此助力医护人员紧跟医学前沿动态，提升教学实践水平。医学生培养部分相关经费约占 20%，具体涵盖奖学金、助学金的设立，旨在吸引更多品学兼优的医学生投身医学领域。此外，还包括对医学生临床实习环节的资金投入，着力于模拟病房、手术室等实践教学设施的建设，为医学生提供更为优质、逼真的实践环境，强化其临床实操技能。

课程与教材开发经费在医学人才培养经费投入中约占比 15%。课程和教材开发是教育体系中的核心环节，直接影响教学质量、学习效果以及人才培养的质量。现阶段的课程与教材开发面临着内容更新快、需求多样化、质量控制难等问题，需要确保课程内容和教材能够满足教学目标，提升学生的学习效果；及时更新课程内容，反映学科最新研究成果和发展趋势；根据医学生的不同需求和背景，设计多样化的课程和教材；通过课程和教材的开发，推动教学方法和手段的改革。

教学条件建设经费在医学人才培养经费投入中约占比 50%。其中，实验室建设作为关键投入方向，通常占据其中约 30% 的份额，其核心任务在于构建先进的基础医学与临床技能专用实验室，通过配备高精度模拟人以满足急救技能培训需求，为医学生提供高度仿真的实践操作场景。信息化教学设备购置部分占比约20%，且伴随数字化教学进程的持续推进，近年来该部分占比呈现出稳步上升态势，其主要用于搭建功能完备的在线学习平台以及采购丰富多元的电子教学资源，以此拓宽教学边界，提升教学灵活性。

总体来看，医学生的教育投入比重较大，尤其是毕业后的医学教育与继续医学教育投入，毕业后的医学教育是临床医师培养的必需阶段，政府和医疗机构应建立以住院医师规范化培训为重点的资金筹措等配套政策，以及加大推进远程继续医学教育工作的投入力度，以更好地培养远程医疗服务人才。

（二）专项技能培训情况

远程医疗专项技能培训也同样重要，如远程会诊沟通技巧、远程影像诊断判读规范，需要通过模拟远程会诊场景实操训练、典型案例深度剖析，才能使医师熟练掌握。远程医学教育培训已成为"互联网+"时代医学教育服务的重要形式。通过借助区域远程医疗服务平台开展远程教育向基层传输高质量的临床经验、诊疗技术，来提升基层医护人员的诊疗水平和能力。为更好地推动基层医疗机构临床专科建设和提升基层医疗服务人员的专业技能水平，本书结合河南省远程医疗服务平台，开展省内医护人员远程医学教育培训调查工作，重点分析医护人员远程医学教育培训参与情况及现存问题，其分析数据来源于河南省远程医疗服务平台及其问卷调查结果。其中，问卷调查部分主要通过该平台和工作群，于2022年9~10月向省内18个地级市远程医疗邀请方的医护人员发放电子调查问卷，共收回调查问卷1012份，剔除填写不全或者填写问卷不超过50秒的时间过短问卷，获得有效问卷963份，问卷有效率为95.16%。

（1）调查问卷设计。根据研究目的和内容，自制调查问卷初稿，经专家咨询讨论会和预调查后形成正式调查问卷。调查内容包括：一是被调查人员基本情况。主要收集样本医护人员所在机构名称、性别、年龄、学历、科室、从事远程医疗时间等。二是实际与期望参与远程医学教育培训现状，主要包括"过去一年实际参加远程医学教育培训次数""每年期望参加远程医学教育培训次数"等题项。三是医护人员远程医学教育培训参与意愿期望程度，划分为1分、2分、3分、4分、5分，分别表示"非常不愿意""比较不愿意""一般""比较愿意""非常愿意"。四是基于前期研究，领导重视是远程医疗相关服务开展的关键要素，设置了"您对远程医学教育培训的重视程度如何"，备选项为"非常不重要、比较不重要、一般、比较重要、非常重要"；"您所在医疗机构领导对远程医学教育培训的重视程度如何"，备选项为"非常不重视、比较不重视、一般、比较重视、非常重视"。五是为了解部分医护人员参与意愿偏低的原因及可能存在的问题，设置了"您认为远程医学教育培训当前存在哪些问题，以及有哪些意见与建议"等开放式问题。

（2）参与调查医护人员基本情况。在963份问卷中，医护人员年龄为（36.24±7.65）岁，其中最小年龄为20岁，最大年龄为64岁；男性459人（47.66%），女性504人（52.34%）；最高学历以本科为主，其中研究生124人（12.88%），本科698人（72.48%），专科141人（14.64%）；医生681人（70.72%），护士282人（29.28%）；临床科室人员854人（88.68%），医技科室人员109人（11.32%）；从职称看，高级人员121人（14.23%），中级人员343人（35.93%），初级人员391人（40.60%），无职称人员89人（9.24%）；从事远程医疗时间为（2.58±1.07）年，其中最少为1年，最多为4年。

（3）医护人员参加远程医学教育培训及参与意愿情况。图6-4显示，每年基层医护人员实际参与远程医学教育培训次数最多为5次。其中，每年参加1次、2次、3次、4次和5次的人员数占比分别为49.12%、25.86%、10.07%、4.88%、3.63%，而并未参加过的人员占比为6.44%。图6-5显示，每年期望参与远程医学教育培训1次、2次、3次、4次和5次的医护人员数占比分别为15.16%、39.67%、15.99%、14.43%、12.25%，而认为不需要参加的人员数占比为2.49%。总的来看，医护人员每年实际参加1次远程医学教育培训的人数最多，但多数医护人员期望每年参加2次，医护人员远程医学教育培训参与意愿期望为（4.25±0.48）分，这表明医护人员是有参与远程医学教育培训意愿的，但实际参与频次不高。

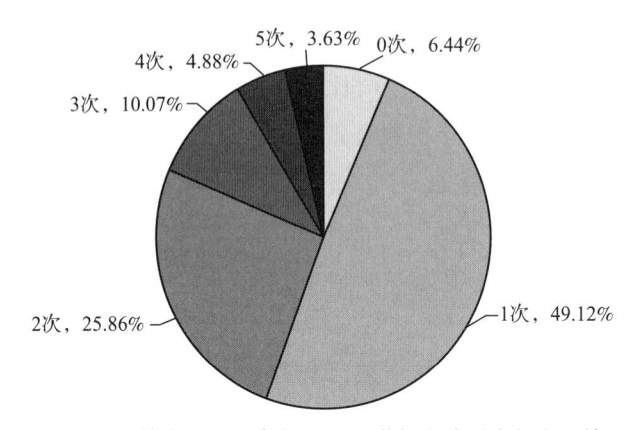

图 6-4　医护人员实际参加远程医学教育培训次数占比情况

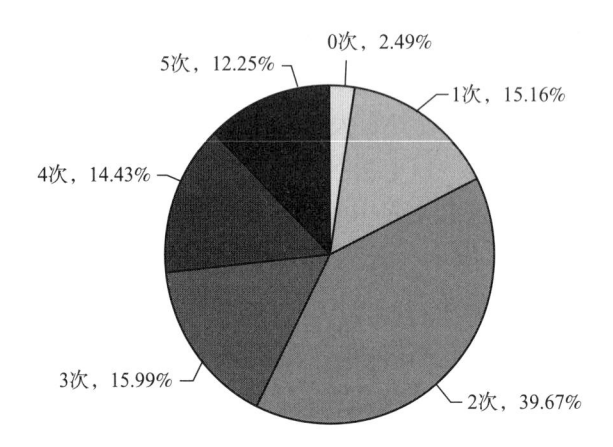

图 6-5　医护人员期望参加远程医学教育培训次数占比情况

远程医学教育培训提供次数与内容影响着基层医护人员的参与情况，2017~2022 年省远程医疗平台提供远程医学在线教育培训课程分别为 248 次/年、290 次/年、283 次/年、191 次/年、270 次/年和 272 次/年，对应的听课人数平均为（311.69±157.36）人/年、（503.82±66.65）人/年、（413.17±68.08）人/年、（2007.09±6923.80）人/年（主要由于疫情防控导致相关课程听课人数较多）、（360.78±897.35）人/年、（277.54±27.57）人/年。以 2022 年为例，在参与在线授课次数高低排序中，前 5 位科室分别为营养科、药学部、物理诊断科、生殖医学科和放射介入科。其中，5 个科室中听课总人数最多的课程内容分别为《呵护心脏与健康饮食》

《靶向抗肿瘤药物常见不良反应的信息化用药教育》《房性心律失常》《高龄、二孩、三孩的挑战》《脑动静脉畸形的介入治疗要点》等。

(4) 医护人员视角远程医学教育培训存在问题梳理情况。从被调查的医护人员视角，探讨当前远程医学教育培训存在的问题。针对开放式问题的文本归纳分析结果：一是关于"您对远程医学教育培训的重要程度评价如何"方面，共有71.24%（686名）的医护人员填写，其中，68.37%的医护人员认为参与远程医学教育培训是非常重要的，仅有8.02%的医护人员认为比较不重要或非常不重要，其余的医护人员认为参与远程医学教育培训价值有限，如远程在线医学教育培训没有线下效果好、远程教育培训课程过于深奥以致对基层医护人员指导作用不大等。

二是关于"您所在医疗机构领导对远程医学教育培训的重视程度如何"方面，共有72.07%（694名）的医护人员填写，其中，35.57%的医护人员认为医院领导非常重视远程医学教育培训工作，同时，有25.07%的医护人员认为医院领导比较不重视或非常不重视远程医学教育培训工作，其余的医护人员认为医院领导对远程医学教育培训工作比较重视，如经常在医院内部会议上提到让医护人员积极参加，但往往落实不到位。总的来看，医护人员自身和所在医疗机构领导对远程医学教育培训的重视程度仍需提升。

三是关于"您认为远程医学教育培训当前存在哪些问题，以及有哪些意见与建议"方面，填写"无"或者不填写的医护人员比例较高，实际共有39.88%（384名）的医护人员列举了主要问题。被调查医护人员共陈述了22大类有效问题，共被提及254人次。按照被提及频次高低排序，前10位的主要问题共被提及199人次，占78.35%（见表6-6）。从主要问题分布情况看，"远程医学教育培训提供次数相对较少"是医护人员普遍反映的问题，这也侧面反映出基层医护人员期望通过教育培训来提升自身业务技能。医护人员所提及的"教育培训宣传不到位，覆盖范围小"和"医院重视程度不足"被提及频次位列第二、第三位。

(5) 结果分析。医护人员实际与期望参与远程医学教育培训次数中位数差值并不太大，虽有参与意愿但实际参与次数并不高，仅49.12%的被调查医护人员每年参加1次。进一步结合调查问题文本归类结果，从远程医学教育培训的供方和需方医护人员视角进行具体分析。

表6-6　医护人员反映远程医学教育培训现存前10位的主要问题分布情况

序号	问题类别	提及频次（人次）	占比（%）
1	教育培训提供次数相对较少	51	20.08
2	教育培训宣传不到位，覆盖范围小	28	11.02
3	医院重视程度不足	23	9.06
4	专业实操和案例讲解不够	22	8.66
5	教育培训系统设备不完善，操作使用不便捷	15	5.91
6	教育培训内容不丰富，基层较难接受，实用性差	14	5.51
7	专业理论知识讲解偏少	13	5.12
8	教育培训不连续、不及时、不系统	12	4.72
9	远程医疗服务认知科普培训	11	4.33
10	网络速度低、信号不稳定，网络环境差	10	3.94
	合计	199	78.35

从教育培训供方看，远程平台内的教育培训系统对能否向基层医护人员有效提供远程教育培训课程等起到决定作用。调查发现，河南省远程医疗服务平台建设主要依靠上级医院投入，而当前河南省内62.50%的三级医院和52.38%的二级医院均配备了远程教育培训系统，能够保障为基层医护人员提供的远程医学教育培训正常开展。从实际开展情况看，上级医院开展的远程医学教育培训课程总体达到259次/年，再考虑临床专业划分，基层医护人员能够接触到自身专业的教育培训课程则相对更少，这表明上级医院提供的远程医学教育培训活动次数确实不多。

究其原因，一是作为远程医疗受邀方的上级医院，对开展远程医学教育培训的重视程度有待提升；通常地，医院管理层认为调配专家参与医学教育培训工作会影响上级医院自身正常的医疗活动，推动远程医学教育培训的积极主动性偏低。二是医学教育培训需要特定的授课或者示教固定场所和辅助人员，同时需要保障软硬件系统更新维护和通信网络运行等所需的资金投入，这会给医院带来服务成本上的额外压力，直接影响上级医院提供教育培训服务的主动力。三是对教育培训的考核机制不健全，缺乏明确的激励考核指标以及补偿机制。在激励劳务补偿不到位的前提下，专家不太愿意参与远程医学教育培训工作。

从教育培训需方看，相比专业理论知识，基层医护人员更需要实操和案例培训，这表明上级医院并未充分考虑基层实际需求，需要增加系统性的实操与案例分析相关教育培训。对于教育培训课程内容，一些实用性较强的科普课程往往听课人数最多。除疫情特殊原因外，相比基层医院医护人员总量，总体上参加远程医学教育培训的医护人员数偏低，被调查的基层医护人员认为上级医院对基层医护人员的医学教育培训内容体系尚不健全，开展教育培训活动的随意性和临时性较大，医学教育培训内容相对零散，最终导致远程医学教育培训缺乏系统性，医护人员参与积极性不高。调查发现，远程教育培训没有明确规划，经常会因政策导向或者突发卫生事件而临时加入相关教育培训内容，如传染性疾病暴发期间，可能会增加较多的呼吸系统疾病课程，导致原有教育培训课程中断。此外，基层医护人员自身对参与远程医学教育培训的积极性相对较高，但临床医疗服务任务较重，较难抽出特定时间去参与远程医学教学培训活动。

实际上，教育培训可能与基层医护人员更直接利益关系不够密切，究其原因是参与远程医学教育培训并未按照继续医学教育学分计算等，纯粹靠自愿参与远程医学教育培训的动力不足。此外，调查发现部分医护人员表示"医院没有进行有组织的宣传和通知，以致错过教育培训时间"，这可能与医疗机构领导对远程医学教育培训的重视程度有关。基层医疗机构同样面临教育培训重视程度不足、组织领导机制不完善等问题，直接影响实际参与并接受远程医学教育培训的医护人员行为。当医护人员相信自己能够通过远程医学教育培训获得有用的医学技能知识时，他们才会主动地参与远程医学教育培训活动。经多次调查发现，基层远程医学教育培训设施设备不完善，且自主性更新完善的积极性不高，导致优质的远程医学教育培训资源较难下沉到基层。

（6）应对策略。结合调查获得的意见和建议内容，进一步从体系运行机制、价值宣传机制、课程设置机制、基础保障机制四个方面，提出完善远程医学教育培训体系的应对策略。具体策略：一是完善顶层设计，理顺医学教育培训的运行机制。建议从国家和地方政策层面，着重强调远程医学教育培训的基本运行架构，包括上级医院的培训主体、定期的培训形式、灵活而系统的培训内容和要求、激励考核机制以及保障措施等，制定专门的远程医学教育培训政策以及提升政策可执行性。从医疗机构执行层面，建立完善的远程医学教育培训管理机制架构，成立专门的远程医疗服务部门，配备专人负责远程医学教育培训工作，包括制订基层医护人员教育培训计划以及组织参与教育培训活动，并制定相应的激励考核机制。从顶层制度着手，促进更多医护人员参与远程医学教育培训，以提升基层医护人员的知识技能水平。

二是加强宣传推广，营造医学教育培训的学习氛围。我国远程医学服务体系建设发展迅速，但远程医学教育培训的实际应用推广不足，究其原因是宣传推广不到位。建议卫生健康主管部门设立医院绩效评估层面的考核机制，提升各级医疗机构领导对远程医学教育培训工作的重视程度。通过各层级、各部门的协同宣传推广，采取包括但不限于内部会议、院内显示屏、医院文件等多种形式，加大远程医学教育培训价值规范宣传力度，让医护人员认识到远程医学教育培训的现实重要性以及软硬件的操作方式等，提升医护人员的认知能力和参与意愿，营造良好的教育培训学习环境，将积极学习精神融入医院文化建设中。

三是优化教学内容，满足基层医护人员的实际需求。教育培训内容是医护人员知识技能提升的灵魂，否则医院的教育培训只能流于形式。上级医院应建立定期联络回访制度，加强对培训学习效果的持续回访，可以让基层医护人员上报所需的教育培训内容，及时了解基层医护人员对教育培训内容的实际需要，通过归纳整理，将基层医护人员集中关心的医学内容列入教育培训计划，并据此建立专家库，做好教育培训专家资源保障。根据教学规划和内容要求，上级专家应设计有互动形式的多样化教育培训策略，多以在线讲授专业诊断治疗与预防科普等内容为主，注重理论和实操相结合，尽可能地满足不同专科医护人员的需求。

四是强化基础建设，提升医学教育培训的保障能力。远程医学教育培训基础建设影响着上级医院专家和基层医疗机构医护人员的参与可能性，加强基础设施建设需要政府、专业保障与服务机构（如网络通信商、设备供应商）和医疗机构协同发力。政府和医疗机构应加大基础建设投入力度，包括经费支持、人才培养、设备购买等，提升远程医学教育培训基础服务能力；积极搭建符合实际需要的远程医学教育培训网络和教学云平台。除开展同步教育培训外，还应建立线上教学资源数据库，包括理论课程和技能操作视频课程等。同时，实现医护人员自学自考功能，支持碎片化时间学习、直播回看等功能，保证医护人员能够充分利用教育培训资源。

三、远程医疗服务人员劳动成本

（一）远程医疗服务项目人员时间消耗

1. 人员时间消耗的基本概述

一般地，时间消耗是指完成某项任务、活动或过程所花费的时间总量。从远程医疗服务项目看，远程医疗服务人员时间消耗聚焦于医疗服务的核心环节。主要包含远程医疗服务人员研读患者病理资料、剖析病情细节、开展线上诊断工作、制定个性化诊疗方案等。首先，通过研读患者病理资料对患者基本身体状况、疾病表现等有初步且全面的认识；其次，在研读资料的基础上，深入分析病情细节，把握症状的关联性、疾病发展的阶段特点等；再次，借助远程通信等技术手段，与患者进行线上交流，观察患者状态、询问病情现阶段症状，综合各方面情况给出诊断意见；最后，依据前面掌握的病情情况，为不同患者量身定制适合其个体情况的诊疗方案。

此外，在远程医疗服务过程中，由于存在等待患者上传病理资料、网络不稳定导致视频画面卡顿或传输延迟等情况，远程医疗服务人员会消耗一定的等待时间，拉长单次服务时长，虽然等待时间较为零散，但累积起来对远程医疗服务人员的整体工作效率和及时性影响显著。有效削减等待耗时也是优化远程医疗服务流程、提升远程医疗服务效能的重要着力点之一。

2. 人员时间消耗的测量方法

针对远程医疗服务项目人员时间消耗测量，除根据医疗服务技术规范中的时间消耗外，目前还可以通过以下两种方法进行测量：其一，直接观察法。安排观察员在一定时间内对远程医疗服务人员的工作流程进行实时跟踪记录，详细记下每项任务的起始与结束时间，通过累加计算得出远程医疗服务人员在各环节及总体服务中的时间消耗。其二，交互信息统计。通过收集远程医疗服务中的医患沟通时间节点数据，包括视频问诊的起始、结束时间，文字消息的发送、接收时间等，并对这些交互数据进行整理与分析，按照诊疗流程分类归纳，从而推算出远程医疗服务人员在不同阶段为患者服务所投入的时间，进而为优化远程医疗服务人员工作流程、合理分配时间资源提供有力的数据支撑。

（二）远程医疗服务项目人员体力消耗

1. 人员体力消耗的基本概述

根据生理学定义，体力消耗涵盖任何由骨骼肌肉收缩引发能量消耗的身体运动形式。在远程医疗服务过程中，整个诊疗流程均伴随远程医疗服务人员的体力消耗。

从肌肉劳损程度来看，在远程医疗服务期间，由于工作特性，服务人员往往会长时间维持同一坐姿，专注于电子屏幕以开展各类诊疗事务，致使身体多个关键部位承受持续性的机械压力。具体而言，颈部肌肉为满足兼顾查看病例资料、实时监控诊疗画面等多元操作需求，不得不频繁进行转动，长期处于这种紧张收缩状态下，极易引发颈部肌肉的僵硬、疼痛症状，若病情迁延，甚至可能恶化为颈椎病；肩部肌肉作为维持手臂稳定的重要支撑结构，长时间处于紧绷状态，使局部血液循环受阻，显著提升了肩周炎的发病风险；腰部作为承载身体上半身重量的核心枢纽，在久坐不动的工作模式下，受力呈现不均状态，椎间盘所承受的压力持续增大，极易诱发腰椎间盘突出等腰部疾患。综上所述，这些因固定工作姿势、肌肉长期承载负荷所衍生的各类肌肉劳损问题，构成了人员体力消耗在身体局部范畴内的典型表征。

从身体疲劳感来看，一方面，远程医疗服务人员在诊疗过程中，精神始终处于高度聚焦状态，全身心投入病情的深度剖析、精准诊断中，即便表面上未进行剧烈肢体运动，但身体持续高强度运转会消耗大量精力资源,致使远程医疗服务人员产生显著的身体疲劳感;另一方面,当遭遇紧急远程会诊任务时,远程医疗服务人员常常需要连续诊断数小时,身体无法适时缓解疲劳,致使疲劳感呈指数级累积。当远程医疗服务人员身体感到深度疲劳时,不仅表现为四肢乏力、身体困倦等躯体性症状,更伴随注意力难以集中的认知障碍,这种复合型的身体疲劳感会伴随工作强度的递增而越发凸显,对远程医疗服务人员的工作效率、服务精准度、服务质量构成不容忽视的威胁。

2. 人员体力消耗的测量方法

根据以往研究与实证资料,远程医疗服务人员体力消耗主要可以通过以下两种方法测量:一是借助可穿戴设备,如智能手环、运动监测胸带等,实时追踪远程医疗服务人员在工作时段内的身体活动数据,包括心率变化、步数、身体姿态转换频率等。心率的持续升高或异常波动往往意味着身体处于应激或疲劳状态;步数过少反映出长时间久坐不动,身体局部肌肉承压;频繁的姿态转换则提示可能因不适而调整姿势,这些数据综合起来可量化体力消耗程度。二是采用自我评估量表,让远程医疗服务人员依据自身感受在每日工作结束后对体力疲劳程度进行主观打分,同时记录工作时长、会诊病例数量等信息,通过周期性收集数据,分析不同工作量与体力消耗主观评分之间的关联,从而间接推算出体力消耗情况。此外,还可以利用计算机视觉技术,在远程医疗工作场所安装摄像头,通过对远程医疗服务人员的工作影像进行分析,识别医疗服务人员的长时间静止、频繁揉肩揉颈等动作特征,以此判断肌肉疲劳累积程度,辅助测量体力消耗,为优化工作环境、合理安排远程诊断休息间隔提供依据。

(三) 远程医疗服务项目人员脑力消耗

1. 人员脑力消耗的基本概述

远程医疗服务人员参与提供诊疗方案,需要人体脑力活动,产生脑力消耗成本。一般地,脑力消耗主要指个体在进行认知活动时,大脑神经系统所投入的心理资源,包括注意力、记忆力、思维能力等的运用与损耗。远程医疗服务项目人员脑力消耗是指上下级远程医疗服务人员专注于分析患者复杂的病情时,大脑需调动长期记忆中的医学知识,同时运用逻辑思维对当下症状、检查结果进行整合判断，这一过程持续消耗着注意力资源，若长时间高强度进行，便容易产生疲劳感。从生理学角度而言，大脑作为人体最耗能的器官之一，即便在安静状态下，其耗氧量也占全身的20%左右，而在进行高强度脑力劳动时，能量需求进一步激增。神经元频繁电信号传导、神经递质的合成与释放等生理活动加速，以维持复杂的信息处理过程，这使大脑对葡萄糖、氧气等能量物质需求大增，如同持续高速运转的精密机器，零部件的磨损与能量消耗加剧。

在远程医疗工作场景中，脑力消耗极具复杂性。一方面，参与远程医疗服务的医生面对的患者个体差异巨大，病情有急有缓、有简单有疑难，从常见疾病的精准诊断到疑难重症疾病的抽丝剥茧，所需的脑力投入截然不同；另一方面，医疗流程环环相扣，问诊、检查、诊断、治疗方案制定、术后随访等环节，每个阶段都要求医生保持高度专注，而且依据不同情况灵活切换思维模式，这无疑极大地增加了脑力消耗的程度与持续性。在沟通方式上，远程医疗改变了传统的面对面交流模式。在远程视频会诊时，医生虽可通过观察患者面部表情、肢体语言来辅助诊断，但画面不清晰、网络延迟往往会干扰信息获取，遇到偏远地区网络信号不佳，声音断断续续、画面定格，以致医生难以精准捕捉患者细微症状变化，需反复确认，沟通成本大幅上升，脑力消耗加剧。在数据处理上，大数据与远程医疗结合，海量医学数据涌入，不同地区、各层级医院检验指标参考范围差异，医生需甄别筛选，决策时权衡利弊耗时费力，尤其是复杂病例，整合分析分散信息，构建完整病情认知框架，对医生信息处理能力极限施压，导致脑力快速消耗。

当医生脑力消耗过度，极易引发误诊、漏诊风险。长时间连续远程会诊，大脑疲劳使注意力分散，会导致医生对患者关键症状敏感度降低，如细微皮疹变化、不典型疼痛特征易被忽视；记忆精准度下滑，混淆不同患者检验数值、用药过敏史，导致错误诊断并提供不恰当的治疗方案，严重威胁患者健康。尤其在紧急远程救治时，分秒必争，脑力不济可能延误最佳治疗时机，造成不可挽回的后果。相反，若医生脑力消耗处于合理水平，能显著提升远程医疗服务精准度。精力充沛时，思维敏捷，可从复杂症状、检验数据中迅速洞察疾病本质，精准判断罕见病、疑难杂症；凭借清晰逻辑，为患者量身定制最优治疗、康复方案，兼顾疗效与个体差异。合理脑力消耗下，医生情绪稳定、耐心足，在沟通环节细致解答患者疑问，给予心理安抚，增强患者对远程医疗的信任，提升就医满意度，促进远程医疗服务良性发展。

2. 人员脑力消耗的测量方法

根据以往研究与实证资料，脑力消耗测量方法主要有主观度量法和生理测量法两种。一是主观度量法。主观度量法主要依赖医生的自我感知来评定脑力负荷，其中极具代表性的是 NASA-TLX（task load index）脑力负荷主观量表。该量表从脑力需求、体力需求、时间需求、绩效水平、努力程度、受挫程度六个维度，要求医生对自身工作感受进行打分，例如，在处理复杂急诊病例后，参与远程医疗服务的医生依据当时紧张的时间压力、高度集中的脑力付出、上长时间站立操作设备等体验，在量表相应项给出分数，综合各维度分值便能量化其主观感知的脑力负荷。该方法的优势在于其能直接反映医生内心感受，操作简便快捷，无须复杂设备辅助，可随时开展。但主观性过强是其硬伤，不同医生对同一工作场景的评价易受个人耐受性、经验、情绪等因素干扰，缺乏客观统一标准，且存在记忆消退局限，若间隔久后评价，准确性将大打折扣。

二是生理测量法。该方法主要借助人体生理指标波动洞察脑力负荷状况。心率变异是重要指标之一，正常状态下心率变异性较大，当参与远程医疗服务的医生全身心投入远程复杂项目操作中，大脑高度紧张，身体应激使交感神经兴奋，心率可能仅小幅上升，但心率变异显著降低，曲线趋于平滑，反映大脑为维持高强度工作，对心血管系统精细调控改变。不过，生理测量法会受到多种因素干扰，如个体基础生理差异、环境温度、情绪波动等都可能引发类似生理指标变化，易造成误判，且测量需专业设备，成本高、操作复杂，限制其广泛普及。

四、远程医疗服务单位人力劳务成本测算初探

远程医疗服务人力劳务成本是远程医疗技术价值的体现，前期已经构建了基于医疗服务项目类别的医疗服务人员单位人力劳务成本核算机制。

对于技术难度大、风险程度大、人力资源消耗值相对更高的远程医疗服务项目所需的人力劳务成本更高，相应的远程医疗服务人员技术劳务价值也就更大。2023 年，国家卫生健康委发布的《全国医疗服务项目技术规范（2023 年版）》对远程医疗项目基本人力消耗及耗时、技术难度、风险难度和人力资源消耗相对值等要素进行了规范，为医院医疗服务项目成本测算提供了理论依据，但该技术规范对远程医疗服务项目未明确医疗服务人员职级，如远程病理诊断项目只需要一名医师，高级职称和中级职称医师操作过程和结果基本一致，对医疗质量影响较小，只存在心理上和感觉上的差异。虽然工作年限更长、职称级别更高的医师对诊断或操作等方面有更多的经验，但对远程医疗服务项目价值本身影响程度较为有限。

在医疗服务项目成本界定和测算上，已有研究将医疗成本界定为人力成本和非人力成本（具体参考《医疗服务价格形成机制与定价模型研究》，经济科学出版社）。本书在原有研究基础上，充分考虑医疗服务人员资源稀缺性和技术劳务价值体现性，初步构建以社会平均期望工资为基础的远程医疗服务项目的人力劳务成本测算模型。

（一）基于项目类别的远程医疗服务人员单位人力劳务成本测算

探索建立"基于社会平均期望工资的远程医疗服务项目人力资源成本测算机制"，具体分析如下所示。

以前 5 年（通常采用 3～5 年等）的社会平均工资期望值为基础，取该平均值作为远程医疗服务人员基本人力成本（M_0），其单位人力劳务成本（元/人·时）计算公式为：

$$M_0 = \frac{近5年某地区在岗职工社会平均工资期望值（元/人·年）\times 调整倍数}{12（月）\times 22（天）\times 8（小时）}$$

其中，调整倍数是为了体现医疗服务人员的技术劳务价值。本书参照社会在岗职工平均工资和国际通行做法，结合我国实际情况，拟采用社会在岗职工平均工资 3 倍的方案，作为远程医疗服务人员技术劳务价值调整倍数。

根据标准化价值模型，远程医疗服务项目人力标准劳务成本（Y_0）以

《全国医疗服务项目技术规范（2023 年版）》中的远程会诊项目为参考标准，作为医疗服务人员基本人力劳务成本（M_0）基线项目，如表 6-7 所示。

表 6-7　　　　　2023 年全国医疗服务项目技术规范

项目名称	计量单位	基本人力消耗及耗时	技术难度	风险程度	人力资源消耗相对值
远程会诊	每科	医护技 2~5；每人平均耗时 45 分钟	89	89	70

远程医疗项目人力资源成本可以通过人力资源消耗相对值、技术难度、风险程度与基线项目人力资源消耗相对值、技术难度、风险程度的相应比值计算得出。某项远程医疗服务项目人力标准劳务成本（Y_0）的计算公式为：

$$Y_0 = M_0 \times \frac{远程项目人力资源消耗相对值 \times 技术难度 \times 风险程度}{基线项目人力资源消耗相对值 \times 技术难度 \times 风险程度}$$

其中，"技术难度"是指根据医疗服务项目的复杂程度、技术投入程度及操作者技术要求（包括操作者技术职称、专业操作培训）等因素确定的医疗服务项目技术的相对难易程度。技术难度各章独立形成体系，用数字表示，各体系内技术难度相对分值按 1~100 分赋值，分值越大，难度越高。"风险程度"是指根据医疗服务项目在操作过程中导致患者发生并发症概率、可能产生不良后果的严重程度等多种因素确定的相对风险值。风险程度各章独立形成体系，用数字表示，各体系内的风险程度相对分值按 1~100 分赋值，分值越大，风险越高。"人力资源消耗相对值"是指提供该项目时需要消耗的医务人员数量及难易程度的相对值，根据项目"基本人力消耗及耗时""技术难度""风险程度"三个要素综合测算得出。

（二）不同类别远程医疗服务人员单位人力资源成本测算

以远程医疗服务项目人力标准劳务成本（Y_0）为基础，对于不同类别的远程医疗服务人员（如医师、护师、技师）的单位人力劳务成本（元/

人·时）可以按照一定的比例系数 ψ_i（i=1，2，3）进行调整。设岗位类别比例系数为 $\psi_1:\psi_2:\psi_3=1.0:0.9:0.8$，其对应人力成本（$\psi_i \times Y_0$）如表6-8所示。

表6-8　　　　不同类别远程医疗服务人员单位人力劳务成本　　单位：元/人·时

类别	医师	护师	技师
比例系数	ψ_1	ψ_2	ψ_3
人力成本	$\psi_1 \times Y_0$	$\psi_2 \times Y_0$	$\psi_3 \times Y_0$
	$1.0Y_0$	$0.9Y_0$	$0.8Y_0$

综上所述，本书主要根据国家卫生健康委员会发布的《全国医疗服务项目技术规范（2023年版）》内容，认定某远程医疗服务项目人力劳务成本为实施该项目所需的基本人力标准成本，其人力劳务成本按照上述单位劳动成本（元/人·时）计算公式，进行标准成本测算。例如，在远程心电监测（AAGB0005）项目中，"基本人力消耗及耗时"为"医1技1"，则认定其提供该项服务的最基本人力资源消耗为初级医师1名和技师1名。远程医疗服务项目医师人力成本为基于标准价值模型计算出的单位远程医疗服务项目人力资源成本，单位为元/人·时。当然，也可以按照相应比例精确到元/人·分钟等。

然而，在市场需求和资源配置上，海南、辽宁、云南等各个省份出台的医疗服务项目价格目录中，对于不同职级医师制定的医疗服务项目价格也有所差异。例如，海南省三甲医院远程单学科会诊中，诊查费为主任医师250元/次，副主任医师为200元/次。

基于此，本书建议在远程医疗服务项目人力资源成本测算中可以将项目所需的医务人员按职业类别（医师、护师、技师）和职称级别（初级、中级、副高级、正高级）两部分，按照一定的比例系数（可协商咨询确定，不妨取职称级别比例系数为1.0∶1.2∶1.5∶1.8），分别测算不同远程医疗服务人员的标准人力资源成本，如表6-9所示。如果考虑更细，那么可以将工作年限数作为调整因子，算出更加详细的成本。因此，远程医疗服务人员单位人力资源成本为：$Y_{ij} = \psi_1 \times Y_0$。

表6-9　不同类别和职称级别远程医疗服务人员人力资源成本（Y_{ij}）

类别	医师	护师	技师
正高级	Y_{13}	Y_{23}	Y_{33}
副高级	Y_{12}	Y_{22}	Y_{32}
中级	Y_{11}	Y_{21}	Y_{31}
初级	Y_{10}	Y_{20}	Y_{30}

注：Y_{ij}表示某类别某职称级别的远程医疗服务人员标准人力资源成本；$i=1、2、3$，表示医师、护师、技师不同职业类别；$j=0、1、2、3$，表示初级、中级、副高级和正高级不同职称级别，暂不考虑无职称人员。

第四节　本章小结

本章节主要论述了我国远程医疗服务项目基本情况，重点分析了各省份远程医疗服务项目收费现状及异同性比较，进一步通过实证分析，对样本医院就远程医疗收费开展情况以及收费依据和合理程度开展调查。同时，结合我国开展远程医疗服务的样本省份，开展远程医疗服务收费案例分析。在前期研究基础上，探讨了医疗服务项目价格形成影响机制。基于人力成本对远程医疗服务项目定价影响较大，本书重点阐述远程医疗服务人力成本，包括远程医疗服务项目人力成本内涵、远程医疗服务人员知识技能投入成本、远程医疗服务人员时间、体力和脑力等劳动成本要素，并初步探索远程医疗服务单位人力劳务成本测算机制模型，为衡量远程医疗技术劳务价值奠定理论基础。

第七章

远程医疗服务技术劳务价值决定要素

第一节 远程医疗服务技术劳务价值基本概述

一、远程医疗服务技术劳务价值基本内涵

远程医疗服务技术劳务价值是指远程医疗服务提供者在远程医疗服务过程中,通过信息技术手段,运用专业技术知识、经验和技能,为患者提供高效、便捷、优质的医疗服务所体现出的劳务价值。在远程医疗服务中,医生通过视频通话、文字聊天、图文交流等方式,为患者提供专业的医疗咨询、诊断和治疗服务,这里的医疗服务人员包括邀请方和受邀方医生、护士和医技人员等。然而,在《全国医疗服务项目技术规范(2023年版)》中,远程医疗服务项目内涵明确了邀请方医疗机构向受邀方医疗机构提供相关资料,来提供远程诊疗意见报告。由于本书基于远程医疗服务项目探索技术劳务价值决定要素及评价机制,因此本书的技术劳务价值评价对象是提供远程医疗项目的受邀方医疗机构的医生、护士和医技人员等远程医疗服务人员。

这些受邀方远程医疗服务人员不仅需要具备扎实的医学知识、丰富的临床经验、精湛的医疗技术和高度的专业素养,还需要具备良好的沟通能力和服务意识。实际上,基于某一远程医疗服务项目来提供服务,需要医

生等人员付出大量的时间和精力，为患者提供个性化的诊疗方案。这种劳务付出体现了医疗服务人员的专业性和责任感，也构成了远程医疗服务技术劳务价值的重要组成部分。

二、远程医疗服务质量与人力成本之间的关系

远程医疗服务质量与人力成本之间存在着正相关，即高质量远程医疗服务通常伴随更高的人力成本投入。一方面，高质量远程医疗服务对远程医疗服务人员的能力水平有着较高要求。为保障远程医疗诊断的准确性、沟通的流畅性、治疗的高效性，需要配备临床经验更为丰富的医生，以及专业技能更强的技术人员和管理人员。同时，为了更好地完成远程医疗服务和应对远程医疗服务中的各种突发状况，还需要对远程医疗人员进行远程医疗知识和远程医疗技能的培训。相应地，人员薪酬和培训费用也随之增加。另一方面，高质量远程医疗服务的及时性和连续性需要人力成本支持。为及时响应患者需求，高质量远程医疗服务需要投入更多的人力成本，为患者提供24小时的预约、咨询等服务，保证患者能够得到及时的答复。对于慢性病患者，医护人员需要持续跟踪患者病情变化，定期查看患者通过可穿戴设备传输的健康数据，并根据这些数据调整治疗方案。这一系列工作均需要充足的人力成本作为保障。

然而，人力成本增加并不一定能保证远程医疗服务质量线性提升。一方面，在远程医疗人力成本管理中，容易产生人员冗余、职责不清等问题。远程医疗服务不仅需要专职团队运营，同时也需要兼职人员辅助进行内外部的沟通和协调，如果缺乏科学的人员规划和调配机制，容易造成部分岗位人员数量超过实际需求，浪费人力资源。同时，在远程医疗服务所涉及的各个环节中，远程医疗服务人员对自身的工作内容和职责范围容易缺乏明晰的认知，导致出现工作衔接断层、互相推诿等负面现象。另一方面，医疗服务质量不仅取决于人力成本，还受到多种复杂因素的影响。从技术层面看，远程医疗服务不仅需要医生具备丰富的临床经验，同时设备先进水平、信息传输速度也会对医疗服务质量产生关键影响。若信息传输不稳定，出现延迟或中断现象，医生就无法及时准确地获取患者病情信

息，进而影响诊断准确性和治疗时效性。从患者角度看，患者配合程度、健康素养、对远程医疗模式的接受程度等也会对远程医疗服务过程产生影响，如果患者无法准确描述自身症状或不遵循医嘱进行治疗，即使投入更多的人力成本也难以保障远程医疗服务效果。此外，远程医疗服务还和医疗机构管理水平、药品供应情况等因素存在关联。

三、远程医疗服务质量与价值之间的关系

远程医疗服务质量是价值的外在体现，其内涵涉及资源配置、医患交互、诊疗效果等多个方面，对现代医疗体系发展和完善有着深远影响。

从资源配置角度看，远程医疗覆盖地域面越广代表其质量越高，价值也越大。远程医疗服务可以有效突破地域限制，整合各级医疗机构，促进优质医疗资源下沉，使基层医疗单位可以与高级别医院实时联动。不仅提升了基层医院诊疗水平，避免因缺乏优质医疗资源导致患者无法得到有效救治或盲目转诊，同时也提高了优质医疗资源的利用率，有效缓解了优质医疗资源过度集中的现象，对于优化医疗资源配置具有巨大价值。

从医患交互角度看，远程医疗价值体现在远程医疗信息传递的准确性、完整性、高效性。高分辨率的医疗影像传输技术、低延迟的音视频交互系统、智能化的病历数据管理平台等构成了远程医疗服务医患交互的基础，同时也是高质量远程医疗服务价值的体现。一方面，医生能够全面地了解患者的病史、症状和体征，避免因信息缺失或误解导致的诊断偏差，并实时向患者给出自己的诊断意见和诊疗方案，使患者得到及时救治。另一方面，患者也能在更熟悉的环境中向医生表达自身诉求，避免因视频卡顿、声音不清晰、描述不准确等原因产生紧张情绪，从而对诊疗过程产生干扰。

从诊疗效果角度看，远程医疗服务的诊疗效果是评价远程医疗质量的关键指标，也是体现远程医疗服务价值的核心所在。远程医疗服务涵盖了多种诊疗形式，包括远程会诊、远程监测、远程治疗等。在远程会诊中，医生能够实时查看患者的病历资料、影像数据和检验结果，通过

询问病史、观察体征等方式，为患者提供精准的医疗服务。这种跨区域诊疗模式可以在保障诊断准确性和全面性的同时，极大地提高便捷程度，降低边远地区的诊疗成本。在远程监测中，患者通过可穿戴设备、家庭医疗监测仪器等对生命体征、病情变化进行持续跟踪，并通过远程医疗系统进行实时传输反馈。医护人员通过这些数据可以及时发现患者潜在的病情恶化风险，提前进行干预。同时，远程医疗大数据分析技术可对大量监测数据进行挖掘，发现病情变化规律，进一步优化治疗方案，从而有效提高患者的康复质量，减少住院次数和并发症的发生，增强患者的治疗依从性和主动健康能力。在远程治疗中，基于远程医疗技术应用，医生可以根据患者的实际情况，为患者提供便捷且个性化的治疗方案，提高诊疗效率，改善患者就医体验，保障诊疗效果，减轻患者和家属负担。

四、远程医疗人力成本与价值之间的关系

人力成本投入是创造远程医疗价值的必要条件。从本质上看，远程医疗服务团队是远程医疗服务的核心主体。对于能够开展远程医疗服务的医生，需要经过长期医学教育，涵盖基础医学的各个领域，为专业发展提供坚实基础。同时，还需要进一步参与临床实践，将理论知识转化为临床诊断、治疗能力。对于技术人员，也需要接受针对远程医疗设备使用的系统培训，包括各种类型远程医疗设备的操作流程、故障排查与维护方法等，熟练掌握每一种设备独特的技术参数和操作要求，以确保设备在远程医疗过程中稳定运行。远程医疗服务价值创造并非仅依赖服务过程中的体力劳动和脑力劳动，更在于前期对远程医疗服务人员的培养，这种潜在的人力成本投入经过长期的培育和发展，最终成长为具有实际价值的远程医疗服务，为患者带来准确的诊断、有效的治疗和便捷的医疗体验，成为远程医疗服务价值得以实现的必要因素。

但是，当远程医疗服务人力成本过高时，远程医疗服务价值实现会面临严重阻碍，甚至会失去原有的价值。一方面，当远程医疗服务人力成本过高而导致远程医疗费用出现大幅攀升时，会直接冲击远程医疗服务的可

及性与价值体现。当远程医疗费用超出患者经济承受能力，患者因无力支付高昂费用而不得不放弃远程医疗这一诊疗途径时，远程医疗服务原本所具有的打破地域限制、优化医疗资源配置的价值便无法在这一群体中实现。另一方面，当远程医疗费用超出医保支付范围时，也会对远程医疗服务的可及性和价值产生负面影响。医保作为保障人民医疗权益的重要机制，其支付范围界定对于医疗服务选择和利用具有重要的引导作用。如果远程医疗服务费用不能被医保有效覆盖，那么医院在实施远程医疗服务时，患者可能会因为缺乏保障或保障不足而选择其他诊疗途径，进而影响医院继续提供高质量远程医疗服务的积极性和能力。从宏观角度来看，这将导致远程医疗服务在整个医疗体系中的可及性降低，无法充分发挥其应有的作用，其实际价值也会因受众范围的缩小和服务受限而受到严重损害。

五、远程医疗服务质量、人力成本、价值动态平衡

远程医疗服务质量、人力成本与价值间应实现动态平衡。这种动态平衡是一个复杂且微妙的系统状态，涉及医疗、经济、社会等多方面因素相互作用。

从医疗角度来看，高质量远程医疗服务是保障患者健康权益的关键。要求在诊疗过程中保证诊断的准确性、治疗的有效性和患者诊疗过程的舒适性。当人力成本合理配置时，能够确保有足够数量和质量的专业医护人员、技术人员、管理人员参与到远程医疗服务中，改善患者的健康状况、提高诊疗效率、优化医疗资源配置，使远程医疗服务价值得以充分体现。

从经济角度来看，远程医疗服务人力成本合理投入对于远程医疗服务可持续发展至关重要。过高的人力成本可能导致远程医疗服务价格飙升，只有少数人能够负担，严重限制其服务的可及性和社会价值。相反，如果人力成本过低，可能无法吸引和留住高素质的医疗专业人才和技术人才，进而影响服务质量，导致患者对远程医疗服务的信任度降低，最终损害远程医疗服务的价值。因此，需要通过合理的政策制度、薪酬体系和成本管

控机制来实现人力资源成本与远程医疗服务质量之间的平衡,确保远程医疗服务的可行性和稳定性。

从社会角度来看,远程医疗服务质量、人力成本和价值的动态平衡关系到社会医疗可及性和资源配置公平性。当这种平衡得以实现时,远程医疗可以打破地域和经济条件的限制,将优质医疗资源延伸到偏远地区和弱势群体中,缩小城乡之间、不同经济阶层之间在医疗服务可及性上的差距。这不仅有助于提高整个社会的健康水平,减少因疾病导致的社会经济负担,还能促进社会的和谐发展。同时,远程医疗服务的高质量发展可以激发医疗行业对于高层次人才的渴望,进一步形成人才培养良性循环,为我国医疗事业的长期发展提供有力支持。

为了实现这种动态平衡,政府、医疗机构应共同参与。政府需要制定合理的政策法规,包括远程医疗服务定价指导、医保报销政策、远程医疗服务人才培养扶持政策等。医疗机构应加强内部管理,优化远程医疗人力资源配置,建立科学的远程医疗绩效评估体系,提高远程医疗人力资源利用效率。通过对远程医疗服务价值的不断探索,确保远程医疗服务能够在实践中得到不断优化。

第二节 远程医疗服务技术劳务价值决定要素探索

一、医疗服务项目技术难度和风险程度要素的应用情况

通过文献综述分析,不同学者提出的技术难度和风险程度应用模式不同(见表7-1)。一是项目技术难度和风险程度分值经处理后相乘。邹俐爱等(2013)将技术难度和风险程度分值÷100后,去调节项目所需不同职称医生成本差值,而蒋帅(2018)提出技术难度和风险程度应直接调节人力成本,而非调节其成本差值;金春林等(2016)预设基线项目技术难度和风险程度,其他项目技术难度和风险程度与其相比后,再将比值赋一个权重。二是项目技术难度和风险程度转换为成本值。鲁献忠

等（2013）将项目基本人力消耗及耗时、技术难度和风险程度三要素设定权重范围，进而测算出该三要素的相应成本值，然后将其相加获得人力成本。三是项目技术难度和风险程度拟合为某一指数。李利平等（2019）依托原有技术难度和风险程度，通过专家对技术难度和风险程度赋权重，拟合出医疗服务技术劳务指数。总之，不同学者对技术难度和风险程度应用思路不一致，尚未形成统一的技术难度和风险程度在项目成本测算中的应用模式。

表7-1　　　　不同学者对技术难度和风险程度使用模式

年份	基本思路及模式	出处
2013	最低级别医生即初级医生的标准每小时劳务成本为 S1，最高级别医生即正高医生的标准每小时劳务成本为 S2，则执行医疗服务项目的医生的劳务成本在 S1 和 S2 之间。j 为项目技术难度分值，f 为风险程度分值。公式：$S = S1 + (S2 - S1) \times (j \times f/10000) \times 0.5$	邹俐爱等
2018	将社会平均期望工资作为医疗服务项目基本人力成本标准 C，将项目技术难度和风险程度原始分值 ÷100 进行校正，获得相应的技术难度和风险程度系数（K_{diff} 和 K_{risk}）。项目需要的医务人员数为 N，基本耗时为 T，公式：人力成本 $= C \times N \times T \times K_{diff} \times K_{risk}$	蒋帅
2016	各级医院各类医生目标薪酬为 X_i，项目需要医务人员数为 N_i，项目耗时为 T，医务人员技术类别、职称、医院级别等为 L_i，技术难度和风险程度的权重为 α。公式：$$Y = \sum_{i}^{n} \frac{X_i}{\text{工作月} \times \text{工作日} \times \text{工作时间}} \times (N_i \times T \times L_i) \times \left(1 + \alpha \frac{\text{项目技术难度} \times \text{技术风险}}{\text{基线项目技术难度} \times \text{技术风险}}\right)$$	金春林等
2013	基本人力消耗及耗时、技术难度和风险程度构成医疗服务价格项目的非物质消耗。在医疗服务项目价格构成的非物质因素中基本人力消耗及耗时所占比例一般为 33%~67%，技术难度所占比例一般为 30%~60%，风险程度所占比例一般为 1%~7%。公式：非物质消耗 =（基本人力消耗及耗时 + 技术难度 + 风险程度）= 基本人力消耗及耗时/人力消耗百分比	鲁献忠等
2019	确定基准项目，将基准项目的基本人力消耗及耗时、技术难度、风险程度分别设定为 100 分。根据技术人员执业授权，确定技术劳务评分基数，其他医疗服务与之比较，得到全部医疗服务的技术劳务指数。公式：标准人力价值 = 住院医师（护士、药士）人力价值率（分钟薪酬）× 技术劳务指数 × 医生操作人数 × 操作耗费时间	李利平等

二、远程医疗人员技术劳务价值成本测算的模式探索

(一) 远程医疗人员技术劳务价值成本测算模型构建

如何有效利用项目技术难度和风险程度指标是医疗服务项目人力技术劳务价值体现的关键,但当前尚未形成统一的医疗服务项目技术难度和风险程度在项目成本测算中的应用模式。本研究借鉴不同学者提出的技术难度和风险程度处理方式并经过专家组讨论,在充分考虑社会经济发展水平、患者可负担水平、医保基金可承受水平等因素的前提下,确定医疗服务项目技术难度和风险程度综合指数测算模式。通过文献梳理和专家讨论,探索从医疗服务项目技术难度和风险程度内涵出发,依托原有技术难度值和风险程度值,并通过同一系统、同一专业领域内的专家成员分别对某医疗服务项目的技术难度和风险程度打分赋权重,最终拟合出该项目医疗服务技术劳务指数。本研究主要依托河南省卫生健康委员会联合省医保局共同推进医疗服务价格调整方案工作组做深入的理论探索,并得到该领域专家的认可。

1. 基于技术难度与风险程度的"加法模式"

首先,测算基本人力标准成本 C_0。根据河南省医疗服务项目成本核算要求,采用本省域内样本医疗机构真实世界成本核算数据开展人力成本测算。采集不同类别、不同级别医疗机构人员经费等成本数据,并进行深度清洗。通过国家提倡的分项逐级分步结转法将院级成本分摊到科室成本,进一步引入社会必要劳动时间,采用时间驱动作业成本法测算出不同系统和类别医疗服务项目、不同职称医生人员的成本消耗值(产能成本率),即医疗服务项目的标准人力成本。具体做法:通过调研科室专业人员的实际操作流程,精准而全面地将医疗服务项目划分为若干个标准化作业;对每一项作业的成本进行归集,确定每个作业的资源成本和作业成本动因,核算每个作业成本;根据项目作业划分标准,累计其包含的所有作业成本,获得医疗服务项目的单位成本。其中,通过提取医疗服务项目的人力成本,获得某医疗服务项目的基本人力标准成本 C_0。

其次,获得技术难度和风险程度的权重。选定同一系统、同一专业内某一医疗服务项目作为参考的基准项目,不妨设该基准项目技术难度和风险程度值分别为 j_0 和 f_0,其分值均为 1~100。考虑技术难度和风险程度的临床实际应用情况,有学者认为应调高技术难度和调低风险程度的权重,因此设该基准医疗服务项目的技术难度和风险程度的权重分别为 α_0 和 β_0,且 $\alpha_0 + \beta_0 = 1$;与基准项目相比的其他某一医疗服务项目(对比项目)的技术难度值和风险程度值分别为 j_1 和 f_1,其对应的权重分别为 α_1 和 β_1,且 $\alpha_1 + \beta_1 = 1$。其中,α_0、α_1 和 β_0、β_1 均由各领域专家咨询打分确定。此外,有研究认为风险程度权重为 1%~7%,则有 β_0、β_1 的取值范围为 0.01~0.07,α_0、α_1 的取值范围为 0.93~0.99。

最后,计算技术劳务价值成本。由于医疗服务项目技术难度和风险程度分别对项目基本人力标准成本产生影响,经过专家打分权重调节后,获得项目技术难度和风险程度的综合技术劳务指数。设定基准参考项目技术难度和风险程度拟合指数为 $u_0 = \alpha_0 j_0 + \beta_0 f_0$,则某项目的技术难度和风险程度拟合指数为 $u_1 = \alpha_1 j_1 + \beta_1 f_1$,该项目的技术劳务指数为 $u = \dfrac{\alpha_1 j_1 + \beta_1 f_1}{\alpha_0 j_0 + \beta_0 f_0}$。因此,被技术难度和风险程度调节后的该项目基本人力成本值为 $C_1 = C_0 \times \dfrac{\alpha_1 j_1 + \beta_1 f_1}{\alpha_0 j_0 + \beta_0 f_0}$。进一步结合《全国医疗服务项目技术规范(2013年版)》中的项目基本人力消耗(N)及耗时(T),则可获得医疗服务项目医务人员技术劳务价值成本为 $C = C_1 \times N \times T = C_0 \times \dfrac{\alpha_1 j_1 + \beta_1 f_1}{\alpha_0 j_0 + \beta_0 f_0} \times N \times T$。

2. 基于技术难度与风险程度的"乘法模式"

一是召开专家座谈会,选定同一系统、同一专业内的基准参考医疗服务项目。

二是设定某基准参考项目技术难度值和风险程度值分别为 j_0 和 f_0,其分值均为 1~100;拟测算样本医疗服务项目的技术难度和风险程度分别为 j_1 和 f_1。

三是由工作专家组成员对同一系统、同一专业内的医疗服务项目技术难度和风险程度系数打分赋予权重,不妨设该基准参考项目的技术难度和风险程度的权重分别为 α_0 和 β_0,且 $\alpha_0 + \beta_0 = 1$;某拟测样本医疗服务项目

的权重分别为 α_1 和 β_1，且 $\alpha_1 + \beta_1 = 1$。

四是根据文献分析和临床实际应用情况，认为应调高技术难度和调低风险程度的权重，且有研究认为风险程度权重应为 1%~7%。

五是通过文献梳理和专家理论探索和实证分析，初步确定技术难度和风险程度系数测算模式，即某项目技术难度和风险程度系数分别为 $k_j = \frac{\alpha_1 j_1}{\alpha_0 j_0}$ 和 $k_f = \frac{\beta_1 f_1}{\beta_0 f_0}$。

当然，若认定技术难度和风险程度同等重要，则权重相等，即 $\alpha_0 = \alpha_1 = \beta_0 = \beta_1 = 0.5$，则有 $k_j = j_1/j_0$ 和 $k_f = f_1/f_0$。事实上，项目技术难度和风险程度共同对项目基本人力标准成本（C_0）产生影响，即被技术难度和风险程度调节后的项目基本人力成本值为 $C_1 = C_0 \times k_j \times k_f = C_0 \times \frac{\alpha_1 j_1}{\alpha_0 j_0} \times \frac{\beta_1 f_1}{\beta_0 f_0}$。

六是进一步结合项目基本人力消耗（N）及耗时（T），可获得某医疗服务项目医务人员技术劳务价值成本为 $C = C_1 \times N \times T = C_0 \times \frac{\alpha_1 j_1}{\alpha_0 j_0} \times \frac{\beta_1 f_1}{\beta_0 f_0} \times N \times T$。

（二）实证模拟分析

以河南省管 8 家公立医院为样本，将远程会诊（AAGBO001）作为基准项目，对远程病理诊断（AAGBO002）、远程影像诊断（AAGBO003）、远程心电诊断（AAGBO004）等样本项目进行医务人员标准技术劳务价值成本测算。

1. 基于技术难度与风险程度的"加法模式"测算结果

一是测算基准项目人力成本。通过实际测算，在特定技术难度和风险程度下，河南省管 8 家公立三级医院远程会诊（AAGBO001）的基本人力成本 C_0 为 5.791 元/分钟。

二是基准项目和对比项目的技术难度值和风险程度值及其权重赋值。查询《全国医疗服务项目技术规范（2023 年版）》，获得样本项目的技术难度值和风险程度值，确定技术难度和风险程度的赋值范围为 0~100，且技术难度和风险程度的权重范围分别为 0.93~0.99 和 0.01~0.07，每家医院选择 1~2 名专家，对样本医疗服务项目的技术难度和风险程度权重进行打分赋值，并取其平均值作为该项目技术难度和风险程度的标准权重（见表7-2）。

表7-2　各测算方式下的技术难度值和风险程度值及其权重

项目编码	技术难度值	风险程度值	技术难度权重	风险程度权重
AAGB0001	89	89	0.95	0.05
AAGB0002	89	57	0.95	0.05
AAGB0003	83	57	0.95	0.05
AAGB0004	83	57	0.95	0.05

三是测算样本项目的技术难度和风险程度综合技术劳务指数。基准项目综合技术劳务指数为1.00，其余对比项目的综合技术劳务指数计算如下。（1）远程病理诊断为：$(89 \times 0.95 + 57 \times 0.05) \div (89 \times 0.95 + 89 \times 0.05) = 0.98$。（2）远程影像诊断为：$(83 \times 0.95 + 57 \times 0.05) \div (89 \times 0.95 + 89 \times 0.05) = 0.92$。（3）远程心电诊断为：$(83 \times 0.95 + 57 \times 0.05) \div (89 \times 0.95 + 89 \times 0.05) = 0.92$。

四是查询样本项目的基本人力消耗及耗时。远程会诊的基本人力消耗为医护技2~5人，每人平均耗时45分钟；远程病理诊断、远程影像诊断和远程心电诊断的基本人力消耗均为医生1名，平均耗时均为20分钟。

五是测算样本医疗服务项目的标准技术劳务价值成本。（1）远程会诊费：$5.791 \times 1.00 \times 2 \times 45 = 521.19$（元）。（2）远程病理诊断费：$5.791 \times 0.98 \times 1 \times 20 = 113.50$（元）。（3）远程影像诊断费：$5.791 \times 0.92 \times 1 \times 20 = 106.55$（元）。（4）远程心电诊断费：$5.791 \times 0.92 \times 1 \times 20 = 106.55$（元）。

2. 基于技术难度与风险程度的"乘法模式"测算结果

一是根据《全国医疗服务项目技术规范（2023年版）》内容，查询获得样本医疗服务项目的技术难度值和风险程度值，如表7-2所示。

二是以河南省管8家公立医院为样本，每家医院选定1~2名河南省医疗服务价格调整方案工作组专家成员，对在系统内一般医疗服务类的样本医疗服务项目的技术难度和风险程度权重进行独立评分,取其平均值作为项目技术难度和风险程度综合权重值,经过汇总后开展专家座谈会,对部分权重进行讨论以达成共识。

三是根据拟提出的医疗服务项目技术难度和风险程度应用模式,获得医疗服务项目基本人力标准成本(C_0)被技术难度和风险程度调节后的结果,其中远程会诊(AAGBO001)的基准调节系数为1.00,其拟测算项目系数计算过程如下:

(1)远程病理诊断(AAGBO002):$\frac{\alpha_1 j_1}{\alpha_0 j_0} \times \frac{\beta_1 f_1}{\beta_0 f_0} = [(89 \times 0.95) \div (89 \times 0.95)] \times [(57 \times 0.05) \div (89 \times 0.05)] = 0.64$。

(2)远程影像诊断(AAGBO003):$\frac{\alpha_1 j_1}{\alpha_0 j_0} \times \frac{\beta_1 f_1}{\beta_0 f_0} = [(83 \times 0.95) \div (89 \times 0.95)] \times [(57 \times 0.05) \div (89 \times 0.05)] = 0.60$。

(3)远程心电诊断(AAGBO004):$\frac{\alpha_1 j_1}{\alpha_0 j_0} \times \frac{\beta_1 f_1}{\beta_0 f_0} = [(83 \times 0.95) \div (89 \times 0.95)] \times [(57 \times 0.05) \div (89 \times 0.05)] = 0.60$。

四是通过项目专家组测算的远程会诊(AAGBO001)基本人力标准成本(C_0)为5.791元/分钟。同时,查询《全国医疗服务项目技术规范(2023年版)》,获得样本项目的基本人力消耗及耗时。

五是测算某医疗服务项目医务人员技术劳务价值成本。

(1)远程会诊费:$5.791 \times 1.00 \times 2 \times 45 = 521.19$(元)。

(2)远程病理诊断费:$5.791 \times 0.64 \times 1 \times 20 = 74.12$(元)。

(3)远程影像诊断费:$5.791 \times 0.60 \times 1 \times 20 = 69.49$(元)。

(4)远程心电诊断费:$5.791 \times 0.60 \times 1 \times 20 = 69.49$(元)。

(三)总结与思考

医疗服务人员劳务价值标准成本是深化医疗服务价格改革的重要内容,在人力成本测算中,为更好地体现医务人员的劳务价值,必须充分考虑医疗服务项目的基本人力消耗及耗时、技术难度和风险程度等要素。本书基于文献分析和理论探索,构建医疗服务项目技术难度和风险程度应用模式,合理确定项目技术难度和风险程度综合技术劳务指数。以河南省管

8家公立医院为样本，收集各家医院的真实发生成本监测数据，并通过医院科室成本分摊模式和时间驱动作业成本法，获得医疗服务项目基础人力成本。进一步结合政策要求和专家组讨论结果，引入技术难度和风险程度系数测算模式，通过专家评分赋权重，获得医疗服务项目技术难度和风险程度的技术劳务指数。最终建立基于项目技术难度和风险程度的医务人员标准技术劳务价值成本测算模型并进行实证分析，为医疗服务项目人力劳务价值成本测算提供了理论基础与研究思路。从不同视角进行探索，为深化医疗服务价格改革提供了参考依据。

第三节　远程医疗服务技术劳务价值决定要素识别

一、决定要素识别的研究设计

（一）研究实施方法

研究方法的选择要切合研究的问题和情境。目前，关于受邀方医疗机构远程医疗服务人员技术劳务价值的研究尚处于探索阶段，还未形成明确且广泛认可的概念内涵，缺乏对受邀方远程医疗服务人员劳务价值影响因素的系统性研究。因此，本研究适合采用质性研究方法进行理论构建研究。

在质性研究方法中，扎根理论是一种适合进行理论构建的科学研究方法。1967年，巴尼·格拉索（Barney Glaser）与安塞尔姆·L.施特劳斯（Anselm L. Strauss）开创了扎根理论研究方法，将量化分析的方法融入扎根理论研究中，使扎根理论的研究过程具有可追溯性，研究程序具有可重复性，研究结论具有可验证性。这在一定程度上克服了传统质性研究与量化研究之间的分歧，树立了质性研究与量化研究相结合的典范，并最终使扎根理论成为完整的方法论体系。1990年，安塞尔姆·L.施特劳斯（Anselm L. Strauss）和朱丽叶·M.科宾（Juliet M. Corbin）将扎根理论程序化，并在1967年原始版本的基础上，结合具体实践，引入了一些新的概念和方法，如"维度化""主轴编码""典范模型"等。因此，后人为了区分两种不同版本的扎根理论，将1967年的版本称为"经典扎根理论"，而将他们在1990年提出的版本称为"程序化扎根理论"。

扎根理论研究方法提供了一整套从原始资料中归纳、建构理论的方法和步骤。它强调深入现实情境，主张在数据的收集和分析过程中遵循"收集数据—初构理论—再收集数据—完善理论"的互动循环，通过观测、实验收集第一手经验资料和数据，通过逐层归纳，不断比较分析，来考察研究对象是否具有这种或那种属性或特征，以及它们之间是否有关系等，最终构建出理论。在管理理论研究领域，扎根理论方法是一种适用于诠释概念的内涵和外延来探究影响因素的重要研究方法。

本研究采用程序化扎根理论。一方面，程序化扎根理论的使用最为广泛，本土化发展较为深入，可为本研究提供充足的理论基础。另一方面，程序化扎根理论的公式化的操作过程和步骤，使其使用起来相对便捷。基于此，本研究采用程序化扎根理论进行分析，以期能够全面、系统、深入地研究远程会诊医生劳务价值的影响因素。

（二）实施基本流程

本书中的应用流程主要分为以下步骤，具体流程如图7-1所示。

1. 提出研究问题

本书研究问题为探究受邀方医疗机构远程医疗服务人员的技术劳务价值决定因素。

2. 访谈资料收集

本书通过半结构化访谈的方式来获取原始资料，即按照访谈提纲与事先联系好的受访者进行沟通，访谈问题可以根据受访者的回答做出相应灵活的更改。

3. 分析收集的资料并逐级编码

在分析处理收集的原始资料时，要反复地进行分析对比，其分析过程可分为三个阶段：开放式编码、主轴编码、选择性编码。

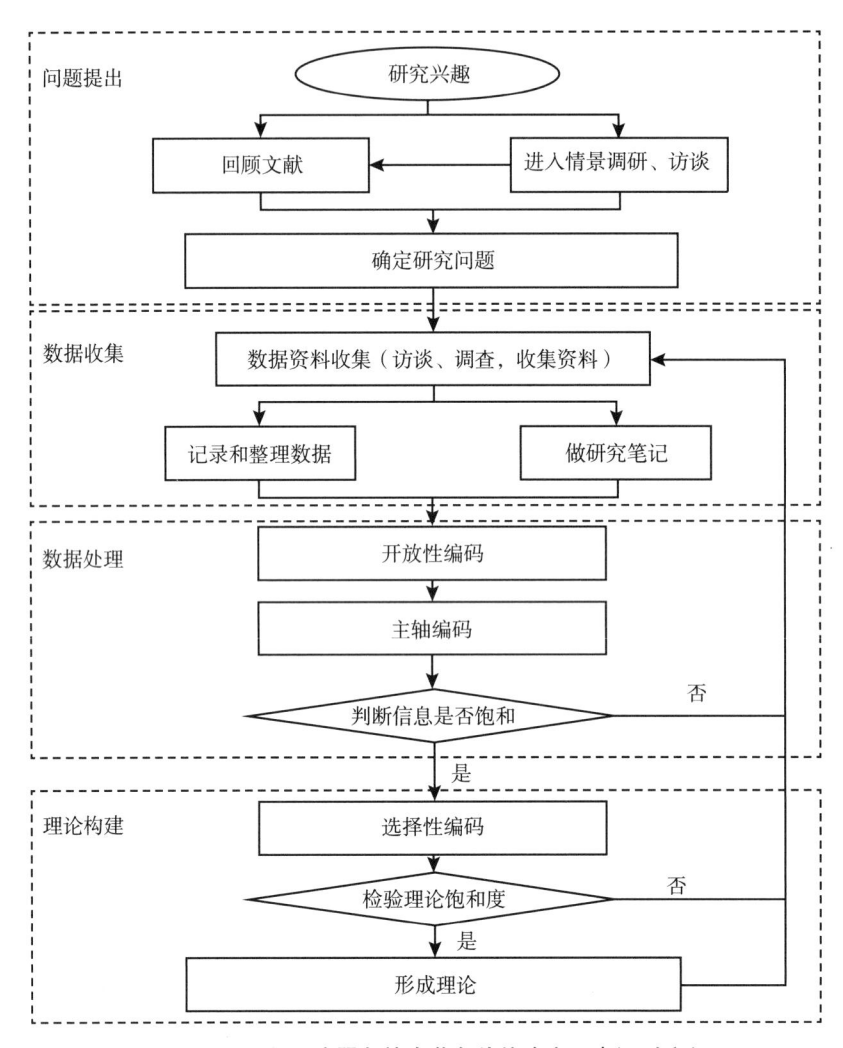

图 7-1　远程医疗服务技术劳务价值决定要素识别流程

一是开放式编码。即对获取的原始资料进行汇总整理，经过反复对比分析原始资料中的语句并为其贴上标签，进而据此提炼出初始概念，然后将初始概念进行合并，形成更具概括性的初始范畴。

二是主轴编码。即在上一步骤结果的基础之上，探寻初始范畴间的内在关联和逻辑关系，并据此提炼出主范畴。如属于同类现象的初始范畴可归属于同一主范畴。

三是选择性编码。即在主轴编码的基础上依据访谈记录，梳理出主范畴间的相关性，厘清其内部的故事线，并从中提炼出核心范畴。然后根据存在的逻辑关系将核心范畴与其他范畴联系起来，形成理论框架。

4. 理论构建

首先对获取的原始资料进行汇总整理，并提炼出初始概念，其次通过归纳汇总得出初始范畴和主范畴，最后基于范畴间的逻辑关系提出理论框架，构建出所研究问题的理论体系。

对于初步构建的理论体系，还要进行理论饱和度的验证，即对新的或者预留的受访者的原始资料进行分析处理，若没有发现新范畴，范畴内部也没有发现新的初始概念，则表示理论达到饱和。如果未达到理论饱和，则需要进行三级编码，使用已构建的理论体系无法涵盖的概念和范畴，对理论框架进行完善。

二、决定要素识别的关键数据采集与分析

1. 访谈提纲设计

本书采用目的抽样法，对熟悉远程医疗服务技术劳务价值的人员对象进行深度访谈。访谈时间为2024年6~8月，访谈形式包括面对面访谈和电话访谈。在正式进行深度访谈前，对6位劳务价值领域的专家进行了预访谈，并依据访谈过程和结果修正了部分不恰当的问题，形成半结构式深度访谈提纲。

文献研究法是一种需要大量阅读和分析相关文献的方法。本研究首先在中国知网数据库中以"劳务价值"为主题词进行检索，检索截止日期为2024年6月30日，共检索得到292篇文献。其次根据相关内容对检索获得的文献进行筛选，剔除与本研究主题无关的文献，最终获得文献16篇。

2. 访谈对象情况

本研究获得了24位受访者的原始访谈资料，受访者的基本信息如表7-3所示。为了后续的理论饱和检测，随机从整理好的访谈记录中抽取了3/4的访谈记录进行数据的分析编码，并将1/4的访谈记录留作理论饱和度检验之用。

表 7-3　　　　　　　　　　访谈对象基本情况

项目	分类	人数（人）	占比（%）
性别	男	14	58.33
	女	10	41.67
年龄	30~39 岁	9	37.50
	40~49 岁	13	54.17
	50 岁及以上	2	8.33
职称级别	中级	9	37.50
	高级	15	62.50
身份类别	邀请方医生	5	20.83
	受邀方医生	5	20.83
	管理人员	4	16.67
	研究学者	7	29.17
	政府行政人员	3	12.50
工作年限	1~5 年	6	25.00
	6~10 年	7	29.17
	10 年以上	11	45.83
学历	硕士	5	20.83
	博士	19	79.17

三、编码分析

（一）原始资料

本次访谈对受访者进行了一对一的沟通，每位访谈对象的访谈时间为 30~60 分钟。在正式进行访谈之前，记录受访者的基本信息，如性别、年龄、学历、职称、工作年限、身份类别等，并简要向受访者说明访谈的目的。在对受访者进行访谈的过程中，不会对受访者所表达的看法进行评论，如果访谈中有较长的沉默，会对其进行适当的提醒和引导。每次访谈结束后，及时将访谈内容的原始资料整理成 Word 文档，并为其编上号码以便后续对其分析编码。部分访谈记录如表 7-4 所示。

表7-4　　　　　　　　　　　访谈记录（部分）

访谈备忘录

访谈记录（部分）：

我：您认为远程医疗医生的技术劳务价值是指什么？影响因素有哪些？

研究对象（管理人员A）：远程医疗医生的技术劳务价值应该体现在医疗服务结果上。远程医疗医生的技术劳务价值不仅体现在疾病的好转率、诊疗方案的有效率上，还体现在患者满意度等方面。评价医生的技术劳务价值，并非易事，需要患者多角度、全方位地去考虑。比如，医生的专业技能、沟通能力、服务态度等，都是评价的重要依据。而患者的口碑相传，更是医生价值的最好体现。（转归水平、患者满意度、沟通能力、服务能力、工作态度）医生的心理感知，这个看似虚无缥缈的东西，其实也是技术劳务价值的一部分。如果某个专家经验丰富，却不认可自身在远程医疗中的价值，可能不自觉地影响他对患者的诊断和治疗，技术劳务价值自然就降低了（主观认同感、主观获得感）。

研究对象（远程医疗受邀方医生A）：我认为是医生付出劳动的价值体现。医生的劳务价值与医生的个人付出有关系，先不说那些复杂的医学知识，光是前期教育和培训的投入，就足够耗时耗力让人望而却步。除了在学校学习，还要实习和科室轮转，这投入的可不仅是时间和精力，还有金钱。学费、生活费、各种考试费用，再加上那些专业书籍、器材，林林总总算下来，没有个几十万怕是下不来（教育背景、培训成本）。还有在医疗服务过程中消耗的时间和体力等都会影响远程医疗医生技术劳务价值，远程医疗医生们虽然在屏幕前诊断病情，但消耗的时间和体力可一点也不比传统门诊的医生少。就说时间吧，远程医疗医生得在有限的时间内，通过细细观察屏幕上的图像、报告，再结合患者描述的症状，来判断病情。医生们得时刻保持高度集中，一边要倾听患者的诉求，一边还得思考诊断方案，这脑力劳动强度可不容小觑。不仅要在医疗服务过程中消耗时间和体力，还要兼顾医患沟通、病情诊断、心理辅导等多重角色（时间消耗、体力消耗、脑力消耗）。

研究对象（专业学者A）：远程医疗医生的技术劳务价值，不仅取决于他们专业的医疗知识和服务态度，更与医疗项目本身的技术劳务价值和风险程度密切相关。以心脏远程监测为例，该项目的技术劳务价值相对较高，风险程度也不容忽视。远程医疗医生需运用先进的心电监测技术，对患者的生命体征进行实时监控，及时发现并处理潜在风险。在这一过程中，医生的技术劳务价值不仅体现在对心脏疾病的诊断和治疗上，更体现在对监测技术的熟练运用和风险防范上（项目技术难度、项目风险程度）。

（二）开放式编码

开放式编码是扎根理论过程中的一级编码，是对原始文本资料进行逐字编码和标注，通过不断比较和分析获得初始概念，并对其进行重新分类和归类，使其逐渐概念化和范畴化。在编码过程中，本书采用逐词、逐句的阅读方式对原始数据资料进行打标签、提取概念。首先，对原始文本资料中与远程医疗服务技术劳务价值高度相关的语句进行筛选。其次，删除原始文本资料中的无关信息，共得到与远程医疗服务技术劳务价值有关的原始语句1367条。经过多次筛选和整理，将原始语句概念化，用 an 表示初始概念，得到初始概念 38 个。进一步对所得到的初始概念进行凝练和整理,共得到 14 个初始范畴,用 An 表示。具体的开放式编码过程如表 7-5 与表 7-6 所示。

表 7-5　　　　　　　　　　开放式编码概念化

编号	代表性原始语句	序号	初始概念
F16-25	不同远程医疗服务项目的技术投入有所差异	a1	技术投入
F11-52	不同项目难度的疾病,操作难度不同	a2	操作难度
F08-33	疾病的复杂程度不同,需要的技术难度也不同	a3	复杂程度
F18-86	专家可能会因为不够了解患者情况造成误诊	a4	不良后果风险
F02-17	远程医疗医生可能会存在泄露患者隐私的情况	a5	患者隐私风险
F15-42	医学教育的投入,包括学习中所付出的时间与精力	a6	学历教育投入
F04-27	医疗技术飞速发展,继续教育有助于医生提升专业水平	a7	继续教育投入
F02-09	加强诊疗培训,促使会诊专家为患者制定合理的治疗方案	a8	专业技能培训
F17-73	远程医疗是一项新型技术,需要医生了解并接受一定培训	a9	远程操作培训
F17-90	受邀方专家付出的时间体现出他们的劳务价值	a10	服务平均耗时
F06-43	受邀方专家参与服务项目前后也会产生一些时间的耗费	a11	等待平均耗时
F10-56	长时间的工作会造成肌肉劳损,可以此判断专家的付出	a12	肌肉劳损程度
F15-132	工作强度大会产生身体疲劳,降低效率和会诊质量	a13	身体疲劳感
F07-85	专注度会影响专家的会诊质量和效率	a14	专注度
F12-32	工作效率的高低影响会诊的质量	a15	工作效率
F04-17	远程医疗专家的耐心将影响会诊时间以及质量	a16	耐心性
F18-89	责任感高的会诊专家更乐于为下级医生解答疑惑	a17	责任感
F04-50	工作热情将提高专家工作积极性,更加投入工作	a18	积极性
F14-35	长时间、高压力的工作可能使专家产生懈怠	a19	职业倦怠
F09-04	上下级医生对疾病的诊断与治疗思路是否一致	a20	诊断结果一致性
F06-52	专家诊疗意见被基层医生接受的程度	a21	诊疗方案采信率
F02-20	医生对患者进行了定期的回访工作,体现了医生的责任心	a22	回访率
F12-40	医生用词用句严谨,可以避免误诊风险	a23	语言的严谨性
F07-59	专家表达的准确性对下级医生和患者的理解尤为重要	a24	语言的准确性
F15-12	专家沟通语言温和,配合基层医生病情诊断	a25	人文关怀
F10-02	远程医疗有效促进医生间知识和技能的碰撞,是会诊专家向下级医生传授经验的有效途径	a26	知识传递能力
F01-36	远程医疗是团队协作的结果,配合度高会诊效果也会更好	a27	协作能力

续表

编号	代表性原始语句	序号	初始概念
F11-83	通过专家诊断后,患者病情转好、身体康复	a28	治愈率
F14-99	远程医疗专家提供的诊疗方案使患者病情好转	a29	好转率
F06-73	接受远程诊疗后的患者及家属情绪得到稳定	a30	患者心理安慰
F13-20	患者的就诊需求得到了一定程度满足	a31	患者需求满足感
F07-59	专家有信心通过远程医疗确保自己的诊疗方案得以实施	a32	自我能力认同
F08-21	专家认为自己参加远程医疗是否体现了自身价值	a33	职业认同感
F03-82	专家参加远程医疗是否得到了成就感、自豪感等	a34	成就感
F17-95	专家通过远程医疗展现自己的专业能力,提高了知名度	a35	知名度
F05-34	专家通过远程交流学习,进行了知识的更新	a36	知识更新
F10-45	专家参与远程医疗满足了自身的期待,如知名度	a37	心理满足
F16-45	专家对参加远程医疗的报酬是否满意	a38	薪酬满意度

表7-6　　开放式编码范畴化

序号	基本范畴	对应初始概念
A1	项目技术难度	a1 技术投入;a2 操作难度;a3 复杂程度
A2	项目风险程度	a4 不良后果风险;a5 患者隐私风险
A3	医学教育成本	a6 学历教育投入;a7 继续教育投入
A4	技能培训成本	a8 专业技能培训;a9 远程操作培训
A5	项目时间消耗	a10 服务平均耗时;a11 等待平均耗时
A6	项目体力消耗	a12 肌肉劳损程度;a13 身体疲劳感
A7	项目脑力消耗	a14 专注度;a15 工作效率
A8	工作态度	a16 耐心性;a17 责任感;a18 积极性;a19 职业倦怠
A9	服务能力	a20 诊断结果一致性;a21 诊疗方案采信率;a22 回访率
A10	沟通能力	a23 语言的严谨性;a24 语言的准确性;a25 人文关怀;a26 知识传递能力;a27 协作能力
A11	治疗转归水平	a28 治愈率;a29 好转率
A12	患者满意度	a30 患者心理安慰;a31 患者需求满足感
A13	专家主观认同感	a32 自我能力认同;a33 职业认同感
A14	专家主观获得感	a34 成就感;a35 知名度;a36 知识更新;a37 心理满足;a38 薪酬满意度

(三) 主轴编码

开放式编码提供了研究所需的概念和范畴,但是没有揭示范畴之间的关联关系,需要进行下一步主轴编码。主轴编码是为了发现和建立基本类别间的逻辑关系。通过对类别进行编码以及围绕这些类别进行深入分析,根据潜在的相关性和逻辑理论顺序,在概念层面对类别进行分类,进而更加系统地概述远程会诊医生劳务价值的影响因素。本书对开放式编码阶段所获得的14个初始范畴进行提炼、分类,建立范畴间的逻辑关系,最终得到6个主范畴用 B_n 表示。各个主范畴和对应的初始范畴之间的关系如表7-7所示。

表7-7   主轴编码过程

序号	主范畴	对应基本范畴
B1	项目技术风险	A1 项目技术难度;A2 项目风险程度
B2	知识技能投入	A3 医学教育成本;A4 技能培训成本
B3	服务劳动投入	A5 项目时间消耗;A6 项目体力消耗;A7 项目脑力消耗
B4	服务态度	A8 工作态度;A9 服务能力;A10 沟通能力
B5	诊疗质量	A11 治疗转归水平;A12 患者满意度
B6	受邀方专家主观感受	A13 专家主观认同感;A14 专家主观获得感

(四) 选择性编码

选择性编码的目的是找出不同主范畴间的关系,是对主轴编码的结果进一步整合、凝练,挖掘出核心范畴的过程。通过对主轴编码得到的6个范畴进一步研究发现,共归纳出4个核心范畴,用 C_n 表示,结果如表7-8所示。三级编码结果如图7-2所示。

表7-8   选择性编码过程

序号	核心范畴	对应主范畴
C1	服务项目特性	B1 项目技术风险
C2	人力成本投入	B2 知识技能投入;B3 服务劳动投入
C3	行为质量水平	B4 服务态度;B5 诊疗质量
C4	主观体验评价	B6 受邀方专家主观感受

第七章 远程医疗服务技术劳务价值决定要素

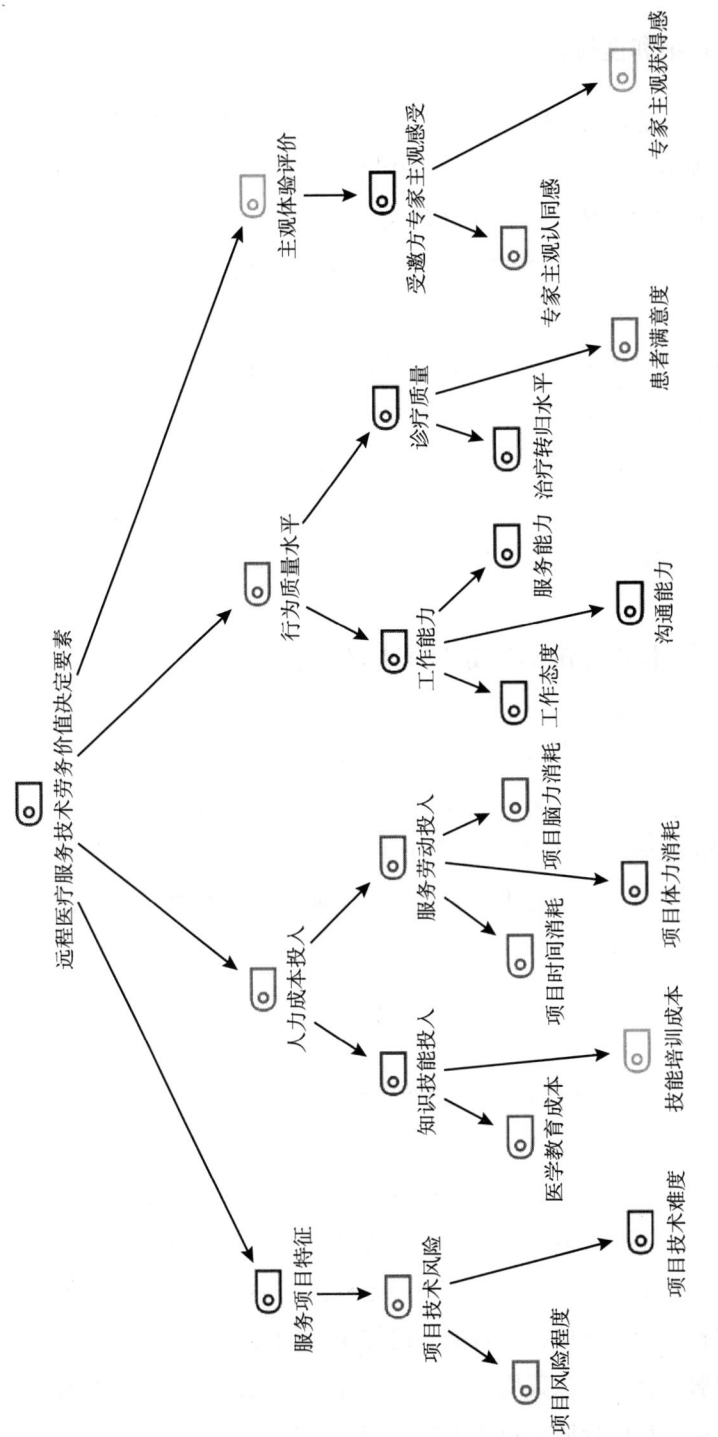

图7-2 远程医疗服务技术劳务价值决定要素三级编码框架

(五) 饱和度检验

"饱和"是判断质性研究质量的重要标准，契合了质性研究的本体论和认识论基础，同时也是质性研究中样本选取的重要依据。饱和是指在发展类属属性的过程中，再没有新的数据资料出现。换言之，从新收集的数据资料中不再出现新的概念、范畴或关系时，可以视为达到"饱和"状态，即可以停止继续收集数据。

为检验上述编码结果对解释本研究的研究现象具有全面性，即达到了理论饱和状态，将剩余的1/4原始文字资料用于理论饱和度检验，对其进行编码分析，将编码结果与之前得到的编码结果进行细致的比较分析，发现未出现新的概念和范畴，也没有在范畴之间出现新的关系。因此，可以认为本研究的影响因素识别结果通过饱和度检验。

四、技术劳务价值决定要素内在逻辑关系

根据远程医疗服务技术劳务价值决定要素识别结果，其四个核心范畴为服务项目特性、人力成本投入、行为质量水平和主观体验评价。实际上，远程医疗服务技术劳务价值决定要素的四个核心范畴具有其内在机理。基于严格对应四个维度逻辑流，远程服务项目特性是远程医疗服务的固有属性，也是技术劳务价值体现的基础，这可理解为远程医疗服务作为医疗服务提供的一个单元，即远程医疗服务项目，其具有自身特性且直接决定是哪类医疗服务的技术劳务价值体现；人力成本投入主要聚焦于医疗专业技能投入（医学教育和实践培训等）和劳动投入（脑力、体力消耗等），这种"知识+劳动"的双重投入是决定远程医疗服务能否实现的先决条件，即应对复杂的远程医疗服务项目需要人力资源投入；远程医疗服务人员通过医学学历教育和培训实践等获得知识技能，而具备这种知识技能不等同于技术劳务价值得到体现，远程医疗的交付服务才能体现医疗服务人员的技术劳务价值，即将拥有的知识技能通过服务传递交付，产生积极的医疗服务行为并保证服务质量，才能真正地体现技术劳务价值。主观体验评价是远程医疗服务提供者的价值主观反馈，也是技术劳务价值能否

体现的自我综合评价。

远程医疗服务项目特性是价值基准。远程医疗服务的劳务价值评估需以项目特性为根本依据，其核心体现为技术复杂性与临床风险性的"双维"差异。根据《全国医疗服务项目技术规范（2023年版）》，远程医疗服务项目包括远程会诊、病理诊断、影像诊断及心电诊断等，且项目已通过量化指标实现分级：一方面，综合操作复杂度、技术密集度及实施者能力要求，形成医疗服务项目的技术难度；另一方面，基于并发症发生概率与潜在临床危害的严重性形成的风险程度。高复杂性项目（如多学科远程会诊）要求专家投入更高阶的决策劳动，其技术劳务价值必然超越低复杂性服务（如标准影像判读）。因此，项目特性不仅是价值分层的客观标尺，更是构建远程医疗劳务价值评估体系的基准维度。

远程医疗的人力资本禀赋是价值内核。远程医疗服务的价值创造核心在于受邀专家的人力资本转化，其价值贡献源于服务性投入和技能性投入两类可量化投入。前者是实施诊疗过程中的脑力与体力综合消耗，如临床疾病数据判读、实时疾病诊断决策负载；后者反映远程医疗服务受邀方专家为获得远程诊疗能力所累积的沉没成本，包含学历教育资本与专项技能投资。参照人力资本理论，医学教育成本（如时间与资金）与职业培训投入构成技能获取函数，其边际成本随技术迭代递增，强调沉没成本特性与持续投资需求，如5G远程手术培训。这种禀赋差异直接决定从理论到实践的操作精度等服务转化效率，以揭示"禀赋能力"到"行为质量"传导链。因此，人力资本投入不仅是价值计量的核心尺度，更是远程医疗区别于传统服务的价值分化枢纽。

远程医疗服务行为质量是价值转化器。远程医疗服务受邀专家的技能资本需通过服务行为质量转化为实际价值，该要素维度构成价值生成的效能中枢，具体表现为：专家通过服务态度（如问诊严谨性）与沟通能力（如跨平台信息捕捉）构建精准诊断基座，主要指工作态度与沟通能力共同支撑的信息完备性系统，服务质量决定后续诊疗路径可靠性，其核心是消除患者诊断信息偏差；进一步以客观治疗转归（如远程随访的临床结局改善）和患者主观感知（如需求满足度）形成结果评价双环。工作态度决定诊断完整性（如患者体征信息获取率），沟通效能影响决策精准度（如误诊率修正），最终通过转归数据与患者报告结局实现价值可测化。因此，行为质量成为连接人力资本投入与技术劳务价值实现的核心转化介质。

远程医疗服务专家的体验感知反馈是价值的精神度量衡，其主张推动价值评估从"纯经济"维度向"物质—精神"二元维度进化，主要通过专家主观认同感和专家主观获得感等双维度反馈调节价值实现。一是职业认同和自我能力认同等职业效能感，这是受邀方专家的职业认同，对远程医疗模式能够带来自身价值的信念内化，且具有对自身技术能够解决邀请方患者医疗需求问题的能力。二是受邀方专家成就获得感主要反映其在服务过程中实现复杂病例即时破解目标达成的操作满足感。作为技术劳务价值体现的精神回报，主观获得感是指受邀方专家在提供远程医疗服务之后所感受的满足感和成就感等心理体验，其可弥补实际经济回报不足的缺陷。当经济回报不足时，成就感激励成为核心代偿，如疑难诊断带来的职业声望。这种体验感知既是价值实现的神经末梢，如通过量表可量化，更是服务可持续性的调节阀——其正向积累能弥补物质激励缺口，驱动持续性高质量服务供给。因此，推动将主观体验从描述性概念提升为驱动远程医疗价值生态的核心要素，为构建"以人为本"的劳务价值评估范式提供学术注脚。这就要求必须将主观体验嵌入价值评估体系，以捕捉非物质性价值贡献。

综上所述，本书初步搭建的远程医疗服务技术劳务价值决定要素分析框架，具体包括远程医疗服务项目特性、人力成本投入、行为质量水平和主观感知评价四个维度，这为后续深入分析远程医疗服务技术劳务价值决定要素作用机制奠定理论基础。

第四节　远程医疗服务技术劳务价值决定要素作用机制

一、研究方法

DEMATEL（decision making trial and evaluation laboratory）方法也被

称为决策试验和评价试验法,是美国 Battelle 实验室于 1971 年提出的一种利用图论和矩阵工具分析系统因素的方法。它主要是通过使用专家们的经验和智慧,量化指标体系中各因素之间的关系。其主要流程是由专家们对各个因素间的影响程度大小进行评判,进而得到描述各个因素之间关系的直接影响矩阵。在此基础上,利用相关公式,求出各个因素的影响度、被影响度、中心度以及原因度。依据这四项指标可以有效地确定各因素间的因果关系和各因素在系统中的位置,以此来达到对原因因素、结果因素以及关键因素进行研究和分析的目的。在实践中,DEMATEL 方法已成为诸多研究领域中探寻因素间关系的常用方法。因此,本研究以 DEMATEL 影响因素模型来分析影响远程医疗医生技术劳务价值的关键因素。

二、数据收集

(一)数据来源

本书采用调查问卷,通过收集专家打分数据,构建直接影响矩阵。问卷内容包括:个人基本信息调查和各项影响因素间的相互影响程度打分调查。(1) 个人基本信息调查。主要是对被调查者的性别、年龄、学历、社会角色进行调查。(2) 各项影响因素间的相互影响程度打分调查。将上文中的远程会诊医生劳务价值的影响因素指标体系中的影响因素问题化,采用李克特五级量表的方式,让专家依据经验和专业性进行打分。

(二)专家基本情况

为了保证专家打分的质量,本次的专家问卷调查是以网络问卷星媒介为主。特邀请了15 位调查对象参与打分。回收 15 份有效问卷,专家积极系数高达 100%。访谈对象基本情况分析如表 7 - 9 所示。

表 7-9　　　　　　　　　　访谈对象基本情况

项目	分类	人数（人）	占比（%）
性别	男	10	66.67
	女	5	33.33
年龄	35~39 岁	4	26.67
	40~44 岁	8	53.33
	45 岁及以上	3	20.00
职称级别	中级	6	40.00
	高级	9	60.00
工作年限	1~5 年	2	13.34
	6~10 年	8	53.33
	10 年以上	5	33.33
学历	硕士	9	60.00
	博士	6	40.00

三、基于 DEMATEL 的影响因素重要性分析

（一）确定直接影响矩阵

根据文献分析和深度访谈筛选出对远程医疗技术劳务价值影响的关键因素 $A=\{A1, A2, A3, \cdots, An\}$，将最终得到的影响因素进行编号。通过向专家发放调查问卷来对影响因素之间的关系进行评分，本研究将 0~5 分（0 分为无影响，1 分为非常弱影响，2 分为较弱影响，3 分为中等程度影响，4 分为较强影响，5 分为强影响）作为因素间相互影响的程度标尺。为消除与降低专家个体差异，本研究取 e 名（e=15）专家评分平均值作为直接影响程度分值。根据式（7-1）建立影响因素的初始直接影响矩阵（D），a_{ij}^k 表示第 k 位专家给出的影响因素 a_i 对 a_j 列的直接影响程度评分，$1 \leq k \leq e$，结果如表 7-10 所示。

$$D = \frac{1}{e} \sum_{k=1}^{e} (a_{ij}^k)_{n \times n} \qquad (7-1)$$

表7-10　远程医疗服务技术劳务价值决定要素直接影响矩阵

要素	A1	A2	A3	A4	A5	A6	A7	A8	A9	A10	A11	A12	A13	A14
A1	0.00	0.02	0.07	0.07	0.09	0.09	0.11	0.07	0.07	0.07	0.05	0.05	0.02	0.02
A2	0.05	0.00	0.07	0.07	0.09	0.09	0.11	0.07	0.07	0.07	0.05	0.05	0.02	0.02
A3	0.02	0.02	0.00	0.07	0.07	0.07	0.09	0.07	0.09	0.09	0.09	0.09	0.05	0.05
A4	0.02	0.02	0.07	0.00	0.07	0.05	0.09	0.07	0.09	0.09	0.09	0.09	0.05	0.05
A5	0.02	0.02	0.07	0.05	0.00	0.07	0.07	0.07	0.07	0.07	0.05	0.05	0.05	0.05
A6	0.02	0.02	0.05	0.05	0.07	0.00	0.09	0.07	0.07	0.07	0.05	0.05	0.05	0.05
A7	0.02	0.02	0.05	0.07	0.07	0.07	0.00	0.07	0.07	0.07	0.05	0.05	0.05	0.05
A8	0.02	0.02	0.05	0.07	0.09	0.07	0.09	0.00	0.07	0.09	0.07	0.11	0.09	0.09
A9	0.02	0.02	0.05	0.07	0.11	0.09	0.07	0.07	0.00	0.09	0.11	0.11	0.09	0.09
A10	0.02	0.02	0.05	0.07	0.07	0.05	0.09	0.07	0.11	0.00	0.09	0.11	0.09	0.09
A11	0.02	0.02	0.07	0.05	0.05	0.05	0.05	0.07	0.05	0.05	0.00	0.11	0.05	0.05
A12	0.02	0.02	0.05	0.05	0.05	0.02	0.07	0.09	0.07	0.11	0.07	0.00	0.09	0.11
A13	0.02	0.02	0.07	0.07	0.07	0.07	0.11	0.11	0.09	0.09	0.11	0.00	0.00	0.11
A14	0.02	0.02	0.07	0.07	0.07	0.07	0.07	0.11	0.11	0.09	0.09	0.11	0.11	0.00

（二）确定规范化影响矩阵

采用行和最大值法归一化处理初始直接影响矩阵。根据式（7-2）对直接影响矩阵（D）进行标准化处理得到规范化影响矩阵（N）。a_{ij} 表示直接影响矩阵中第 i 行第 j 列的值。结果如表7-11所示。

$$N = \left(\frac{a_{ij}}{\max \sum_{j=1}^{n} a_{ij}} \right) \quad (7-2)$$

表7-11　远程医疗服务技术劳务价值决定要素规范化影响矩阵

要素	A1	A2	A3	A4	A5	A6	A7	A8	A9	A10	A11	A12	A13	A14
A1	1.00	-0.02	-0.07	-0.07	-0.09	-0.09	-0.11	-0.07	-0.07	-0.07	-0.05	-0.05	-0.02	-0.02
A2	-0.05	1.00	-0.07	-0.07	-0.09	-0.09	-0.11	-0.07	-0.07	-0.07	-0.05	-0.05	-0.02	-0.02
A3	-0.02	-0.02	1.00	-0.07	-0.07	-0.07	-0.09	-0.07	-0.09	-0.09	-0.09	-0.09	-0.05	-0.05

续表

要素	A1	A2	A3	A4	A5	A6	A7	A8	A9	A10	A11	A12	A13	A14
A4	-0.02	-0.02	-0.07	1.00	-0.07	-0.05	-0.09	-0.07	-0.09	-0.09	-0.09	-0.09	-0.05	-0.05
A5	-0.02	-0.02	-0.07	-0.05	1.00	-0.07	-0.09	-0.07	-0.07	-0.07	-0.05	-0.05	-0.05	-0.05
A6	-0.02	-0.02	-0.05	-0.05	-0.07	1.00	-0.09	-0.07	-0.07	-0.07	-0.05	-0.05	-0.05	-0.05
A7	-0.02	-0.02	-0.05	-0.07	-0.07	1.00	-0.05	-0.05	-0.05	-0.05	-0.05	-0.05	-0.05	-0.05
A8	-0.02	-0.02	-0.05	-0.07	-0.09	-0.07	-0.09	1.00	-0.07	-0.09	-0.07	-0.11	-0.09	-0.09
A9	-0.02	-0.02	-0.05	-0.07	-0.11	-0.09	-0.07	-0.07	1.00	-0.09	-0.11	-0.11	-0.09	-0.09
A10	-0.02	-0.02	-0.05	-0.07	-0.07	-0.07	-0.09	-0.07	-0.11	1.00	-0.09	-0.11	-0.09	-0.09
A11	-0.02	-0.02	-0.07	-0.05	-0.05	-0.05	-0.05	-0.07	-0.07	-0.05	1.00	-0.11	-0.05	-0.05
A12	-0.02	-0.02	-0.05	-0.07	-0.07	-0.07	-0.07	-0.07	-0.07	-0.11	-0.07	1.00	-0.09	-0.11
A13	-0.02	-0.02	-0.07	-0.07	-0.07	-0.07	-0.07	-0.11	-0.11	-0.09	-0.09	-0.11	1.00	-0.11
A14	-0.02	-0.02	-0.07	-0.07	-0.07	-0.07	-0.07	-0.11	-0.11	-0.09	-0.09	-0.11	-0.11	1.00

(三) 计算综合影响矩阵

根据式 (7-3) 计算综合影响矩阵 T, 其中 I 是单位矩阵。结果如表 7-12 所示。

$$T = N(I - N)^{-1} \qquad (7-3)$$

表 7-12　　远程医疗服务技术劳务价值决定要素综合影响矩阵

要素	A1	A2	A3	A4	A5	A6	A7	A8	A9	A10	A11	A12	A13	A14
A1	0.12	0.14	0.36	0.36	0.43	0.36	0.49	0.43	0.46	0.46	0.40	0.46	0.34	0.35
A2	0.16	0.12	0.36	0.37	0.44	0.37	0.50	0.44	0.47	0.47	0.41	0.47	0.35	0.36
A3	0.15	0.15	0.32	0.39	0.44	0.37	0.50	0.47	0.52	0.53	0.48	0.55	0.40	0.41
A4	0.15	0.15	0.38	0.32	0.44	0.34	0.50	0.46	0.51	0.52	0.47	0.54	0.39	0.40
A5	0.13	0.13	0.33	0.31	0.32	0.32	0.43	0.40	0.43	0.43	0.37	0.43	0.34	0.35
A6	0.13	0.12	0.30	0.30	0.37	0.25	0.42	0.39	0.41	0.42	0.36	0.42	0.33	0.34
A7	0.13	0.13	0.34	0.34	0.39	0.33	0.36	0.41	0.44	0.46	0.38	0.44	0.35	0.36
A8	0.16	0.16	0.40	0.42	0.50	0.39	0.54	0.45	0.54	0.56	0.49	0.61	0.47	0.49
A9	0.17	0.17	0.42	0.43	0.54	0.43	0.55	0.54	0.50	0.59	0.56	0.64	0.50	0.51

续表

要素	A1	A2	A3	A4	A5	A6	A7	A8	A9	A10	A11	A12	A13	A14
A10	0.17	0.16	0.40	0.42	0.49	0.40	0.55	0.52	0.59	0.49	0.53	0.62	0.48	0.50
A11	0.13	0.12	0.33	0.31	0.35	0.29	0.38	0.40	0.42	0.40	0.32	0.48	0.33	0.34
A12	0.15	0.15	0.39	0.37	0.43	0.33	0.49	0.50	0.51	0.55	0.47	0.48	0.45	0.48
A13	0.17	0.17	0.44	0.44	0.50	0.37	0.55	0.58	0.61	0.60	0.55	0.65	0.42	0.53
A14	0.17	0.17	0.44	0.44	0.50	0.37	0.55	0.58	0.61	0.60	0.55	0.65	0.52	0.43

（四）计算影响度、被影响度、中心度和原因度

根据综合影响矩阵 T 可以求出影响度、被影响度、中心度和原因度，结果如表 7-13 所示。综合影响矩阵的各行指标之和表示对其他各个要素的综合影响值，即影响度。影响度集合记为 R，R_i 表示 T 矩阵第 i 行的总和；各列值之和表示受到其他各个要素的综合影响值，即被影响度。被影响度集合记为 C，C_j 表示 T 矩阵第 j 列的总和；当 i = j 时，$R_i + C_j$ 的值相当于要素 i 在所有要素中所起的重要程度，所以为中心度。中心度越大，表示在影响远程医疗技术劳务价值的因素之中重要性越高；当 i = j 时，$R_i - C_j$ 的值记为原因度。原因度为正的影响因素是原因因素；原因度为负的影响因素为结果因素，其受原因因素的影响。

表 7-13　影响因素的影响度、被影响度、中心度和原因度情况

要素	影响度	被影响度	中心度	中心度排序	原因度	因素属性
A1	5.15	2.10	7.24	14	3.05	原因因素
A2	5.28	2.03	7.31	13	3.25	原因因素
A3	5.69	5.20	10.89	9	0.48	原因因素
A4	5.57	5.22	10.79	11	0.35	原因因素
A5	4.70	6.13	10.83	10	-1.43	结果因素
A6	4.56	4.91	9.47	12	-0.35	结果因素
A7	4.87	6.81	11.69	7	-1.94	结果因素
A8	6.17	6.59	12.76	4	-0.41	结果因素

续表

要素	影响度	被影响度	中心度	中心度排序	原因度	因素属性
A9	6.53	7.02	13.54	1	-0.49	结果因素
A10	6.34	7.09	13.42	2	-0.75	结果因素
A11	4.61	6.32	10.93	8	-1.72	结果因素
A12	5.75	7.42	13.17	3	-1.66	结果因素
A13	6.58	5.68	12.26	6	0.90	原因因素
A14	6.58	5.85	12.43	5	0.72	原因因素

以中心度为横轴、以原因度为纵轴建立笛卡尔坐标系,并以中心度均值为横轴值,做垂直于横轴的直线(平行于纵坐标轴),形成4个象限,明确各个关键影响因素的坐标位置,如图7-3所示。

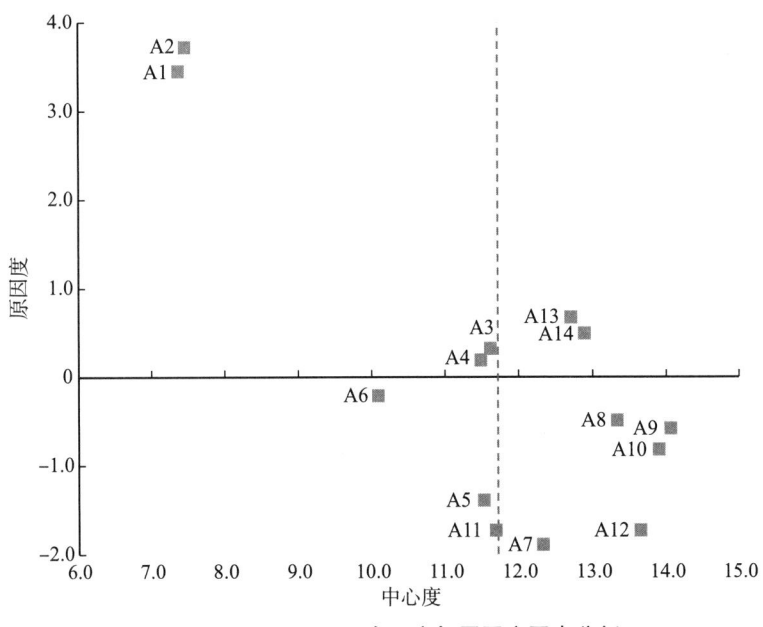

图7-3 DEMATEL中心度与原因度因素分析

(五)远程医疗服务技术劳务价值决定要素分析

1. 远程医疗医生技术劳务价值原因因素分析

原因度大于0的A1、A2、A3、A4、A13、A14因素位于横轴之上,是影响其他因素的原因因素。以中心度大小排序为 A14、A13、A3、A4、A2、A1，即专家主观获得感、专家主观认同感、医学教育成本、技能培训成本、项目风险程度、项目技术难度。

A14 专家主观获得感和 A13 专家主观认同感是中心度最高的 2 个原因因素，均属于 B6 受邀方专家主观感受范畴。因此，远程医疗受邀方专家的 C4 主观体验评价是影响其他因素的核心原因因素。A14 专家主观获得感，是指远程医疗受邀方专家在为患者提供医疗服务的过程中，内心所产生的满足和成就感。这种感受不仅关乎医生的个人情感，更在很大程度上影响着医疗技术的价值体现。一方面，当医生在诊疗过程中感受到强烈的满足和成就感时，他们会更加积极地投身于医疗工作，提高医疗服务质量，从而提升技术劳务价值。另一方面，技术劳务价值的提升也会反过来增强医生的主观获得感。这种良性循环有助于推动远程医疗行业的不断发展。A13 专家主观认同感，是指远程医疗受邀方专家在内心深处对自己职业价值的认知与评价。这种认同感在一定程度上决定了医生在技术服务中的态度、行为及其所创造的价值。专家的主观认同感决定了他们在面对患者时所展现的专业素养和人文关怀。具有高度职业认同感的医生，会对自己的技术劳务价值有更为深刻的理解，从而在诊疗过程中更加精益求精，为患者提供更加优质的医疗服务。专家的主观评价对技术劳务价值的影响具有复杂性和多元性。因此，应该关注如何提升远程医疗受邀方专家的主观获得感和主观认同感，引导医生树立正确的价值观，提高其职业素养，从而为远程医疗的健康发展注入新的活力。

A3 医学教育成本和 A4 技能培训成本的中心度较高，均属于 B2 知识技能投入范畴。这说明医生的知识技能是影响其他因素的关键原因因素。医生的医学教育成本和技能培训成本，很大程度上决定了他们在远程医疗领域的技术水平。一位优秀的医生需要经历 10 年以上的教育与培训，其中包括医学院校的专业知识学习、临床实践以及持续的专业技能培训。然而，新兴技术的发展对医生的教育与培训提出了新的要求。在远程医疗领域，医生需要掌握的不仅是传统医学知识，还包括信息技术、网络通信等跨界技能。这意味着，医生还需要不断更新知识，教育成本和技能培训成本将进一步增加。这种学习过程所耗费的时间、金钱和精力等成本，直接关系到他们在远程医疗领域的价值体现。现阶段，医生个人在教育和技能培训上所承担的高昂成本，使他们在提供远程医疗服务时，往往会有意提高劳务报价，以弥补前期的投入。政府应加大对远程医疗医生的教育和培训投入，探索多元化的人才培养模式，以降低医生的个人负担。合理分担成本也是提高医生技术劳务价值的关键。政府应引导医疗机构合理确定远程医疗服务的价格，确保医生的技术劳务价值得到充分体现。提高医生在远程医疗服务中的积极性，进而促进远程医疗事业的发展。

A2 项目风险程度和 A1 项目技术难度原因度均大于 0，且都属于 B1 项目技术风险范畴。因此，C1 医疗服务项目特性是影响其他因素的原因因素。医疗服务项目是医疗服务活动的最小单元，也是医疗服务价格形成的基本依据。根据《全国医疗服务项目技术规范（2023 年版）》，医疗服务项目包括综合类、诊断类、治疗类、康复类、中医类、辅助操作类 6 个类别 10 个章节的 11516 个终极项目。医疗服务价格项目由项目编码、项目名称（中文）、项目名称（英文）、项目内涵、必需耗材、可选耗材、低值耗材分档、基本人力消耗及耗时、技术难度、风险程度、人力资源消耗相对值、计量单位、说明、特殊情况资源消耗调整系数、收费票据分类、会计科目分类、病案首页费用分类 17 个要素构成。其中，技术难度和风险程度是体现医务人员劳务价值的 2 个核心要素。技术难度主要反映医疗服务项目的技术复杂程度和投入力度以及项目操作难度等，而风险程度主要反映医疗服务操作过程中患者发生并发症的概率以及产生不利后果严重程度的综合评判结果。项目的技术难度和风险程度是医生技术劳务价值体现的一个重要方面，它要求医疗系统的设计和补偿机制能够识别并合理反映医生的专业服务，以确保医生提供的服务与其技术劳务价值相匹配。应对技术劳务价值高、风险程度大的复杂情况和复杂操作，进行适当差异化定价，以体现技术难度差异。

2. 远程医疗医生技术劳务价值结果因素分析

原因度小于 0 的 A5、A6、A7、A8、A9、A10、A11、A12 因素位于横轴之下，是易受到其他因素影响的结果因素。以中心度大小排序为 A9、A10、A12、A8、A7、A11、A5、A6，即服务能力、沟通能力、患者满意度、工作态度、项目脑力消耗、治疗转归水平、项目时间消耗、项目体力消耗。

A9 服务能力和 A10 沟通能力是中心度最高的 2 个原因因素，与中心度排名第 4 的 A8 工作态度均属于 B4 服务态度范畴。因此，医生的工作能力是受其他因素影响的核心结果因素。首先，医生的服务能力是指医生在远程医疗中所展现的专业技术能力，不仅包括扎实的医学知识，还包括对各类疾病发展趋势的敏锐洞察力和临床经验。与面对面诊断相比，远程医疗依赖通信技术和患者的主观描述，这使医生在诊断时更容易出现偏差。这就对医生的诊断能力提出了更高要求。医生需要具备深厚的医学功底和临床经验，以便在有限的信息中准确把握病情，并提出切实有效的诊疗方案。其次，医生的沟通能力是指在远程医疗服务过程中，医生如何运用语言、表情、肢体动作等交流手段，以及心理学、社会学等相关知识，跨越时空限制，实现对患者的有效了解、诊断和治疗。在这种特殊的工作模式下，医生的沟通能力显得尤为重要，它不仅关系到患者的就医体验，更是影响治疗效果的关键因素。最后，医生的工作态度体现在其工作的耐心性、责任感、积极性、同理心等方面。远程医疗医生的工作态度受到多种因素的影响，不仅包括医疗体制、技术条件等客观因素，还包括医生的个人心理、价值观等主观因素。总之，远程医疗医生的服务态度评价，绝不应局限于单一的医疗技能，而应是一个多维度、综合性的行为结果评估。换言之，医生不仅需要具备扎实的医学知识和临床经验，更要具备良好的沟通能力、敏锐的观察力和高度的敬业精神等服务态度。

中心度排名第 3 的 A12 患者满意度和第 6 的 A11 治疗转归水平均属于 B5 诊疗质量范畴。因此，远程医疗的诊疗质量是受其他因素影响的关键结果因素。一方面，远程医疗的患者满意度作为诊疗质量的主观因素，并不仅是指患者在医疗过程中体验的便捷程度和治疗效果，更是一个综合评价远程医疗服务质量、医患沟通以及心理满足感的全方位指标。在远程医疗过程中，医患之间的沟通主要依赖文字、语音和图像传输。相较于面对面交流，这种沟通方式存在一定局限性。医生如何在远程医疗中运用同理心，提升沟通技巧，成为提高患者满意度的关键。不同年龄、性别、文化背景和健康状况的患者，对远程医疗的需求和期望存在差异。例如，年轻患者可能更关注远程医疗的便捷性和技术含量，而老年患者则可能更看重医疗服务的贴心和人性化。因此，远程医疗提供者需要针对不同患者群体，提供差异化服务，以满足其个性化需求。另一方面，远程医疗的治疗转归水平作为诊疗质量的客观因素，可以通过诊断结果一致性、诊疗方案采信率、专家回访率等指标判断医生远程医疗的治疗质量。在远程医疗中，医生的专业知识、临床经验和患者需求共同决定了诊疗方案的质量。借助人工智能辅助诊断系统，远程医疗的准确性已得到显著提高。然而，如何降低误诊率、提高诊断一致性仍然是行业关注的焦点。提高诊疗方案采信率则需要我们加强沟通，提高远程医疗的信任度。而提高专家回访率不仅能及时发现并解决患者问题，还能提高患者满意度，也有助于提高远程医疗的整体水平。

A5 项目时间消耗、A6 项目体力消耗和 A7 项目脑力消耗原因度均小于 0，且都属于 B3 劳动投入范畴。因此，医生的劳动投入是受其他因素影响的结果因素。首先，在时间消耗方面，远程医疗虽然免去了患者的地理限制，节省了患者的就医时间，但医生需要应对更多非专业性的琐事，如网络沟通、资料整理等，这些额外的工作无疑延长了医生的工作时间。此外，远程医疗模式下，医生与患者之间的沟通效率降低，导致医生需要花费更多时间了解患者病情，从而增加了医生的时间成本。其次，在体力消耗方面，远程医疗使医生长时间面对电脑，容易引发视力疲劳、颈椎病等职业病。同时，由于远程医疗的特殊性，医生在诊疗过程中需要时刻保持高度警惕，以确保医疗安全，这种精神压力对医生的体力消耗亦不容忽视。最后，在脑力消耗方面，远程医疗要求医生具备更高的专业素养和应变能力。由于无法直接观察患者，医生需凭借丰富的临床经验，通过有限的文字、图片、视频等信息，对患者病情进行快速、准确的判断。这无疑对医生的脑力提出了严峻挑战。此外，远程医疗涉及跨区域、跨学科的合作，医生需要不断学习新知识、新技术，以适应不断变化的医疗环境。总之，远程医疗医生的时间、体力、脑力消耗受多种因素影响，需从优化远程医疗系统、提高医生专业素养、加强跨区域合作等多方面入手减少医生不必要的劳动投入。医生和患者的利益是密不可分的。只有关注医生的身心健康，才能真正实现远程医疗的可持续发展，让更多人享受到优质、高效的医疗服务。

第五节 本章小结

　　远程医疗的核心在于借助信息技术，实现医疗资源跨地域的共享，而医疗服务人员作为这一过程中的关键因素，其技术劳务价值显得尤为突出。因此，迫切需要明确远程医疗医生技术劳务价值的关键决定要素，为今后更好地提高远程医疗医生技术劳务价值提供理论参考依据。本书主要对受访专家关于远程医疗服务技术劳务价值决定要素的论述开展程序化扎根理论分析，获得基于远程医疗服务项目特性、人力成本投入、行为质量水平和主观感知评价四个维度的远程医疗服务技术劳务价值决定要素分析框架。进一步借助结构模型化技术方法，有效识别技术劳务价值关键影响因素中的原因因素为主观获得感、主观认同感、医学教育成本、技能培训成本、项目风险程度、项目技术难度；结果因素为服务能力、沟通能力、患者满意度、工作态度、项目脑力消耗、治疗转归水平、项目时间消耗、项目体力消耗。这些能够体现医疗服务技术劳务价值的关键决定要素为今后医疗服务技术劳务价值测度模型构建奠定基础，也为远程医疗服务价格形成和薪酬补偿机制提供决策依据。

第八章

远程医疗服务技术劳务价值评价策略

本章根据前述远程医疗服务项目特性、服务行为与质量评价、项目人力成本与服务价格分析以及技术劳务价值决定因素分析等内容，重点对远程医疗服务人员技术劳务价值评价影响要素进行理论归纳，构建远程医疗服务人员技术劳务价值评价理论模型，为远程医疗服务人员的技术劳务价值测量与评价提供信息支持以及为衡量薪酬分配机制提供依据等，从而提高远程医疗服务管理的满意度和激励性。

第一节 远程医疗服务技术劳务价值评价机制设计基础

一、远程医疗服务技术劳务价值评价理论基础

结合前面章节的理论分析，本书结合医疗服务技术劳务价值的关键要素及其相应的内涵映射，初步构建了"服务项目特性—人力成本投入—行为质量水平—主观体验评价"的远程医疗服务技术劳务价值评价理论框架（见图8-1），该理论框架主要以劳动价值理论、感知价值理论等为支撑。从劳动价值理论看，该理论强调以形成商品的过程为出发点，以商品形成所需要的价值量的多少表达商品价值的内涵。按照马克思主义政治经济学

的观点，价值就是凝结在商品中的无差别的人类劳动。劳务作为用来交换的劳动产品，也凝结着人类的劳动，同样具有满足人们某种需要的特殊使用价值。因此，劳务价值是指生产劳务商品所消耗的人类抽象劳动，由创造劳务所需要的物质资料的价值（C）、维持劳动者劳动力再生产的价值（V）和劳动者创造的声誉价值（M）组成。而本书所探讨的远程医疗服务技术劳务价值是指基于远程医疗服务项目中相关服务人员的劳动耗费，强调的是人员资源投入与付出。重点从资源使用成本、劳动付出等方面考虑其价值，特别是考虑创造者的体力劳动及各种资源使用成本等因素。

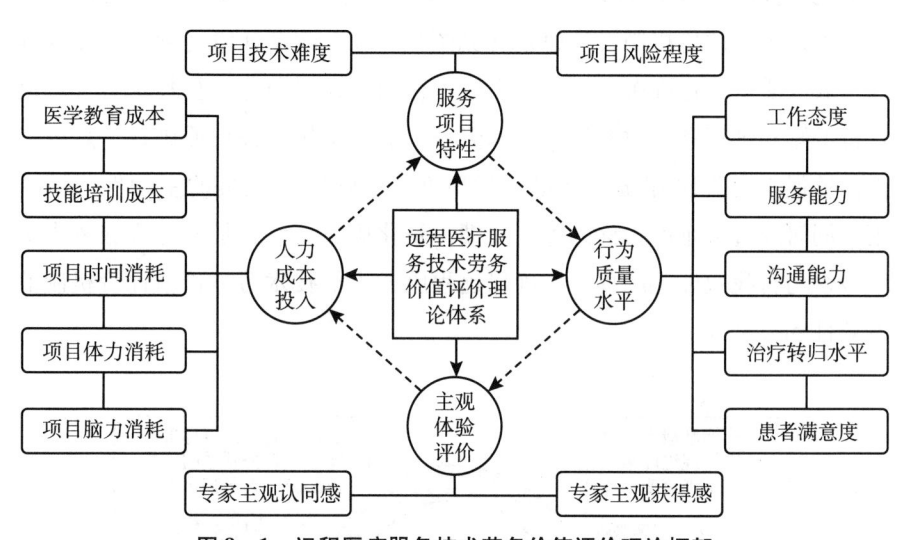

图 8-1 远程医疗服务技术劳务价值评价理论框架

从感知价值理论看，该理论核心观点主要从两种视角出发：一是从顾客的角度出发，即顾客对产品或服务的价值感知是顾客所能感知到的利益与其在获取产品或服务时所付出的成本进行权衡后对产品或服务效用的总体评价。强调体现顾客对企业提供的产品或服务所具有价值的主观认知，是顾客满意度和忠诚度的关键决定因素。二是从机构的角度出发，感知价值理论要求服务机构以顾客为中心，深入理解并满足顾客的感知价值需求。服务机构需要关注顾客对产品或服务的整体评价，包括质量、价格、服务等方面的感知，以及这些因素如何影响顾客的购买决策和忠诚度。了解顾客的感知价值分布和变化趋势，以便制定和调整运营策略，提升产品或服务的竞争力。在远程医疗服务过程中，表现为患者对服务过程及结果的主观满意度和远程医疗服务项目中服务人员的主观认同感和获得感。通过感知价值有效预测远程医疗服务行为的主观认知与评价，是促进相关人员的服务意愿或行为产生的内在驱动力。

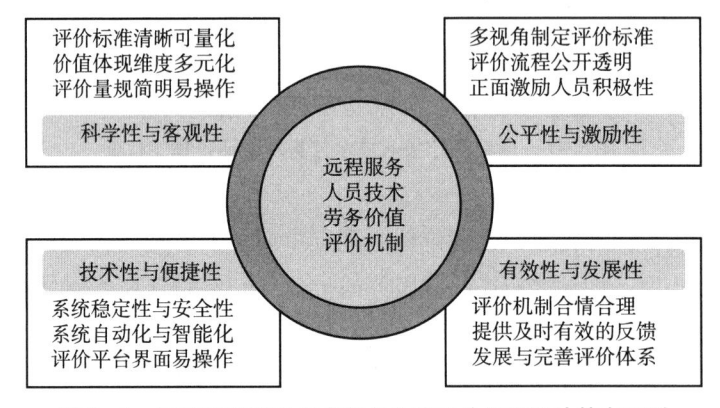

二、远程医疗服务技术劳务价值评价机制设计原则

远程医疗服务人员技术劳务价值评价机制，不仅是推动远程医疗服务规范化、标准化发展的关键一环，更是确保远程医疗服务质量的核心动力，亟须明确评价机制设计原则（见图 8-2）。该设计原则紧密衔接远程医疗服务质量与远程医疗项目人力成本，确保远程服务人员技术劳务价值评价的顺利进行和有效实施。技术劳务价值评价机制设计原则在一定程度上能够促进远程医疗服务环境的优质性，增强服务人员的主动性与满意度，同时通过多维度指标的评价反馈，量化服务质量，加速远程服务人员积极性与自我效能感的提升，确保远程服务人员技术劳务价值评价机制的有效性和公平性。

图 8-2　远程医疗服务技术劳务价值评价机制设计基本原则

（一）科学性与客观性

远程服务人员技术劳务价值评价机制的设计需要遵循科学性与客观性两大核心原则，通过明确评价标准、指标描述、反馈机制，提供系统支持和设计易操作的评价量规等措施,确保评价过程既清晰透明又易于执行,从而提高远程服务人员技术劳务价值评价效果。明确的评价标准内容应包括服务项目特性、人力成本投入、行为质量水平、主观体验评价四个方向维度指标,使服务人员技术劳务价值评价有全方位的参考依据,评价标准的每一项指标要清晰具体,详细描述指标含义和测量方式,确保所有参与者对标准有统一的理解;评价过程中要建立明确的反馈机制,包括反馈内容、反馈方式和反馈时间等,使服务人员明白如何给出有效价值反馈,反馈又如何影响服务效能与绩效薪酬等;设计评价机制应构建相应的在线评价平台、智能评价系统等支持工具,提高评价过程的自动化和智能化水平;评价量规是评价过程中的重要工具,其各项指标应分维度并且相互独立。远程医疗服务人员评价机制提出的初衷是在专业化人才培养中潜移默化地提升远程医疗服务水平。在评价机制落实的过程中,对服务人员技术劳务价值影响因素的挖掘是否合理、融入评价是否恰当等多为质性评价,过于主观化。因此,应与服务成效相关量化指标,如服务平均耗时、诊断结果一致性、回访率、治愈率、有效率等相结合,以提升评价的科学性与客观性。

(二) 公平性与激励性

在设计远程服务人员技术劳务价值评价机制时,需要保证指标的公平性与激励性,通过确保评价指标的一致性、评价过程的透明度等来维护价值评价的公平性。通过评价指标的正面激励,来激发远程服务人员的服务积极性与自我效能感。由远程医疗专家、远程医疗服务人员与远程医疗管理人员等多维视角共同商讨并制定明确的评价标准,确保服务人员技术劳务价值从服务项目、服务质量、主观体验等多个角度进行评价,全方位反映远程服务人员的技术劳务价值。在评价过程中,通过质性指标与量性指标相结合的方式,避免主观偏见对评价结果的影响。并且价值评价过程应公开透明,被评价者清楚评价时间、评价内容、评价反馈等,以便对评价结果进行质疑和申诉,并给予及时回应,确保评价结果的公正性得到维护。

(三) 技术性与便捷性

设计远程服务人员技术劳务价值评价机制时应充分考虑技术性与便捷

性两个原则,通过采用先进的技术手段,优化用户体验的设计策略,来确保评价过程的高效性和便捷性。价值评价平台应具备良好的稳定性,可处理大量并发访问和数据,避免远程服务人员在提交相关指标资料时因崩溃和卡顿而影响评价进程。评价平台具备强大的数据分析能力,能够对每位被评价者的指标内容数据进行深入挖掘和分析,并将分析结果以报告、图表等形式直观显示,且根据分析结果给出相关增"值"建议。评价平台的界面设计应简洁清晰,易于导航和操作,降低评价者的学习成本和使用难度。对于质性指标和量性指标的评价应分别提交给不同的评价人员。针对质性指标,应支持文本评价、打分评价、等级评价等多种评价形式,并允许评价者根据服务需求和项目特性自定义评价问卷模板与评价指标,提高评价的针对性和有效性;针对量性指标,评价者可利用平台算法实现评价任务及相关指标自动化分配,确保每个被评价者在统一时间内进行统一指标的相关指标资料的提交,保证评价过程的公平性。

(四)有效性与发展性

远程服务人员技术劳务价值评价机制的设计原则还应从机制的有效性与发展性两个目标展开。通过明确评价标准,提供有效的价值反馈,以促进评价者与被评价者的信息共享与交流,提高价值评价的有效性;通过培养评价指标技能、激励创新思维和批判性思考,以支持个性化价值培养方式,推动远程服务人员的全面发展。评价标准需要清晰、具体,蕴含服务项目特性、技能运用、服务质量等多个维度,以便评价者能够准确地理解和应用,并及时得到价值反馈,优化远程医疗服务过程与服务人员培养管理路径。设置独立部门对评价过程及结果进行监控,及时纠正不当和不规范评价,并提供进一步指导。远程医疗服务管理人员可根据服务人员技术劳务价值评价结果,通过案例分析、评价指标针对性培训等方式,引导服务人员掌握技术劳务价值评价方法,并针对性提升自我价值,提高服务效率和人才培养效能。在评价过程中可设置价值评价指标质量反馈建议任务,鼓励远程医疗服务人员根据阶段性远程医疗服务特性发表自己独特的见解与意见,通过不同角度进行评价与分析,不断完善和发展价值评价体系。

三、远程医疗服务技术劳务价值评价机制设计框架

制定科学合理的远程医疗服务技术劳务价值评价机制，是推动远程医疗服务项目价格改革和优化薪酬补偿机制的重要保障，本书设计出远程医疗服务技术劳务价值评价机制（见图 8-3），包括评价准备阶段、实施阶段和总结评价阶段。

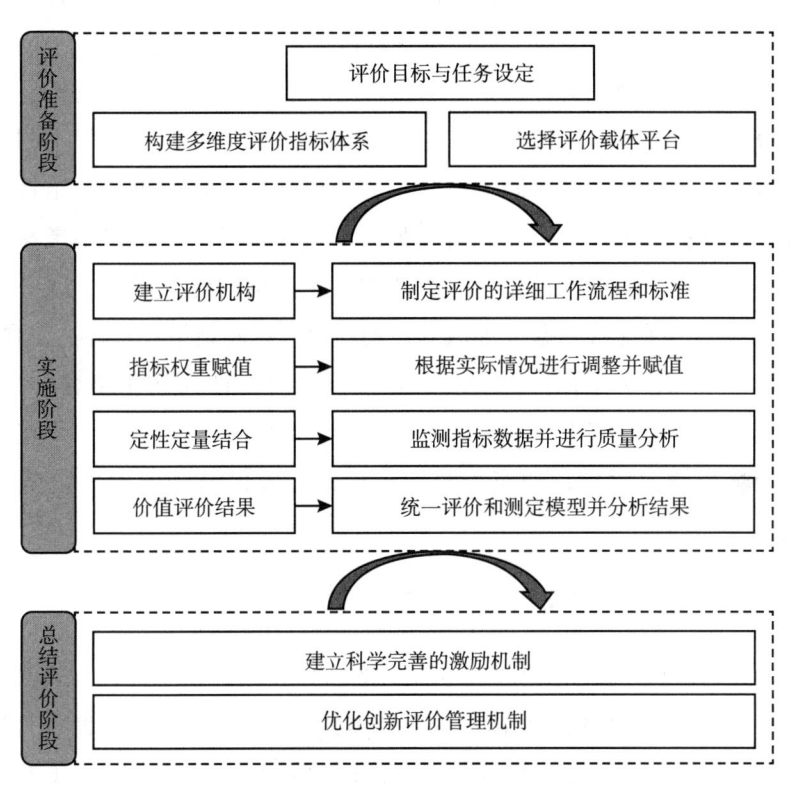

```
评价准备阶段
    评价目标与任务设定
    构建多维度评价指标体系    选择评价载体平台

实施阶段
    建立评价机构    →    制定评价的详细工作流程和标准
    指标权重赋值    →    根据实际情况进行调整并赋值
    定性定量结合    →    监测指标数据并进行质量分析
    价值评价结果    →    统一评价和测定模型并分析结果

总结评价阶段
    建立科学完善的激励机制
    优化创新评价管理机制
```

图 8-3　远程医疗服务技术劳务价值评价机制

（一）明确评价目标与任务设定

远程医疗服务技术劳务价值的评价目标和任务设定是评价机制的首要步骤，其明确了评价机制的核心方向和具体的实现路径。要确保不同远程医疗项目技术劳务服务在评价中的公平性，充分体现专业技术价值的服务

贡献；通过评价将医务人员在远程医疗服务中的技术劳务价值量化，使得评价结果与薪酬、绩效考核挂钩，并驱动技术创新激励，增加医务人员职业荣誉感和社会认同感。鼓励将远程医疗服务的技术劳务价值表现纳入职业发展评价体系，为晋升、评优、科研立项提供依据。以此激励医务人员积极参与远程医疗服务，推动远程医疗技术的创新和应用。通过合理评价不同参与者的劳动投入与产出，促进医疗服务质量、患者满意度的提高，进一步提高医疗资源高效配置。

评价任务设定时，要根据不同评价目标将任务进行细化。针对参与主体进行分类评价任务时，要明确远程医疗服务中参与的主体，如医生、护士、技师、管理人员等，并对不同角色的技术劳务价值进行分类评价，体现分工协作的价值；针对服务内容的精准评价任务，需根据不同远程医疗服务项目特性，灵活调整技术劳务价值评价指标权重，设定针对性的评价标准；对于技术劳务价值贡献的量化评价任务，不仅要考虑把技术难度、风险承担进行量化，还需评估医务人员的时间成本、服务水平等，并结合实际运营数据（如服务平均耗时、诊断结果一致性、治愈率、满意度评分）作为量化依据。引入定量分析与定性评估相结合的方法，通过数据驱动与专家审评相结合完成评价。定期对不同机构、科室的评价结果进行横向对比，动态调整评价机制，确保与行业发展趋势保持一致。

（二）构建技术劳务价值评价多维度指标体系

构建远程医疗服务技术劳务价值评价多维度指标体系是评价机制的关键步骤。为了科学评估远程医疗服务技术劳务的价值，评价机制设计要基于国家卫生健康委制定并发布的《全国医疗服务项目技术规范（2023年版）》。其中，项目要素的基本人力消耗及耗时、技术难度、风险程度、人力资源消耗相对值均为远程医疗服务项目技术劳务价值评价提供了客观依据。在此基础上，本书前面通过回顾文献、情境调研与访谈等方式收集了远程医疗服务技术劳务价值的决定因素，并根据不同主范畴间的关系进行整合与凝练，识别出远程医疗服务人员技术劳务价值的核心范畴因素。进一步结合劳动价值理论、感知价值理论等理论基础，形成了以服务项目特性、人力成本投入、行为质量水平和主观体验评价等为核心维度的远程医疗服务技术劳务价值评价理论框架，构建了远程医疗服务技术劳务价值评价指标体系，包括4个一级指标、6个二级指标和14个三级指标（见表8-1）。

表8-1　远程医疗服务技术劳务价值评价指标体系

一级指标	二级指标	三级指标	编号
服务项目特性（1）	项目技术风险（1.1）	项目技术难度	1.1.1
		项目风险程度	1.1.2
人力成本投入（2）	知识技能投入（2.1）	医学教育成本	2.1.1
		技能培训成本	2.1.2
	服务劳动投入（2.2）	项目时间消耗	2.2.1
		项目体力消耗	2.2.2
		项目脑力消耗	2.2.3
行为质量水平（3）	工作能力（3.1）	工作态度	3.1.1
		服务能力	3.1.2
		沟通能力	3.1.3
	诊疗质量（3.2）	治疗转归水平	3.2.1
		患者满意度	3.2.2
主观体验评价（4）	专家主观感受（4.1）	主观认同感	4.1.1
		主观获得感	4.1.2

针对远程医疗服务包含邀请方、被邀方以及相关远程医疗平台技术支持等区别于其他医疗服务项目的特性，在评价远程医疗服务技术劳务价值时，要从四个维度选择核心指标。

一是要突出服务项目特性，使得不同类型的远程医疗项目能够根据具体技术要求和潜在风险，反映远程医疗服务过程中涉及的技术复杂程度以及服务过程中可能面临的不同后果风险，为人力资源成本的价值评估提供量化依据并凸显服务提供者在承担风险时的隐性成本，通过细化项目特性划分技术劳务价值等级。

二是要反映人力成本投入，知识技能投入是提供远程医疗服务的基础，医学教育成本和技能培训成本的投入直接影响远程医疗服务质量，反映远程医疗服务中服务人员在知识技能、劳动强度方面的贡献，为技术劳务价值的合理定价、制定薪酬以及资源分配提供了量化依据。

三是要突出行为质量水平，从工作能力、诊疗质量方面突出展现服务人员的实际工作表现，通过评估工作态度、服务与沟通能力展现服务人员的服务质量，同时通过治疗转归水平和患者服务感受，对个人能力和医疗效果进行全方面监测，来评估技术劳务价值。

四是要注重主观体验评价，服务人员的主观认同感和主观获得感等能够直接影响服务人员的工作积极性。在远程医疗服务中，若医务人员有较高的认同感和满足感，会更愿意投身远程医疗服务，而主观获得感更能体现医务人员对新型医疗模式的适应性和接受度。因此，在评价技术劳务价值时，主观体验可作为补充维度，以便更全面地体现远程医疗服务的技术劳务价值。

（三）选择技术劳务价值评价载体平台

评价平台作为远程医疗服务技术劳务价值评价机制的重要载体，需记录并评价医务人员技术劳务价值相关维度指标的大量过程数据，为监测医务人员在远程医疗服务过程中的技术劳务价值提供多维度数据支撑。基于此，平台应具备以下功能。

首先，针对评价数据获得性，平台应通过服务过程捕捉医疗服务记录，如服务时长、诊断结果一致性等，并设置满意度问卷和服务评分来获得患者反馈等技术劳务价值评价的直接数据。根据监测诊疗方案采信率、回访率、诊疗数量、远程医疗服务参与度等信息获取患者治疗效果和与医生绩效等技术劳务价值评价相关的间接数据。

其次，平台应具有多种评价方法和测定模型。通过录入患者和医生满意度的访谈或专家评价记录，定性分析指标质量，根据层次分析法（AHP）、熵值法等主观客观相结合的打分模型定量计算指标得分情况。同时，可根据不同项目特性调整指标权重，基于数据挖掘，找出关键影响因素，对技术劳务价值评价结果进行分析，为远程医疗管理人员提供信息支持。

最后，平台用户界面应简洁美观并易于操作。在评价步骤中提供使用说明，并对评价指标测量方法步骤进行详细说明，帮助用户对评价体系的应用有统一的理解。

（四）制定可行的远程服务技术劳务价值评价体系实施策略

建立专门的机构或部门负责远程医疗服务技术劳务价值的评价工作。专业评价人员需制定技术劳务价值评价的详细工作流程和标准，以推动远程医疗质量提升、优化资源分配、激励医务人员为核心目标，制定多维度远程医疗服务技术劳务价值评价指标体系。建立与远程医疗相关机构或部门相互联通的信息平台和数据库，便于对远程医疗服务进行全面的评价与管理。根据不同远程医疗特性，制定详细的评价细则并赋予符合实际情况的指标权重值。科学设计评价重点指标内容、主体对象、评价方法与模型，并形成符合实际远程医疗机构或部门的服务人员技术劳务价值评价经验做法。各方可定期举办技术劳务价值评价研讨会，灵活调整评价指标的测定方式，以推动技术创新和人才培养的有机结合。确保定量指标与定性指标测定相结合，根据不同指标数据结果进行质量分析，并利用平台算法，对指标监测结果进行统一评价与测定，获得分析结果。

建立科学完善的激励机制。通过奖励、晋升等方式，激发远程医疗服务人员的积极性和创造力。依据评价体系中权重较高的服务指标发放浮动奖金，对创新应用远程医疗技术或显著提高服务效率的团队或个人提供专项奖励。根据评价机制结果，建立公平的晋升机制，提供技能培训和发展机会，支持服务人员不断提升自己的技术能力和专业知识，使得不同人员有清晰的晋升途径及提升空间选择路径。优化创新管理机制，鼓励远程医疗服务人员根据服务过程变化、技术进步以及个人需求优化评价机制。通过收集服务人员和管理者对激励机制的意见，进行定期反馈和评估。利用智能化手段提高激励机制的执行效率和透明度。开发基于评价体系的薪酬计算和分配系统，实现自动化计算、实时跟踪。定期分析员工表现与激励效果，及时调整激励方案，确保公平性和有效性。

第二节　远程医疗服务技术劳务价值评价指标主观权重

一、评价指标权重计算方法概述

确定主观权重是远程医疗服务技术劳务价值评价机制的关键环节，通过进一步对一级、二级、三级指标赋权重，结合各指标测量结果，最终获得整体得分和排名。指标权重系数是反映指标的重要性标识，在评价技术劳务价值指标权重确定方面，主要运用的方法有德尔菲法、优序图法、熵值法、均方差法、层次分析法、模糊评价法、主成分分析法和灰色关联分析法等。

（一）德尔菲法

德尔菲法是一种通过专家意见汇总和反馈的方式，逐步达成共识的定性研究方法。此方法在本书中的纳入标准如下：（1）专家需具有本科及以上学历，熟悉远程医疗服务相关技术及评价方法，具有副高级及以上职称；（2）医疗服务管理、技术支持和临床实践领域的专家需具备5年及以上的工作经验，熟悉远程医疗服务的实施与技术应用；（3）对本研究有积极参与意愿，能够全程参与专家咨询过程。本研究基于前期质性访谈结果构建了指标体系框架，并设计了第一轮"远程医疗服务技术劳务价值评价体系构建函询表"。

专家函询表包括以下四个部分：（1）致专家信：说明本研究的目的、意义、问卷填写要求及期限，并向专家表达感谢。（2）专家一般情况调查表：包括专家的年龄、工作年限、专业领域、所在单位、职务、职称、最高学历等基本信息。（3）问卷主体：围绕评价指标的重要性展开，采用Likert 5级评分法，将指标的重要程度划分为5个等级（1~5分，表示重要程度逐渐增强）。专家对各指标是否适合作为远程医疗服务技术劳务价值评价依据进行评分，并可在"修改意见"栏中提出调整建议。问卷附有

"新增指标"和"其他建议"两项,用于补充未涵盖的内容。(4)为专家对问卷熟悉程度和判断依据做调查表,以确定专家对所函询问题的熟悉程度和评价时的判断依据,对其赋值进行量化值处理。第二轮专家咨询问卷在分析、整理第一轮专家咨询问卷反馈结果的基础上,进一步请专家对各级指标进行修改、完善,并对各级指标的权重予以赋值。

(二)优序图法

优序图法最早由美国运筹学家穆蒂在其著作《决策》中提出,是一种用于评定各因素权重的决策方法。由于优序图法在判断过程中涉及的因素较少,操作简便,易于实施和掌握,且结果稳定可靠,因此在量化评估中得到广泛应用。该方法通过构建矩阵图,将各评价指标进行两两比较和排序,并为每一对指标赋予评分值及优序数,最终根据得分的总和确定各指标的排序。简易优序图通常呈棋盘格状,假设有 n 个指标进行比较,则矩阵为 n×n 的格局。竖列表示被比较的指标,横列表示比较者,对角线上的格子为空,无须填写。在两两比较时,"1"表示某一指标相对较重要或影响较大,"0"表示较不重要,"0.5"表示两个指标重要性相当。每个指标的权重由其所在行的数字总和计算得出,再与总数相除得出最终的权重值。权重计算公式为:

$$T = \frac{\sum n}{n(n-1)m/2}$$

其中,$\sum n$ 为某一指标的得分总和,n 为总指标数。

如果进行多次评估,则采用多输入加权优序图,计算公式为:

$$T_m = \frac{n(n-1)}{2} \times m$$

其中,n 为总指标数,m 为进行评估的人员数。

(三)熵值法

熵值法(entropy method)是一种基于信息理论的多指标决策分析方法,用于评估各评价指标的权重分配。在熵值法中,熵被用来衡量信息的不确定性或混乱程度,熵值越大,表示信息的不确定性越高;反之,熵值越小,表示信息的确定性越高。熵值法通过计算每个指标的信息熵来反映其在决策中的重要性,并根据熵值的大小来确定各指标的权重。由于熵值法客观性较强,能够有效减少人为因素的干扰,且能够根据各指标的变异程度自动赋予合适的权重,避免了主观偏差,适用于各指标之间相关性较弱、数据较为客观的情形,本研究也使用熵值法确定指标体系权重。熵值法的基本步骤如下:

步骤一:由于不同指标的量纲不同,需要首先对原始数据进行标准化处理,将各指标的数值调整为无量纲的数据,以确保不同指标之间的可比性。常用的标准化方法包括极差标准化法和 Z – score 标准化法等。

步骤二:根据标准化后的数据,计算每个指标的信息熵。信息熵的计算公式为:

$$E_j = -k \sum_{i=1}^{n} p_{ij} \ln p_{ij}$$

其中,p_{ij} 为第 i 个样本在第 j 个指标上的标准化值占该指标所有标准化值总和的比例,k 为常数,通常取为 $1/\ln(n)$,n 为样本量。

步骤三:根据信息熵的大小计算各指标的权重,熵值越小,表示该指标的信息越集中,重要性越高,权重越大。熵值计算公式为:

$$w_j = \frac{1 - E_j}{\sum_{j=1}^{m}(1 - E_j)}$$

其中,E_j 为第 j 个指标的信息熵,m 为指标的总数。

(四) 均方差法

均方差法是一种基于均方差的求解多指标决策权系数的方法。基本思路是以各评价指标为随机变量,各方案在指标下的属性值为该随机变量的取值,首先求出这些随机变量(各指标)的均方差,将这些均方差归一化,其结果即为各指标的权重系数。

设 C_i($i = 1, 2, \cdots, 12$)为指标集,其中 i 表示指标顺序;G_j($j = 1, 2, 3$)为方案集,其中 j 表示方案顺序。

一是指标值归一化处理。通过最优最差的方法(设最优值为 1,最差值为 0,中间值为 P_{ij})确定出各指标值的归一数值 P_{ij},计算公式如下:

$$P_{ij} = \frac{|a_{0j} - x_{ij}|}{|a_{1j} - a_{0j}|}$$

其中，a_{0j} 为最差值；a_{1j} 为最优值；x_{ij} 为评判指标值。

二是计算各指标值的均差值 $E(C_i)$，计算公式如下：

$$E(C_i) = \frac{\sum_{j=1}^{3} P_{ij}}{3}$$

其中，P_{ij} 为各指标值的归一数值；$E(C_i)$ 为各指标值的均差值。

三是计算各指标的均方差值 $R(C_i)$，计算公式如下：

$$R(C_i) = \sqrt{\frac{\sum_{j=1}^{3}[p_{ij} - E(C_i)]^2}{3}}$$

四是计算各指标的权值 w_i，计算公式如下：

$$w_i = \frac{R(C_i)}{\sum_{i=1}^{12} R(C_i)}$$

（五）层次分析法

层次分析法是一种结合定性与定量的系统分析方法，由美国匹兹堡大学运筹学家萨蒂提出。其核心思想是基于系统的特性，对系统内部各因素进行分层分析与对比，从而计算出各因素的权重。首先运用层次分析法构建层次结构模型，并采用 Saaty 的 1~9 标度法，构建各层级指标之间的判断矩阵。在此基础上，通过计算来确定各级评价指标的归一化权重及组合权重。具体步骤如下：

一是构建各层次指标矩阵 X。层次分析以构建判断矩阵为中心，在一定准则下作指标的两两对比，以比较相对尺度评级重要性。利用 Saaty 标度法，构建评判矩阵。Saaty 相对重要性等级如表 8-2 所示。

$$X_{ij} = \begin{vmatrix} x_{11} & x_{12} & \cdots & x_{1j} \\ x_{21} & x_{22} & \cdots & x_{2j} \\ \cdots & \cdots & \cdots & \cdots \\ x_{i1} & x_{i2} & \cdots & x_{ij} \end{vmatrix}$$

其中，i = 1, 2, …, m; j = 1, 2, …, n。

表 8 – 2　　　　　　　　　Saaty 相对重要性等级

重要性标度	含义
1	表示两个元素同等重要
3	表示一个元素比另一个元素稍微重要
5	表示一个元素比另一个元素明显重要
7	表示一个元素比另一个元素绝对重要
9	表示一个元素比另一个元素极端重要
2、4、6、8	是上述相邻判断的中值
倒数	若元素 i 和元素 j 的重要性之比为 A_{ij}，则元素 j 与元素 i 的重要性之比为 $A_{ij} = 1/A_{ij}$

二是通过数学方法计算判断矩阵的特征向量和最大特征值，从而确定各准则和方案的权重。归一化处理使权重之和等于 1。具体步骤如下：

第一步：计算一致性指标（consistency index，CI）。

$$CI = \frac{\lambda_{max} - n}{n - 1}$$

其中，λ_{max} 是判断矩阵的最大特征值，n 代表判断矩阵的阶数。CI 值越小，代表一致性越好，CI 值越大，表明判断矩阵一致性较差。

第二步：查表 8 – 3 确定对应的随机一致性指标 RI 值，其由矩阵维度决定。

表 8 – 3　　　　　　　　　随机一致性指标 RI 值

n	1	2	3	4	5	6	7	8	9
RI	0.00	0.00	0.58	0.90	1.12	1.24	1.32	1.41	1.45

第三步：计算一致性比率（consistency ratio，CR）。

$$CR = \frac{CI}{RI}$$

若 CR < 0.1，则认为判断矩阵通过一致性检验，否则认为判断矩阵不通过，需要对判断矩阵进行调整。最终将各层的权重逐步汇总，计算各方案的最终得分并进行排序，选择最优方案。

二、远程医疗服务人员技术劳务价值评价指标权重计算

本书采用熵值法确定远程医疗服务人员技术劳务价值评价指标权重。首先，对各指标数据进行标准化处理。由于各项指标的计量单位并不统一，因此在计算综合指标前，先对数据进行标准化处理，即把指标的绝对值转化为相对值，并令 $X_{ij} = |X_{ij}|$，从而解决各项不同质指标值同质化的问题。由于正向指标和负向指标代表的含义不同（正向指标值越高越好，负向指标值越低越好），因此对于高低指标我们用不同的算法进行数据标准化处理，即：

$$\text{正向指标 } X'_{ij} = \left[\frac{X_{ij} - \min(X_{1j}, X_{2j}, \cdots, X_{ij})}{\max(X_{1j}, X_{2j}, \cdots, X_{ij}) - \min(X_{1j}, X_{2j}, \cdots, X_{ij})}\right] \times 100,$$

$$\text{负向指标 } X'_{ij} = \left[\frac{X_{ij} - \max(X_{1j}, X_{2j}, \cdots, X_{ij})}{\max(X_{1j}, X_{2j}, \cdots, X_{ij}) - \min(X_{1j}, X_{2j}, \cdots, X_{ij})}\right] \times 100$$

经标准化处理后，计算各项指标比重，设第 i 个评价对象的第 j 个观测值的标准化数据，即第 j 项指标下第 i 个评价对象的特征比重为 $P_{ij} = \frac{X_{ij}}{\sum_{i=1}^{n} X_{ij}}$（i = 1, 2, …, n, j = 1, 2, …, m）；然后计算第 j 项指标的熵值为 $e_j = -k \sum_{i=1}^{n} P_{ij} \ln(P_{ij})$，其中 k = 1/ln(n)，n 为评价对象的数量；基于此继续计算各项差异项系数 $g_j = 1 - e_j$，表示第 j 个指标的差异程度，并计算各级指标下的权重 $W_j = \frac{g_j}{\sum_{j=1}^{m} g_j}$，其中 m 表示各级指标的数量。

最终确定远程医疗服务技术劳务价值决定要素指标权重（见表 8-4），并计算出第 i 个评价对象的综合评价值 $s_i = \sum_{j=1}^{m} W_j \times P_{ij}$。其中，服务项目特性、人力成本投入、行为质量水平、主观体验评价 4 个一级指标权重分

别为 0.2625、0.2499、0.2582、0.2293；项目技术风险、知识技能投入、服务劳动投入、工作能力、诊疗质量、专家主观感受 6 个二级指标权重分别为 0.2625、0.1298、0.2682、0.1341、0.1654、0.1684；项目技术难度、项目风险程度、医学教育成本、技能培训成本、项目时间消耗、项目体力消耗、项目脑力消耗、工作态度、服务能力、沟通能力、治疗转归水平、患者满意度、专家主观认同感、专家主观获得感 14 个三级指标权重分别为 0.0587、0.0480、0.0480、0.0510、0.0523、0.0587、0.0510、0.1150、0.0587、0.0647、0.2075、0.0679、0.0510、0.0672。

表 8-4　远程医疗服务技术劳务价值决定要素指标权重

一级指标	二级指标	三级指标	权重
服务项目特性（0.2625）	项目技术风险（0.2625）	项目技术难度	0.0587
		项目风险程度	0.0480
人力成本投入（0.2499）	知识技能投入（0.1298）	医学教育成本	0.0480
	服务劳动投入（0.2682）	技能培训成本	0.0510
		项目时间消耗	0.0523
		项目体力消耗	0.0587
		项目脑力消耗	0.0510
行为质量水平（0.2582）	工作能力（0.1341）	工作态度	0.1150
		服务能力	0.0587
		沟通能力	0.0647
	诊疗质量（0.1654）	治疗转归水平	0.2075
		患者满意度	0.0679
主观体验评价（0.2293）	专家主观感受（0.1684）	专家主观认同感	0.0510
		专家主观获得感	0.0672

第三节　远程医疗服务技术劳务价值评价机制保障策略

为更好地推进远程医疗服务技术劳务价值评价，需要相应的保障策略予以支持，包括评价人员、评价指标、评价实施经费和技术支撑平台四个主要方面，具体如图 8-4 所示。

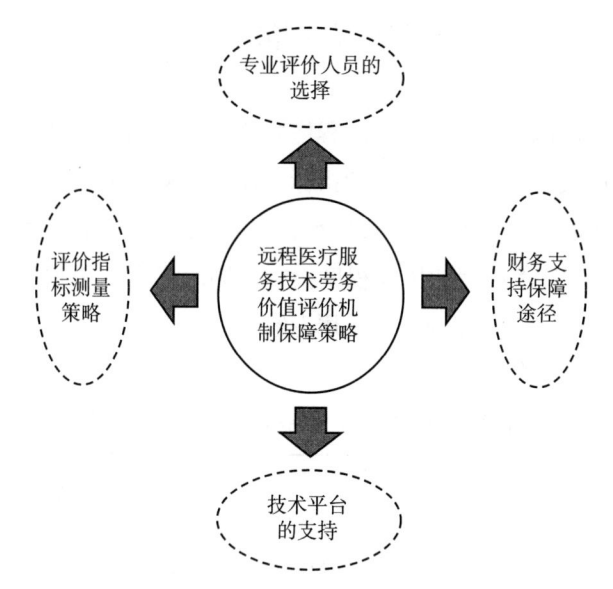

图 8-4　远程医疗服务技术劳务价值评价机制保障策略内容

一、技术劳务价值专业评价人员选择

在远程医疗服务技术劳务价值的评价中，对评价专家的选择是确保评价机制的有效性和公信力的基本保障。参考国家卫生健康委员会、国家中医药管理局《关于印发互联网诊疗管理办法（试行）等 3 个文件的通知》（国卫医发〔2018〕25 号）中的管理要求，根据远程医疗服务的特殊性，评价专家纳入标准如下：一是专家需有硕士及以上学位，并在远程医疗服务、医疗服务质量评价、绩效评价、运营管理等领域具有突出学术成果。二是专家至少有 5 年的上远程医疗服务或相关管理经验，熟悉远程医疗服务流程与规范。三是有参与绩效考核、医疗机构评审或服务质量评价项目等相关经验。同时，在选择评价专家时应遵循多元化、专业性、公正性原则。评价专家应具有多学科背景，包括临床医学、信息技术、运营管理等领域，并优先选择在相关领域中具备相关专业知识及丰富实践经验的专家，同时确保评价专家的独立性，避免因利益冲突影响评价结果，保证评价的公正性。

二、科学合理的评价指标测量策略

评价指标的测量直接关系到远程医疗服务技术劳务价值评价结果，是评价机制中的关键保障，需要明确指标性质及测算方式（见表 8-5）。针对远程服务项目特性维度，可以结合《全国医疗服务项目技术规范（2023年版）》中关于技术难度和风险程度指标，同时也可以根据实际服务项目技术难度情况及不良后果风险，采用专家评分法进行校准。

表 8-5　远程医疗服务技术劳务价值指标性质及测算方式与来源

一级指标	二级指标	三级指标	指标性质	测算方式
服务项目特性	项目技术风险	项目技术难度	定量	《全国医疗服务项目技术规范（2023年版）》
		项目风险程度	定量	《全国医疗服务项目技术规范（2023年版）》
人力成本投入	知识技能投入	医学教育成本	定量+定性	专家评分法
		技能培训成本	定量	专业技能培训次数　远程操作培训次数
	服务劳动投入	项目时间消耗	定量	服务平均耗时　等待平均耗时
		项目体力消耗	定量+定性	专家评分法
		项目脑力消耗	定量+定性	专家评分法
行为质量水平	工作能力	工作态度	定量+定性	专家评分法
		服务能力	定量	诊断结果一致性　诊疗方案采信率　回访率
		沟通能力	定量+定性	专家评分法
	诊疗质量	治疗转归水平	定量	治愈率　有效率
		患者满意度	定量	满意度量表
主观体验评价	医生满意度	主观认同感	定量	满意度量表
		主观获得感	定量	Likert 量表

在人力成本投入维度中，包含知识技能投入和服务劳动投入。医学教育成本中分为直接成本、机会成本、社会成本等方面，可在《中国教育经

费统计年鉴》或《高等教育质量年度报告》获取各类成本数据，整合教育成本相关的财务数据和个体数据获得高成本环节作为参考，通过专家评分法进行评估分级；技能培训成本可以提供远程医疗服务的医务人员参与的专业技能培训次数以及远程操作培训次数为指标进行量化；根据远程医疗服务特性，不同远程医疗服务项目的时间消耗可根据在实际过程中平台监测到的服务平均耗时和等待平均耗时进行定量评价；服务过程中不同项目的体力消耗与脑力消耗有较大差异，因此评价过程可结合 Borg – RPE 量表、视觉模拟量表、NASA 工作负荷指数等主观测量方式，通过专家评分法进行评估。

针对行为质量水平维度，主要从工作能力与诊疗质量两个方面进行评价。其中工作态度与沟通能力大多为主观反馈，可通过设计符合服务反馈特点的问卷调查进行专家评分测量；服务能力的体现是多元化的，可对服务过程数据进行分析测量诊断结果的一致性、诊疗方案采信率、回访率等指标进行定量评价；在诊疗质量维度中，主要突出患者的诊疗效果评价，可通过治愈率、有效率对治疗转归水平进行评估，并通过患者满意度量表，如 HCAHPS 问卷、PSQ 问卷进行测量。

在主观体验评价维度中，医生满意度体现在主观认同感与主观获得感两个方面。医务人员的主观认同感主要在职业价值认同感、薪酬满意度等维度得以反映，因此可通过职业满意度量表或自定义问卷进行评估；而医生主观获得感多体现在患者对医生的认可度、服务满足感等，评价可通过半结构化访谈了解影响医务人员主观获得感的相关因素，从中提取关键影响因素，并以此设计 Likert 量表，通过问卷评分得以体现。

三、技术劳务价值评价实施的资金保障

在远程医疗服务技术劳务价值评价机制中，财务资金支持是保障机制实施的关键部分。在国务院办公厅《关于印发"十四五"全民医疗保障规划的通知》（国办发〔2021〕36 号）中强调优化提升医疗卫生服务体系，支持远程医疗服务发展。因此需要推动政府设立远程医疗专项基金，将财政资金用于基层医疗远程会诊平台建设。通过补贴机制，为参与远程医疗

的医务人员提供额外津贴，以弥补工作时间、技术学习和设备使用的隐性成本。

在国内外文献中，针对医务人员技术劳务价值的相关研究较少，尤其在远程医疗服务技术劳务价值方面的研究严重匮乏，现阶段，国家自然科学基金项目（NSFC）针对远程医疗技术发展提供资金支持。因此，应推动医疗机构加强开展远程医疗技术和劳务价值评估相关研究，以补充研究空白。并吸引社会资本、商业保险和公益基金会的支持，推动远程医疗服务的发展。

四、技术劳务价值评价指标分析支撑平台

在远程医疗服务技术劳务价值评价机制中，技术支撑平台的支持至关重要，直接关系到远程医疗服务技术劳务价值评价指标相关数据的采集、分析和评估。远程医疗作为互联网载体服务，应建立统一的数据存储和管理系统，整合医院信息系统（HIS）、远程医疗平台、电子病历（EMR）等数据来源。在选择和设计技术平台时，首先应明确技术平台的功能支持，保证可以通过医疗服务过程实时采集关键数据，动态更新评价数据并生成反馈报告。

技术平台的核心组成主要在数据采集模块与数据分析模块两部分。平台不仅应具备通过远程医疗设备（如可穿戴设备、监测仪器、视频会诊系统）和信息系统实现自动化采集数据的功能，还应与医疗信息管理系统实现无缝对接，以便及时获取患者有关诊疗检查结果。对于数据分析模块，远程医疗服务技术劳务价值评价指标的测量尤为重要，因此平台应具备运用算法建模，对相关定量指标进行标准化计算的能力，同时结合定性指标评估结果，以整合评价远程医疗服务技术劳务价值。

第四节　本章小结

本章主要从服务项目特性、人力成本投入、行为质量水平和主观体验

评价四大维度构建了远程医疗服务技术劳务价值评价机制设计的理论框架，明确了科学性与客观性、公平性与激励性、技术性与便捷性、有效性与发展性四大设计原则。针对远程医疗服务技术劳务价值评价指标的权重赋值方法进行详细阐述，并采用熵值法计算远程医疗服务技术劳务价值指标主观权重值。进一步通过设立专项资金、建立专业评价团队、明确评价流程及标准，并依托信息化技术平台提供多维支撑，为远程医疗服务技术劳务价值评价机制的落实提供了有力保障。

第九章

研究结论与展望

第一节 主要结论与对策建议

一、主要结论

(一) 构建远程医疗服务体系运行绩效综合评价模型

本书发现远程医疗服务体系运行绩效评价机制尚不健全，结合前期研究基础，深入分析了远程医疗服务体系运行主要影响因素，包括医保政策、医疗服务价格、法律法规、激励相容机制、监管机制、服务流程与制度、领导重视、医务人员参与、患者参与、疾病信息沟通、医疗信息系统、硬件配置、技术支持、隐私保护与安全、医疗服务质量、平台设计与优化等内容。结合远程医疗服务建设与发展的实际需要，重点构建远程医疗服务体系运行绩效综合评价模型，该评价模型主要涵盖资源配置、组织管理、服务能力、服务效果和发展潜力5个一级指标，其又分为19个二级指标和42个三级指标。

(二) 明确远程医疗服务人员行为决定要素及质量评价体系

本书结合计划行为理论和整合理论研究范式，通过重点分析经济社会层面、激励约束机制等机构层面、受邀方和邀请方机构内部关系等关系层面和医疗服务人员的个体特征层面,构建了远程医疗服务人员惰性行为形成机制,包括反抗式惰性行为、敷衍式惰性行为、机械式惰性行为、合谋式惰性行为等。基于质量评价模型,识别远程医疗服务质量评价的关键要素并构建符合远程医疗服务实际需要的指标评价体系,包括有形性、可靠性、响应性、保证性、移情性、经济性等维度。

(三)确定远程医疗服务技术劳务价值决定要素及评价机制

根据扎根理论和结构化模型技术,明确远程医疗服务技术劳务价值决定要素体系及评价机制。从决定要素识别看,界定远程医疗服务技术劳务价值基本内涵,需要评析远程医疗服务技术劳务价值与医疗服务人力成本、医疗服务质量以及主观体验等要素之间的平衡关系,并基于扎根理论的专家访谈法等工具,形成远程医疗服务技术劳务价值对应的基本范畴、主范畴和核心范畴等要素。明确远程医疗服务技术劳务价值决定要素为服务项目特性、人力成本投入、行为质量水平和主观体验评价四个理论核心维度,形成以此核心维度为主线的远程医疗服务技术劳务价值测度的理论框架。结合理论框架,构建了远程医疗服务技术劳务价值评价机制,包括评价机制设计原则、基本框架、指标权重、保障策略等内容;在评价指标上,构建了包含4个一级指标,6个二级指标和14个三级指标的远程医疗服务技术劳务价值评价模型,并从专业评价人员选择、评价指标测量策略、财务支持保障途径和技术平台的支持4个方面提出了远程医疗服务技术劳务价值评价机制保障策略。

二、对策建议

远程医疗作为一种新型的医疗服务模式,以其便捷、高效、低成本等优势,在提高医疗服务水平、缓解医疗资源短缺等方面发挥了重要作用。然而,当前远程医疗医生技术劳务价值普遍偏低,导致其参与远程医疗的积极性不高,影响了远程医疗事业的发展。因此,如何更好地体现远程医疗医生的技术劳务价值,需要相关对策建议。

（一）完善远程医疗医生技术劳务价值评估机制

目前，我国尚未建立完善的远程医疗医生技术劳务价值评估机制，导致医生在远程医疗过程中的技术劳务价值难以得到合理体现，影响了远程医疗医生参与的积极性。因此，亟须建立科学、合理的远程医疗医生技术劳务价值评估机制，以充分体现医生在远程医疗服务中的技术劳务价值。构建和完善医疗服务技术劳务价值评价机制，需要政府、医疗机构、社会力量和公众共同努力。只有通过多方面的合作，才能为我国医疗服务质量的提升和民生健康生活提供有力保障。远程医疗医生技术劳务价值的提高是一个系统工程，可以通过以下几个方面来逐步完善上述机制。

一是完善评价指标体系。明确医生在远程医疗过程中的角色定位。远程医疗涉及多个环节，包括诊断、治疗、康复等，医生在其中发挥着核心作用。因此，评估体系应充分考虑医生在各个环节的贡献，合理分配价值。充分考虑远程医疗服务的关键影响因素，关注评价指标的科学性与实用性，确保评价结果的全面性与准确性。在构建指标体系时，既要避免过于复杂、难以操作的指标，也要防止过于简单、无法全面反映医疗服务质量的指标。远程医疗医生技术劳务价值评估应包括医疗服务质量、患者满意度、医生工作量、技术难度等多个维度。通过设立具体的评价指标，对医生的技术劳务价值进行量化，使其更具科学性与公平性。在制定评价指标时，还需借鉴国际上的成熟经验，并结合我国医疗服务的实际情况，对不同级别的医疗机构、不同专业的医疗服务进行分类评价。此外，评价指标的设置还需注重动态调整。随着医疗技术的发展和医疗政策的调整，部分指标可能不再适用，此时应果断进行调整。同时，要关注新兴医疗技术和服务模式带来的影响，及时将其纳入评价体系。

二是创新评价方法。结合大数据、人工智能等先进技术，探索开展定量与定性相结合的评价方法，提高评价工作的科学性和效率。打破传统评价机制的单一维度，使评价内容更加全面、多元。从定量评价角度来看，大数据技术可以收集远程医疗医生在诊断、治疗、康复等环节的大量数据，通过数据挖掘和分析，实现对医生技术劳务价值的量化评估。此外，借助人工智能技术，如自然语言处理、图像识别等，可以实现对医疗文书的自动化分析,进一步提高评价的客观性与准确性。从定性评价角度来看,可以借鉴教育领域的"同行评议"制度,邀请具有丰富经验的医生对远程医疗医生的临床决策、沟通能力、敬业精神等进行评价。这种评价方式更能体现医生的人文关怀和专业素养,弥补定量评价的不足。同时,引入患者评价,让患者参与到对医生的评价过程中,有助于从患者角度发现医生在医疗服务过程中的优点和不足,以推动医生不断优化服务。

三是应用评价结果。将评价结果与医疗机构、医务人员的薪酬、晋升、荣誉等挂钩,激发其提高医疗服务质量的积极性。一方面,从薪酬激励角度来看,将远程医疗医生的技术劳务价值评价结果与薪酬挂钩,能够促使医生更加注重自身技能的提升。在这一过程中,医疗机构可以根据医生的诊疗质量、患者满意度等多维度指标进行综合评定,从而让优秀的医疗服务人员获得更高的回报。这不仅有助于提高医生的工作积极性,还能吸引更多优秀人才投身远程医疗领域,推动行业整体水平的提升。另一方面,晋升、荣誉等非经济激励也应充分体现医生的技术劳务价值。在远程医疗领域,对于表现优异的远程医疗服务人员,医疗机构应给予晋升的机会和更高的荣誉,以此激发他们持续提升医疗服务质量的动力。例如,我国可以借鉴美国"星级医生"评价体系,对在远程医疗领域表现突出的医生进行表彰,以提升他们的社会地位和影响力。

四是持续改进评价机制。建立评价结果的反馈和整改制度,促使医疗机构和医务人员根据评价结果不断优化服务流程,提高服务质量。评价机制应关注医生技术劳务价值的内涵与外延。在内涵方面,要充分体现医生的专业技能、临床经验、患者满意度等多维度指标;在外延方面,则应涵盖远程医疗服务的整个过程,包括预约、诊断、治疗、跟踪等环节。在此基础上,运用大数据、人工智能等技术手段,对医生的技术劳务价值进行精细化评估,以确保评价结果的科学性与公正性。评价结果的反馈和整改制度还需注重实效,避免流于形式。医疗机构应建立健全相关制度,确保反馈问题的及时整改和持续改进。同时,政府部门也要加强对医疗机构的监管,确保整改措施落到实处。

(二)持续优化远程医疗服务项目收费标准

通过前期研究发现,远程医疗收费标准合理性需要优化,若收费标准较低，其看似对患者有利，实则潜藏着对医生技术劳务价值的低估问题。如果医生的专业技能和丰富经验在远程医疗活动中并未得到应有的价值体现，无疑对远程医疗服务人员会产生一定程度的消极影响。此外，研究还发现，部分远程医疗服务项目尚未纳入医保范围，这在一定程度上削弱了患者使用远程医疗的意愿。针对这些情况，可以采取以下措施优化远程医疗收费标准。

一是建立科学合理的远程医疗收费标准。在制定收费标准时，应充分考虑医生的技术劳务价值、设备成本、运营维护费用等多方面因素，使远程医疗收费更加合理。此外，还可借鉴国内外先进经验，探索实行按病种、按人头、按服务时长等多样化的收费方式，以适应不同患者的需求。

二是提高远程医疗服务的医保报销比例。将更多远程医疗服务项目纳入医保范围，降低患者自付比例，提高患者使用远程医疗的积极性。同时，加强与医保部门的沟通与合作，推动医保政策向远程医疗倾斜，为患者提供更多实惠。

三是加大远程医疗政策宣传力度。通过各种渠道，让患者了解远程医疗的优势和医保政策，提高患者对远程医疗的认知度和信任度。

四是加强对远程医疗服务的监管。建立监管机制，确保远程医疗服务质量，让患者享受到安全、便捷、高效的医疗服务。比如，制定严格的远程医疗质量标准，对从业人员、设备、服务等进行规范；建立健全的远程医疗纠纷处理机制，保障患者权益；加大对违规行为的惩处力度，维护远程医疗市场秩序等。

（三）强化远程医疗医生的绩效考核和激励机制

在当前的医疗大环境中，远程医疗已成为缓解医疗资源分配不均、提高医疗服务效率的重要途径。然而，如何强化远程医疗医生的绩效考核和激励机制，成为推动远程医疗医生技术劳务价值体现的关键一环。本书建议从"以人为本"的核心理念出发，创新远程医疗服务的绩效考核和激励机制。

首先，绩效考核应从"数量"转向"质量"。传统绩效考核过于关注远程医疗服务人员的实际工作量，如会诊次数、病理诊断人次数，而忽视了远程医疗服务质量和患者满意度。因此亟须建立新型的远程医疗服务绩效考核方式，更多地关注远程医疗服务人员在远程医疗过程中的诊断准确率、患者康复程度以及医患沟通效果等方面。

其次，激励机制应强调"公平竞争"和"成果共享"。在远程医疗团队中，医生、技术人员、管理人员等各司其职，共同为患者提供优质的远程医疗服务。这就需要充分考虑各岗位的贡献度，实现远程医疗服务收益共享，将远程医疗团队的收益与个人绩效挂钩，以激发团队成员的积极性。

再次，建立并执行赏罚分明原则。根据绩效考核结果，对表现优秀的远程医疗服务人员给予物质和精神上的奖励，如奖金、晋升机会等，以提高他们的工作积极性和职业荣誉感。而对工作态度不端正、医疗质量不达标等惰性参与远程医疗服务的医生则进行处罚。通过树立典型，弘扬正气，形成良好的远程医疗服务行业风气。

最后，引入"时间银行"制度，鼓励医生积累服务时间。医生在远程医疗过程中，可根据服务时长积累"时间积分"，用于兑换培训、休假等福利。这一制度既有助于激励医生提高工作效率，又能保障医生的休息权益，实现劳逸结合。

（四）强化远程医疗服务人员教育培训工作

远程医疗对医生的专业素养和技术水平要求较高。当前，我国远程医疗专业人才短缺，人才培养体系尚不完善，影响了远程医疗服务的质量，不利于远程医疗医生技术劳务价值的体现。政府应鼓励医疗机构与高校、科研院所合作，培养一批具备远程医疗知识和技能的专业人才。同时，加强对现有医务人员的远程医疗技能培训，以提高整体服务水平。政府应加强对远程医疗人才的培养和引进，从培养层面看，加大医学院校远程医疗相关专业建设力度，培养具备专业素养的远程医疗人才。从引进层面看，鼓励医疗机构引进国内外优秀远程医疗专家，提升我国远程医疗整体水平。具体可以从以下几个方面强化远程医疗服务人员教育培训工作。

一是加强远程医疗伦理教育。医生在远程医疗过程中，应尊重患者隐私，确保信息安全。通过案例分析、角色扮演等形式，使医生深入理解并践行伦理原则。二是提升远程医疗沟通技巧。在远程医疗过程中，医患双方无法进行面对面交流，因此医生需掌握一定的沟通技巧，以便在有限的时间内获取关键信息，为患者提供准确、有效的诊断和建议。培训课程可以设置情景模拟、小组讨论等环节，以提高医生的沟通能力。三是强化信息技术应用能力。医生应熟练掌握远程医疗平台的使用，包括电子病历、远程会诊、在线咨询等功能。此外，还需了解互联网、大数据、人工智能等新兴技术在远程医疗领域的应用，以便更好地服务于患者。四是注重实践操作培训。只有理论与实践相结合，才能提高医生的远程医疗水平。可通过设立模拟远程医疗场景，让医生在实际操作中掌握各项技能，如病情评估、治疗方案制定等。五是开展跨学科合作与交流。远程医疗涉及多个学科领域，如临床医学、信息技术、公共卫生等。鼓励医生参加跨学科研讨会、培训班，提高其在远程医疗领域的综合素质。

（五）加强远程医疗行业监管和政策支持

经过前期分析，发现我国各级政府已经出台了一系列政策支持远程医疗发展，但在实际执行过程中，部分政策仍需进一步完善。首先，为了更好地推动远程医疗行业的发展，政府应出台和完善远程医疗相关的法律法规，进一步明确远程医疗服务人员的权责利划分机制，保障服务人员的合法权益。一方面，政府应细化相关法律法规，制定明确的操作指南和行业标准。对医生在远程医疗过程中的权责进行明确划分，包括隐私保护、诊疗规范、医疗纠纷处理等方面，确保医生在合法合规的范围内行使职责。另一方面，保障医生的合法权益，如合理收入、职业发展、荣誉激励等，以提高远程医疗服务人员从事远程医疗的积极性。为提高医生的收入水平，政府可借鉴国际经验，探索建立远程医疗薪酬制度。结合我国实际情况，制定合理的收费标准，使医生在远程医疗服务中能够获得与其劳动价值相符的收入。同时，鼓励医疗机构与远程医疗服务企业合作，共享服务收益。

其次，政府应给予远程医疗服务一定的财政补贴、税收优惠等政策支持，降低运营成本，提高医生收入水平。一是在资金投入方面，政府可设立专项基金，对远程医疗服务进行财政补贴，降低其运营成本。对于符合条件的远程医疗服务互联网企业，给予税收优惠政策，鼓励社会资本投入远程医疗领域，促进市场多元化发展。此外，还可以通过政府购买服务、公私合营等方式，促进远程医疗资源下沉，让更多基层医生和患者受益。二是在远程医疗的技术研发与应用推广方面，尽管政策给予了资金扶持和税收减免等优惠，但具体执行中仍面临一些瓶颈。例如，远程医疗设备购置和维护成本较高，导致一些基层医疗机构难以承担。为此，政府应进一步完善相关政策，加大对远程医疗技术研发的投入，鼓励企业研发具有自主知识产权的远程医疗设备设施，降低设备投入成本，并推动技术标准的制定与实施。

再次，在政策监管方面，远程医疗立法滞后，监管体系不健全。为此，政府需加快远程医疗相关法律法规的制定，明确监管职责，规范远程医疗服务行为。政府应当先组织专家学者，结合国际经验与我国实际情况，着手制定远程医疗领域的专门法律。从立法视角，明确远程医疗的定义、服务范围、服务标准及监管框架，同时对远程医疗服务的数据安全、隐私保护、责任认定等方面作出明确规定。在此基础上，政府应构建一套科学、高效的远程医疗监管体系。该体系应明确各级卫生健康行政部门、医疗机构、医务人员及患者各自的职责与权益，确保各方在远程医疗过程中依法行事。此外，还需设立专门的监管机构，对远程医疗服务进行定期评估和监督，以规范市场秩序，保障患者利益。

最后，建立健全远程医疗质量控制体系，确保医疗安全。在质量控制方面，政府需着力打造远程医疗质量控制体系。具体包括：一是医疗机构准入标准。严格审查医疗机构开展远程医疗的资质，确保具备相应的人员、设备、技术和管理能力。二是服务规范。制定详细的远程医疗服务规范，包括诊断、治疗、处方、转诊等环节，确保医疗服务质量。三是数据安全与隐私保护。建立远程医疗数据安全防护体系，加强对患者隐私的保护，防止信息泄露。四是质量评价与反馈。设立远程医疗质量评价指标，定期对医疗机构进行评价，并将结果反馈给医疗机构，督促其改进。

第二节　研究不足与展望

一、研究不足之处

受远程医疗服务改革政策、相关资料收集、研究周期等客观条件限制，本书存在部分不足之处，主要表现在：

首先，在政策层面，我国远程医疗服务改革政策的调整与完善是一个动态过程，这无疑为本书的研究带来了一定的挑战。在政策变革大背景下，本书在分析远程医疗服务技术劳务价值时，无法涵盖所有政策影响要素。

其次，在数据收集方面，远程医疗服务涉及众多领域，包括医疗、技术、管理等，要求研究者需要具备跨学科的知识储备。然而，在实际操作过程中，难免会遇到数据不全、信息不对称等问题，这无疑会影响研究的深度和广度，对于部分关键指标的统计分析可能存在局限性，影响了对远程医疗服务技术劳务价值评价机制的深入挖掘。

再次，受限于研究周期，我们无法对更长时间跨度的数据进行追踪分析，以揭示远程医疗服务技术劳务价值的各个决定要素的变化趋势。受客观条件所限，本书构建的远程医疗服务技术劳务价值评价机制模型仍有待于在实践中进一步检验和优化。

最后，本书在撰写过程中，虽然力求遵循学术规范，但受限于作者学术水平，部分论述可能仍有不足之处。衷心希望广大读者和同行专家能够提出宝贵意见和建议，共同推动远程医疗服务技术劳务价值评价机制研究的发展。

二、展望

医疗服务技术劳务价值评价是一项关系医疗服务群体和民生健康生活的重要公共卫生问题，需要凝结政府、医疗机构和社会力量共同来构建和完善医疗服务技术劳务价值评价机制。尽管本书在研究过程中面临诸多客观条件的限制，但仍然致力于挖掘远程医疗服务技术劳务价值的内在规律，以期为相关政策制定和实践提供有益的参考。在未来的研究中，期望专家学者、管理实践者等能够弥补这些不足，尤其充分考虑医疗服务的技术特点、劳动强度、风险程度等因素，科学设置评价指标，探索技术劳务价值评价理论框架，创新评价方法，为推动远程医疗服务改革和发展贡献更多力量。

参考文献

[1] 蔡金龙，刘征，杨凤李，等．贫困地区医务人员远程医疗使用意愿及影响因素调查——以重庆市城口县为例［J］．现代预防医学，2020，47（15）：2766-2769．

[2] 蔡铮，吴汉曦，邓光宇．日本使用的高速通讯媒介CT移动车在为远程医疗服务［J］．医疗设备信息，2002（4）：33-36．

[3] 常路，张雨桐，姚卫光，等．基层医疗卫生服务机构医护人员激励机制满意度调查：以佛山市S镇为例［J］．中国卫生事业管理，2020，37（4）：283-286．

[4] 陈天红．英国医疗卫生服务标准化建设及启示分析［J］．探求，2019（5）：108-118．

[5] 陈亚运．我国远程医疗的政策与法律规制探讨［D］．天津：天津中医药大学，2017．

[6] 成会民．对劳动的理解是发展马克思经济学的起点［J］．求是学刊，1988（3）：49-53，33．

[7] 崔楠，顾海，赵俊，等．CAS理论视角下我国远程医疗服务运行机制研究［J］．中国卫生事业管理，2019，36（5）：321-325．

[8] 崔玉海．远程医学站点设置与管理研究［D］．天津：天津师范大学，2004．

[9] 段兴民．人力资本定价是一种必然［J］．中国人力资源开发，2007（12）：1．

[10] 顾海，崔楠，刘洪，等．基于复杂适应系统理论视角下我国远程医疗特征研究［J］．中国卫生政策研究，2019，12（3）：78-82．

[11] 顾海，刘曦言．多元主体视角下远程医疗协同监管体系构建［J］．卫生经济研究，2019，36（11）：25-28．

[12] 关欣, 刘兰茹, 朱虹, 等. 美国远程医疗对我国创新实践的启示 [J]. 中国卫生事业管理, 2019, 36 (8): 565-568.

[13] 桂成, 周典, 杨善发, 等. 美国远程医疗的发展及其对我国的启示 [J]. 中国农村卫生事业管理, 2015, 35 (7): 878-880.

[14] 国家卫生健康委员会: 国务院新闻办公室2020年10月28日新闻发布会文字实录 [EB/OL]. 2020-10-29.

[15] 韩光曙, 崔楠, 李志光. 发展中国家远程医疗发展模式及对我国的启示 [J]. 中国卫生事业管理, 2018, 35 (9): 641-643.

[16] 何小锋. 劳务价值论初探 [J]. 经济研究, 1981 (4): 47-54.

[17] 呼倩茹. 基于消费者视角下的商品价值理论探究 [J]. 经济师, 2014 (12): 11-12.

[18] 胡红濮, 代涛, 刘硕, 等. 英国卫生信息化建设经验及启示 [J]. 中国数字医学, 2015, 10 (7): 10-14, 29.

[19] 黄羽舒, 王前强. 广西远程医疗开展现状与对策分析 [J]. 卫生经济研究, 2016, 33 (6): 32-34.

[20] 蒋帅, 孙东旭, 赵杰, 等. 基于医务人员视角的远程医疗服务使用意愿和关键问题研究 [J]. 中华医院管理杂志, 2021, 37 (1): 25-29.

[21] 蒋帅. 我国医疗服务价格形成机制及定价模型研究——基于激励规制理论的视角 [D]. 武汉: 华中科技大学, 2018.

[22] 蒋帅. 医疗服务价格形成机制与定价模型研究 [M]. 北京: 经济科学出版社, 2022.

[23] 阚庭, 张静. 健康信念模式和理性计划行为理论在健康行为领域的综合应用 [J]. 中华行为医学与脑科学杂志, 2015, 24 (3): 284-288.

[24] 黎东生, 黎馨. 论医疗服务的技术劳务价值及制定技术劳务价格政策的价值取向 [J]. 医学与社会, 2017, 30 (2): 8-10.

[25] 李建平, 安乔治. 价格学原理 [M]. 北京: 中国人民大学出版社, 2020.

[26] 廖生武, 刘天峰, 赵云, 等. 欧美发达国家远程医疗服务模式

对我国的启示 [J]. 中国卫生事业管理, 2015, 32 (10): 730-732.

[27] 刘洪雷, 张世红, 门一帆, 等. 关于远程医疗国内外政策分析与启示 [J]. 中国医院, 2018, 22 (6): 39-42.

[28] 刘强. 市场结构约束下医疗服务价格形成机制与政策优化思路研究 [J]. 价格月刊, 2023 (2): 1-8.

[29] 卢中南, 毛洁, 卢伟. 简析美国远程医疗的发展现况和监管模式 [J]. 中国卫生监督杂志, 2018, 25 (3): 352-355.

[30] 卢中南, 谢洪彬, 袁璧翡, 等. 我国远程医疗现况和监管策略探析 [J]. 中国卫生监督杂志, 2018, 25 (2): 143-147.

[31] 牟岚, 金新政. 远程医疗发展现状综述 [J]. 卫生软科学, 2012, 26 (6): 506-509.

[32] 彭瑞聪, 高良文. 中国卫生事业管理学 [M]. 长春: 吉林科技出版社, 1987.

[33] 乔超锋. 患者参与对远程医疗服务创新绩效影响研究 [D]. 郑州: 郑州大学, 2017.

[34] 司婷. 我国远程医疗规制研究 [D]. 武汉: 湖北中医药大学, 2018.

[35] 谭雅宁. 对优化我国远程医学发展模式的几点思考 [J]. 军事医学, 2018, 42 (6): 476-477.

[36] 王静, 时涛, 王爱敏. 我国公立医院医疗服务价值评估研究 [J]. 价值理论与实践, 2013 (11): 92-93.

[37] 王君平. 家门口 看名医 [N]. 人民日报, 2019-04-18.

[38] 王宁. 医疗服务多维价值分析与医疗资源分配研究 [D]. 上海: 上海交通大学, 2017.

[39] 王新宇. 遥操作气管插管机器人系统的研发 [D]. 上海: 海军军医大学, 2018.

[40] 王雅洁, 徐伟, 杜雯雯, 等. 我国远程医疗核心问题研究 [J]. 卫生经济研究, 2020, 37 (2): 66-68.

[41] 王园园, 张小波, 尹伯松, 等. 远程医疗健康扶贫的实践困境及对策研究: 基于利益相关者分析 [J]. 中国卫生事业管理, 2020, 37

(7): 556-560.

[42] 文丽雅. 公立医院薪酬管理中激励边际效用理论的应用研究 [J]. 中国管理信息化, 2019, 22 (5): 91-92.

[43] 文学斌, 曹艳林, 王将军, 等. 远程医疗发展政策法律分析 [J]. 基础医学与临床, 2015, 35 (6): 838-841.

[44] 徐永钊, 霍增辉. 美国远程医疗立法对我国的启示与借鉴 [J]. 中国卫生法制, 2018, 26 (2): 21-25.

[45] 严中华, 姜雪, 林海. 社会创业组织商业模式要素组合分析——以印度 Aravind 眼科医院为例 [J]. 科技管理研究, 2011, 31 (21): 207-210.

[46] 叶江峰, 姜雪, 井淇, 等. 整合型医疗服务模式的国际比较及其启示 [J]. 管理评论, 2019, 31 (6): 199-212.

[47] 于凤霞, i-Japan 战略 2015 [J]. 中国信息化, 2014 (13): 13-23.

[48] 于佳佳. 远程医疗对我国现行法律适用之挑战 [J]. 中国社会科学院研究生院学报, 2018 (3): 125-134.

[49] 袁晓琴, 毛毳, 唐娅娅. 公众对中医服务感知价值及就医意愿调查与思考 [J]. 中医药管理杂志, 2022, 30 (3): 65-66.

[50] 袁中文. 营改增后增值税相关术语探析 [J]. 财会通讯, 2018 (1): 125-126.

[51] 翟运开, 李颖超, 赵杰, 等. 远程医疗服务质量影响因素研究——基于服务质量差距模型 [J]. 卫生经济研究, 2018 (2): 50-53, 56.

[52] 翟运开, 刘新然, 路薇, 等. 基于改进作业成本法的远程医疗服务项目成本核算 [J]. 中华医院管理杂志, 2019, 35 (8): 678-682.

[53] 翟运开, 路薇, 赵杰, 等. 基于结构方程模型的远程会诊患者满意度研究 [J]. 中国卫生政策研究, 2018, 11 (9): 64-70.

[54] 翟运开, 张瑞霞, 杨一旋, 等. 基于 UTAUT 和 TTF 模型的患者远程医疗使用意愿研究 [J]. 中国医院管理, 2019, 39 (9): 24-26, 38.

[55] 张光鹏. 我国卫生职称制度存在的问题及建议 [J]. 中国医院院长, 2017 (16): 72-75.

[56] 张树林, 李昭旭, 施梅, 等. 我国公立医院薪酬管理面临的挑战及优化策略 [J]. 中国医院管理, 2019, 39 (10): 56-57.

[57] 张炎亮, 毕闰芳, 翟运开. 基于演化博弈的远程医疗服务推广策略分析 [J]. 科技管理研究, 2017, 16: 224-228.

[58] 赵峰, 张建堡, 骆桢. 市场竞争、劳动价值与价格——一个马克思主义的非均衡理论和经验框架 [J]. 南开经济研究, 2023 (11): 51-71.

[59] 赵杰, 蔡艳岭, 孙东旭, 等. 远程医疗的发展现状与未来趋势 [J]. 中国卫生事业管理, 2014, 31 (10): 739-740, 799.

[60] 甄新伟. 地方政府组织惰性及其矫正 [D]. 成都: 电子科技大学, 2006.

[61] 郑晶, 方鹏骞, 蒋帅, 等. 远程医疗服务体系运行影响因素分析 [J]. 中华医院管理杂志, 2020, 36 (6): 511-515.

[62] 中国卫生信息与健康医疗大数据学会远程医疗信息化专业委员会. 中国医院远程医疗发展报告 (2019年) [M]. 北京: 人民卫生出版社, 2020.

[63] 周杰, 王申, 田敏. 国外远程医疗发展及其对中国的启示 [J]. 科技与创新, 2019 (20): 31-32, 34.

[64] 朱洁, 张洋, 阎娜, 等. 基于作业成本法核算医疗服务项目成本的探讨——以B医院为例 [J]. 中国总会计师, 2021 (8): 185-187.

[65] 庄彧. 宁夏规范公立医院远程医疗对患者服务收费标准 [EB/OL]. 中国经济网, 2016-06-04.

[66] Anne K, Matthew LC, Richard B. Incorporating UTAUT predictors for understanding home care patients' and clinician's acceptance of healthcare telemedicine equipment [J]. Journal of Technology Management & Innovation, 2014, 9 (3): 29-41.

[67] A. Parasuraman, Valarie A. Zeithaml. Leonard L. Berry, A conceptual model of service quality and its implications for future research [J]. Journal of Marketing, 1985, 49: 41-50.

[68] A. Parasuraman, Valarie A. Zeithaml. Leonard L. Berry, SERVQUAL:

A multiple-item scale for measuring consumer perceptions of service quality [J]. Journal of Retailing, 1988, 64 (1): 12 -40.

[69] Avedis Donabedian. Evaluating the quality of medical care [J]. Milbank Memorial Fund Quarterly, 1966, 44.

[70] Avedis Donabedian. The quality of care: How can it be assessed? [J]. Journal of the American Medical Association, 1988, 260 (12): 1743 - 1748.

[71] Barney G. Glaser, Anselm L. Strauss. The discovery of grounded theory: Strategies for qualitative research [M]. Chicago: Aldine de Gruyter, 1967.

[72] Fontela E, Gabus A. The DEMATEL Observer, DEMATEL 1976 Report [R]. Geneva: Battelle Geneva Research Centre, 1976.

[73] Gilbert A. Churchil. A paradigm for developing better measures of marketing constructs [J]. Journal of Marketing Research, 1979, 16 (1): 64 -73.

[74] Kendall Ho, Jennifer Cordeiro, Ben Hoggan, et al. Telemedicine: Opportunities and developments in Member States: Report on the second global survey on eHealth 2009 [R]. WHO, 2010: 8 -9.

[75] Marcin JP, Shaikh U, Steinhorn RH. Addressing health disparities in rural communities using telehealth [J]. Pediatric Research, 2016, 79: 169 -176.

[76] Nicolini, Davide. Practice as the site of knowing: Insights from the field of telemedicine [J]. Organization Science, 2011, 22 (3): 602 -620.

[77] Poss JE. Developing a new model for cross-cultural research: Synthesizing the health belief model and the theory of reasoned action [J]. Ans Advances in Nursing Science, 2001, 23 (4): 1 -15.

[78] Sood S, Mbarika V, Jugoo S, et al. What is telemedicine? A collection of 104 peer-reviewed perspectives and theoretical underpinnings [J]. Telemedicine and e-health, 2007, 13 (5): 573 -590.

[79] Tsai CH. Integrating social capital theory, social cognitive theory,

and the technology acceptance model to explore a behavioral model of telehealth systems [J]. International Journal of Environmental Research and Public Health, 2014, 11: 4905 – 4925.

[80] Venkatesh V, Morris MG, Davis GB, et al. User acceptance of information technology: Toward a unified view [J]. MIS Quarterly, 2003, 27 (3): 425 – 478.

[81] West V. L. , Milio N. Organizational and environmental factors affecting the utilization of telemedicine in rural home healthcare [J]. Home Health Care Services Quarterly, 2004, 23 (4): 49 – 67.